21世纪中国语言文学系列教材

中国古典文献学

ZHONGGUO GUDIAN WENXIANXUE

项楚 罗鹭 主编

中国人民大学出版社
·北京·

前　　言

学习与研究古典文献，常常会听一些年轻的大学生问起：“古典文献是学什么的？和古代文学有区别吗？毕业后能从事什么工作？”由于古典文献本科专业在2012年之前一直是国家控制布点的本科专业①，尽管很多高校有硕士、博士点，但只有几家高校开设了本科专业。因此，大家对这门学科很陌生，往往误以为与中国古代文学相同。事实上，很多高校的古典文献学教师也是古代文学老师兼任的，说明这两个专业确实有关联。在中文系的中国古代文学学科中，有不少学者擅长文献考证，治学兴趣偏重于古代作家、作品的考证，按照现在的说法，他们所从事的是古代文学文献学研究，这既是古代文学的基础性研究，也是古典文献学下属的专科文献学分支。然而，古典文献学与古代文学在学科性质和内容方面有着本质的区别。简单地说，古代文学以古代作家、作品为主要研究对象，古典文献学以全部古代文献为研究对象；古代文学主要以文艺学、美学思想为指导，对古代文学作品进行批评、阐释、研究，古典文献学主要运用传统校雠学、小学、考据学等方法，对古代文献进行整理、研究与传承。

传统的校雠学，主要包括目录学、版本学和校勘学，王欣夫《文献学讲义》认为它们“三位一体”，故以之作为文献学课程的主要内容。20世纪80年代以来，各种文献学教材不再局限于这三个分支，逐渐扩充了古典文献学的范围。如程千帆、徐有富《校雠广义》增加“典藏”作为第四编；张舜徽《中国文献学》将整理文献的具体工作概括为钞写、注解、翻译、考证、辨伪、辑佚等；孙钦善在《中国古文献学史》中认为：“古文献学以古代文献典籍的形式内容和整理它的各个环节，如校勘、标点、注释、辨伪、辑佚、编纂等为骨架，构筑了所需要的古代语言文字、古籍目录版本、古代历史文化等有关知识，以及运用这些知识解决实际问题的方法，形成了一个独立的学科。”②

作为一本通论性的教材，既要包含最基本的理论和方法，也要反映本学科的特色。学习古典文献学，主要是学习整理和研究古代文献的方法。除目录、版本、校勘外，还有注释，与校勘合称为校注。校注古籍是古典文献学的主要内容之一。辑佚与辨伪，也是古典文献学不可分割的组成部分。但辑佚不能涵盖编纂，尤其在当代，各体文学全集、大型丛书、工具书等很受欢迎，可见文献编纂在今天仍非常实用，应当添加；辨伪是考证伪书，而在伪书之外，某些真实的文献，由于作者撰述的疏忽，也存在大量文献事实的错误，这就需要文献考证学。以上八部分相辅相成，密不可分。需要说明的是，本书之所以不专门谈典藏或藏书研究，是因为目录学中有藏书目录，版本学也要谈藏书家对版本的鉴定，而图书的保管与收藏，现在主要是图书馆古籍部门的工作，在相关的图书馆学学科会涉及，因而不是古典文献学的主要任务。另外，出土文献和域外汉籍研究，也是古典文献学新兴的领域，但它们与传统文献相比，只是传播的时间和地域不同，使用的研究方法则是基本一致的，所以本书不设立专章，相关内容则散见于教材各部分。

① 据教育部新颁《普通高等学校本科专业目录（2012）》，“古典文献学”不再列入“国家控制布点”专业，学科代码为050105。

② 孙钦善：《中国古文献学史》绪言，3页，北京，中华书局，1994。

综上，在广泛吸收前人成果的基础上，除导论外，我们将本教材的主要内容分为五单元，每单元两课，共十课。教材的纲目和写作分工如下：

导　论　　　　　　　　　　　　　　罗　鹭（四川大学）

第一单元　入门篇

第一课　目录学　　　　　　　　　　孙振田（西安工业大学）

第二课　版本学　　　　　　　　　　罗　鹭

第二单元　提高篇

第三课　校勘学　　　　　　　　　　苏　芃（南京师范大学）

第四课　注释学　　　　　　　　　　杨　亮（河南大学）

第三单元　博览篇

第五课　编纂学　　　　　　　　　　颜庆余（江南大学）

第六课　辑佚学　　　　　　　　　　史广超（郑州航空工业管理学院）

第四单元　深化篇

第七课　考证学　　　　　　　　　　王宏生（福建师范大学）

第八课　辨伪学　　　　　　　　　　范春义（山西师范大学）

第五单元　拓展篇

第九课　专科文献学　　　　　　　　赵阳阳（西北大学）

第十课　古籍电子文献　　　　　　　毛建军（新乡学院）

以上纲目设置，充分考虑了学科之间的内在逻辑。

目录学、版本学是入门基础：学了目录学，知道该读什么书；学了版本学，知道应读某书的哪个版本。故列目录、版本之学为入门篇。

广泛搜集不同版本，校勘文字，考订讹误，使字句篇章更加准确，这就是校勘学；在校正文字、形成善本的基础上，注释难懂的语词、名物、典故、史实等，方便今人阅读，这就是注释学。二者合称校注之学，能提高我们阅读和整理古书的能力，故称之为提高篇。

校注古书，须广泛搜集各种零散资料，将这些原始资料按一定体例组织起来，形成新的著述，即为编纂，如编纂总集、类书、丛书等；钩沉散佚的著作，重新编排成书，这就是辑佚，为特殊的编纂。二者皆须博览群书，才有所获，故为博览篇。

辑录零散资料，难免真伪杂糅、张冠李戴，故须考证、辨伪，以深化我们对文献的认识，是为深化篇。

本学科近年来的最新发展，一是专科文献学的日趋细化，二是古籍电子文献的日益增多，二者都是传统文献学的延伸，列为拓展篇。

以上每个单元都是相对独立的板块，代表不同的治学领域和治学方法。前四单元是中国古典文献学的核心内容，是对古典文献进行整理和研究的基本方法；第五单元是传统文献学理论在新时期的发展与应用。教师可以循序渐进地讲授，使同学们由浅入深地掌握古典文献学的基本理论与方法；同学们也可根据自己的禀赋和兴趣，结合每课的参考文献和阅读书目，选择特定领域来专攻。只要持之以恒，钻研任何板块都能学有所成。

本教材的参编者，年龄都在三四十岁，都是近几年毕业于中国古典文献学或相邻专业的博士，都对所撰写的相关内容作过深入的专门研究，都处在中国古典文献学及相关课程教学的第一线。总之，我们力求贴近教学实际，编写一部真正适用的教材，从课程章节设置到编纂人员选择，从每课卷首的教学大纲（教学重点、课时安排）到课后的练习题，从正文内容的理论阐释到方法讲解、例证图表，无不贯彻以教学为本的编纂理念。但由于经验不足，难免有疏漏之处，我们真诚期待来自各方面的批评！

编　者

2013 年 3 月 24 日

目　录

导　论 ………………………………………………………………………… 1

第一节　中国古典文献 ………………………………………………… 2

第二节　中国古典文献学 ……………………………………………… 12

第一单元　入门篇

第一课　目录学 ……………………………………………………………… 21

第一节　概述 ……………………………………………………………… 22

第二节　目录认知 ………………………………………………………… 31

第三节　目录类型 ………………………………………………………… 39

第四节　目录利用 ………………………………………………………… 43

第二课　版本学 ……………………………………………………………… 48

第一节　版本术语详解 …………………………………………………… 49

第二节　版本鉴定入门 …………………………………………………… 57

第三节　版本源流考订 …………………………………………………… 68

第二单元　提高篇

第三课　校勘学 ……………………………………………………………… 75

第一节　校勘及其简史 …………………………………………………… 76

第二节　校勘的流程与方法 ……………………………………………… 79

第三节　数字时代古籍校勘的拓展 ……………………………………… 88

第四课　注释学 ……………………………………………………………… 97

第一节　概论 ……………………………………………………………… 98

第二节　注释的功用 ……………………………………………………… 103

第三节　注释的类型与术语 ……………………………………………… 109

第四节　注释的方法和要求 ……………………………………………… 122

第五节　古籍注释相关成果 ……………………………………………… 125

第三单元　博览篇

第五课　编纂学 ……………………………………………………………… 131

第一节　概述 ……………………………………………………………… 132

第二节　分论 ……………………………………………………………… 137

第六课　辑佚学 ……………………………………………………………… 146

第一节　概述 ……………………………………………………………… 147

第二节　辑佚的方法 …… 151

第四单元　深化篇

第七课　考证学 …… 161
第一节　概述 …… 162
第二节　考证学的内容 …… 167
第三节　考证的方法与原则 …… 175
第八课　辨伪学 …… 183
第一节　认识伪书 …… 184
第二节　辨伪述略 …… 188
第三节　辨伪方法 …… 195

第五单元　拓展篇

第九课　专科文献学 …… 205
第一节　专科文献学概论 …… 206
第二节　文学文献学 …… 211
第三节　美术文献学 …… 218
第四节　宗教文献学 …… 222
第十课　古籍电子文献 …… 229
第一节　古籍电子文献概说 …… 230
第二节　古籍书目数据库 …… 235
第三节　古籍全文数据库 …… 243

后　记 …… 259

导论

【本课教学重点】

一、中国古典文献的类型与流传；

二、本学科的发展与特色。

【建议课时】

2学时。第一节以教师讲授为主，约1学时；第二节以学生自学为主，教师讲解重点，可适当组织学生讨论，约1学时。

第一节 中国古典文献

当代大学生对于"中国古典文学"、"中国古典艺术"这些术语，可能还比较熟悉，但对什么是"中国古典文献"，恐怕就没有清晰的概念了。事实上，这个术语本身也存在问题。首先，"古典"一词，本身有"古代典籍"的意思，而"文献"能够包括"典籍"，在"古典"后再加上"文献"一词，多少有些重复；其次，"古典"有"古代典范"的含义，用来修饰"文献"的话，意指经过历史淘汰而被认为是正宗、典范的文献，但实际上有很多古代文献并不具备典范性；再次，"古典文献"是与"现代文献"相对的，其下限应当止于什么时候，似乎也模糊不清。"中国古典文献"这个术语命名的本意，是希望表达"中国古代的一切文字记录"的意思，这样命名是否准确，已经无法深究，因为名称本来就是约定俗成的。与之相关的术语有"古文献"、"历史文献"等，意思都相同或相近。

一、中国古典文献的分期

中国古典文献数量众多、时间跨度长，以我们短暂的一生，很难驾驭历代所有文献，只能就个人兴趣专攻某一时期。虽然治学需有长时段的眼光，但研究先秦文献的学者和专攻明清文献的学者，同样是研究古典文献，在当今这样一个学科分化的时代，很难说他们所从事的专业是相同的，其所面对的材料和方法有很大区别。学者选择哪一时期的文献作为终生研究的领域，固然与学术志趣有关，实际上也与古典文献本身的阶段性发展有关。假如把"中国古典文献"看作一个有生命的有机体，它同样经历了童年、青年、中年和晚年四个阶段，分别对应先秦两汉、六朝隋唐五代、宋辽金元和明清四个时期。

（一）先秦两汉文献（上古文献）

先秦两汉文献，是中国古代的原初文献或核心文献，具有很高的原创性，在后代被不断阅读、复制、纂辑、阐释与传播，衍生出大量其他文献。[①] 要了解这一时期的文献概貌，重点是精通《汉书·艺文志》（第一课目录学有详细介绍）。该志共著录西汉以前图书 596 家、13 269 卷。但这些书大多已经亡佚了，现存的先秦两汉古书很少。据李零统计，先秦两汉传世典籍只有 115 种，即先秦 60 种、秦 1 种、汉 54 种。[②] 数量如此之少的文献，任何有志于学的人都能全部买齐，并花若干年时间读完。可要精通其中任何一部，

① 关于古代文献的衍生性特点，参见程章灿：《中国古代文献的衍生性及其他》，载《中国典籍与文化》，2012（1）。

② 参见李零：《简帛古书与学术源流》，17～38 页，北京，三联书店，2004。

并作出自己新的阐释，却并不容易，因为对这些书的研究已经持续两千年了，我们在多大程度上能超越前人的见解？

庆幸的是，20世纪以来的考古发掘，出土了大量前人没有见过的先秦两汉文献，如殷墟甲骨卜辞、商周铜器铭文、战国秦汉简牍等。这些出土文献，极大地补充了先秦两汉传世文献的不足。

从文献内容来看，先秦两汉文献以经传、诸子、术数、方技等居多。目前的研究现状是，经传、诸子研究得比较充分；术数、方技还有很大空间可以拓展。

（二）六朝隋唐五代文献（中古文献）

魏晋南北朝以后，纸卷成为书籍的主要载体。这一时期的著述，主要记载在《隋书·经籍志》、《旧唐书·经籍志》、《新唐书·艺文志》和《日本国见在书目》中。从著述门类看，中古文献在三方面有了极大增长：一是诗文别集、总集大量产生，二是史部文献形成规模，三是涌现了大量翻译的佛经。但纸质文献难免破损，手抄容易产生异文，除了敦煌遗书外，传世的六朝写本、唐写本稀如星凤，难以尽窥中古文献的原生形态。尽管存在很多文献障碍，但很多现代学者对中古文献情有独钟，产生了大量超越古人的研究成果。

（三）宋辽金元文献（近古文献）

从唐代到宋代，是中国古代社会的重要转型期。日本学者内藤湖南提出“唐宋变革”说，认为唐代是中世纪的结束、宋代是近世的开始，在20世纪得到充分的讨论与修正。内藤湖南将宋元明清划分为中国历史的近世，并以宋元为前期、明清为后期，也是看到了宋元与明清的差异。但从古典文献的发展来看，宋元与明清还是有很大的不同。从数量上看，宋元文献远比明清文献要少；从质量上看，留存至今的宋元版古籍大多是校勘精审的本子。对这一阶段的文献进行搜集、利用与研究，显然要与明清文献有所区别。因此，我们将宋元文献划为近古文献，明清文献划为近世文献，而晚清以后受西学影响形成的文献则属近代文献。“近古”、“近世”、“近代”的划分，都是着眼于与今天的距离比较近，对现代社会有更直接的影响，因而更容易为人所接受和理解而已。

宋元文献最显著的标志是书籍传播从手写向印刷的转变。雕版印刷术虽然在唐初已经发明，但主要用于在民间印刷佛教经咒、画像、历书等，没有被官方用来刻印正统的典籍。后唐长兴三年（932），宰相冯道（882—954）奏请以唐代“开成石经”为底本，雕印儒家《九经》，到后周广顺三年（953）全部刻完。这一创举，直接影响到北宋国子监对书籍刊版的重视，间接促成了宋代刻书的繁荣局面。宋版书、元版书，作为明清以来藏书家、学者推崇备至的文献品种，对宋元以前文献的保存与传播发挥了重要作用。据不完全统计，存世的宋元版至少在7 000部以上。不同于手写本书籍文本的不确定性，这些珍贵的宋元版以刊刻印刷的方式将文本固定下来，并加速了其传播的步伐，是宋元文化繁荣的实物见证。从某种意义上说，宋元文献的魅力在很大程度上有赖于宋元版古籍的吸引力。

这一阶段的文献，主要见于两位南宋私人藏书家的著录，即晁公武《郡斋读书志》和陈振孙《直斋书录解题》。从文献类型看，大型类书、编年体史书、地理总志、笔记、诗话等著述大量涌现，出现了《太平御览》（1 000卷）、《册府元龟》（1 000卷）、《文苑英华》（1 000 卷）、《资治通鉴》（294 卷）、《续资治通鉴长编》（存 520 卷）、《大元大一统志》（755 卷）、《元经世大典》（880 卷，已佚）、《文献通考》（348 卷）等划时代的集成性著述，由此可见宋元文献之超越前代。

据《现存宋人著述总录》（巴蜀书社，1995）以及笔者对辽、金、元存世著述的统计，这一阶段的存世著述不少于 8 000 种，其中宋代约 5 000 种，辽、金、元约 3 000 种，在数量上多于唐代以前，但远少于明清以后。

（四）明清文献（近世文献）

新近出版的《中国古籍总目》（中华书局、上海古籍出版社，2009—2012），共著录中国古籍 177 107 种，其中 90%左右是明清古籍。以数量最多的别集为例，著录汉魏六朝别集版本 489 种、唐五代别集版本 1 176 种、宋人别集版本 2 804 种、金元别集版本 1 207 种、明人别集版本 7 176 种、清人别集版本 28 676 种。除了文献种数的增加，单部图书的篇幅也远远超过前代。如《永乐大典》22 877 卷、目录 60 卷、11 095 册，约 3.7 亿字，抄写正、副二本；《古今图书集成》10 000 卷、目录 40 卷、5 020 册，约 1.6 亿字，用铜活字印出 64 部；《四库全书》抄成七部，分贮南、北七阁，其中文渊阁藏本收书 3 461 种、79 000 余卷、36 000 多册，约 8 亿字。这些具有标志意义的类书、丛书，反映了明清文献的浩如烟海、难以穷尽。但我们不能因其数量多，就有畏难情绪；也不能因其时代近，而存轻视心理。只要掌握了古典文献学的基本方法，就像在大海中航行有了指南针，能够任意遨游！

关于中国古典文献的时间下限，学术界一般划到 1919 年五四新文化运动为止，这虽然很有道理，但即使在 1919 年后，采用传统著述体例、使用文言文写作、通过雕版印刷出版、具备古典装帧形式的书籍，仍然大量存在。例如，仅四川一地，据《四川省志·出版志》，民国时期四川有传统刻书机构百余家，刻书 1 642 种。[①] 时代较晚的有马浮于民国二十九年至三十七年（1940—1948）在四川乐山所编《复性书院丛刊》27 种，其中有 22 种用雕版刻印而成。如果注意到这些现象，将 1919 年作为古典与现代的界限并不合适。但是，古典文献的下限绝不能任意往下延长，因此，将 1911 年辛亥革命作为古典文献的终结更加合理。中国历史上没有哪次变革比推翻了长达两千多年的封建王朝统治的辛亥革命更具有划时代意义的了。民国以后才产生的传统著述，无论内容和形式如何，都是民国文献或现代文献，只不过属于比较特殊的文献罢了。

二、中国古典文献的类型

中国古典文献内容丰富、数量庞大，除了通过分期来深化认识，还可根据不同标准进行不同的分类。如根据流传方式划分，可以分为传世文献和出土文献，反映文献在不同时空的存在方式。传世文献是从古到今在地面一直流传有绪的文献，主体部分是宋代及以后的古籍、法书名画、金石拓片、公文档案、私人文书等；出土文献是从地下新发掘的文献，主要是唐代及以前产生的文献，这类文献在地面未能长久流传，经考古挖掘

① 参见四川省地方志编纂委员会编：《四川省志·出版志》，附录《民国时期四川雕版图书简目》，603～640 页，成都，四川人民出版社，2001。

才重现于世，如殷墟甲骨、铜器铭文、战国秦汉简牍、敦煌遗书等。根据传播的地域来划分，可分为海内文献和海外文献（现在一般称域外文献或域外汉籍）。根据文献的内容来划分，可分为经部文献、史部文献、子部文献、集部文献等。这里所谈文献类型，主要根据物质载体来划分。

（一）甲骨文献

甲骨文献是在龟甲（见图 0—1）和兽骨上契刻文字形成的文献，最著名的是殷墟甲骨卜辞。1899 年，王懿荣首先发现甲骨文；1903 年，刘鹗出版《铁云藏龟》，成为最早著录甲骨文的专书；1904 年，孙诒让作《契文举例》，是第一部甲骨文研究专著。其后很多学者涉足这个领域，如民国时期的甲骨四大家，又称甲骨四堂：罗振玉（雪堂）、王国维（观堂）、郭沫若（鼎堂）、董作宾（彦堂）。时至今日，对甲骨文献的研究已经形成了一门国际性的学问——甲骨学。

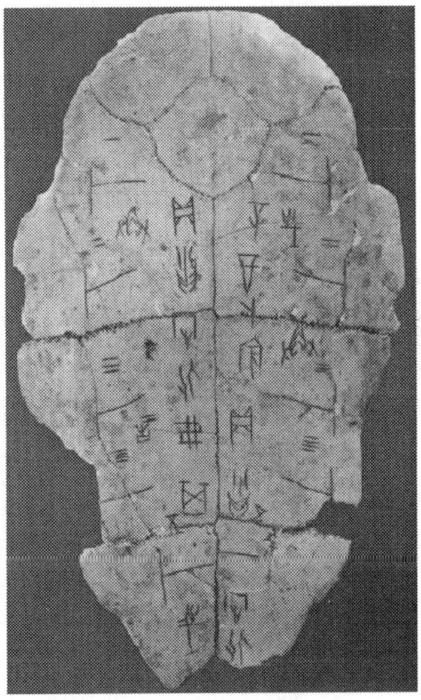

图 0—1　龟甲

甲骨文献的集成性汇编，以中华书局 1979 年以后陆续出版的《甲骨文合集》规模最大，共收录重要甲骨 41 956 片。该书把甲骨文献分为阶级和国家、社会生产、思想文化和其他四大类，再细分为 22 小类：奴隶和平民，奴隶主贵族，官吏，军队、刑罚、监狱，战争，方域，贡纳，农业，渔猎、畜牧，手工业，商业、交通，天文、历法，气象，建筑，疾病，生育，鬼神崇拜，祭祀，吉凶梦幻，卜法，文字，其他。据此可以看出甲骨文献的主要内容。2001 年，四川大学出版社出版《甲骨文献集成》，汇编近百年来有关甲骨文的研究论著。

（二）金石文献

金石文献包括铜器铭文和石刻文献。铜器铭文是铸造或铭刻在青铜器上的文字，也称金文或钟鼎文。现存最早的铜器铭文产生于商代，基本上作于盘庚迁殷（前 1298）以后，但商代的铭文比较短，一般不超过五六十字。西周是铜器铭文的全盛时代，产生了毛公鼎、散氏盘、虢季子白盘等青铜重器，铸刻有几百字的长篇铭文（见图 0—2）。六朝以后，铜器铭文不再流行。铜器铭文的文献集成性著作有多种，最新的是上海古籍出版社 2012 年出版的吴镇烽《商周青铜器铭文暨图像集成》（35 册），共收录传世和新出土的商周时期有铭文的青铜器 16 704 件（下限到 2012 年 2 月），包括食器（鼎、鬲、甗、簋、盨、豆等），酒器（爵、角、觚、觯、杯、尊、卣等），水器（盘、匜、鑑等），乐器（钟、鎛、铙、铃等），兵器（戈、戟、矛、殳、剑等），用器（农具、工具、符节等）及其他（金银器等）。

图 0—2　毛公鼎拓片

该书既收录青铜器铭文拓本，又收录图像，同时将释文和相关背景资料编排在一起。而中国社会科学院考古研究所编纂的《金文文献集成》（47 册），汇辑 1092—1989 年之间历代中外学者有关商周金文的研究论著近 2 000 种，由北京线装书局和香港明石文化有限公司联合出版。以上二书是了解和研究殷周铜器铭文的必备之作。

石刻文献是在石质材料上镌刻文字形成的文献，产生的时代很早，且一直延续至今。现存最早的可靠的石刻文是春秋至战国初年秦国的石鼓文，其次则有秦始皇时的峄山、琅琊台、泰山、芝罘（两次）、碣山和会稽刻石等。石刻文献包括原石、拓本（照片）和录文三种形态。拓本汇编以《北京图书馆藏中国历代石刻拓本汇编》（中州古籍出版社，1988）规模最大，共收历代拓本约两万种；其次有中国文物研究所等合编《新中国出土墓志》，以省为单位分卷出版，第一期 30 卷、59 册已全部出版，目前正在编纂第二期。该书包括说明、图版、录文，是 1949 年以后新出石刻资料的系统整理汇编。录文类著作较重要的有清嘉庆十年（1805）王昶《金石萃编》160 卷、《未刻稿》3 卷，收元代以前金石铭刻 1 580 余种，但几乎都是石刻，铜器铭文很少；清陆增祥《八琼宝金石补正》130 卷，是对《金石萃编》的补充、订正，计 2 000 余种；以及赵超《汉魏南北朝墓志汇编》（天津古籍出版社，1992），周绍良《唐代墓志汇编》（上海古籍出版社，1992）、《唐代墓志汇编续集》（上海古籍出版社，2001）等。研究资料汇编以台湾新文丰出版公司的《石刻史料新编》（1977—2006）规模最大，已出 4 编 100 册，共收历代石刻著述 1 095 种。中国国家图书馆善本部金石组编《历代石刻史料汇编》（北京图书馆出版社，2000），以时代先后汇辑单篇石刻原文，并附历代学者考订文字；书同文数字化公司根据该书制作了中国历代石刻史料汇编数据库全文检索版，使用较为方便，详参第十课“古籍电子文献”相关介绍。

（三）简牍文献

简牍文献是以竹、木为载体的文献，不过因为竹、木容易腐烂，故传世极少，基本上属于出土文献。早在西汉武帝末，鲁恭王损坏孔子宅，曾得古文《尚书》、《礼记》、《论语》、《孝经》等数十篇，这是历史上有记载的较著名的简牍发现。此外还有晋武帝太康二年（281）盗墓者在汲县发现的战国竹书，经整理，得古书 16 种、75 篇，现存《穆天子传》和《竹书纪年》（辑佚本）等。由于没有科学的考古手段，古代对简牍文献的挖掘与研究都不足。

19 世纪末至 20 世纪初，西方国家纷纷派遣考察团或探险队到我国境内调查和挖掘，如英国人斯坦因（Marc. A. Stein）、法国人伯希和（Paul Pelliot）、瑞典人斯文・赫定（Sven Anders Hedin）、俄国人科兹洛夫（Пётр Кузьмич Козлов）等，他们的惊人发现让世界瞩目，但也造成我国大量出土文献流失海外。1900 年，斯文・赫定在新疆塔里木河下游发现古楼兰遗址，挖掘汉晋木简 121 枚；1908 年，斯坦因在敦煌西北汉代烽燧遗址挖掘汉简近 800 枚，交由法国著名汉学家沙畹（Emmanuel-èdouard Chavannes）整理为《斯坦因在“东突厥斯坦”沙漠中发现的汉文文书》（牛津大学出版社，1913）一书，罗振玉获得沙畹手校本后，与王国维一起重加考释，于 1914 年在日本出版《流沙坠简》，成为中国简牍学的奠基之作。20 世纪以来，新出土简牍层出不穷，利用考古手段科学挖掘、真实可靠的重要发现有以下几种。

1. 居延汉简

1930 年，西北科学考察团成员、瑞典人贝格曼在内蒙古额济纳河流域发现汉简近

11 000 枚，后又在破城子甲渠侯官的城堡遗址，发掘汉简 5 200 多枚，现藏我国台湾“中央研究院”历史语言研究所，此为居延汉简（见图 0—3）。1972—1976 年，中国考古队又在居延地区挖掘汉简 19 000 多枚，命名为居延新简，现藏甘肃省博物馆。

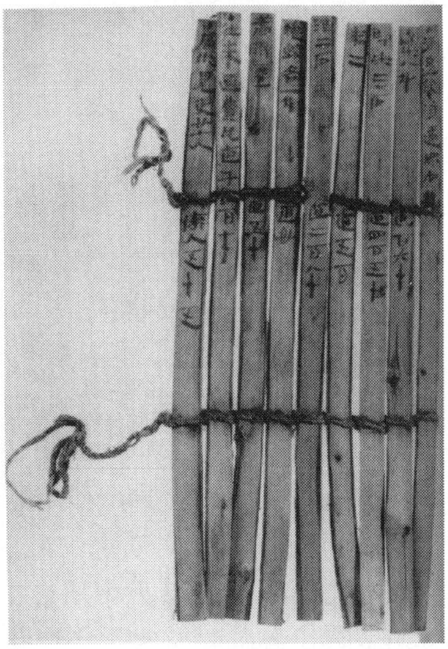

图 0—3 居延汉简

2. 银雀山汉墓竹简

1972 年，山东临沂县银雀山两座西汉墓出土竹简约 5 000 枚，包括《孙子兵法》、《孙膑兵法》、《六韬》、《尉缭子》、《晏子》等重要先秦典籍。

3. 睡虎地秦简（云梦秦简）

1975 年，湖北云梦县睡虎地出土秦简 1 155 枚，内容主要是秦国法律条文、公文、医书、历书等。

4. 郭店楚简

1993 年，湖北荆门郭店一号墓出土战国时楚简 800 多枚，其中有文字的 730 多枚，内容都是先秦时重要的儒家、道家典籍，如《老子》（甲本、乙本、丙本）、《太一生水》、《缁衣》、《鲁穆公问子思》、《性自命出》等。

此外，并非由考古挖掘，而是走私到海外，然后回流的重要简牍有上海博物馆藏楚竹书、清华简、北大简等。这些简牍有的已出版，有的还在陆续整理、讨论和研究中，可以密切关注最新动态。

（四）缣帛文献

缣帛文献是以丝织品为载体的文献，流行于春秋战国至秦汉时期。帛书和简牍各有明显的优缺点，可以互补。如《汉书・艺文志》“兵书略”著录《吴孙子兵法》82 篇、图 9 卷，《齐孙子》89 篇、图 4 卷，《楚兵法》7 篇、图 4 卷等，都是以简牍抄写文字，地图则用缣帛。缣帛文献与简牍一样容易腐烂，存世的只可能是出土文献。现存最早的帛书是湖南长沙子弹库楚帛书，于 20 世纪三四十年代出土，后来流落美国。该帛书由三部分文字组成，即天象、灾变、四时运转和月令禁忌，共 18 章、952 字。存世数量最多的是长沙马王堆西汉帛书，于 1973 年出土，抄写于西汉初期，共 30 多种，近 12 万字，重要的有《老子》（甲本、乙本）、《周易》、《战国纵横家书》、《五星占》、《五十二病方》等，还有一些地图和帛画。

（五）纸质文献

由于简牍笨重、缣帛昂贵，古人发明了纸。考古发现，西汉初年就已经产生了纸，如放马滩纸、灞桥纸、悬泉纸等。东汉元兴元年（105），蔡伦向和帝献纸，得到嘉奖，表明此时纸的生产技术有了显著提高。东汉末年时，纸已经非常适合书写，而且生产规模越来越大。终于，东晋元兴三年（404），桓玄正式下令废简用纸：“古无纸，故用简，非主于敬也。今诸用简者，皆以黄纸代之。”①

现存最早的纸质书籍是西晋元康六年（296）写本《诸佛要集经》残片。现存宋以前的纸质文献以敦煌遗书为最大宗，约 50 000 件以上。宋代以后，由于印刷业的兴盛，传世的纸质书数量较多。除了书籍外，纸质文献还包括法书、名画、拓片、公文档案、私人文书、地图等。

（六）古籍缩微文献

缩微文献是利用摄影技术将图书的缩小影像记录在银盐感光胶片上形成的文献，具有存储空间小、使用寿命长、保真度高、成本低等特点，有利于保护珍稀文献，方便阅读和传播。虽然面临数字化的挑战，但缩微文献仍有其不可替代的优势。

20 世纪 40 年代，著名文献学家王重民在美国国会图书馆拍摄原北平图书馆藏善本胶卷，总计 2 720 种、3 万余册，虽然这批珍贵的文献纸本现藏于台北“故宫博物院”，但其缩微胶卷则在世界各国广泛传播。此外，民国以来学者远赴巴黎、伦敦，调查法藏、英藏敦煌遗书，也是采用拍摄缩微胶卷形式复制回国。

1985 年，全国图书馆文献缩微复制中心成立，截至 2011 年年底，已拍摄 22 家公共图书馆所藏古籍善本 30 000 多种。现在，中国国家图书馆藏善本绝大多数都只提供缩微胶片阅读，一般情况下不能借阅善本原件。

（七）古籍电子文献

电子文献是以磁、光、电为载体形成的文献，是数字化时代的产物，极大地促进了古典文献的阅读、检索和传播。本书第十课“古籍电子文献”有专门介绍。

三、中国古典文献的流传

中国古典文献在流传过程中，虽历经无数劫难，但保存至今，仍有相当规模，这有赖于一代又一代藏书家和学者的努力。阅读前人辛苦遗留下来的珍贵载籍，我们应当存有敬畏之心和感恩之情。

（一）中国古代的文献收藏与流传

中国古代的文献收藏单位主要有官府、学校、寺院和私家，其中以宫廷藏书和私人藏书成绩最为显著，也最受人关注。在宫廷藏书方面，西汉初年，废挟书律，遣使求书，大收篇籍，广开献书之路，在宫廷建造有石渠阁、天禄阁等。明清时期，文渊阁、皇史宬、内阁大库、武英殿等成为著名的宫廷藏书处所。由于历代政权的更替与战乱，宫廷藏书散佚严重，流传至今的珍本以清代“天禄琳琅”藏书为主，约 600 多部。② 至于内廷所藏四部《四库全书》，除圆明园的文源阁藏本在 1860 年被英、法联军烧毁外，文渊阁

① 徐坚：《初学记》卷二十一《文部·纸第七》引《桓玄伪事》，517 页，北京，中华书局，1962。

② 参见刘蔷：《清宫“天禄琳琅”书存世状况总述》，载《故宫博物院院刊》，2010（3）。

本、文津阁本和文溯阁本都基本保存完整。此外，北京故宫博物院所藏清代内府刻本也比较丰富。

唐代以前，由于书籍以手抄本流通，私人获得藏书比较困难。宋代以后，随着雕版印刷的普及，私家藏书发展迅速。据《中兴馆阁书目》著录，南宋当时的国家藏书只有44 486卷，而南宋藏书家晁公武聚书24 500多卷，陈振孙藏书更是多达51 180余卷，已是富可敌国。明清以后，私家藏书更是成为中国古典文献流通的主体。据范凤书统计，有文献详细记载的中国历代藏书家总计5 045人，其中宋代以前253人，宋代738人，元代207人，明代897人，清代2 082，近现代868人，另外还有1 000名左右藏书家事迹待考。[①] 流传至今的珍贵古籍，如宋元刻本、明刻本、清代精刻本、重要稿本、名家抄校题跋本，绝大多数都是历代著名藏书家递藏下来的。让我们记住这些人的名字及其藏书楼：叶盛菉竹堂、范钦天一阁、项元汴天籁阁、赵琦美脉望馆、祁承㸁澹生堂、黄虞稷千顷堂、钱谦益绛云楼、毛氏汲古阁（见图0—4）、钱曾也是园、曹溶静惕堂、朱彝尊曝书亭、季振宜静思堂、曹寅楝亭、徐乾学传是楼、揆叙谦牧堂、怡亲王胤祥安乐堂、黄丕烈士礼居、周锡瓒香岩书屋、鲍廷博知不足斋、吴骞拜经楼、汪士钟艺芸书舍、韩应陛读有用书斋、瞿氏铁琴铜剑楼、杨氏海源阁、郁松年宜稼堂、丁日昌持静斋、陆心源皕宋楼、丁氏八千卷楼、朱学勤结一庐、袁芳瑛卧雪庐、翁同龢彩衣堂、张钧衡适园、蒋汝藻传书堂、刘承干嘉业堂、李盛铎木樨轩、邓邦述群碧楼、袁克文后百宋一廛、傅增湘藏园、陈澄中郇斋、潘宗周宝礼堂、周叔弢自庄严堪……

图0—4　国家图书馆藏明崇祯间王咸绘本《虞山毛氏汲古阁图》

（二）当代中国的古典文献收藏与流通

新中国成立后，传统的私家藏书如百川汇海，几乎全部收归公共图书馆、博物馆所有。20世纪80年代以来，私家藏书传统虽稍有恢复，但当代藏书的主体是公藏。

从藏书规模来看，收藏古籍超过100万册的有中国国家图书馆（约200万册）、上海

① 参见范凤书：《中国私家藏书史》，689页，郑州，大象出版社，2001。

图书馆（约 170 万册）、南京图书馆（约 160 万册）、北京大学图书馆（约 150 万册）、中国社会科学院图书馆及各研究所（约 100 万册）等 5 家；收藏古籍 100 万册以下、50 万册以上的有浙江图书馆（约 90 万册）、山东省图书馆（约 80 万册）、湖南图书馆（约 62 万册）、河南省图书馆（约 60 万册）、江西省图书馆（约 60 万册）、辽宁省图书馆（约 56 万册）、四川省图书馆（约 55 万册）、重庆图书馆（约 53 万册）、天津图书馆（约 53 万册）、云南省图书馆（约 50 万册）、中国科学院国家科学图书馆（约 50 万册）等 11 家；收藏古籍 50 万册以下、30 万册以上的公共图书馆有首都图书馆（约 45 万册）、湖北省图书馆（约 45 万册）、安徽省图书馆（约 40 万册）、广东省立中山图书馆（约 39 万册）、甘肃省图书馆（约 38 万册）、陕西省图书馆（约 38 万册）、吉林省图书馆（约 36 万册）、福建省图书馆（约 30 万册）、山西省图书馆（约 30 万册），高校图书馆有东北师范大学图书馆（约 45 万册）、复旦大学图书馆（约 36 万册）、南京大学图书馆（约 40 万册）、北京师范大学图书馆（约 40 万册）、中国人民大学图书馆（约 40 万册）、吉林大学图书馆（约 40 万册）、华东师范大学图书馆（约 33 万册）、清华大学图书馆（约 30 万册）、山东大学图书馆（约 30 万册）、四川大学图书馆（约 30 万册）、南开大学图书馆（约 30 万册），市级图书馆有苏州图书馆（约 30 万册）、无锡市图书馆（约 30 万册），博物馆有北京故宫博物院（约 40 万册），共 23 家。① 以上 39 家藏书机构，总计收藏古籍 2 284 万册，约占国内现存古籍总量的三分之二以上。之所以不厌繁琐地罗列这些枯燥的数字，是因为古典文献学的学习离不开资料的搜集，希望大家根据自己所处的地域，就近查询资料，从事学术研究。

图书馆、博物馆收藏的珍贵文献资料，如果不进入流通环节，其价值就无法实现。为了既不有损于原书，又能方便读者利用，重要的公共图书馆一般提供善本书的缩微胶卷或电子光盘。同时，古籍出版社和古籍数字化出版公司也通过政府支持或商业运作等途径，发行了大量古籍影印丛书和古籍数据库。重要的大型丛书有《影印文渊阁四库全书》、《四库全书存目丛书》及《补编》、《续修四库全书》、《四库禁毁书丛刊》及《补编》、《四库未收书辑刊》、《故宫珍本丛刊》、《北京图书馆古籍珍本丛刊》、《中国地方志集成》、《清代诗文集汇编》等，重要的大型数据库有文渊阁《四库全书》电子版、中国基本古籍库、国学宝典等。以上影印本和数据库极大地促进了古典文献在当代的传播。

（三）中国古典文献在海外的存藏

除中国大陆之外，古典文献流布海外的历史非常悠久、数量十分庞大，目前，国家正在组织专家编纂《散失海外中国古籍总目》，希望摸清海外现藏中国古籍的准确数量。从学术界已有调查和研究来看，数量较多的依次是中国台湾、日本、欧洲、北美和其他地区。

台湾地区收藏古籍最重要的有台湾图书馆、台北“故宫博物院”和“中央研究院”傅斯年图书馆。台湾图书馆藏古籍 25 万册，善本约占一半，其中宋元版 400 多部，明刻本6 000多部，稿抄本 4 000 多部，基本上是原南京国立中央图书馆的珍藏，1949 年后运抵台湾；台北“故宫博物院”藏古籍 20 万册，善本约 6 万册，其中宋元版 460 多部，主

① 以上数据，有的来源于潘美月、沈津编：《中国大陆古籍存藏概况》，台北，“国立”编译馆，2002。但此书编写年代较早，很多数据已不准确或不完备，因此，重点参考了各图书馆官方网站的最新介绍，但也不一定准确，特此说明。

要来源于清宫旧藏、杨守敬观海楼、沈仲涛研易楼等；傅斯年图书馆藏古籍 19 万册，其中善本 5 万册，宋元版 60 多部，珍本主要来源于邓邦述群碧楼等旧藏。

日本收藏中国古籍善本最多的是国立公文书馆（原内阁文库）、宫内厅书陵部和静嘉堂文库三家。公文书馆藏中国古籍 18.5 万册，其中宋元版 130 多部、明刻本 4 700 部（孤本 1 500 部），主要来源于日本江户时代枫山官库、昌平坂学问所旧藏；宫内厅书陵部藏中国古籍 14 万册，包括宋版大藏经 6 263 帖，宋元版 144 部①、明刻本约 1 000 部；静嘉堂文库藏中国古籍约 10 万册，包括宋元版约 300 部，明刻本 550 部，稿抄本 330 部，其中为中国文化界最关注的是清末陆心源皕宋楼旧藏 4 146 种、43 218 册。收藏中国古籍数量和品种较多的是京都大学人文科学研究所和东京大学东洋文化研究所，两家机构于清末至民国年间在中国购置了大量丛书，其中不乏稀见品种。东京大学东洋文化研究所的古籍善本已基本实现数字化，在中国国家图书馆网页提供链接，可以免费阅读和利用。至于藏书规模虽小，但藏书质量非常精善的日本公私图书馆、博物馆还很多，如天理图书馆、尊经阁文库、御茶之水图书馆、东洋文库、大仓文化财团、大东急记念文库、日本国会图书馆、杏雨书屋、蓬左文库、足利学校遗迹图书馆、庆应义塾大学斯道文库等。此外，京都、奈良、东京等地的古老寺庙，收藏宋元版佛经、日本古写本、五山版等珍贵典籍的数量也非常惊人。严绍璗《日藏汉籍善本书录》（中华书局，2007）著录日本汉籍善本 10 800 种，提供了检索书籍收藏处所的便利。

欧洲收藏的中国古典文献资料以敦煌、吐鲁番文献和黑水城文献最为知名，在海内外学者的共同努力下，目前这些资料大多已影印出版。英国大英图书馆藏中文古籍 13 万册，敦煌汉文典籍 13 600 号（完整的 7 000 号）；法国国家图书馆藏中文古籍 3 万多册，敦煌汉文典籍 3 000 卷、残卷 1 040 片；德国柏林国家图书馆东方部藏吐鲁番文献残片 6 001片（实 4 725 号），汉文、回鹘文文献 2 354 件，辽金元印本 294 件；俄罗斯科学院圣彼得堡分所藏敦煌遗书 360 卷、残片 15 000 片，黑水城文献 8 000 件；芬兰赫尔辛基大学图书馆藏吐鲁番文献 1 917 件。② 此外，传统古籍的收藏方面，英国牛津大学图书馆藏有6 000 种，剑桥大学图书馆有 3 000 种，德国巴伐利亚邦立图书馆藏 5 200 多种、3 万册。

美国收藏中国古籍最多的是美国国会图书馆和哈佛大学燕京图书馆。国会图书馆藏善本有宋元版 26 种、明刻本 1 500 种、地方志 4 000 种、《永乐大典》41 册等，部分善本著录于王重民《中国善本书提要》（上海古籍出版社，1983）；哈佛燕京图书馆藏书的精华，除地方志外，全部著录于沈津主编《美国哈佛大学哈佛燕京图书馆藏中文善本书志》（广西师范大学出版社，2011），总计 3 098 种。此外，普林斯顿大学葛斯德东方图书馆、哥伦比亚大学东亚图书馆、华盛顿大学远东图书馆、加州大学伯克利分校东亚图书馆和加拿大多伦多大学东亚图书馆也藏有较多中文善本，并大都出版了善本书志。

由此可见，中国古典文献流散到海外的数量非常惊人。至于文献流布的原因，有政治、战争、掠夺、贸易、文化交流等多方面的因素，不可一概而论。中国台湾所藏主要

① 其中 66 种已影印出版，参见安平秋等主编：《日本宫内厅书陵部藏宋元版汉籍选刊》（全 170 册），上海，上海古籍出版社，2013。

② 有关敦煌文献的总目录，可参考王重民编：《敦煌遗书总目索引》，北京，商务印书馆，1962；黄永武主编：《敦煌遗书最新目录》，台北，新文丰出版公司，1986；施萍婷编：《敦煌遗书总目索引新编》，北京，中华书局，2000。有关吐鲁番文献总目，可参考荣新江主编：《吐鲁番文书总目》（欧美收藏卷），武汉，武汉大学出版社，2007。有关俄藏黑水城文献，可参考［俄］孟列夫著，王克孝译：《黑城出土汉文遗书叙录》，银川，宁夏人民出版社，1994。

是因政治原因，在 1949 年以后从大陆运送过去的宋元明善本，清代以后的普通古籍较少；日本江户时代以前所藏中国古籍主要是唐代以后通过商品贸易所购，民国以后所得除正常的书籍贸易外，大多是侵略中国时所掠夺；北美所藏主要是民国以后从中国、日本、朝鲜等地购买；欧洲的早期藏本主要是传教士购买所得，近代以来多通过非法考古、探险、掠夺等手段获得。

郑振铎于抗日战争期间在上海抢救珍稀文献，感慨地说："史在他邦，文归海外，奇耻大辱，百世莫涤。"① 因而在 1940 年 3 月 27 日《致张寿镛信》中说："我辈爱护民族文献，视同性命，千辛万苦，自所不辞，近虽忙迫，然亦甘之如饴也。"② 的确，近一百多年来，我国古典文献的大量外流所造成的遗憾和耻辱，永远也洗刷不净了，我们唯有珍惜现在所拥有的民族传统文献，并努力传承和发扬光大。

第二节 中国古典文献学

"中国古典文献学"的含义可从两个层面来理解：一是有关"中国古典文献"的"学问"或"学科"，更明确地说，就是以"中国古典文献"为研究对象，对其进行搜集、整理、研究、传承的学问；二是可以理解为"古典"的"文献学"或传统文献学，而不是"现代文献学"。

一、学科的产生与发展

中国古典文献学作为一门学科的历史很短暂，但与之类似的学问很早就出现了。春秋战国时期，以孔子为代表的儒家知识分子，对《易》、《书》、《诗》、《礼》、《春秋》等的编纂、整理、校订、笺注、传承，这就是典型的文献学实践。汉成帝河平三年（前 26），刘向奉诏校勘、整理秘府藏书，每校完一书，就整理篇目，撰写提要，编成《别录》，整个过程包括了版本学、校勘学、目录学等基本学问，奠定了传统校雠学的基础。但古代校雠学的理论发展远远比不上丰富的实践活动，只有颜之推《颜氏家训·书证》、郑樵《通志·校雠略》、胡应麟《四部正讹》、章学诚《校雠通义》等少数几种专门的理论著作，其余都比较零散，不成体系。

清末以来，随着现代大学的创建，校雠学及其相关学问进入大学课堂，成为一门课程。1904 年 1 月 13 日，张之洞等修订《奏定大学堂章程》，文学科"中国文学门"的补助课有"四库集部提要"、"汉书艺文志补注"、"隋书经籍志考证"等，经学科须开设

① 郑振铎：《劫中得书记》序，4 页，上海，上海古籍出版社，2006。

② 郑振铎：《郑振铎全集》第十六卷《书信》，19 页，石家庄，花山文艺出版社，1998。

“钦定四库全书提要经部”，文学科“中国史学门”开设“四库史部提要”。[①] 这一课程设置的意义有二：一是将以《汉书·艺文志》、《隋书·经籍志》为核心的古典目录学课程设置在“中国文学门”，影响深远，直至今日；二是将研读《四库提要》经部、史部、集部的课程分设于“经学科”、“中国史学门”、“中国文学门”，与现在的古代文学文献学、狭义的历史文献学课程有类似之处，可谓首开专科文献研习的先河。然而，由于清末民初学制变更频繁，这些课程的落实情况如何，现在很难详考。而且，从课程名称来看，仍属传统目录学的范畴，与现代大学课程体系有本质的区别。

20 世纪 20 年代，在胡适的大力倡导下，兴起了“整理国故”运动。在这样的背景下，1925 年秋，《北京大学国文学系学科组织大纲》实施，国文学系二年级以上学生在以下三类课程中任选一类专攻：A 类课，关于语言文字者；B 类课，关于文学者；C 类课，关于整理国故之方法者。C 类课程的必修课是“中国目录学”、“中国校勘学”、“中国古礼学”、“中国古乐学”、“中国古历数学”、“中国古器物学”，选修课是“古籍校读之演习及指导”。同年 9 月，北京大学国文学系的课表中有“中国古籍校读法”（马裕藻）、“校勘实习”（陈垣）两门校雠学课程。[②] 这些课程的开设，标志着现代学术意义上的校雠学正式进入大学课堂。此后，南北高校纷纷开设“目录学”、“校雠学”、“读书指导”等课程。如胡朴安于 20 年代末在上海多所大学任教，曾编《古书校读法》讲义，后与其侄胡道静合编为《校雠学》，1931 年商务印书馆编入《万有文库》，影响巨大；刘咸炘于 1926 年任教于成都大学中文系，1928 年编成《目录学》讲义，既讲目录，也讲版本、校勘；汪辟疆于 1928 年后在南京国立中央大学讲授“目录学”、“校勘学”，1934 年出版《目录学研究》；余嘉锡于 1928 年后在辅仁大学、北京大学等校讲授“目录学”，著有《目录学发微》；向宗鲁于 1935 年、1937 年两次任教于四川大学中文系，编有《校雠学》讲义；程千帆于 1942 年在金陵大学迁校成都时讲授“校雠学”，同时开始撰写《校雠广义》；张舜徽在大学讲授“读书指导”课程，于 1943 年编写《广校雠略》作为教材，等等。可以说，从 20 年代至 40 年代，大学国文系的校雠学课程以目录学和校勘学为主。

从古代丰富的校雠实践、零散的校雠理论，到民国时期校雠学知识的系统化、课程的制度化，这是很大的飞跃。但为什么要用“文献学”来取代“校雠学”呢？大家都知道，“文献”一词，最早见于《论语·八佾》：“子曰：夏礼，吾能言之，杞不足征也；殷礼，吾能言之，宋不足征也。文献不足故也。足，则吾能征之矣。”这里的“文献”一词，刘宝楠《论语正义》解释“文”为“典册”，“献”为“秉礼之贤士大夫”。元代马端临《文献通考》最早以“文献”作为书名，以叙事性的记载为“文”、议论性的言谈为“献”；明初编纂的《永乐大典》，初名《文献大成》，完全是指典籍与文字资料，已经与这个词的现代含义基本相同了。有了“文献”一词，自有关于“文献”的学问。但在现代学术背景中，首先创建文献学理论体系的是郑鹤声、郑鹤春兄弟于 1928 年编撰的《中国文献学概要》（商务印书馆，1930）。郑鹤声是著名的历史学家，1928 年以后兼职于国立中央大学史学系，讲授“中国史部目录学”、“史学概论”等课程，此书与《中国史部目录学》同时编成，希望在传统与现代、中国与西方的文化冲突背景下，重新审视中国文献的价值，以“睹乔木而思故家，考文献而爱旧邦”（《四部丛刊征启》）。作为开创性的著作，此书将中国文献学分为结集、审订、讲习、翻译、编纂、刻印六个部分，另有

① 参见陈元晖主编，璩鑫圭、唐良炎编：《中国近代教育史资料汇编·学制演变》，358、363 页，上海，上海教育出版社，2007。

② 参见温儒敏主编：《北京大学中文系百年图史 1910—2010》，50～51 页，北京，北京大学出版社，2010。

私家藏书一章，因草稿篇幅过大，拟另为《中国地方藏书小史》一书。由此可见，郑氏兄弟理解的中国文献学，实际上已涉及文献的目录、校勘、学术史、翻译、编纂、版本、典藏等七方面的内容，深具远见卓识。然而，由于民国时期大学国文系的课程体系中只有校雠学和目录学等，所以"中国文献学"这一新命名的学问在相当长时间内既没有同名后续著作，也没有其他大学讲授这门课程。

新中国成立后，为了加强古籍整理和出版规划，1958 年 2 月，国务院科学规划委员会成立了古籍整理出版规划小组，小组成员由叶圣陶、齐燕铭、何其芳、吴晗、杜国庠、陈垣、陈寅恪、罗常培、范文澜、郑振铎、金兆梓、金灿然、赵万里、徐森玉、张元济、冯友兰、黄松龄、潘梓年和翦伯赞等十九人组成。其主要任务是：确定整理出版古籍的方针，领导制定整理出版古籍的计划，拟定培养古籍整理人才的方案。出版古籍的任务主要由中华书局承担，而培养古籍整理人才只能以大学教育为途径。于是，在多方力量的争取下，1959 年 6 月，北京大学与中华书局合作，在中文系正式创立"古典文献"专业，学制为五年，由魏建功为负责人。从此，古典文献学作为一个专业正式产生。时任规划小组成员的历史学家翦伯赞撰文解释设立这个专业的目的："北京大学今年新设了一个专业，名曰'古典文献专业'。设置这个专业的目的是培养整理中国文化遗产的人才，主要的是整理中国古典文学、史学、哲学方面的文献。这样一个专业的设置，可以说把整理古典文献工作提到了它应该受到的重视的地位。"[①] 也就是说，虽然"古典文献"专业挂靠在中文系，但培养的人才除了整理文学方面的文献，也包括史学、哲学方面的，亦即所有古代文献。

不同于北京大学古典文献专业的广受关注，1957—1960 年间，王欣夫在复旦大学中文系默默地讲授"文献学"课程，1959 年 12 月编成《古文献学要略》讲义。这是新中国成立以来第一部以"古文献学"命名的教材，但随着作者 1966 年去世而长期无人知晓。1983 年，南京大学中文系因教学需要，油印此书作为参考资料；1986 年，上海古籍出版社正式出版了这部有着特殊意义的《文献学讲义》。

1981 年，随着国务院批准《首批博士和硕士学位授予单位及其学科、专业名单》，"中国古典文献学"作为学科名称正式固定了下来，与此同时，"历史文献学"则成为历史学下属的二级学科。首批名单中，中国古典文献学没有博士点，只有三家硕士招生单位：北京大学、东北师范大学和华东师范大学。而历史文献学则分别有华中师范学院（今华中师范大学）和中国社会科学院研究生院两家单位获批博士点。1984 年，北京大学、北京师范大学和杭州大学（今浙江大学）三家单位被授权招收中国古典文献学博士生。从此，本专业的本科、硕士、博士人才培养体系正式形成。

二、学科的属性与特色

如果说 1928 年的《中国文献学概要》、1959 年的《古文献学要略》还是文献学者个人的偶然探索，那么，1982 年出版的吴枫《中国古典文献学》和张舜徽《中国文献学》则是在新的学位制度下结合学科建设和教学需要所作的理论总结。三十年来，随着学科的发展，高校纷纷开设这门课程，出版了数以百计的教材、专著，形成了理论探索的热

① 翦伯赞：《从北大古典文献专业谈到古籍整理问题》，载《光明日报》，1959－07－17。

潮。然而，这门学科的性质、归属、范围、内容等应当如何划定，学术界、教育界尚未达成共识。

汉语中的“文献学”在外语中没有完全匹配的词。英文 bibliography 被译作“书目”、“目录学”、“书志学”，不足以概括文献学的全部内容；documentation 被译作“文献工作”或“文献学”，一般指现代文献学，以文献信息的搜集、分析、组织和检索为核心内容，不能涵盖古典文献学；philology 虽然接近古典文献学，但其具体范围很难确定，包括“历史比较语言学”、“古文字学”、“古文献释读、考订”等多方面的内容。从上文考察本学科的产生与发展来看，古典文献学是继承中国古代和民国时期的校雠学发展而来的，以古籍版本学、古籍目录学、古籍校勘学等为核心内容，这原本是很清楚的事实。但随着现代文献学和专科文献学的发展，古典文献学的研究对象、学科地位和归属需要重新评估。

在当代学科体系下，“中国古典文献学”、“历史文献学”、“文献学”是三足鼎立的局面。先来看“文献学”，据国家标准《学科分类与代码》（GB—T13745—2009），隶属于图书馆、情报与文献学之下的二级学科有图书馆学、文献学、情报学、档案学、博物馆学、其他学科等，其中文献学包括文献类型学、文献计量学、文献检索学、图书史、版本学、校勘学、其他学科等，而目录学则属于图书馆学。我们知道，传统的版本学、校勘学、目录学是以古籍为对象发展起来的，当代图书馆虽然有古籍部或特藏部，需要相关的人才，但在高校图书情报专业，只有少数高校还在坚持开设传统的文献学课程。这从政府的专业导向也可以看出来，据教育部颁布的《普通高等学校本科专业目录（2012）》，图书情报与档案管理类一级学科下分图书馆学、档案学、信息资源管理三个二级学科，在专业设置上把“文献学”排除在外。这与纸质文献的减少、电子文献的激增有很大关系，意味着原本发达的“现代文献学”似乎已被“信息管理学”边缘化，已不足以与“古典文献学”形成对立。

其次来谈“历史文献学”。1928 年撰写《中国文献学概要》的郑鹤声是历史学家，1982 年出版《中国文献学》的张舜徽也是历史系教授，1979 年任中国历史文献研究会首任会长，1981 年被批准为首批历史文献学博士生导师，可见历史学与文献学有着密不可分的关系，因为历史学的研究离不开古代文献资料的整理与利用。事实上，在张舜徽的《中国文献学》中，历史文献与古典文献基本上是同义词，都是指古代的一切文字记录资料。该书的主要内容也是谈整理古代文献的方法（目录、校勘、版本）和已有业绩。因此，广义的“历史文献学”与“古典文献学”其实是同义词。但是，由于分属历史学和中国语言文学，其师资、学科特色差异明显，其研究的具体内容也是同中有异的。大致地说，虽然“历史文献学”和“古典文献学”都讲版本、目录、校勘、辨伪、考证等文献学基本理论和方法，但具体到专门的学科研究领域，“中国古典文献学”更侧重使用语言文字学、校雠学的方法笺注、考订、传播古代文献，内容上侧重文学典籍、经学和小学文献等；“历史文献学”更侧重史部典籍、古代文书档案、出土文献等的综合整理与研究，如敦煌学、明清档案研究等都归属于历史文献学。

以上所述，都是广义的或作为综合学科的“历史文献学”或“古典文献学”。但是，自 1986 年张君炎《中国文学文献学》和 1988 年王余光《中国历史文献学》出版后，专科文献学的发展越来越迅速，成为文献学理论探索最热门的领域。有学者指出：“中国古典文献学归类不当，不应该处在中国语言文学之下当二级学科，而应该迁出。它原来所处的二级学科位置应该由中国文学文献学来代替。”① 而历史文献学也面临同样的挑战，由于主要开设在历史学专业，有学者呼吁，应当使用狭义的概念，即“历史学文献学”。王余光《中国历史文献学》提出“历史文献学是一门专科文献学”②，这就淡化了历史文献学的综合学科性质；该书在介绍历史文献时也侧重于编年体和纪传体史籍、档案、方志、少数民族历史文献、出土文献等，是最早尝试将历史文献学引向专科文献学道路的开创之作。1991 年，由 25 校合编、张大可主编的《中国历史文献学》（陕西人民教育出版社，1991）问世，1999 年，该书又出版修订本，由谢玉杰、王继光主编（23 校合编），该书明确指出：“广义历史文献，系指一切文献；狭义历史文献即历史学科史料文献，其中历史学记注与撰述的典籍是狭义历史文献的主体。”又说：“既然学术界已有各种专科文献学问世，那么中国历史文献学，就当是专科的中国历史学文献学……本书论述的历史文献范围，从历史史料学角度以广义文献为对象，而重点突出史部文献，层次分明地考察古今多样性的历史文献，应当是通达而符合实际的。”③ 该书第三、四章“历史学文献类别概述”、第五章“古今原始资料文献”都是侧重于为历史学研究奠定基础的专科文献学。除以上二书外，尽管后来出版的大多数历史文献学教材还是持保守立场，使用广义的概念，与《中国古典文献学》教材没有太大区别，但近年来，越来越多的论著在呼吁，历史文献学的学科性质与定位应当是专科文献学。

除文学文献学、历史文献学外，哲学文献学、宗教文献学、艺术文献学、法律文献学、中医文献学、术数文献学、古代科技文献学等都可以成立，更进一步细分，在“文学文献学”之下还可按体裁分为“小说文献学”、“戏曲文献学”等，按时代分为“唐代文学文献学”、“宋代文学文献学”等，按书籍分为“《诗经》文献学”、“《楚辞》文献学”等。这就使得文献学的研究对象变得包罗万象，基本上等同于“传统文化研究”或“国学研究”这样泛化的名称了。如何认识和引导专科文献学的发展趋势，已经成为文献学理论迫切需要解决的问题。

作为一门基础学科，文献学与其他学科交叉形成新的研究领域，这是值得肯定的，也不必担心在与别的学科交叉时丧失自我。因为每一门学科都有自己的本质属性和核心内涵，即使与其他学科交叉，本身的特性也不会改变。无论是“中国古典文献学”还是广义的“历史文献学”，其学科内涵就是对“古典文献”或“历史文献”的整理与研究，并以传统的校雠学、语文学、考据学等为主要方法，其目的是使古代文献更便于阅读与传承。至于对古代文献进行文艺学、美学、历史学、哲学的研究，不是本学科的任务；而古代文学、历史学、哲学、艺术学等专业，如果有条件，可以将文献学作为辅助工具，开设专科文献学方面的课程，作为专业入门指导。明确了这一点，学科名称是“古典文献学”、“历史文献学”还是“古文献学”，是二级学科还是一级学科，都是次要的问题。

【主要参考文献与课外阅读书目】

郑鹤声，郑鹤春．中国文献学概要．上海：商务印书馆，1930；上海：上海书店，1983；上海：上海古籍出版社，2001

王欣夫．古文献学要略（原名）．油印本．上海：复旦大学中文系，1959；南京：南京大学中文系，1983；文献学讲义（更名）．上海：上海古籍出版社，1986；台北：台湾

① 冯浩菲：《我国文献学的现状及历史文献学的定位》，载《学术界》总 83 期，2000－04。

② 王余光：《中国历史文献学》，18 页，武汉，武汉大学出版社，1988。

③ 谢玉杰、王继光主编：《中国历史文献学》，5～6、10 页，北京，民族出版社，1999。

商务印书馆，1992；2 版．上海：上海古籍出版社，2005；王欣夫说文献学（更名）．上海：上海古籍出版社，2000

吴枫．中国古典文献学．济南：齐鲁书社，1982；2 版．2005

张舜徽．中国文献学．郑州：中州书画社，1982；上海：上海古籍出版社，2005；张舜徽集·中国文献学．武汉：华中师范大学出版社，2004

黄永年．古籍整理概论．西安：陕西人民出版社，1985；上海：上海书店出版社，2001

程千帆，徐有富．校雠广义．济南：齐鲁书社，1991；程千帆全集·校雠广义．石家庄：河北教育出版社，2000

孙钦善．中国古文献学史．北京：中华书局，1994；中国古文献学史简编．北京：高等教育出版社，2001；北京：北京大学出版社，2008

洪湛侯．中国文献学要籍解题．杭州：杭州大学出版社，1997

杜泽逊．文献学概要．北京：中华书局，2001；修订本．2008

陶敏．中国古典文献学教程．长沙：湖南教育出版社，2004

张三夕．中国古典文献学．武汉：华中师范大学出版社，2003；2 版．2007

郭英德，于雪棠．中国古典文献学的理论与方法．北京：北京师范大学出版社，2008

许逸民．古籍整理释例．北京：中华书局，2011

（罗鹭　编撰）

第一单元

入门篇

本单元包括目录学和版本学，可合称为版本目录学，是中国古典文献学的基础课程。学了目录学，我们就知道该读什么书；学了版本学，就知道应读某书的哪个版本。二者相辅相成，构成了研究中国传统文化的治学门径。对版本学有兴趣的学者，一般也精通于目录学，反之亦然。20世纪以来的版本目录学家，多集中于藏书界和图书馆界，如傅增湘、王重民、赵万里、顾廷龙、冀淑英等。

第一课 目录学

【本课教学重点】

一、目录学专业术语；

二、目录的体制、部类及其要素；

三、不同目录类型的重要目录著作；

四、目录的运用。

【建议课时】

约4学时。第一节以讲授为主，教师讲解难点，约1学时；第二节以讲授为主，教师讲解难点，约2学时；第三节以学生自学为主；第四节以教师讲授为主，约1学时。

清代学者王鸣盛在《十七史商榷》中说："目录之学，学中第一要紧事。必从此问途，方能得其门而入。"由此可见目录学的重要性。目录学是围绕"目录"所发生的学问，可以分为三个层面：目录编撰之学；目录研究之学；目录应用之学。目录要对记载的内容（主要是书籍）进行分类，这就形成了目录的部类。中国古代书籍分类最有代表性的是经、史、子、集四部分类法。掌握了目录分类法，熟读重要的书目，就能了解某种学问的源流，迅速地检索需要的信息。

第一节 概　述

一、目录

“目”的本义是人的眼睛。《说文》：“目，人眼。象形，重童子也。”大概因为眼睛在人体诸器官中占有着核心的地位，能够起到标识的作用，所以引申而言，用于书籍等文献材料，“目”就可以指篇或卷的名称，也可以指书籍或某一材料的名称。刘向《说苑叙录》：“后令以类相从，一一条别篇目，更以造新事十万言以上，凡二十篇七百八十四章，号曰《新苑》。”① 这里“篇目”的“目”就是指篇的名称。刘歆《与扬雄书》：“诏问三代周秦轩车使者、遒人使者，以岁八月巡路，求代语、童谣、歌戏，欲得其最目。因从事郝隆求之有日，篇中但有其目，无见文者。”“属闻子云独采集先代绝言、异国殊语以为十五卷，其所解略多矣，而不知其目。”“今谨使密人奉手书，愿颇与其最目，得使入箓，令圣朝留明明之典。”② 其中的“目”也是指篇的名称。《汉书·刘向传》：“各有条目，凡十一篇，号曰《汉书·洪范五行传论》。”《公孙刘车王杨蔡陈郑传》：“增广条目，极其论难，著数万言。”《汉书·扬雄传》：“《法言》文多不著，独著其目。”这里的“目”也是指篇卷的名称。

“录”原指刻木时发出的声音。《说文》：“录，刻木录录也。”大概因为古人书写要用刀在竹片或木片上刻划，引申而言，“录”也就有了记录之意。章太炎：“凡言记录者，借为‘刻木录录’之录，古为书契，本刻木为之也。”（《小学答问》）就是以“录”有书写、记录之意。刘向《管子书录》：“……向谨第录。”③ 其中的“第录”之“录”就是记录之意。《汉书·艺文志》序：“至成帝时，以书颇散亡，使谒者陈农求遗书于天下。诏光禄大夫刘向校经传、诸子、诗赋，步兵校尉任宏校兵书，太史令尹咸校数术，侍医李柱国校方技。每一书已，向辄条其篇目，撮其指意，录而奏之。”其中的“录”也是记录的意思。

至于“目录”，就其成词来看，目前所见较早的文献记载主要有二：其一，刘歆《七略》：“《尚书》有青丝编目录。”④ 其二，班固《汉书·叙传》：“刘向司籍，九流以别；爰著目录，略序鸿烈。述《艺文志》第十。”至于何为“目录”，余嘉锡解释云：

> 目谓篇目，录则合篇目及叙言之也。《汉志》言刘向校书，“每一书已，辄条其篇目，撮其旨意，录而奏之”，“旨意”即谓叙中所言一书之大意，故必有目有叙乃得谓之录。录既兼包叙目，则举录可以该目，故向所奏上之篇目旨意，载在本书者谓之录，编集别行者谓之《别录》也。其所以又有目录之名者，因向之著录起于奉

① 姚振宗辑，邓骏捷校补：《七略别录佚文》，5页，澳门，澳门大学出版中心，2007。
② 张震泽校注：《扬雄集校注》，273～274页，上海，上海古籍出版社，1993。
③ 《七略别录佚文》，44页。
④ 同上书，94页。

诏校书。当时古书多单篇别行，各本多寡不一。向乃合中外之书，除其重复，定著为若干篇，遂著其篇目以防散佚，且以见定本之与旧不同。篇目之后，又作叙一篇，发明其意，随书奏上。因编校之始，本以篇目为主，故举目言之，谓之目录也。诸书所载向、歆之奏，亦或谓之叙录。盖二名皆举偏以概全，相互以见意耳。实则录当兼包叙目，班固言之甚明。其后相袭用，以录之名专属于目，于是有篇目而无叙者亦谓之目录。又久之而但记书名不载篇目者，并冒目录之名矣。[①]

显然，在余先生看来，“目录”之名实由刘向之“录”而来，“录”本包括“目”与“叙”两部分，举“叙”而言之就是“叙录”，举“目”而言之，则就是“目录”了。至于“但记书名不载篇目”者，不过是冒“目录”之名而已。此说影响甚大。如张舜徽、程千帆、徐有富、来新夏、彭斐章等先生，对“目录”之名义也多有论述，从中不难看出此论的影响。[②] 那么，刘向之“录”具体又是怎样的呢？不妨举其《列子书录》以为说明：

《天瑞》第一
《黄帝》第二
《周穆王》第三
《仲尼》第四　一曰《极知》
《汤问》第五
《力命》第六
《杨朱》第七　一曰《达生》
《说符》第八

右新书定著八篇。护左都水使者光禄大夫臣向言：所校中书《列子》五篇，臣向谨与长社尉臣参校雠，太常书三篇、太史书四篇、臣向书六篇、臣参书二篇，内外书凡二十篇，以校，除复重十二篇，定著八篇。中书多，外书少。章乱布在诸篇中。或字误，以“尽”为“进”，以“贤”为“形”，如此者众。及在新书有栈，校雠从中书。已定，皆以杀青书，可缮写。列子者，郑人也，与郑缪公同时，盖有道者也。其学本于黄帝、老子，号曰道家。道家者，秉要执本，清虚无为。及其治身接物，务崇不竞，合于六经。而《穆王》、《汤问》二篇，迂诞恢诡，非君子之言也。至于《力命》篇，一推分命；《杨子》之篇，唯贵放逸。二义乖背，不似一家之书。然各有所明，亦有可观者。孝景黄帝时贵黄老术，此书颇行于世。及后遗落，散在民间，未有传者。且多寓言，与庄周相类，故太史公司马迁不为列传。谨第录。臣向昧死上。护左都水使者光禄大夫臣向所校《列子书录》，永始三年八月壬寅上。[③]

全部的内容就是余先生所云之“录”，“《天瑞》第一”至“《说符》第八”则为所云之“目”，“右新书定著八篇”至末尾大致则为所云之“叙”了。

就实践的层面而言，目录著作通常又有以下几种名称：

（1）录，如西汉刘向之《别录》；

（2）叙录，如唐陆德明《经典释文叙录》；

① 余嘉锡：《目录学发微》，见《余嘉锡说文献学》，20页，上海，上海古籍出版社，2001。

② 参见张舜徽：《中国文献学》，108页，上海，上海古籍出版社，2005；彭斐章等：《目录学》，1页，武汉，武汉大学出版社，1986；程千帆、徐有富：《校雠广义·目录编》，1页，见《程千帆全集》，第3卷，石家庄，河北教育出版社，2000；来新夏：《古典目录学浅说》，1页，北京，中华书局，1981。

③ 《七略别录佚文》，45～47页。

（3）录目，如唐释智昇《开元释教录》所载之《历代所出众经录目》；

（4）略，如刘歆之《七略》；

（5）志，如东汉班固《汉书·艺文志》、唐魏征等《隋书·经籍志》、宋晁公武《郡斋读书志》；

（6）簿，如魏郑默《魏中经簿》、晋荀勖《中经新簿》；

（7）书目，如晋李充《晋元帝四部书目》、宋尤袤《遂初堂书目》；

（8）书录，如唐毋煚《古今书录》、清黄丕烈《百宋一廛书录》；

（9）解题，如宋陈振孙《直斋书录解题》；

（10）记，如清钱曾《读书敏求记》、周中孚《郑堂读书记》；

（11）提要，如清纪昀等《四库全书总目提要》。

以著录一书之篇卷名称为主的目录称为一书目录，以记载群书之书名及其相关信息为主的目录称为群书目录。群书目录是目录学研究的主要对象。

二、目录学

最早提及“目录学”的是宋人笔记《丞相魏公谭训》：“祖父谒王原叔，因论政事。仲至侍侧，原叔令检书史。指之曰：此儿有目录之学。”① 此“目录之学”应该是指对于相关的目录较为了解，并善于利用目录来查找所需要的资料。

进入清代，随着学术研究活动深入开展，以及目录学自身的进一步发展，“目录学”再次被学者所明确提及，如王鸣盛说：“目录之学，学中第一紧要事，必从此问途，方能得其门而入。”② 又说：“凡读书最切要者，目录之学。目录明，方可读书，不明终是乱读。”③ 大致可以判断，这里所说的主要还是对目录著作的利用，包括利用目录查检图书以及对相关的学术情况进行考察等。

清末，目录学大家姚振宗提出：“夫目录之学，津逮颇繁……故言其粗，则胪列书名，略次时代，亦不失其体裁；言其精，则六经传注之得失，诸史记载之异同，子、集之支分派别，各具渊源。版椠之古刻今雕，显有美恶，与夫纸墨优劣，字画精粗，古之人亦不废。抉奥提纲，溯源竟委，盖实有校勘之学寓乎其中，而考证之功，且递推递密至无穷尽也。”④ 将目录学分为两个层次，其粗者不过就是按照一定的形式对书籍进行著录，而其精者，则还要在目录中对书籍的内容、版本等进行评价、记载与考证等。姚振宗这里主要是从目录编撰的角度进行说明，要求目录要更全面地对书籍予以反映。

进入现代，随着目录学的进一步发展，学者们也在对何为目录学进行阐释与说明。姚名达指出：“目录学者，将群书部次甲乙，条别异同，推阐大义，疏通伦类，将以辨章学术，考镜源流，欲人即类求书，因书究学之专门学术也。”⑤ 同样是从编撰的角度进行定义，通过目录编撰“辨章学术，考镜源流”，为从事学术研究的人提供服务。

汪辟疆也对何为目录学进行了论述：其一，“目录学者，纲纪群籍，簿属甲乙之学

① 苏象先：《丞相魏公谭训》卷四，四部丛刊本。

② 王鸣盛：《十七史商榷》卷一，清乾隆五十二年（1787）洞泾草堂刻本。

③ 同上书，卷七。

④ 姚振宗：《师石山房书录·序》，南京图书馆藏钞本。

⑤ 姚名达：《目录学》，9页，《民国丛书》本。

也”；其二，“目录学者，辨章学术，剖析源流之学也”；其三，“目录学者，鉴别旧椠，雠校异同之学也”；其四，“目录学者，提要钩玄，治学涉径之学也”[①]。从目录的编撰、功用等对“目录学”的内涵进行揭示。

结合古典目录学的实际，本书认为，所谓目录学就是围绕着“目录”所发生的学问，大体可以分为三个层面：其一，目录编撰之学，主要包括采取何种体例编撰，如何对书籍进行分类，确定以及完善著录项等。目录编撰是古典目录学的基础部分，也是其核心部分。其二，目录研究之学，即以目录为研究对象，就目录自身的问题展开研究，诸如目录的功用、目录的类型、目录部类的发展及其演变，等等。其三，目录应用之学，诸如通过目录编撰“辨章学术、考镜源流”，以目录作为学术研究的外在形式；从目录著作中汲取学术研究的资料；根据目录著作考察学术的发展及其演变，等等。通常情况下，此三者并非是孤立的，而是互有联系、密不可分，纠结缠绕在一起。例如，即便是通常意义上的目录编撰也包含有目录研究的成分，这种研究为目录的编撰提供指导，同时也有学术研究活动的积极参与，因为书籍的分类要以学术为参照，而分类的结果也反映了学术的内容。

与目录学相关联的还有一个概念需加以说明，这就是校雠学。刘向《别录》：“一人读书，校其上下，得谬误，为校。”“雠校者，一人持本，一人读书，若怨家相对，故曰雠也。”[②] 可见，校雠实际上也就是校勘的意思。校雠，是刘向图书整理活动的重要环节。南宋郑樵撰《通志·校雠略》，以“校雠”作为一略之称名，所论则主要包括文献的收集、整理及编目等，强调通过文献的分类、著录来考察、反映学术源流。郑氏这里的“校雠”实际上是以图书整理活动的一个环节来代替包括目录的编制等在内的全部的图书整理活动，以一而概全。至清，章学诚撰《校雠通义》，对郑樵推崇备至：“校雠之义，盖自刘向父子部次条别，将以辨章学术，考镜源流，非深明于道术精微、群言得失之故者，不足与此……郑樵生千载而后，慨然有会于向、歆讨论之旨，因取历朝著录，略其鱼鲁豕亥之细，而特以部次条别，疏通伦类，考其得失之故而为之校雠。盖自石渠、天禄以还，学者所未曾窥见者也。”[③] 又云：“由刘氏之旨，以博求古今之载籍，则著录部次，辨章流别，将以折衷六艺，宣明大道，不徒为甲乙纪数之需，亦已明矣。”[④] 明确提出校雠的目的在于宣明大道，较郑樵所称的考察、反映学术源流无疑又高了一层，具有了更多的形而上的色彩。与之同时，章学诚又反对“目录学”这一说法：“谓古人别有目录之学，真属诧闻。且摇曳作态以出之，言或人不解，问伊：书止求其义理足矣，目录无关文义，何必讲求？彼则笑而不言。真是贫儿卖弄家私，不值一笑矣。”[⑤] 至此，作为具有高度的学术自觉与理论色彩的校雠学已经得以确立。

现代学者中，与章学诚保持高度一致的为张舜徽先生。张先生也赞成校雠学而反对目录学：“目录、版本、校勘，皆校雠家事也……后世为流略之学者，多不识校雠，而好言目录，此大谬也。稽之古初，因校书而叙目录，自刘《略》、荀《簿》、王《志》、阮《录》，靡不皆然。盖举其学斯为校雠，论其书则曰目录，二者相因犹训诂之与传注。训诂者其学也，传注者其书也。目录而可自立为学，将传注笺解义疏之流亦可别自为学

① 汪辟疆：《目录学研究》，1～3页，上海，商务印书馆，1955。

② 《七略别录佚文》，16页。

③ 章学诚著，叶瑛校注：《文史通义校注·校雠通义》，945页，北京，中华书局，1985。

④ 同上书，952页。

⑤ 章学诚：《章学诚遗书·信摭》，367页，北京，文物出版社，1985。

乎？"[1] 显然，在张先生看来，校雠学可以成为一门学问，而目录只不过是校雠的一部分，所以不足以成为专门之学。

那么，究竟应该如何来认识校雠学呢？校雠学与目录学又是何种关系呢？有论者或主张将校雠学视为大文献学的概念，与"大文献学"可以互通，等等。本书认为，校雠学就是校雠学，其主要特点就在于高度的学术自觉与理论色彩，以及对于形而上的"道"的追求，其所谓的文献的收集、分类及其著录等，无不为此而服务。正是因为此，我们说校雠学与"大文献学"虽有关联而无法互通，与目录学也有着明显的区别，尽管人们通常也把校雠学纳入目录学的范围。

三、目录学史

（一）历史上的目录学

1. 先秦：目录学的萌芽

《尚书·多士》："惟尔知，惟殷先人，有典有册。"既然"有典有册"，就要进行管理，而登记、记录无疑是管理的手段之一。《隋书·经籍志》簿录类序："古者史官既司典籍，盖有目录以为纲纪，体制堙灭，不可复知。孔子删书，别为之序，各陈作者所由，韩、毛二《诗》，亦皆相类。"其中"盖有目录以为纲纪"，也就是指对典册进行管理。其中提到的孔子《书序》，以及《韩诗》、《毛诗》之《序》，也被视为目录。他如司马迁《史记·太史公自序》、班固《汉书·叙传》、扬雄《法言序》等通常也被视为目录著作。将《书序》等视为目录，带有一定的宽泛色彩。

2. 两汉：目录学的奠基

图 1—1 （汉）刘向

汉成帝河平三年（前 26），刘向（见图 1—1）受诏领校秘书，对国家藏书进行全面、系统的整理。主要包括：其一，广罗众本，对书籍本身进行整理，校其讹误，除其重复，写为定本；其二，撰写"书录"，对所整理的书籍进行记录与介绍，"条其篇目，撮其旨意，录而奏之"（《汉书·艺文志》），众录集为一书，也就成了中国古典目录学的第一部专书——《别录》。刘向"书录"之义例，主要包括：（1）著录书名与篇名；（2）叙述雠校之原委；（3）介绍著者之生平与思想；（4）说明书名之含义，著书之原委及书之性质；（5）辨别书之真伪；（6）评论思想或史事之是非；（7）叙述学术源流；（8）判定书之价值。[2]《别录》大概散佚于唐末五代，今所存较为完整的书录有《战国策书录》、《孙卿书录》、《说苑书录》、《管子书录》、《列子书录》（见前引）、《韩非子书录》、《邓析子书录》、《山海经书录》（为刘歆所撰）等。刘向通常被认为是中国古典目录学的开山鼻祖。

① 张舜徽：《广校雠略》，见《张舜徽集》，8 页，武汉，华中师范大学出版社，2004。

② 参见姚名达：《中国目录学史》，33～37 页，上海，上海古籍出版社，2002。

刘向殁后，其子刘歆继承父业，一方面继续完成刘向尚未完成的图书整理工作，另一方面又参考《别录》编撰完成了中国古典目录学史上另一部重要的目录学著作——《七略》。

刘歆之后，班固据《七略》而为《汉书·艺文志》，主要做了以下几个方面的工作：(1) 将《七略》之《辑略》稍加改编，或增加一些内容，分条散置于《六艺略》等的大类及小类后面，以作为相应的小类或大类的序文，这就形成了有大序、小序的目录体例，对后世的目录编撰产生了深远的影响，为人所称道；(2) 对一些书籍施以小注，就相关内容进行注释；(3) 新增录若干《七略》所未载之书籍。《汉书·艺文志》开创了后世正史设立艺文志或经籍志的先河。《汉志》是古典目录学的典范之作，也是一部学术名著，历来为目录学家和学者们所重视。

这一时期，还出现了郑玄《三礼目录》这样的专科目录。

无论是刘向《别录》、刘歆《七略》，还是班固《汉书·艺文志》，均体现出了“辨章学术，考镜源流”的目录学思想。

3. 魏晋南北朝——目录学的初步繁荣

魏晋南北朝是中国古典目录学发展的重要时期。在目录编撰方面，出现了大量公藏图书目录，如：魏有郑默《魏中经簿》；晋有荀勖《中经新簿》、李充《晋元帝四部书目》、徐广等《晋义熙四年秘阁四部目录》等；宋有谢灵运《宋元嘉八年秘阁四部目录》、殷淳《四部书目》、王俭《宋元徽元年四部书目录》；齐有王亮、谢朏《齐永明元年秘阁四部目录》；梁有刘孝标《梁文德殿四部目录》，殷钧《梁天监六年四部书目录》，刘遵《梁东宫四部目录》；陈有《陈天嘉六年寿安殿四部目录》、《陈德教殿四部目录》、《陈承香殿五经史记目录》；北魏有卢昶《甲乙新簿》，等等。私撰目录则有宋王俭《七志》、梁阮孝绪《七录》等。此外又有各种专科目录，如文学目录有荀勖《杂撰文章家集叙》、挚虞《文章志》、傅亮《续文章志》、宋明帝《晋江左文章志》、沈约《宋世文章志》等；佛教目录有聂道真《众经目录》、支敏度《经论都录》、释道安《综理众经目录》、释僧祐《出三藏记集》、释慧远《庐山录》，等等；陆修静则编撰了我国第一部独立的道经目录《三洞经书目录》。目录编撰的体例及部类的划分等也相应地做了调整，出现了新的变化。如王俭《七志》开创了纪传体的目录提要形式，新创“图谱志”等；僧祐《出三藏记集》(六至十二卷）则开了辑录体目录提要的先河，等等。

理论方面，目录学家们充分认识到了目录著作在记载文化成果、辨章学术源流、考订书籍真伪等之中的重要作用。以阮孝绪为例，其一方面高度肯定典籍的重要性：“非夫《丘》、《索》、《坟》、《典》、《诗》、《书》、《礼》、《乐》，何以成穆穆之功，致荡荡之化也哉!”[①] 另一方面即通过目录编撰的形式，撰《七录》十二卷，对书籍进行记载，以反映学术及文化。阮氏对于目录的重视，还体现在于《七录·记传录》专门设立“簿录部”，著录目录著作 36 种、62 帙、338 卷。

4. 唐宋元——目录学的进一步发展

唐代的公藏目录主要有开元年间元行冲等编撰的《群书四部录》及毋煚编撰的《古今书录》。《群书四部录》二百卷，是《四库全书》以前篇幅最大的目录书，是我国著名

① 阮孝绪：《七录序》，见任莉莉辑：《七录辑证》，1页，上海，上海古籍出版社，2011。

的官修目录之一，成书于开元五年（713），有大序、小序、解题，共收图书 2 655 部、48 169卷。《古今书录》是《群书四部录》的修订、补充和简化本，分经、史、子、集四录，共 45 家，著录图书 3 060 部、51 852 卷，收书也止于唐开元年间。唐代史志目录最重要的是魏征等撰《隋书·经籍志》。《隋志》是我国第二部正史艺文志，以《隋大业正御书目》等前代公藏目录为依据，并参考班固《汉书·艺文志》、阮孝绪《七录》等进行编撰。

五代时，后晋刘昫据毋煚《古今书录》而编撰有《旧唐书·经籍志》，只反映初唐时的国家藏书状况，初唐以后的则没有反映。

唐代目录学理论方面，代表性的有陆德明、魏征、刘知几等学者。陆德明提出了目录部类的划分、编排的次序要因时而变的观点；魏征强调目录的政治作用与学术价值，坚持了目录要“论其旨归，辨其讹谬”、“剖析源流，各有其部”的目录学思想；刘知几反对在史书中设立《艺文志》，认为“前志已录，而后志仍书，篇目如旧，频频互出”，无异于“以水济水，无人能饮”，同时也指出，如果非要设立《艺文志》不可，则应当变革其体制，由通记古今改为仅录一代之著述。刘知几的看法无疑是有道理的。

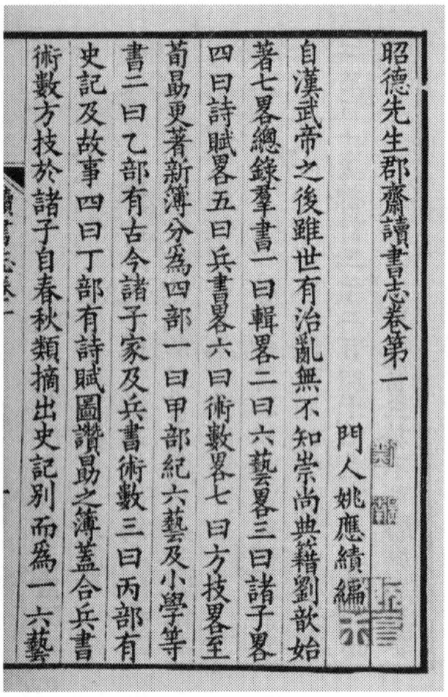
昭德先生郡齋讀書志卷第一　門人姚應績編
自漢武帝之後雖世有治亂無不知崇尚典籍劉歆始
著七畧總錄羣書一曰輯畧二曰六藝畧三曰諸子畧
四曰詩賦畧五曰兵書畧六曰術數畧七曰方技畧至
荀勗更著新簿分爲四部一曰甲部紀六藝及小學等
書二曰乙部有古今諸子家及兵書術數三曰丙部有
史記及故事四曰丁部有詩賦圖讚勗之簿蓋合兵書
術數方技於諸子自春秋類摘出史記別而爲一　六藝

图 1—2　清嘉庆间艺芸精舍刻本《郡斋读书志》

宋代的官修目录有太祖敕修的《新定书目》四卷、《大宋史馆书目》一卷，仁宗敕王尧臣等编《崇文总目》六十六卷，孝宗敕陈骙编《中兴馆阁书目》七十卷，宁宗敕张攀等编《中兴馆阁续书目》三十卷等。《崇文总目》收书 30 669 卷，分四部 45 类。每类有序，每书有提要，由欧阳修写大序和小序，是一部水平较高的目录著作。宋代史志目录有欧阳修等撰《新唐书·艺文志》，虽仍以《古今书录》为蓝本，但新增录了《旧唐志》所不著录的唐人著作 27 127 卷，著录、分类、编排等方面也有所变动，对一些书籍也进行了重新归类。吕夷简、宋绶等撰有《三朝国史艺文志》，王珪、宋敏求等撰有《两朝国史艺文志》，李焘撰有《四朝国史艺文志》，南宋理宗时馆臣撰有《中兴四朝国史艺文志》。郑樵的《通志·艺文略》也可归于史志目录，其因“记百代之有无”、“广古今而无遗”而开创了新的通史性的目录体制。宋代的私藏目录，代表性著作有晁公武《郡斋读书志》（见图 1—2）、陈振孙《直斋书录解题》、尤袤《遂初堂书目》等。晁、陈二志都是古典目录学的重要著作。《遂初堂书目》是目录学史上第一部明确记录版本的书目。

宋代目录学理论方面最突出的代表是郑樵《通志·校雠略》，系统地提出了自己的目录学思想，就相关问题进行了探讨，主要包括以下几个方面：（1）求书之道与求书之法，概括出“即类以求”、“旁类以求”等八种搜求书籍的方法；（2）目录要通记古今有无之图书，以反映各代的学术面貌，使学者易学，求者易求；（3）编次必谨类例，所谓“类例既分，学术自明”；（4）泛释无意义，当释则释，不当释则不释；（5）目录著录书籍应以人类书，书名在上，著者名在下，以免引起混乱；（6）关于对图书进行分类的方法。《校雠略》是我国第一部目录学理论专著，在目录学史上占有重要的地位。

元代的目录著作主要有脱脱等《宋史·艺文志》、马端临《文献通考·经籍考》、钟嗣成《录鬼簿》等。《录鬼簿》是我国现存最早的戏曲专科目录。

5. 明清——目录学的高度繁荣

明清是中国古典目录学的高度繁荣时期。

明代编撰了大量的目录著作。据《明代书目题跋丛刊》（冯惠民、李万健等选编，书目文献出版社，1994），即有30余种；又据《宋元明清书目题跋丛刊》（中华书局编辑部编，中华书局，2006），则收有47种之多。其特点主要有：（1）私家目录较为兴盛，数量大大超过前代；（2）目录的编撰形式较为灵活，往往突破四部分类法的限制，根据书籍的具体情况设置类目；（3）对于不登大雅之堂的戏曲、小说等通俗作品，也予以著录。较为著名的目录有：杨士奇《文渊阁书目》，孙能传、张萱等《内阁藏书目录》，焦竑《国史经籍志》，高儒《百川书志》，晁瑮《晁氏宝文堂书目》，赵用贤《赵定宇书目》，赵琦美《脉望馆书目》，祁承㸁《澹生堂书目》，周弘祖《古今书刻》，白云霁《道藏目录详注》，吕天成《曲品》，等等。有些目录在分类以及图书的归类方面较为随意，失之粗糙，需要引起注意。

明代的目录学研究也有了较大的发展，取得了一定的成就。以胡应麟为例，主要为：（1）从纵横两方面总结了汉代至明代中期的目录学史，对各家书目类例的得失进行了系统的批评，探讨了书目分类体系沿革的原因，所撰《经籍会通》可称我国第一部较有系统的目录学史著作；（2）划分了书目的类型，论述了各类书目的功用，提出了五部分类的设想（并付诸实践），形成了比较系统的目录学思想体系；（3）对郑樵《通志》特别是其中的《校雠略》作了较系统的批评，有不少独到的见解。① 祁承㸁则主要有如下贡献：（1）针对图书分类，明确提出“因”与“益”的处理方法；（2）针对书籍的著录，提出了“通”与“互”的著录方式（章学诚“互著”与“别裁”说的滥觞）；（3）提出了“审轻重、辨真伪、核名实、权缓急、别品类”的编目原则与思路。②

清代目录学的高度繁荣主要体现在这样几个方面：（1）目录学受到广泛的重视，成为一门“显学”；（2）目录著作的数量急剧增加，《清史稿·艺文志》著录的目录著作即有100多种，又据来新夏主编的《清代目录提要》（齐鲁书社，1997），仅藏于京、津、沪、宁、苏五地主要图书馆的清代目录著作就有380余种，再据严佐之《近三百年古籍目录举要》（华东师范大学出版社，2008），仅私家目录，其要者就有46种之多；（3）各种类型的目录都有了巨大的发展，以专科目录为例，如经学、史学、版本、金石、文字、宗教、戏曲、书画、历算等，皆有专门的目录著作；（4）目录著作多编制规范，质量较高，远超前代；（5）出现了较高水平的专门的目录学研究之作，如姚振宗《汉书艺文志条理》、《隋书经籍志考证》等。清代目录学的繁荣，其标志还在于出现了一批有着高度代表性的目录学著作，如基本上反映了清代中叶藏书的总体面貌及学术水准的《四库全书总目提要》，自觉利用目录这种形式，将学术研究与目录学研究紧密结合，并且取得了高度成就的朱彝尊《经义考》、谢启昆《小学考》、姚振宗《师石山房丛书》等，以指导读书治学为切要，备受读书人推崇、影响深远的导读书目张之洞《书目答问》等。

清代目录学的理论建设也取得了很高的成就。其中，最重要的是章学诚（见图1—3）于其《校雠通义》中所提出的“辨章学术，考镜源流”、“折中六艺，宣明大道”的目录学思想。这一思想是对目录学长期发展的理论总结与升华，大大丰富了古典目录学的理论，

---

① 参见王国强：《胡应麟在目录学史中的地位》，载《四川图书馆学报》，1986（2）。

② 参见李万健：《明代目录学的发展及成就》，载《图书馆》，1994（2）。

图 1—3　（清）章学诚

也为后来的目录学研究奠定了坚实的理论基础。“辨章学术，考镜源流”成为古典目录学研究中的核心词汇。在《校雠通义》中，章学诚还提出了“互著”与“别裁”的著录方法，并对《汉志》进行了深入的专题研究等。

（二）现代学者的研究

受新文化运动的冲击及西方目录学传入的影响，再加上自身发展的延续，20 世纪二三十年代，目录学研究出现了一个高潮，一批著作相继出版，主要有杜定友《校雠新义》（中华书局，1930），刘纪泽《目录学概论》（中华书局，1931），刘咸炘《目录学》（国立四川大学，1931），余嘉锡《目录学发微》（1932），郑鹤声《中国史部目录学》（商务印书馆，1933），姚名达《目录学》（商务印书馆，1933），汪辟疆《目录学研究》（商务印书馆，1934），周贞亮《目录学》（《安雅》，1935 年第 4 期），蒋元卿《中国图书分类之沿革》（中华书局，1937）、《校雠学史》（商务印书馆，1935），程千帆《目录学丛考》（中华书局，1939）、《中国目录学年表》（商务印书馆，1940），等等。这些著作的内容，涉及了古典目录的多方面的问题，诸如思想观念、概念定义、体例结构、部类划分、发展历史、学术地位，以及一些目录中的专门问题等。理论的系统化以及学科意识的明晰化，是这一时期目录学研究最为显著的特点，也是现代形态的古典目录学研究得以确立的标志。

其中，余嘉锡《目录学发微》与姚名达后来撰写的《中国目录学史》尤其被尊为名著。前者共四卷，具体论述了目录学之意义及其功用、目录之名义、目录书之体制、目录学之源流、目录的类例沿革，并制作分部异同表等。该书最大的特点是富有创见，不少论断都很深刻，因此而为学者们多所称誉。后者虽以“目录学史”为书名，实际却并未采取以时间先后为序的方式进行论述，而是采取了“主题分述法”的形式，“特取若干主题，通古今而直述，使其源流毕具，一览无余”①，具体则包括“叙论篇”、“溯源篇”、“分类篇”、“体制篇”、“校雠篇”、“史志篇”、“宗教目录篇”、“专科目录篇”、“特种目录篇”、“结论篇”等。各篇下面又分若干小的专题，如“叙论篇”探讨了何为目录、何为目录学、目录之种类与目录学之范围、目录学史之组织等。该书的不少见解也很有新意，如关于“目录”的含义，只要与前引余嘉锡先生的论述稍作对比，便不难发现二者的相异之处。姚氏此书被认为是“近代西学东渐以来第一部以‘中国目录学史’命名，全面、系统研究中国目录学发展历史的学术专著，受到了西方学科理论建构的影响，颇具现代学科理论建设的气象”②。姚氏也因其在目录学上的卓越贡献被誉为中国现代目录学之父。二书是从事古典目录学研究必备的参考书。

20 世纪八九十年代以来，古典目录学的研究再一次出现繁荣的局面，无论是专著的出版还是论文的发表，数量均为可观，将相关研究全面推向深入。仅以专著而言，大致可以分为以下几种情况：（1）综合性的研究，主要有来新夏《古典目录学浅说》（中华书局，1981），罗孟桢《中国古代目录学简编》（重庆出版社，1983），周少川《古籍目录

① 《中国目录学史》，14 页。

② 严佐之：《〈中国目录学史〉导读》，见姚名达：《中国目录学史》，2、3 页。

学》（中州古籍出版社，1996），程千帆、徐有富《校雠广义·目录编》（齐鲁书社，1998）等；（2）目录学史研究，主要有吕绍虞《中国目录学史稿》（安徽教育出版社，1984），王重民《中国目录学史论丛》（中华书局，1984），乔好勤《中国目录学史》（武汉大学出版社，1992），倪士毅《中国古代目录学史》（杭州大学出版社，1998），王国强《明代目录学研究》（中州古籍出版社，2000）、唐明元《魏晋南北朝目录学研究》（巴蜀书社，2009）等；（3）目录学思想史研究，如余庆蓉、王晋卿《中国目录学思想史》（湖南教育出版社，1998）；（4）目录的专书研究，如严佐之《近三百年古籍目录举要》（华东师范大学出版社，1994年第一版、2008年第二版），傅荣贤《〈汉书·艺文志〉研究源流考》（黄山书社，2007），张宗友《〈经义考〉研究》（中华书局，2009）等；（5）目录学家研究，主要有申畅《中国目录学家传略》（中州古籍出版社，1987）、李万健《中国著名目录学家传略》（书目文献出版社，1993）等；（6）探讨目录与学术之间的关系，通过目录学研究进行学术研究，构建中国学术史，主要有高路明《古籍目录与中国古代学术研究》（江苏古籍出版社，1997）、徐有富《目录学与学术史》（中华书局，2009）、王锦民《古典目录与国学源流》（中华书局，2012）等。

第二节 目录认知

一、目录体制

这里所说的目录体制，是指目录外在的结构形态。余嘉锡《目录学发微》将目录著作划分为三种类型，因其划分的着眼点正在于目录的结构，故而实质上可以视为对目录体制所进行的划分。兹引述如下。

第一种：部类之后有小序，书名之下有解题者。晁公武《郡斋读书志》、陈振孙《直斋书录解题》、马端临《文献通考·经籍考》、纪昀等《四库全书总目提要》等均属于此类；

第二种：有小序而无解题者。班固《汉书·艺文志》、魏征等《隋书·经籍志》等属于此类；

第三种：小序、解题均无，只著书名者。属于此类者，如《新唐书·艺文志》、《宋史·艺文志》、《明史·艺文志》等。

余先生并论述三种类型的目录“要义”云：“属于第一类者，在论其指归，辨其讹谬；属于第二类者，在穷源至委，竟其流别，以辨章学术，考镜源流；属于第三类者，在类例分明，使百家九流，各有条理，并究其本末，以见学术之源流沿袭。”[1] 显然，认识不同目录体制上的特点，从体制上对其进行把握，对于目录的利用有着积极意义。

---

① 《目录学发微》，6～19页。

二、目录部类

目录要对记载的内容（主要是书籍）进行分类，这就形成了目录的部类。就古典目录而言，目录的部类一般包括部（大类）和类（大类下面的小类），有的在类下面还有属。如《四库全书总目》分为四部、四十四类、六十六属。需要注意的是，图书分类的结果体现为图书目录的部类，基本上与目录的组成部分相同，但也有例外（如《七略》，详见下文），因此，本书所谈目录部类主要是指图书分类方面的部（大类）和类（小类）。

（一）部（大类）

1. 六分法

中国古代最早的图书分类目录是汉刘歆《七略》，该书包括《辑略》、《六艺略》、《诸子略》、《诗赋略》、《兵书略》、《术数略》、《方技略》等七部分。其中《辑略》所载主要是关于《六艺略》等六略的有关书籍及学派的学术特点等，所谓集“诸书之总要”（《汉书·艺文志》），具有综论的性质，不是对图书进行分类的结果，《六艺略》等六种才是对书籍的分类。因此，从图书分类的角度看，《七略》虽名为“七”，实际上是六分法。班固《汉书·艺文志》删改《七略》而成，故其分类亦沿用六分法，分为《六艺》、《诸子》、《诗赋》、《兵书》、《数术》、《方技》等六类。

2. 四分法

西晋荀勖《中经新簿》将所著录图书分为甲、乙、丙、丁四部。荀勖之前，魏秘书郎郑默曾撰有《魏中经簿》，且《隋志》云“魏秘书郎郑默，始制《中经》，秘书监荀勖，又因《中经》，更著《新簿》”，则郑默《魏中经簿》或即已采用了四分法，《中经新簿》乃是沿用。

其后，东晋李充编《晋元帝四部书目》，进一步发展了四分法。阮孝绪《七录序》称该书“因荀勖旧《簿》四部之法，而换其乙、丙之书”①，《文选》载任彦昇《王文宪集序》注引臧荣绪《晋书》亦云：“李充……于时典籍混乱，删除颇重，以类相从，分为四部，甚有条贯，秘阁以为永制。五经为甲部，史记为乙部，诸子为丙部，诗赋为丁部。”可知《晋元帝四部书目》仍以甲、乙、丙、丁为分类，但乙、丙二部所著录的书籍类别恰好颠倒过来：荀《簿》乙部所著录的是诸子书等，李《目》所著录的则是史书等；荀《簿》丙部所著录的是史书等，李《目》丙部所著录的则是诸子书等。

李充之后，如刘宋谢灵运《宋元嘉八年秘阁四部目录》、殷淳《四部书目》、王俭《宋元徽元年四部书目录》，齐王亮、谢朏《齐永明元年秘阁四部目录》，梁刘孝标《梁文德殿四部目录》、殷钧《梁天监六年四部书目录》、刘遵《梁东宫四部目录》，以及陈《陈天嘉六年寿安殿四部目录》、《陈德教殿四部目录》，隋牛弘《开皇四部目录》和《香厨四部目录》、柳訔《隋大业正御书目录》等官藏书目，皆依李充而分类，所谓“自时厥后，世相祖述”（《七录序》），“自尔因循，无所变革”（《隋志序》）。乔好勤指出：“这

① 《七录辑证》，2页。

时期的四部法和四部书目，仍处于初创阶段，其分类之粗略，著录之苟简，实不足为后世法。”[①] 但也必须指出，这一时期四部分类法的大量实践，尤其是将书籍大体按照经、史、子、集进行排序的格局，无疑为后来经、史、子、集四部分类法的出现奠定了坚实的基础。

唐初，魏征等编《隋书·经籍志》，将所载经籍分为经、史、子、集四部，附录道、佛两类。从荀勖《中经新簿》、李充《晋元帝四部书目》以甲、乙、丙、丁为四部之名，至《隋志》以经、史、子、集为四部之名，其最大的变化在于前者并不反映出清晰的学术色彩，基本上就是简单的标识，而后者则恰好相反，在标识的同时传递出所分部类学术上的特点，从而演变成了实质上的以学术进行分类的四部分类法。自此以后，四分法为目录学家们所普遍接受，成为中国古典目录学最为重要的部类划分方法。少数目录，虽然表面上不是四分法，但也是以之为准绳，加以调整变化而已。

清代编纂的《四库全书总目提要》为经、史、子、集四部分类法的代表之作。

3. 七分法

魏晋南北朝时期的图书分类，四分法在公藏目录编撰方面得以广泛应用，但私家目录则并不唯四分法是从，有的继承了刘歆《七略》并加以改造，形成了名符其实的七分法，以《七志》和《七录》为最杰出的代表。刘宋王俭《七志》将所藏图书分为《经典志》、《诸子志》、《文翰志》、《军书志》、《阴阳志》、《术艺志》、《图谱志》，附录《道经》、《佛经》二种。《南齐书·王俭传》：“（王俭）上表求校坟籍，依《七略》撰《七志》四十卷，上表献之，表辞甚典。”《七录序》：“（王俭）以向、歆虽云《七略》，实有六条，故别立《图谱》一志，以全七限。”[②] 知其“七”正是因刘歆《七略》而来，然与《七略》所不同的是，此“七”是纯粹的图书分类的结果。

而梁阮孝绪《七录》虽然也是七分法，但与王俭七分法不同，所分类别是《经典录》、《记传录》、《子兵录》、《文集录》、《术技部》（以上五种为内篇）、《佛法录》、《仙道录》（以上两种为外篇）。《七录序》：“今所撰《七录》，斟酌王、刘。”[③] 知《七录》之“七”为依据刘歆《七略》、王俭《七志》而来。

4. 其他分类法

在四分法定型并成为占主流地位的分类法之后，在图书分类实践中，目录学家有时也根据自己的需要，或者学术发展的实际情况，做出另外的调整。如宋郑樵《通志·艺文略》分为经类、礼类、乐类、小学类、史类、诸子类、天文类、五行类、艺术类、医方类、类书类、文类等十二类；明杨士奇《文渊阁书目》（见图 1—4）则依千字文进行分类，自

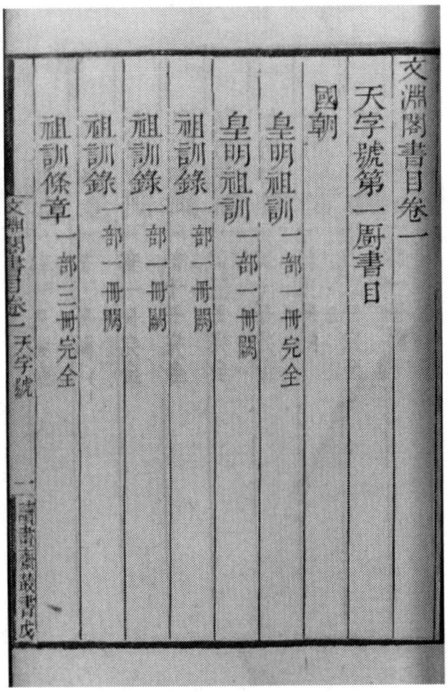
文淵閣書目卷一
天字號第一廚書目
國朝
皇明祖訓一部一冊完全
皇明祖訓一部一冊闕
祖訓錄一部一冊闕
祖訓錄一部一冊闕
祖訓錄一部一冊闕
祖訓條章一部三冊完全

图 1—4　清嘉庆间刻本《文渊阁书目》

---

① 乔好勤：《四部书目源流述略》，载《图书情报知识》，1980（1）。

② 《七录辑证》，3 页。

③ 同上。

"天"字至"往"字，分成二十号，每号下包括若干橱，号和橱之下，才按图书的内容划分类别；晁瑮《宝文堂书目》分为总经、五经、四书、性理、史、子、文集、诗词等三十三类；陆深《江东藏书目》分为经、理性、史、古书、诸子、文集、诗集、类书、杂史、诸志、韵书、小学医药、杂流等十三类；陈第《世善堂藏书目录》分为经、史、子、集、四书、各家等六大类，等等。这一类的目录在著录书籍与反映学术上往往有着自己的特点，应给予足够的重视。

(二) 类 (小类)

1. 班固《汉书·艺文志》

《六艺》：易、书、诗、礼、乐、春秋、论语、孝经、小学；
《诸子》：儒家、道家、阴阳家、法家、名家、墨家、纵横家、杂家、农家、小说家；
《诗赋》：屈原赋之属、陆贾赋之属、荀卿赋之属、杂赋、歌诗；
《兵书》：兵权谋、兵形势、兵阴阳、兵技巧；
《数术》：天文、历谱、五行、蓍龟、杂占、形法；
《方技》：医经、医方、房中、神仙。

2. 荀勖《中经新簿》

甲部：六艺、小学；
乙部：古诸子、近世子家、兵书、兵家、数术；
丙部：史记、旧事、皇览簿、杂事；
丁部：诗赋、图赞、汲冢书。

3. 王俭《七志》

《经典志》：纪六艺、小学、史记、杂传；
《诸子志》：纪古今诸子；
《文翰志》：纪诗赋；
《军书志》：纪兵书；
《阴阳志》：纪阴阳图纬；
《术艺志》：纪方技；
《图谱志》：纪地域及图书；
附录：《道经》、《佛经》。

4. 阮孝绪《七录》

《经典录》：易部、尚书部、诗部、礼部、乐部、春秋部、论语部、孝经部、小学部；

《记传录》：国史部、注历部、旧事部、职官部、仪典部、法制部、伪史部、杂传部、鬼神部、土地部、谱状部、簿录部；

《子兵录》：儒部、道部、阴阳部、法部、名部、墨部、纵横部、杂部、农部、小说部、兵家部；

《文集录》：楚辞部、别集部、总集部、杂文部；

《术技部》：天文部、纬谶部、历算部、五行部、卜筮部、杂占部、刑法部、医经部、经方部、杂艺部；

《佛法录》：戒律部、禅定部、智慧部、疑似部、论记部；

《仙道录》：经戒部、服饵部、房中部、符图部。

5. 魏征等《隋书·经籍志》

经部：易、书、诗、礼、乐、春秋、孝经、论语、谶纬、小学；

史部：正史、古史、杂史、霸史、起居注、旧事、职官、仪注、刑法、杂传、地理、谱系、簿录；

子部：儒、道、法、名、墨、纵横、杂、农、小说、兵、天文、历数、五行、医方；

集部：楚辞、别集、总集；

附录：道书、佛书。

6. 永瑢等《四库全书总目提要》

经部：易、书、诗、礼、春秋、孝经、五经总义、四书、乐、小学；

史部：正史、编年、纪事本末、别史、杂史、诏令奏议、传记、史钞、载记、时令、地理、职官、政书、目录、史评；

子部：儒家、兵家、法家、农家、医家、天文算法、术数、艺术、谱录、杂家、类书、小说家、释家、道家；

集部：楚辞、别集、总集、诗文评、词曲。

从《七略》到《隋志》，图书分类的演变可图示如下（见图 1—5）：

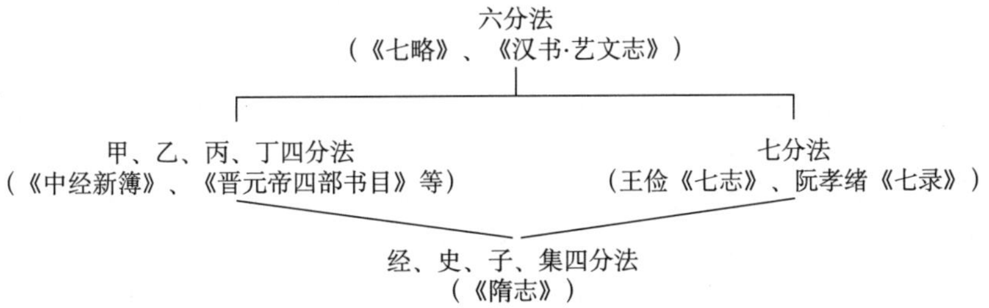

图 1—5　图书分类演变示意图

不难看出，大类的划分有以下几个特点：其一，可以相关书籍所承载的学术内容为参照进行划分，《七略》之《六艺略》等六略、《汉书·艺文志》等即是，《六艺》、《诸子》、《诗赋》等与所著录的书籍之间存在着较为规整的对应关系；其二，也可以只进行大致的划分与标识，如荀勖《中经新簿》、李充《晋元帝四部书目》等即是，所谓甲、乙、丙、丁，其实质就是对相关的书籍加以大致的分类并予以标识，类名并不清晰地反映相应书籍的学术特点；其三，存在着拟古的现象，如王俭《七志》、阮孝绪《七录》均依刘歆《七略》而立类，而非沿袭荀勖《中经新簿》、李充《晋元帝四部目录》的甲、乙、丙、丁四部分类法即是；其四，总的趋势是努力反映相关书籍的学术特点，并冠以合适的称名，且所分类别的数量趋于减少，形式上也更为清晰与单纯——王俭《七志》、阮孝绪《七录》所以要依刘歆《七略》之“七”而设类，其目的显然是为了反映学术，而《隋志》虽然取四部为设类，却又舍甲、乙、丙、丁而以经、史、子、集为称名，其目的显然还是在于反映学术。《隋志》将兵书、天文、历数、五行、医方等本非诸子之书合并入子部，且事实上也没有认为这些类别的书籍就是子部的书籍，但并不妨碍其对于学术的反映，及分类上的清晰，因为当经、史、集三部著录的书籍固定而明确时，对子部的把握也就相对容易了，只要记住其原本的子书只包括儒家至小说家九种，兵书等被著录于这九种的后面就可以了。

三、目录要素

目录的构成要素首先是指书籍的名称、作者、卷数等，这是一部目录最为核心的部分，舍此目录将无以存在；其次又包括诸如总序、大序、小序、解题及附注等，这也是目录著作的重要组成部分。对于一部目录而言，未必一定要同时具备总序、大序、小序以及解题等，但对于一部高质量的、以“辨章学术，考镜源流”为目的的目录来说，这些不可或缺，或有解题，或有大序、小序，或并总序而皆有。下面对总序、大序、小序、解题等进行介绍。

（一）总序

总序是指一部目录的总的序文，内容多为对该目录的总的情况进行说明，一般放在该目录的最前面。如《汉书·艺文志》的总序云：“昔仲尼没而微言绝，七十子丧而大义乖。故《春秋》分为五，《诗》分为四，《易》有数家之传。战国纵横，真伪分争，诸子之言纷然殽乱。至秦患之，乃燔灭文章，以愚黔首。汉兴，改秦之败，大收篇籍，广开献书之路。迄孝武世，书缺简脱，礼坏乐崩，圣上喟然而称曰：‘朕甚闵焉！’于是建藏书之策，置写书之官，下及诸子传说，皆充秘府。至成帝时，以书颇散亡，使谒者陈农求遗书于天下。诏光禄大夫刘向校经传诸子诗赋，步兵校尉任宏校兵书，太史令尹咸校数术，侍医李柱国校方技。每一书已，向辄条其篇目，撮其旨意，录而奏之。会向卒，哀帝复使向子侍中奉车都尉歆卒父业。歆于是总群书而奏其《七略》，故有《辑略》，有《六艺略》，有《诸子略》，有《诗赋略》，有《兵书略》，有《术数略》，有《方技略》。今删其要，以备篇籍。”讲了从先秦至汉代书籍的流传、书籍对于建设礼乐文化的重要、刘向父子等对书籍进行整理，以及《七略》与《汉志》的编撰情况等。重要的是，通过此段序文，我们还可以窥知班固为何要编撰《艺文志》，即刘向的图书整理活动在当时的国家事务中占据着非常重要的地位。他如《隋书·经籍志》、《旧唐书·经籍志》等，都有总序；晁公武《郡斋读书志》“经类总论”前的一段话则为全书之总序。《四库全书总目》等虽无类似的总序，然有凡例，性质与之略同。总序对于从整体上了解一部目录具有重要的意义。

（二）大序

大序是指一部目录的大类的序文，内容为对该大类的相关情况诸如学术源流等进行论述与说明，放在该大类的后面或前面。以《汉书·艺文志》为例，其《诸子略》的大序云：“诸子十家，其可观者九家而已。皆起于王道既微，诸侯力政，时君世主，好恶殊方，是以九家之术蠭出并作，各引一端，崇其所善，以此驰说，取合诸侯。其言虽殊，辟犹水火，相灭亦相生也。仁之与义，敬之与和，相反而皆相成也。《易》曰：‘天下同归而殊涂，一致而百虑。’今异家者各推所长，穷知究虑，以明其指，虽有蔽短，合其要归，亦六经之支与流裔。使其人遭明王圣主，得其所折中，皆股肱之材已。仲尼有言：

‘礼失而求诸野。’方今去圣久远，道术缺废，无所更索，彼九家者，不犹瘉于野乎？若能修六艺之术，而观此九家之言，舍短取长，则可以通万方之略矣。”对诸子十家做了总体评价，并对诸子产生的社会背景、诸子相互之间的关系以及如何正确地利用诸子之学等进行了论述。《隋书·经籍志》也撰有大序，就相关问题进行说明。《郡斋读书志》于经、史、子、集四大类之前各撰有“总论”一篇。《四库全书总目提要》则在四部之前各撰有“总叙”一篇，其实也就是大序。这些序文包含有丰富的学术信息，对于研究者来说有着不可忽视的参考价值。

（三）小序

小序是指一部目录的大类下面的小类的序文，内容为对该小类的相关情况诸如学术源流等进行论述与说明，放在该小类的后面或前面。以《汉书·艺文志》为例，其杂家类的小序是：“杂家者流，盖出于议官。兼儒、墨，合名、法，知国体之有此，见王治之无不贯，此其所长也。及盪者为之，则漫羡而无所归心。”论述了杂家的起源及其学术上的特点。这则序文对于正确地认识后世目录中的杂家类极为重要。后世目录中的杂家类，虽然是从《汉志》一脉相承而来，然其所著录的书籍，不少都已经不再是实质上的杂家书籍了。《隋书·经籍志》各小类也都撰有小序，如总集类小序云：“总集者，以建安之后，辞赋转繁，众家之集，日益滋广，晋代挚虞，苦览者之劳倦，于是采摘孔翠，芟剪繁芜，自诗赋下，各为条贯，谓为《流别》。是后文集总抄，作者继轨，属辞之士，以为覃奥，而取则焉。今次其前后，并解释评论，总于此篇。”说明了总集的产生及其发展等。这段话是总集研究的重要资料。《四库全书总目提要》各小类也都撰有小序，可为研究者提供参考与借鉴。

（四）解题

解题是指目录对著录的书籍所做的说明性文字。解题起源甚早，刘向校书时所撰之“录”就是解题。最早以“解题”命名的目录著作则是陈振孙的《直斋书录解题》。解题，因其与书籍本身直接相关联，是了解相关书籍最为直接的切入点，故成为古典目录最为重要的构成要素。因此，撰有解题的目录多为学者们所重视。根据其所包含的内容或撰述方式之不同，又可以分为以下三种类型。

1. 叙录体

解题内容具有综合性，不仅包括书籍作者的相关情况，诸如时代、行事、学术渊源等，也包括书籍本身的一些情况，如版本、流传及其学术旨趣等。刘向《别录》即属于此类，这点通过前引《列子书录》可以清楚地看出来。陈振孙《直斋书录解题》（见图1—6）也是叙录体目录，如其“《皇极经世》十二卷、《叙篇系述》二卷”条，解题云：“处

直齋書錄解題卷一　宋陳振孫撰
易類
周易注六卷略例一卷繫辭注三卷
魏尚書郎山陽王弼輔嗣注上下經撰略例晉太常潁川韓
康伯注繫辭說序雜卦自漢以來言易者多溺於象占之學
至弼始一切掃去暢以義理於是天下後世宗之餘家盡廢
然王弼好老氏魏晉談元自弼輩倡之易有聖人之道四焉
去三存一於道闕矣況其所謂辭者又雜以異端之說乎范
甯謂其罪深於桀紂誠有以也弼父業長緒本王粲族兄凱
之子粲二子坐事誅文帝以業嗣粲弼死時年二十餘

图1—6　清光绪九年（1883）江苏书局刻本《直斋书录解题》

士河南邵雍尧夫撰。其学出于李之才挺之，之才受之穆修伯长，修受之种放明逸，放受之陈抟。盖数学也，曰《元会运世》，《以元经会》，《以运经世》，自帝尧至于五代，天下离合，治乱兴废，得失邪正之迹，以天时而验人事，以人事而验天时，以阴阳刚柔穷声音律吕，以穷万物之数。末二卷论所以为书之意，穷日月星辰、飞走动植之数，以穷天地万物之理；述皇王帝霸之事，以明大中至正之道。书谓之《经世》，篇谓之《观物》，凡六十二篇。其子伯温为之《叙系》，具载《先天》、《后天》、《变卦》、《反对》诸图，又为《易学辨惑》一篇，叙传授本末真伪。然世之能明其学者，盖鲜焉。雍谥康节。"[①] 所论即包括了撰者邵雍的学术渊源、书籍自身学术上的特点等。《四库全书总目提要》以其高度的学术成就而成为叙录体目录的代表性著作。

2. 传录体

传录体是以书籍作者的生平为主要内容的解题样式。最早起源于王俭的《七志》，《隋志序》称之云："然亦不述作者之意，但于书名之下，每立一传……文义浅近，未为典则。"[②] 阮孝绪《七录》、释僧祐《出三藏记集》（第十三至十五卷）、唐毋煚《古今书录》等所采取的也都是这种体例形式。有论者以明末清初黄虞稷的《千顷堂书目》也是传录体目录，是"继王俭《七志》之后又一部综合性传录体书目"[③]。只为作者立传，而不对书籍的内容进行介绍，或因目录的撰者认为，书籍就在那里，读者自可阅读了解，不必多费笔墨。

3. 辑录体

辑录体是指目录的撰者从别的文献资料诸如序跋、评论等之中辑录相关的材料，排列于相应的书籍之后，以对书籍的作者或内容等进行说明的一种解题形式。这种解题样式源于僧祐的《出三藏记集》（六至十二卷），至马端临《文献通考·经籍考》而成熟。[④]《文献通考》的材料来源主要是晁公武《郡斋读书志》与陈振孙《直斋书录解题》，此外尚有《汉志》、《隋志》、《新唐书·艺文志》，以及一些史传、文集、杂说、诗话等。马氏有时也施以自己的按语，就有关问题进行说明。辑录体的解题形式受到目录学家的欢迎，模仿《文献通考·经籍考》的后续之作，如《续文献通考·经籍考》、《清朝文献通考·经籍考》、《清朝续文献通考·经籍考》等均采用辑录体；朱彝尊《经义考》、谢启昆《小学考》等也采用这种解题形式；清代大量的补正史艺文志著作，更有不少采用辑录体。

（五）附注

是指目录中书名之下的简明扼要的说明性文字。其较为典型者为《汉书·艺文志》与《隋书·经籍志》。关于《汉志》附注的义例，徐昕曾归纳如下：（1）说明书名；

① 陈振孙：《直斋书录解题》，16～17页，上海，上海古籍出版社，1987。

② 也有论者认为传录体的体例类型由挚虞《文章志》所创，详见吴光兴《荀勖〈文章叙录〉、诸家"文章志"考》一文，载莫砺锋主编：《周勋初先生八十寿辰纪念文集》，174～203页，北京，中华书局，2008。

③ 刘净净：《〈千顷堂书目〉"传录体"考论》，载《文献》季刊，2013（1）。

④ 也有论者以这种辑录体的解题形式在梁僧祐《出三藏记集》（第六至十二卷）中即有采用，唐释道宣《大唐内典录》、释智昇《开元释教录》等也采用了辑录体的形式。参见董恩林主编：《中国传统文献学概论》，251页，武汉，华中师范大学出版社，2008。

(2) 说明作者；(3) 说明内容；(4) 说明委托；(5) 说明篇卷；(6) 说明附录。[①] 这对于相关问题的研究无疑是十分重要的。而《隋志》则多附注“梁有”或“梁又有”，“梁”指梁阮孝绪之《七录》，这对于考察书籍的存亡或流传等无疑也是很有意义的。

第三节 目录类型

关于目录类型，不同学者有不同的分类方式。如容肇祖将目录分为总目、专门目录、杂目录三大类，每类下又分若干小类，如总目分为官家目录、史家目录、私家目录、图书馆目录，专门目录分为经目、史目、子目、集目、佛家目录、道家目录，杂目录则分为引用书目、佚书及辑佚书目录、禁书目、译外国图书馆汉文书目；吕绍虞根据目录的内容和范围将目录分为普通目录、专科目录、个人著述目录、地方文献目录、国家目录、地方目录、参考书目录、目录的目录、丛书目录、地方志目录、译书目录、善本书目、版刻目录、禁伪目录、儿童图书目录、私藏目录、图书馆目录、出版社和书店目录等；而程千帆、徐有富先生《校雠广义·目录编》则将目录著作分为综合目录、学科目录、特种目录三大类。兹以《校雠广义·目录编》为参照，略述如下。

一、综合目录

(一) 国家藏书目录

是指由国家主持对国家藏书进行记载所形成的目录著作。在中国漫长的历史进程中，从刘向、刘歆父子开始，几乎每个朝代都编撰过这类目录。主要有：汉刘向《别录》(佚，有辑本)、刘歆《七略》(佚，有辑本)；魏郑默《魏中经簿》(佚)；东晋李充《晋元帝四部书目》(佚)；刘宋谢灵运《宋元嘉八年秘阁四部目录》(佚)、王俭《宋元徽元年四部书目录》(佚)；齐王亮、谢朏《齐永明元年秘阁四部目录》(佚)；梁刘孝标《梁文德殿四部目录》(佚)；陈《陈德教殿四部目录》(佚)；隋《隋开皇四年四部目录》(佚)；唐元行冲等《群书四部录》(佚)；唐毋煚《古今书录》(佚)；宋王尧臣《崇文总目》(佚，有辑本)、陈骙《中兴馆阁书目》(佚)、张攀《中兴馆阁续书目》(佚)；明杨士奇《文渊阁书目》；明孙能传、张萱等《内阁藏书目录》；清纪昀等《四库全书总目提要》等。

---

① 参见徐昕：《论〈汉书·艺文志〉附注的价值》，见徐有富、徐昕：《文献学研究》，181～191页，南京，江苏古籍出版社，2002。

（二）私家目录

是指私人对自有藏书进行记载，或者出于某种目的、需要等而自我修撰所形成的目录。《梁书·任昉传》："昉坟籍无所不见，家虽贫，聚书至万余卷，率多异本。昉卒后，高祖使学士贺纵共沈约勘其书目，官所无者，就昉家取之。"这是现有最早的关于私人藏书目录的记载。随着私人藏书事业的发展，私人藏书目录也逐渐增多。该类目录著作主要有：唐吴兢《西斋书目》（佚）、蒋彧《新集书目》（佚）、杜信《东斋集籍》（佚）；宋晁公武《郡斋读书志》、陈振孙《直斋书录解题》、尤袤《遂初堂书目》；明朱睦㮮《万卷堂书目》、高儒《百川书志》、晁瑮《宝文堂书目》、陈第《世善堂藏书书目》、赵用贤《赵定宇书目》、李如一《得月楼书目》、祁承㸁《澹生堂书目》、徐𤊹《红雨楼书目》、赵琦美《脉望馆书目》；清代私家藏书事业发达，私家藏书目录也较多，较著者如钱谦益《绛云楼书目》，毛扆《汲古阁珍藏秘本书目》，钱曾《述古堂书目》、《也是园藏书目》、《读书敏求记》，徐乾学《传是楼书目》、《传世楼宋元本书目》，吴寿旸《拜经楼藏书题跋记》，黄丕烈《百宋一廛书录》、《士礼居藏书题跋记》、《荛圃藏书题识》，张金吾《爱日精庐藏书志》，瞿镛《铁琴铜剑楼藏书目录》，陆心源《皕宋楼藏书志》，丁丙《善本书室藏书志》、《八千卷楼书目》，杨绍和《楹书隅录》及《续编》等。王俭《七志》、阮孝绪《七录》，虽为私修目录，然却非私藏目录，前者为依据国家藏书而编撰，后者则为博采宋齐以来王公缙绅蓄聚坟籍之"名簿"，并参考官簿修撰而成，与实有藏书之间已隔了一段距离。

（三）史志目录

史志目录主要指正史中的艺文志或经籍志，如汉班固《汉书·艺文志》、唐魏征等《隋书·经籍志》、后晋刘昫等《旧唐书·经籍志》、宋欧阳修等《新唐书·艺文志》、元脱脱等《宋史·艺文志》、清王鸿绪等《明史·艺文志》、近代赵尔巽等《清史稿·艺文志》等。此外，像宋郑樵《通志·艺文略》、元马端临《文献通考·经籍考》、明焦竑《国史经籍志》、王圻《续文献通考·经籍门》等，以及地方志中的艺文志，也被视为史志目录。补正史艺文志（"补志"）也属于史志目录，主要有两种类型：一是已有其志而补其收书之不全，如姚振宗《汉书艺文志拾补》；一是本无其志而予以补撰，如顾櫰三《补后汉书艺文志》等，绝大多数都收在《二十五史补编》中。

（四）地方文献目录

地方文献目录是指收录地方文献的目录。地方文献，指某一地著者的著述，但有时也将事关该地，或非本籍而长期居住于此的著者的著述视为该地的地方文献，最早可以追溯到北齐、北周时宋孝王《关东风俗传》中的《坟籍志》。此类目录，关于江浙的，有祁承㸁《两浙著述考》、孙诒让《温州经籍志》、项元勋《台州经籍志》、管庭芬《海昌艺文志》、胡宗楙《金华经籍志》、陆惟鍌《平湖经籍志》、张惟骧《清代毗陵书目》、许培基等《江苏艺文志》等；关于山东的，有孔祥霖《曲阜清儒著述记》、王绍曾《山东文献书目》、周洪才《孔子故里著述考》等；关于安徽的，有蒋元卿《皖人书录》等；关于河南的，有张宗泰《中州集略》，吕友仁、查洪德《中州文献总录》；关于湖北的，有《湖北艺文志》、吴庆焘《襄阳艺文略》；关于湖南的，有寻霖、龚笃清《湘人著述表》等；关于四川的，有曹学佺《蜀中著作记》，杨慎、周复俊《全蜀艺文志》[①]、王晓波《清代蜀人著述总目》等；关于陕西、甘肃的，有乔履信《陕西经籍志》、邢澍《关右经籍考》、汪士铉《全秦艺文志》等；关于新疆、西藏的，有丁实存、陈世杰《新疆书目》，吴玉年《西藏图籍录》等；关于云南的，有李小缘《云南书目》等。

二、学科目录

（一）经学目录

东汉郑玄撰《三礼目录》，是现今可考最早的经学目录。《宋史·艺文志》载欧阳伸《经书目录》及明朱睦㮮《经序录》，也都是经学目录。经学目录中的代表作是朱彝尊的《经义考》三百卷。朱氏之后，续补《经义考》之作有很多种：沈廷芳《续经义考》、冯浩《续经义考》、翁方纲《经义考补正》、王聘珍《经义考补》、杨谦《续经义考》、朱休承《续经义考》、钱东垣《补经义考》和《续经义考》、严元照《经义考补正》、陆茂增《经义考补遗》、胡尔荥《经义考校勘记》、林国庚《经义考补》、罗振玉《经义考目录》、佚名《续经义考》等。[②]

（二）小学目录

主要有：谢启昆《小学考》、尹彭寿《国朝治说文家书目》、叶铭《说文书目》、胡元玉《雅学考》、黎经诰《许学考》、李克弘《说文书目辑略》、胡朴安《文字学书目》等。

（三）史学目录

现存最早的史学目录是宋高似孙的《史略》。清章学诚撰有《史籍考》三百二十五卷，堪称巨著，不幸毁于火灾，仅余《论修史籍考要略》、《史籍考释例》及《史籍考总目》，可赖以考知其分类、体例及撰修原则等。其他一些史学目录，有谢国桢《晚明史籍考》、《清开国史料考》，陈乃乾《共读楼所藏年谱目》，李士涛《中国历代名人年谱目录》，杨殿珣《中国历代年谱总录》，谢巍《中国历代人物年谱考录》，来新夏《近三百年人物年谱知见录》，王树民《史部要籍解题》，张舜徽《中国史学名著题解》，等等。

（四）子学目录

可考的较早的子学目录是宋高似孙的《子略》，其他有王仁俊《周秦诸子序录》、胡朴安《周秦诸子书目》、陈钟凡《诸子书目》、严灵峰《周秦汉魏诸子知见书目》等。子

① 关于《全蜀艺文志》的编者，可参见旷天全：《〈全蜀艺文志〉编者考论》，载《绵阳师范学院学报》，2010 (7)。

② 参见张宗友：《〈经义考〉研究》，234～248页，北京，中华书局，2009。

部专书目录方面，有王重民《老子考》等。

（五）文学目录

文学目录数量非常多，较有代表性的有：姜亮夫《楚辞书目五种》、崔富章《楚辞书目五种续编》；王运熙《汉魏六朝乐府诗研究书目提要》（附于《乐府诗论丛》）；万曼《唐集叙录》，马同俨、姜炳炘《杜集版本目录》，周采泉《杜集书录》，郑庆笃、焦裕银等《杜集书目提要》，成都杜甫草堂编《杜甫研究资料目录》；祝尚书《宋人别集叙录》、《宋人总集叙录》；黄仁生《日本现藏稀见元明文集考证与提要》，徐永明、赵素文《明人别集经眼叙录》；袁行云《清人诗集叙录》，张舜徽《清人文集别录》，李灵年、杨忠《清人别集总目》，柯愈春《清人诗文集总目提要》；孙楷第《中国通俗小说书目》，程毅中《古小说简目》，袁行霈、侯忠义《中国文言小说目录》，宁稼雨《中国文言小说总目提要》；钟嗣成《录鬼簿》，黄文旸撰、董康辑补《曲海总目提要》，庄一拂《古典戏曲存目汇考》，傅惜华《元代杂剧全目》、《明代杂剧全目》、《清末至建国前杂剧简目》、《明代传奇全目》，等等。

三、特种目录

（一）推荐目录

也称导读目录或举要目录。清龙启瑞为指导诸生参加科举考试所编的《经籍举要》是一部较早的推荐目录。同样是为了解决读书的问题，张之洞编撰了《书目答问》一书，范希曾为之补正，近又有吕幼樵校补、张新民审补《书目答问校补》，孙文泱增订《增订书目答问补正》，来新夏、李国庆《书目答问汇补》等，极便利用。清末民国以来，随着国学研究的兴起，出现了一批专门的国学推荐书目，主要有胡适《一个最低限度的国学书目》、梁启超《国学入门书要目及其读法》（后更名为《要籍解题及其读法》）、李笠《三定国学用书撰要》等。徐雁平《胡适与整理国故考论——以中国文学史研究为中心》（安徽教育出版社，2003）一书附录有“国学书目解题”，对 1917—1937 年间出现的数十种国学书目进行了介绍，可据以了解更多关于国学书目的情况。

（二）丛书目录

一系列的书籍，按照一定的原则，或者在某一名目之下予以刊印，就构成了丛书，又称丛刊、丛刻、汇刻或套书。丛书的编刻始于宋代，一般以南宋俞鼎孙、俞经的《儒学警悟》为最早。与之相对应，自然就会有丛书目录。清嘉庆中顾修所编《汇刻书目》是最早的丛书目录，其后的丛书目录，有傅云龙《续汇刻书目》、李之鼎《增订丛书举要》、沈乾一《丛书书目汇编》、金步瀛《丛书子目索引》、曹祖彬《丛书子目备检著者之部》、施廷镛《丛书子目书名索引》，以及上海图书馆编《中国丛书综录》等。尤其是《中国丛书综录》，收录既为完备，又反映丛书的收藏情况，方便检阅者从总目、分类、书名、作者等任何角度检索，同时也便于研究者以目求书，对研究者从事古籍校勘、版本研究等有不可替代的价值。此外，施廷镛编有《中国丛书综录续编》，阳海清编有《中国丛书综录补正》、《中国丛书广录》，李锐清编有《日本见藏中国丛书目初编》等。

(三) 禁毁目录

历代统治者都有禁止或销毁图书的举措，对这些书籍进行记录的目录就是禁毁目录。如清姚觐元编《清代禁毁书目》，包括三部分：(1)《违碍书目》，含“应缴违碍书籍各种名目”700种，“续奉应禁书目”50种；(2)《销毁抽毁书目》，含“全毁书目”154种，“抽毁书目”181种；(3)《禁书总目》，含“军机处奏准抽毁书目”40种，“应毁钱谦益等二十三人著作书目”232种，“浙江省查办应缴应毁书目”151种，“外省移咨应毁书目”354种。[①]《清代禁毁书目》是清代文化专制主义政策的真实记录。

(四) 版本目录

是指以记载版本为主要内容的目录著作。主要有明周弘祖《古今书刻》、清钱曾《读书敏求记》、毛扆《汲古阁珍藏秘本书目》、于敏中等《天禄琳琅书目》、黄丕烈《百宋一廛书录》、张金吾《爱日精庐藏书志》、汪士钟《艺云书舍宋元本书目》、瞿镛《铁琴铜剑楼藏书目录》、杨绍和《海源阁宋元秘本书目》、陆心源《皕宋楼藏书志》、邵懿辰《四库简明目录标注》、莫友芝《郘亭知见传本书目》、丁丙《善本书室藏书志》、杨守敬《留真谱》、瞿启甲《铁琴铜剑楼宋元本书影》等。其中，《读书敏求记》是第一部系统研究版本的目录著作，《天禄琳琅书目》对版本目录体例的完善产生过重要影响。

(五) 目录之目录

目录之目录是指对目录著作本身进行记录的目录。随着目录著作的增加，梁阮孝绪《七录》专设了簿录类，后世综合目录也基本上专设一目，列于史部之下。至于专门记载目录的专著，较早的有周贞亮、李之鼎编《书目举要》，计收汉至清末书目及相关书籍270余种，陈钟凡有《书目举要补》二卷，刘纪泽有《书目举要补正》，邵瑞彭等有《书目长编》及补遗，梁子涵有《中国历代书目总录》，来新夏有《清代目录提要》等。

第四节 目录利用

关于目录的利用，前人早有论述。唐释智昇云：“夫目录之兴也，盖所以别真伪，明

① 参见来新夏：《清代目录提要》，336～337页，济南，齐鲁书社，1997。

是非，记人代之古今，标卷部之多少，摭拾遗漏，删夷骈赘。欲使正教论理，金言有绪，提纲举要，历然可观也。”① 这是站在目录编撰的立场上，对目录的作用进行论述。通过目录编撰来对图书的版本、内容等进行记录，可以说是目录利用最为常见的形式。其中最具特色，也最为人所津津乐道的，则是通过目录的编撰来“辨章学术，考镜源流”，也就是将目录编撰当做学术研究的一种外在形式，或者说将学术研究的结果通过目录的形式来表达。郑樵的《通志·艺文略》大致就是这样的目录著作。郑樵一方面强调“类例既分，学术既明”，另一方面又将其他目录所著录的书籍分门别类著录于《艺文略》中，通过目录编撰来反映学术面貌及其发展的意图显而易见。朱彝尊《经义考》、谢启昆《小学考》等，本质上也属于这种情况，都是借助于目录的形式来进行学术研究。这些著作，与其看成目录著作，倒不如看成学术著作。

对于已经存在的目录著作，古人也已谈到了它们的利用价值。毋煚云：“将使书千帙于掌眸，披万函于年祀，览录而知旨，观目而悉词，经坟之精术尽探，贤哲之睿思咸识。不见古人之面，而见古人之心，以传后来，不其愈已！”② 所谓“览录而知旨”，就是针对目录著作的利用而言的。又如柳宗元在辨析《鬼谷子》的真伪时说：“《鬼谷子》要为无取，汉时刘向、班固录书无《鬼谷子》。《鬼谷子》后出，而险盭峭薄，恐其妄言乱世，难信，学者宜其不道。”③ 据《汉志》无著录而断《鬼谷子》为伪作，所牵涉的也是目录的利用问题。明胡应麟“辨伪八法”中“核之《七略》，以观其源”和“核之群志，以观其绪”，说的也是利用目录进行辨伪。

近现代以来，学者们对目录在学术研究中的作用有了更为充分的认识，将目录学提升到一个新的高度。以余嘉锡先生为例，一方面强调目录之重要：“治学之士，无不先窥目录以为津逮，较其他学术，尤为重要。”④ 另一方面更对古人的目录利用加以总结，“举古人利用目录学之最早数事，以明其例”：

（1）以目录著录之有无，断书之真伪；

（2）用目录书考古书篇目之分合；

（3）以目录书著录之部次，定古书之部次；

（4）因目录访求阙佚；

（5）以目录考亡佚之书；

（6）以目录书所载姓名卷数，考古书之真伪。⑤

余先生又论解题目录的功用如下：

（1）述作者之意，论其旨归，辨其讹谬；

（2）览录而知旨，观目而悉词，不见古人之面而知古人之心；

（3）一书大义，为举其纲，书有亡失，览其目录，犹可想见本末；

（4）品题得失，藉以求古书之崖略，辨今书之真伪，并核其异同；

（5）择谭群艺，研核臧否，为校雠之总汇，考镜之渊棷；

（6）阐明指要，资学者博识。⑥

① 智昇：《开元释教录·序》，《影印文渊阁四库全书》本。

② 毋煚：《古今书录·序》，见《旧唐书·经籍志·序》所引。参见刘昫：《旧唐书》，1965页，北京，中华书局，1975。

③ 《柳宗元集》，112～113页，北京，中华书局，1979。

④ 《目录学发微》，5页。

⑤ 同上书，16～17页。

⑥ 同上书，10页。

概言之，对于目录著作的利用，大致可以从以下三个方面进行认识。

（一）文史研究的资料

目录本身就是文史研究工作的重要资料。以刘向《别录》为例，虽然仅存《战国策书录》等少数几篇，然其资料上的价值自不待言。再以《汉书·艺文志》为例，其条目下的小注及各大、小序等，也都是非常重要的研究资料。其他如《隋书·经籍志》、《旧唐书·经籍志》、《新唐书·艺文志》、《郡斋读书志》、《直斋书录解题》、《四库全书总目提要》等无不如此。一些目录著作在资料上往往有着特别的价值，如晁瑮《宝文堂书目》于杂家类和乐府类收录小说、戏曲甚多；赵用贤《赵定宇书目》载有《稗统》244册的详目，并有其《后编》、《续编》的目录；赵琦美《脉望馆书目》收录有较多的俗文学图书，如古今杂剧200多种、小说180多种等，是从事小说、戏曲等研究的重要资料。黄虞稷《千顷堂书目》，“是研究明史的一把钥匙，其所著录作者小传亦是研究明代人物传记之资粮，其中‘集部’小传弥足珍贵，因为大量文人于正史中无传……《千顷堂书目》著录的作者小传，可谓极佳之补充”[①]。马端临《文献通考·经籍考》、朱彝尊《经义考》等辑录体目录著作，由于大量辑录有关资料，其资料性也就更为突出，有时甚至能够起到代替原典的作用。李灵年、杨忠主编的《清人别集总目》的资料价值也尤应引起研究者的注意，特别是其关于著者小传的材料，极便利用。从目录类型的角度来看，大致又可以这样认识目录著作的资料价值：藏书目录可以为藏书文化及藏书史研究提供资料，经学目录可以为经学研究提供资料，子学目录可以为诸子研究提供资料，版本目录可以为版本学及出版史研究提供资料，等等。

（二）学术考辨的凭证

目录又可以为考察相关的学术面貌及其发展变化等提供依据与凭证。目录著作与别的学术著作一样，也会带有时代的烙印与色彩。以《汉书·艺文志》为例，不仅要根据当时的学术状况对书籍进行分类，而且相关序文的撰写思路及价值取向等，本身也是当时儒家文化占据了统治地位的产物，带有强烈的儒家文化的色彩，可据以研究汉代的学术及文化等。再以纪昀（见图1—7）纂《四库全书总目提要》为例，其诸多大、小序文以及各书的提要等，全面反映了四库馆臣的学术研究成果，无疑代表了当时的学术发展水平，从事清代学术研究不可忽视。而那些专门收录某一朝代的著述，如张廷玉、王鸿绪等《明史·艺文志》专收有明一代学者的著述，《清史稿·艺文志》[②] 专收有

图1—7　（清）纪昀

① 刘净净：《〈千顷堂书目〉“传录体”考论》，载《文献》季刊，2013（1）。

② 北洋政府时期的《清史稿·艺文志》著录有清人著作9 633种，武作成《清史稿·艺文志补编》著录清人著述10 438种，王绍曾《清史稿·艺文志拾遗》增补清人著述55 000余种，杜泽逊主持的《清人著述总目》预计著录清人著作22万种以上。

清一代学者的著述，即可据以考察明、清两代的文化面貌及其学术情况。目录学的纵向发展，诸如目录类别的设立及其变化，相应类别所著录书籍数量的消长及其新变等，往往也能反映出相关学术的发展及其演变。以史书的设类与著录为例，在《汉书·艺文志》中，并没有为史书专门设类，史书附录于《春秋》类中，而到了《隋书·经籍志》，则专门设立史部一门，这固然是因为史书大量增加的缘故，但其中所反映的则是史学的进一步发展。

（三）信息检索的工具

目录著作又是实实在在的工具书，起到信息检索的作用。例如要查询汉代人的著述情况，可以利用《汉书·艺文志》及姚振宗《汉书艺文志拾补》、《后汉艺文志》等；查询三国时期人物的著作情况，可利用姚振宗《三国艺文志》等；而《隋书·经籍志》对查询汉魏六朝著述情况来说，也是极为重要的工具书。与此相应，查检明人著作情况，离不开黄虞稷《千顷堂书目》；查检清人著作情况，要利用《清史稿·艺文志》、《清史稿·艺文志补编》及杜泽逊主编《清人著述总目》（已完稿，将出）等。李灵年、杨忠《清人别集总目》较全面地著录了清人别集的版本及其收藏情况，其信息查询的功能更为强大，是从事清代诗文研究必备的工具书。在从事古籍整理与研究等工作时，需要详细了解相关古籍的流传、版本等情况，这也要通过目录查询来完成。徐有富先生谈到目录在学术研究中的作用时指出："研究者在开始自己的研究之前，必须了解这一课题的研究历史、现状和趋势，了解有哪些可参考的书籍、资料，掌握已有的主要观点、方法和研究动态等，这就必须借助目录学的知识，查阅有关的目录、索引、文摘等，否则就会走很多弯路。"① 可见目录是极为重要的工具书。

但利用目录也要注意一些问题，诸如目录著作的性质、著录体例等，以避免出现不必要的偏差。以郑樵《通志·艺文略》为例，由于该书是以通记古今图书为目的，图书的存亡并不是其著录与否的标准，因此，利用《通志·艺文略》来考察图书的流传等就须慎之又慎了。总之，要想熟练、合理而又充分地利用目录，最重要的还是在于多实践，在实践中熟悉相关目录著作，并掌握利用的方法与技巧。

【主要参考文献与课外阅读书目】

姚名达．中国目录学史．上海：上海古籍出版社，2002
余嘉锡．余嘉锡说文献学·目录学发微．上海：上海古籍出版社，2001
王重民．校雠通义通解．上海：上海古籍出版社，1987
张舜徽．张舜徽集·汉书艺文志通释．武汉：华中师范大学出版社，2004
程千帆，徐有富．校雠广义·目录编．济南：齐鲁书社，1998
来新夏．古典目录学浅说．北京：中华书局，2003
彭斐章，谢灼华，乔好勤．目录学资料汇编．武汉：武汉大学出版社，1986
乔好勤．中国目录学史．武汉：武汉大学出版社，1992
余庆蓉，王晋卿．中国目录学思想史．长沙：湖南教育出版社，1998
徐有富．目录学与学术史．北京：中华书局，2009

① 转引自张三夕：《中国古典文献学》，101页，武汉，华中师范大学出版社，2007。

【练习题】

一、举例解释下面术语。

1. 目录

2. 大、小序

3. 解题

4. 叙录体

5. 辑录体

二、考察古典目录中杂家类的发展及其变化。

三、选定一位你感兴趣的古代学者，查找其著作在目录中的著录情况。

（孙振田　编撰）

第二课 版本学

【本课教学重点】

一、版本学专业术语；

二、版本鉴定的十种方法；

三、版本源流考订的基本方法。

【建议课时】

约4学时。第一节以学生课前自学为主，教师课堂答疑，讲解难点，约1学时；第二节重点讲授，约2学时；第三节可选择性地讲授，约1学时。

版本学是以图书的物质形态为研究对象、以版本鉴定和版本考订为核心内容、以揭示图书文献价值为终极目标的辅助性学科。对于任何一部古籍，都能准确地说出它是何人刊刻或抄写于何时、何地，这就是版本鉴定的任务。虽然看似高深，但也并非无规律可循。本课主要讲授版本鉴定的十种基本方法，即依据牌记、序跋、讳字、刻工、字体、版式、纸墨、藏迹、内容、著录等十个方面展开鉴定工作，得出科学的结论。版本鉴定是静态地确定某个本子的年代、真伪，版本源流考订则是动态地考察各个本子的关系，揭示某个本子的版本价值，二者共同构成版本学的核心内容。

第一节 版本术语详解

版本学的学习，离不开专业术语的牢固掌握，因此，我们首先对相关术语进行详解。

一、学科术语

古籍：版本学意义上的古籍主要着眼于书籍的文物与文献价值，因而使用狭义的古籍概念，即一般是指 1911 年辛亥革命以前编撰出版的图书。民国元年（1912）以后编撰或出版的图书，无论是否采用文言文写作、是否使用雕版印刷或活字印刷等传统印刷手段、是否采用线装或经折装等古典装帧形式，都应当统称民国图书，不宜再称古籍。至于广义的古籍，也包括 1912 年以后的古籍影印本、整理本，但严格地说，这些新版古籍是对古籍进行整理与研究的产物。

版本：“版”是印书的版片，“本”是书的物质形态，“版本”一词最初是指雕版印刷形成的图书，古代也写作“板本”，在宋代时与“写本”严格区分①，但随着雕版印刷生产、流通的书籍占据图书市场的主流地位，“版本”渐被用来指一部书的各种不同本子，包括刻本、活字本、稿本、抄本等。

版本学：版本学是以图书的物质形态为研究对象、以版本鉴定和版本考订为核心内容、以揭示图书文献价值为终极目标的辅助性学科。它是传统校雠学的三大分支之一，与校勘学和目录学关系密切。一般认为，叶德辉《书林清话》是现代版本学的奠基之作。其他有代表性的专著或教材有钱基博《版本通义》（上海商务印书馆，1933），毛春翔《古书版本常谈》（中华书局上海编辑所，1965；再版，上海人民出版社，1977；插图增订版，上海古籍出版社，2003），黄永年《古籍版本学》（陕西师范大学古籍所油印本，1985；江苏教育出版社，2005），严佐之《古籍版本学概论》（华东师范大学出版社，1989），李致忠《古书版本学概论》（书目文献出版社，1990），程千帆、徐有富《校雠广义・版本编》（齐鲁书社，1991），曹之《中国古籍版本学》（武汉大学出版社，1992），姚伯岳《版本学》（北京大学出版社，1993），等等。

二、古籍装帧术语②

简策装：又称简册装。是中国书籍的早期装帧形式，从先秦到东晋流行了上千年。

① 参见崔富章：《版本释名》，载《浙江大学学报（人文社会科学版）》，2002（2）。

② 参见杜伟生：《中国古籍修复与装裱技术图解》第三章“中国古代书籍装帧形式”，51～63 页，北京，北京图书馆出版社，2003。

其形制是把加工过的细长条形竹、木简用细绳编连起来，然后从左向右卷起来。20 世纪考古发现了大量战国秦汉时期的简策书籍，如银雀山汉简、郭店楚简、上海博物馆藏楚竹书等。

卷轴装：卷轴装主要是汉代以前帛书和唐代以前手写纸本书的装帧形式。当一卷帛书或纸书从右往左写好后，就在左边的末尾装上一根木轴，然后以木轴为中心，从左向右卷起，中间用绳子或丝带系好（见图 2—1）。采用卷轴装的文献，俗称卷子，现存较多的是唐代以前的敦煌遗书和宋代以后的书画卷轴。

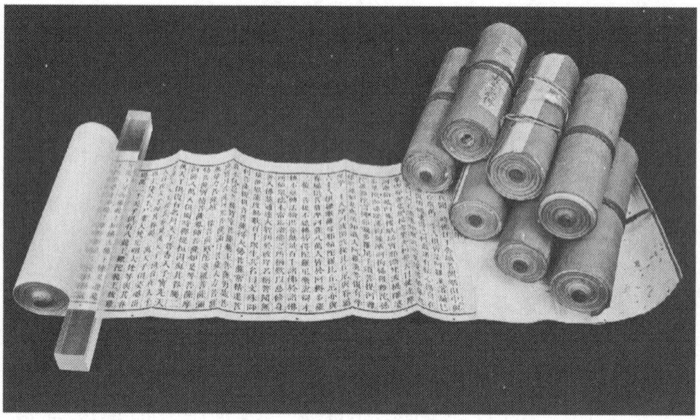

图 2—1　卷轴装

旋风装：取一张长纸作底纸，将写好的书叶按顺序排列在上，在每页左边或右边无字的空隙处，逐叶依次粘好，有的还在粘好的纸边用一根破开的细竹管夹住，在竹管上打几个孔，用麻线缝住固定，其外观与卷轴装一样，打开来看，又与现代的挂历有异曲同工之妙。这种装帧形式产生于唐末五代，敦煌遗书中有少量留存。①

经折装：把抄写或印刷的书叶粘连成很长的条幅，按固定宽度一正一反地均匀折叠，在首尾各粘一张厚纸或丝织品作为书皮。由于佛教、道教经籍常用这种形式，故称经折装。宋元时期的经折装比明清时期的要稍微复杂，其卷首或卷尾的书皮是书宽的两倍多，能够包裹整册书，更好地起到保护作用。

梵夹装：原本是印度贝叶经特有的装帧形式，随佛教传入中国，流行于唐五代时期。在写好文字的树叶或纸上，预先留出一至两处空白，打上一至两个圆孔，叠放整齐后，在上下各放一块打好孔的长条形竹板或木板夹好，然后用绳子逐次穿过木板和书页的圆孔。其特点是两板相夹，用绳子捆紧，而印度经文多用梵文书写，故称为梵夹装（见图 2—2）。

图 2—2　梵夹装

粘页装：其名称最早见于宋张邦基《墨庄漫录》记载，实物则见于英、法所藏敦煌遗书中。此种装帧形式属于册页装帧，有两种形式，一种单面书写，将有文字的一面作为正面，相向对折，依次叠放书叶，除首尾半叶外，其余挨在一起的背面涂满浆糊，依次粘连，形成一册；一种将空白纸张

① 有关“旋风装”的解释，学术界尚未达成共识。本教材主要依据杜伟生《中国古籍修复与装裱技术图解》的观点，该书认为旋风装与龙鳞装是两种不同的装帧形式，而李致忠认为旋风装就是龙鳞装。参见李致忠：《古书“旋风装”考辨》，载《文物》，1981（2）。

对折，折口向右，分成四面，每面都书写文字，将若干书叶依次叠放，在背面折缝旁空白处涂上浆糊，将书页粘连起来，已与现代胶装书籍相似。

缝缋装：缝缋装流行于唐末五代，有实物见于英、法所藏敦煌遗书。将几张空白纸叠放在一起后对折，形成一叠，若干叠合在一起，上下各加厚纸或丝织品为封皮，用线串连成一册，然后书写文字，裁切整齐（见图2—3）。

蝴蝶装：流行于宋元时期。首先单面抄写或印刷书叶，把有文字的正面相向对折，若干页叠放在一起，在背面折口处每边涂二至三毫米浆糊，依次粘好，再用一整张厚纸作为封皮，封皮中间与书脊粘紧。由于书叶中缝粘在封皮上，打开时书叶向两边上下扇动，就像蝴蝶的翅膀一样翩翩起舞，所以称为蝴蝶装（见图2—4），也称蝶装。蝴蝶装有一种变体，即为了避免虫蛀，不把中缝粘在书皮上，而是直接用书皮包裹，此法由清代乾嘉时期著名藏书家黄丕烈创制，俗称“黄装”。

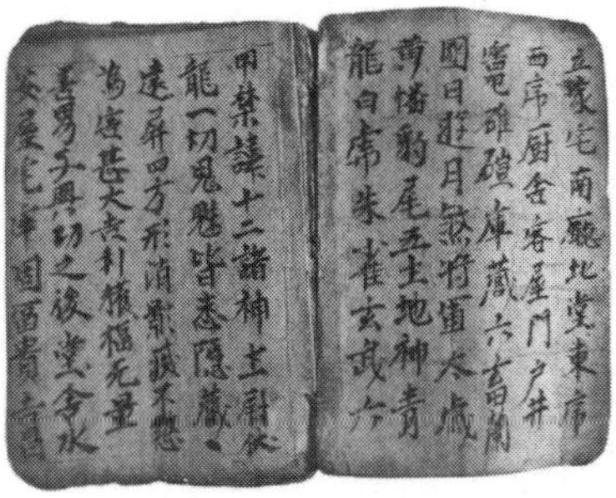

图2—3 缝缋装

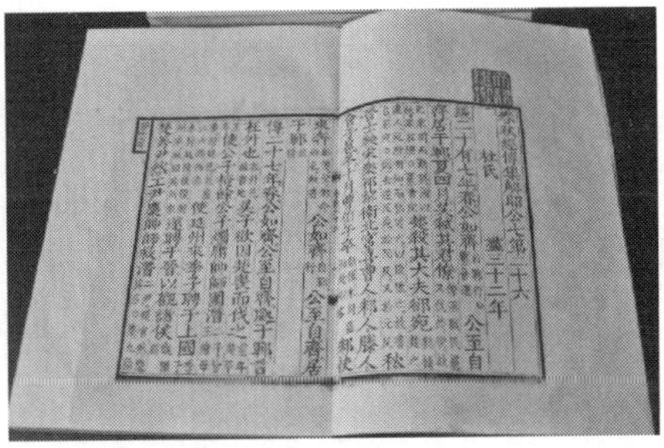

图2—4 蝴蝶装书页

包背装：是改进蝴蝶装形成的装帧形式。蝴蝶装将有文字的一面相向而折，装订时折口朝右；包背装则与之相反，把空白的一面相向而折，装订时折口朝左，在右侧空白处打好眼，用纸捻订起砸平，再用一张较厚较硬的纸作为封面包裹书背，所以被称为包背装。其实蝴蝶装的封皮也采用包背形式，其区别主要在于折叠方式和包裹部位的不同。包背装大约出现在南宋，流行于明代前期，著名的《永乐大典》（见图2—5）就是采用这种装帧形式。

线装：盛行于明朝中叶以后。线装书与包背装大同小异，不同的是装订时不用整张厚纸作封面，而是裁成与书叶大小相同的两张，上下各一张，书叶与书皮一起裁切整齐，打眼装线（见图2—6）。

图2—5 包背装本《永乐大典》

图2—6 线装

毛装：折叠方式与线装书相同，但不用线装订，只在书皮上打孔，穿上纸捻、砸平，也不需要切边。一般用于稿本、抄本的装订。

三、古籍构造术语

古籍的构造术语，既包括书籍外部结构术语（见图 2—7），也包括版面术语（见图 2—8）。

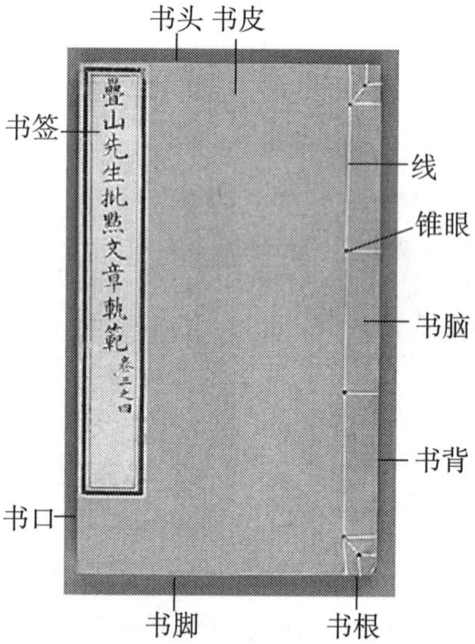

图 2—7　线装书外部结构术语

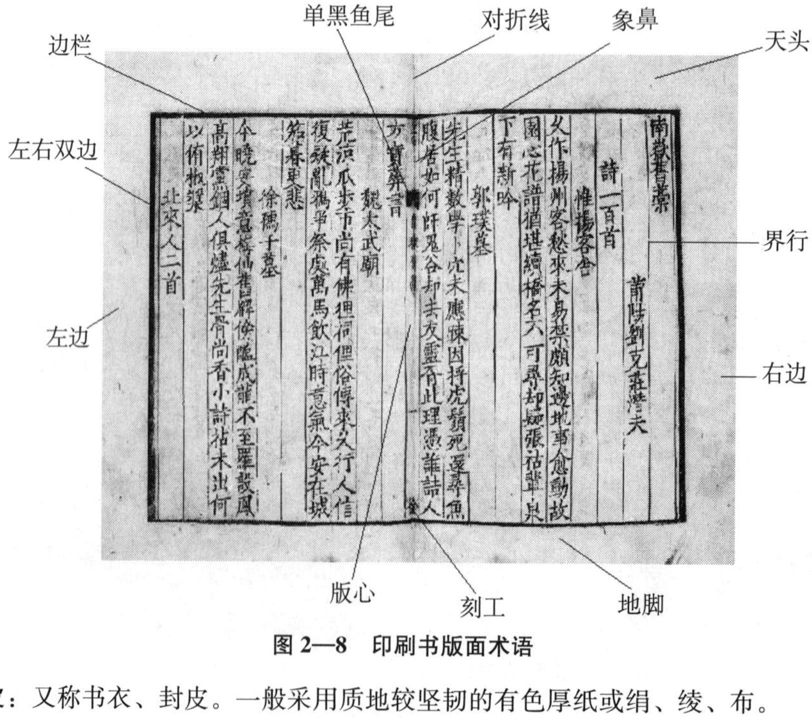

图 2—8　印刷书版面术语

书皮：又称书衣、封皮。一般采用质地较坚韧的有色厚纸或绢、绫、布。

书签：贴在书皮左上方的长方形纸条，标有书名、卷次等，印刷书籍会统一印制，稿本或抄本则手写题签。

书芯：除去书皮以外的核心部分。

书脑：书籍锥眼、订线以右的地方。中国古籍线装书一般打四个孔或六个孔，称四眼针装或六眼针装，朝鲜古籍一般打五个孔，称五眼针装。

书口：书籍左侧可翻页阅读的开口。

书背：也称书脊，书叶装订缝合处与书口相对的侧面，能够反映书籍的厚度。

书头：书册上端切口处。

书脚：书册下端切口处，刊印者或藏书家常在此处刊刻或题写书名。

书根：书脚装订线的右侧部分，刊印者或藏书家常在此处刊刻或题写卷次、册次等。

副页：也叫护页，指紧挨书皮增加的两三张空白纸，其作用是保护书页，也可供读者撰写题跋。

内封：在书皮里面印有书名、作者和刊刻信息等的封面。

版面：一页纸上印版所占有的面积叫版面。

版框（匡）：指书页文字或图画四周的围栏。线装印刷书一般只有四周单边、四周双边、左右双边三种形式，经折装佛经要多出上下双边这种形式。

边栏：版框的单侧边线称边栏，也叫栏线。一般由粗、细两种直线组成，清末也采用花纹作装饰的花边。

界行：又叫边准，指文字之间的分界线，由简策书籍一枚简的边缘演变而来。

行款：又称行格。著录每个版面的行数和每行满格字数的方法，由于左右两个半面对称，故一般只著录半页的行数和字数。如果每行满格字数不等，则取其最小和最大数著录，外加“不等”二字；如果小字双行，但每行字数相同，则著录为“小字双行同”；如果小字字数不同，则分别著录大字和小字的字数。

天头：也叫书眉，特指版框上面边栏之外的空白部分，如有读者手写的文字称为眉批。

地脚：版框下面边栏之外的空白部分。

边：版框左、右边栏之外的空白部分。

版心：又称书口、版口、中缝。指版框中间不印正文、用于折叠书页的一行。版心是除了内封外保留版本信息最丰富的部位，一般由上下两条直线分隔为上、中、下三部分，分别镌刻书名、卷次、页码、版面字数、刻工姓名和出版机构等信息。

象鼻：连接版心上、下横线到上、下边栏间的部分，一般有条竖黑线，看起来像大象的长鼻子，故称为象鼻。有黑线的称为黑口，黑线较细的称细黑口或小黑口，黑线较粗的称粗黑口或大黑口；没有黑线或文字的称白口；正中间印有文字的称花口或口题。

鱼尾：版心中距上下边约四分之一处状似鱼尾的标记。鱼尾分叉处，正是版面中心，是折叠书页的标准点。从鱼尾的数量上看，有单鱼尾、双鱼尾、三鱼尾等，最多的有六鱼尾，但以单鱼尾和双鱼尾最为常见；从鱼尾的朝向来看，有对鱼尾（逆鱼尾）和顺鱼尾之别，对鱼尾是指鱼尾方向相对或相逆，顺鱼尾指鱼尾方向相同；从鱼尾的图案虚实来看，有白鱼尾、黑鱼尾、线鱼尾和花鱼尾。鱼尾印出来全部是黑色的称黑鱼尾，由五条黑色直线围成密闭空间的白色鱼尾称白鱼尾，由三组平行线或三条线段组成的敞开式鱼尾称线鱼尾，用花纹作装饰的鱼尾称花鱼尾。

书耳：又称耳格、耳子，是指附在版框左、右上角之外的小方格。如果没有方格，但有文字标题，则称为耳题。一般用来注记篇名、书名简称或帝王年号、历史纪年等，多见于宋元版书中。原本为蝴蝶装所特有，主要是方便阅读时翻检篇名。

刊语：正文之外由刊印者加刻的记述书坊字号、刊者姓名、刻书时地等文字，常出现在序目后、卷末等处。

牌记：又称牌子。内容和刊语相同，在宣示版权的文字四周环以墨线形成的独立标记，一般是长方形，也有圆形、鼎形等各种图案作为装饰。常出现在序跋、目录、正文每一卷卷尾之后。

四、版本类型术语

印本：采用印刷术制作的书本，包括雕版印刷本、活字印刷本、石印本、铅印本等，一般与写本、抄本相对。

刻本：通过雕版印刷制作的书本。其生产程序为：稿本→抄写样本→挑选木材（梨木或枣木等）→雕刻版面→刷墨→覆纸印刷→装订。根据时代可分为唐刻本、宋刻本、辽（契丹）刻本、西夏刻本、金刻本、蒙古刻本、元刻本、明刻本、清刻本和民国刻本等；根据地域可分为浙本、蜀本、建本（福建刻本）、平水本（山西平阳刻本，平阳指今临汾一带）等。

活字本：通过活字印刷制作的书本。首先雕刻或铸造单个活字，再组合成印版，然后直接或间接印刷。根据材料的不同可分为泥、木、铜、锡、铅、铁、瓷活字等，其中以木活字、铜活字、铅活字使用最为广泛。

泥活字本：使用胶泥做活字而印刷的本子，最早见于北宋沈括《梦溪笔谈》卷十八记载，为北宋庆历（1041—1048）年间平民毕昇创制，其方法是用胶泥做活字，放在涂有松香、蜡等物质的铁板上，加热冷却后制成活字版，印刷成功后再加热，将活字还原。目前唯一发现的可能属宋代的活字版实物是 1965 年在浙江温州白象塔内发现的《佛说观无量寿佛经》，有专家认为是北宋元符至崇宁间（1100—1103）活字本；1987 年在甘肃武威出土的西夏文佛经《维摩诘所说经》以及 20 世纪初发现的黑水城西夏文献中的《维摩诘所说经》，被认为是 12 世纪中叶泥活字印本；2005 年，宁夏考古研究所又在贺兰山山嘴沟石窟发现西夏文献，其中《妙法莲花经集要义镜注》、《圆觉注之略疏》是典型的活字印本。以上书籍是否是泥活字本，学术界尚有争议，但极大地推动了早期活字印刷的研究。实践证明，毕昇创制的泥活字是可行的。

木活字本：使用木材做活字而印刷的本子。《梦溪笔谈》记载毕昇曾试制木活字，但没有成功；元朝元贞元年（1295）至大德四年（1300），农学家王桢试制成功，其制造工艺被完整地记在《农书》卷二十二。1908 年，在敦煌千佛洞中发现 960 个元代回鹘文木活字，后被伯希和窃往法国；1952 年，在甘肃武威天梯山石窟出土《圣观自在大悲心总持》、《圣胜慧到彼岸功德宝集偈下卷》两篇佛经残页，经鉴定可能是木活字本，印制于 12 世纪中叶；1991 年，在倒塌的宁夏贺兰县拜寺沟方塔发现木活字本西夏文佛经《吉祥皆至口和本续》，被认为印于 12 世纪下半叶。由此可见，12 至 13 世纪的西夏和元代，木活字印刷已在广泛使用。到了明清时期，木活字印刷是中国使用最广泛的活字印刷术，直至 20 世纪，民间印刷家谱仍然主要使用木活字。2010 年，浙江瑞安东源村申报的“中国活字印刷术”被联合国教科文组织列入“急需保护的非物质文化遗产名录”。

铜活字本：使用铜或铜、锡、铅合金铸成活字而印刷的本子。关于铜活字产生的时代，学术界存在很大争议。从高丽文献记载来看，应当是高丽高宗二十年（1232）迁都江华岛前后开始铸造金属活字印制书籍的，如高宗二十二年（1234）至二十九年（1241）

期间，晋阳公崔怡用铸字印成《详定礼文》28本；又于高宗二十七年（1239）重雕铸字本《南明证道歌》，据此，该书的铸字本产生时代更早，可惜以上二书的活字印本均已亡佚。现藏韩国高丽大学校图书馆的《清凉答顺宗心要法门》，刊刻于1297—1298年，其末页跋文为金属活字印本。法国国家图书馆藏高丽宣光七年（1377）青州牧兴德寺铸字本《白云和尚抄录佛祖直指心体要节》，是现存最早的金属活字印本书。进入李朝以后，朝鲜铸字印刷非常兴盛，从1403年至1863年之间铸字三十多次，绝大多数是铜活字。而从我国文献记载来看，铜活字比较盛行是在明弘治（1488—1505）、正德（1506—1521）和嘉靖初年，地点主要是在江苏的无锡、常州、苏州和南京一带，最有名的是无锡华氏、安氏两家，如弘治三年（1490）锡山华氏会通馆铜活字印本《宋诸臣奏议》、弘治五年（1492）《锦绣万花谷》、弘治八年（1495）《容斋随笔》等。

铅印本：使用铅或以铅为主的合金铸成活字而印刷的本子，分为铅活字直接印刷和铅版复制版印刷两种方式。存世最早的铅活字印本是朝鲜世宗十八年（1436）印制的《资治通鉴纲目》，其大字用丙辰铅活字，小注用甲寅铜活字。但对世界文明影响最大的是德国人谷登堡（Gutenberg）发明的铅活字，采用机械印刷，于1454年在德国印制《四十二行圣经》，开创了欧洲印刷书籍"摇篮本"（1450—1500）的时代。19世纪初，欧洲传教士开始在我国广州、东南亚等地研制中文铅活字，印刷基督教经典；清道光二十三年（1843），上海成立了国内最早的铅印机构——墨海书馆，咸丰七年（1857）出版了最早的汉文铅印本《六合丛谈》。铅印技术不断改进，民国以后成为最主流的书籍印刷方式。

石印本：采用石版印刷的本子。石印属于平版印刷之一，是以特殊石板为版材，将图文直接用油墨书写、描绘在石板之上，或通过照相、转写等方法，将图文间接转印在石版之上，利用油墨与水不相溶的原理印刷的工艺技术，18世纪末德国人施纳菲尔特（Alois Senefelder）发明，19世纪30年代传入中国。1876年，创设申报馆的英国人美查兄弟（F. Major和E. Major）在上海开设点石斋石印局，开始广泛地印刷图书和期刊，出版著名的《点石斋画报》等。1881年，中国人徐裕子、徐润等先后开设同文书局和拜石山房，与点石斋三家鼎立，盛行一时。石印本图文清楚，照相石印可随意放大、缩小，为影印古籍和图画铺平了道路。

珂罗版：亦称玻璃版。19世纪60年代德国人发明，属于最早的照相平版印刷。其方法是以厚玻璃做版基，涂上感光胶质，将拍摄的阴文干片与之密合曝光，硬化后形成图像，其图像部分吸收油墨，空白部分吸水，用纸刷印而成。我国于光绪初年掌握珂罗版印刷技术，长期应用于精美绘画作品或其他珍贵文物的复制印刷。

套印本：用不同颜色刷印的本子，根据颜色的多少分为朱墨套印本、三色套印本、五色套印本等；根据制作方式分为同版套印和套版套印两种。

官刻本：指朝廷各级官府及其附属机构所刻书，如宋代国子监本、元代兴文署本、明代经厂本、清代武英殿本、官书局本等。

家刻本：指私人所刻之书，一般在家塾刊刻家庭成员及其祖辈的著述，往往不惜工本，校勘印刷精良。

坊刻本：指书坊所刻之书，一般根据市场需要，刊刻名家诗文集、科举考试书籍、通俗读物、民间实用书籍等。

初刻本：同一部书的版本中最早刊刻问世的本子。例如，虞集《道园学古录》最早刻于至正元年（1341），该本就是初刻本。

重刻本：据原刻底本重新刊刻的本子，行款版式不必与底本相同。仍以《道园学古录》为例说明，元至正刻本和明景泰刻本、嘉靖刻本的行款都是十三行二十三字、黑口、四周双边，清乾隆四十一年（1776）赐书堂刻本的行款是十行二十三字、白口、左右双边，因此，乾隆赐书堂刻本就是重刻本。

翻刻本：据原刻本翻刻的本子，行款版式要依据原刻本，但字体等则不求形似。明嘉靖十九年（1540）刻《唐百家诗》，行款皆为十行十八字，但字体与南宋书棚本尚有一定差距，可称翻刻书棚本。

影刻本：又称覆刻本，据原刻本影摹或直接用原刻本书页上版刻印而成的本子，如影宋刻本、覆元刻本等。明景泰七年（1456）昆山知县郑达、黄仕达刻本《道园学古录》，据称是直接用元刻本书页覆版刻印的。

初印本：同一刻本初次印刷的本子，看上去笔画清晰，墨迹较深。在正式印刷之前，往往会用红色或蓝色试印几部样书，称为朱印本或蓝印本，刚开始改用墨印刷时，版面可能泛红或泛蓝，这也是初印本的标志之一。

后印本：同一刻本后来印刷的本子。版面有磨损、开裂，甚至毁坏等情况，不如初印本精美。后印本往往伴随有增刻或修补现象。

增刻本：同一刻本在后来印刷时增刻部分内容形成的印本。

修补本：由于书版残缺，经过修补印成的本子。如清乾隆四十一年（1776）崇仁陈氏赐书堂刻本《道园学古录》，到了嘉庆二十年（1815），版片毁损过半，经陈氏后人修补完善，藏版于勤约堂，故著录为清乾隆四十一年赐书堂刻嘉庆二十年勤约堂修补本。

递修本：经过多次修补而成的本子。例如，宋元之际王应麟《玉海》，为元至元六年（1340）庆元路儒学刊本，其书板一直保存至清代嘉庆年间，历经元、明、清三朝不断修补，可称为三朝递修本。

稿本：著者亲笔写录或请人誊录而成的本子，可细分为手稿本、修改稿本、清稿本。著者亲笔缮写的为手稿本；著者亲笔修改自著的抄本、刊本，称修改稿本；请人誊抄而著者未加任何修改的书稿，称清稿本。由于清稿本不能反映著者的手迹，与一般抄本难以区分，习惯上需钤有著者本人藏书印，或者使用著者自制稿笺纸抄写，或者有相关文字说明，才能称为清稿本。

写本：缮写而成的本子。一般指宋代以前的抄写本、元代以后的内府抄写本、名家抄写本和佛经、道经抄写本。元代以后的普通抄本不能称写本。

抄本：根据某一底本抄写而成的本子。传世的古籍抄本以明清时期居多。

影抄本：根据某一底本覆纸影摹而成的抄本。最先广泛应用的是明清之际的江南藏书家，为了复制某些珍贵的宋元版书而创制，以毛氏汲古阁影宋抄本最为知名。

批校题跋本：经读者校勘、评点、撰写题跋的书籍传本。

过录本：又称迻录本，指照样移录底本所载批校题跋文字而成的本子，一般用于抄录著名学者和藏书家的重要读书心得。

五、其他版本术语

通行本：通行本有两个含义，一是普遍，坊间流行甚多，随时可以得到；二是普通，雕刻平常，不值得特别珍藏。通行本一般着眼于它的实用价值。

善本：本义是指校勘精审、文字较少错误的本子，清代以后逐渐演变为藏书家眼中"珍本"的代名词，如《中国古籍善本书目》中的"善本"是指具有历史文物性、学术资料性和艺术代表性的古籍，其中起主导作用的是历史文物性，即乾隆六十年（1795）以前的古籍皆属善本。但学者更看重善本的文献校勘价值。

珍本：非常珍贵的本子，主要着眼于其文物价值。一般认为，年代久远，流传稀少，抄写、印刷精美，或经名家收藏的本子具有较高文物价值。

孤本：仅存一部的本子。国内仅存的称海内孤本，国内外仅存的书称海内外孤本。称一部书是否为孤本一定要谨慎小心，必须广泛检索各种书目和数据库才能确定。如果不能做全面调查，为稳妥起见，可称为稀见本。

稀见本：存世数量稀少（三部以内），流传非常罕见，但又不能确定是孤本的书。

以上术语，要在理解的基础上牢记，并能够熟练运用。如此，则可收事半功倍之效。

第二节
版本鉴定入门

版本鉴定是版本学的核心内容。对于任何一部古籍，都能准确地说出它是何人刊刻或抄写于何时、何地，这就是版本鉴定的任务。版本鉴定虽然看似很高深，但也并非无规律可循。即使是初学者，只要掌握了前人总结的经验，再勇于实践，必能得其门而入。

一、版本鉴定的基本方法

（一）牌记鉴定法

古籍的牌记或刊语，相当于现代图书的版权页，一般镌刻在内封，或者在目录和序跋的后面，或者在每一卷的卷末，或者在版心。内封镌刻的牌记，一般是占用半个版面大小的长方形粗黑框，用竖的直线分为三栏，中间一栏大字镌刻书名，右栏是刻书年月或著者名字，左栏是刊刻机构、个人或藏版处；目录后、序跋后、卷末的牌记或刊语，尺寸要小得多，只有基本的刊刻时间和出版机构信息；版心下方的牌记最简略，仅有刊刻机构名称；版心上的刊语则往往是修补版片留下的时间信息。

图 2—9　清光绪七年（1881）刻本《罗德安公集》

根据牌记来鉴定版本，是最常用、最简便、最精确的方法。如果一部书有牌记，找到它就能确定该书的版本信息。如图所示，《罗德安公集》（见图 2—9）的版本就是清光绪七年辛巳（1881）罗冠仕等刻本。

但需要注意的是，由于内封牌记相对独立，很容易被撤换或故意伪造。撤换牌记的原因有很多种，首先，原版毁损较多，重新修版时可能更换牌记。如上文提到的清乾隆四十一年（1776）崇仁陈氏赐书堂刻本《道园学古录》，到了嘉庆二十年（1815），版片毁损过半，经陈氏后人修补完善，内封牌记就更换为嘉庆二十年勤约堂藏版，部分图书馆在著录该书版本时就仅仅著录为清嘉庆二十年勤约堂刻本，这是不准确的。其次，书版是可用于交易转卖的商品，刻书机构或个人购买了旧书板，重新印刷时可能会改换牌记，并挖改正文相关信息。例如，清乾隆年间黄晟刻《宝古堂重修宣和博古图录》，内封题“乾隆壬申年秋月，亦政堂藏板”，如果据此鉴定其版本为清乾隆十七年壬申（1752）黄晟亦政堂刻本，则是错误的，因为该书实际上是明万历间吴万化刻本，黄晟辗转购得书版后，不仅将牌记撤换，而且挖改正文的“宝古堂”为“亦政堂”，但挖改痕迹仍然可以用肉眼看出来。至于伪造牌记，则是书商为了牟利，故意将后出版本冒充前代版本的粗劣做法，在鉴定版本时要谨慎对待，以免上当受骗。

（二）序跋鉴定法

古人在刊刻著述时，为了让读者了解刊书始末，或扩大书籍的影响力，一般都会由编者或主持刊刻的人自撰或聘请他人撰写序跋。由于序跋往往有明确的时间信息，在无法依据牌记鉴定版本时，序跋无疑是较可靠的证据。例如，元柳贯《柳待制文集》，卷首有至正十年（1350）余阙和苏天爵序，称是集乃其门人宋濂、戴良所编，余阙命浦江监县刻于学官，故该书的版本是元至正十年浦江学官刻本。又如，清光绪十八年壬辰（1892）刻本缪宝娟《吟秋阁诗草》，其内封只有“吟秋阁诗草”篆书大字五个，没有相关出版信息，如何确定其刊刻年代呢？其依据只可能是序跋。该书卷首有光绪壬辰春二月金坛冯煦序，卷末有光绪壬辰秋九月表弟钟渭跋。两篇序跋皆作于光绪十八年壬辰，故定为光绪十八年刻本。尤其是钟渭跋，详细交代了这部集子的刊刻始末：“是集初以活字版排印，戚友征索，久之渐罄，爰重加删订，增以近作，畀诸手民，予任校字之役，用识数语于后。”据此可知，《吟秋阁诗草》原有活字本，光绪十八年又增刻问世，钟渭负责校勘文字，所以撰写跋语置于书后。该书只有二三十页，冯序作于二月，钟跋作于九月，在本年内应当可以刻完，定为光绪十八年刻本是比较准确的。

利用序跋鉴定版本，需要注意的是，并不是所有的序跋都与该书的刊刻出版有关联。某一著述编纂成书时，作者可能就自撰或请人撰写序跋，但当时可能根本就没有机会刊刻问世。这种与出版无关的序跋不能用于刻本的鉴定，只能说明其成书年代。举个简单的例子，清代刊刻的宋人著述，可能有宋人的序跋，但清代刊刻时没有撰写新的序跋，也没有留下牌记，如果机械地根据宋人序跋就说该书是宋刻本，就会闹出笑话了。因此，利用此法鉴定版本时，一定要认真阅读序跋，查找有关该书刊刻方面的信息，尤其是“付之剞劂”、“授之梓”、“镌板刊行”、“镂板”等词句，有了这些字句才能视为刻书序跋，才能据此确定刊刻年代。此外，书籍出版之后，在赠送名家阅读时还可能会请求赐序，但时间上也许会滞后若干年，因此，后来印刷或装订的本子，可能会比最初印刷或装订的多出一些序跋，遇到这种现象时，也不能依据后来撰写的序跋作为刊刻时间。

（三）讳字鉴定法

讳字是古代典籍中常见的现象。凡遇本朝君主或所尊之名，不能直书，必须加以回避，或改字，或缺笔，这就是避讳；因避讳形成的文字，称为讳字。不同时代的书籍，使用的讳字不同，因此，可以利用讳字来鉴定版本年代。从时代上看，元朝由于是蒙古族建立的政权，皇帝名讳是蒙古语，对应的汉字没有避讳的习惯，明代前、中期承继元代传统，也没有形成避讳制度，直到万历以后才要求避讳。清初，顺治朝不避讳，康熙以后才渐渐严格。故利用讳字鉴定版本的主要对象是宋刻本、明末刻本和清刻本。

宋代避讳既广泛，又严格。就避讳对象来说，包括宋太祖之高祖父以下、各朝帝王之御名、旧讳、庙讳以及轩辕黄帝名号皆须回避，既避御名正字，也要避嫌名（音同音近字）；就避讳方法来说，在刊刻书籍时，绝大多数采用缺笔法，其次采用改字法，或对御名正讳采用加注法，即小字双行加注“今上御名”、“太上御名”、“某帝庙讳”等代替。以下是存世宋刻本中最常见的讳字。

玄：缺末笔。避宋之始祖（圣祖）赵玄朗名讳，自真宗大中祥符五年（1012）以后避。

弦、絃：缺末笔。避宋之始祖（圣祖）赵玄朗嫌名讳。

朗：缺末笔，或改作“明”。避宋之始祖（圣祖）赵玄朗名讳。

敬：缺末笔，或改作“恭”。避宋太祖之祖父（翼祖）赵敬名讳。

竟、境、鏡、驚、警：缺末笔。避宋太祖之祖父（翼祖）赵敬嫌名讳。

弘：缺末笔，或改作“洪”。避宋太祖之父（宣祖）赵弘殷名讳。

殷：缺末笔，或改作“商”。避宋太祖之父（宣祖）赵弘殷名讳。

匡：缺末笔，或改作“康”。避宋太祖赵匡胤名讳。

胤：缺末笔。避宋太祖赵匡胤名讳。

恒：缺末笔，或改作“常”。避宋真宗赵恒名讳。

禎：缺末笔。避宋仁宗赵祯名讳。

貞、楨、徵：缺末笔，“贞”或改作“正”。避宋仁宗赵祯嫌名讳。

曙：缺末笔。避宋英宗赵曙名讳。

樹、署、豎：缺末笔。避宋英宗赵曙嫌名讳。

讓：缺末笔，或改作“逊”。避宋英宗之父赵允让名讳。自治平三年（1066）以后避讳。

戌、旭：缺末笔。避宋神宗赵顼嫌名讳。

煦：缺末笔。避宋哲宗赵煦名讳。

吉：缺末笔。避宋徽宗赵佶嫌名讳。

桓：缺末笔。避宋钦宗赵桓名讳。

垣、完：缺末笔。避宋钦宗赵桓嫌名讳。

構：缺末笔。避宋高宗赵构名讳。

購、遘、溝：缺末笔。避宋高宗赵构嫌名讳。

慎：缺末笔，或改作“谨”或“填”（音镇）。避宋孝宗赵昚嫌名讳。

敦：缺末笔。避宋光宗赵惇嫌名讳。

擴：缺末笔。避宋宁宗赵扩名讳。

廓：缺末笔。避宋宁宗赵扩嫌名讳。

筠、巡：缺末笔。避宋理宗赵昀嫌名讳。

牢记以上常用讳字及其同音字，遇到宋刻本时留心记录，只要确定不是元代以后覆刻本或翻刻本，无论讳字有多少，哪怕只有一两个，均可定为宋刻本。然后根据全书避至某帝讳字，不避下一帝之讳字，就可大致推定为某帝时刻本。由于存世宋刻本绝大多数是南宋刻本，而南宋又以高宗、孝宗、宁宗和理宗在位时间较长，刻书较多，因此，重点掌握这四帝的避讳方式，无疑有助于提高宋版书鉴定的效率。

明刻本的避讳，除翻宋刻本遵照宋讳外，避本朝皇帝名讳主要施行于天启、崇祯二朝，常见避以下五字。

常：改作“尝”，偶尔缺末笔。避明光宗朱常洛名讳。

洛：改作“雒”。避明光宗朱常洛名讳。

由：缺中间竖画之末半笔，或改作“繇”。避明熹宗朱由校、明思宗朱由检名讳。

校：改作“较”、“教”、“效”，或省作“挍”。避明熹宗朱由校名讳。

檢：改作“简”，或省作“捡”。避明思宗朱由检名讳。

在古籍刻本中，如果出现以上五字避讳，可以基本肯定是天启（1621—1627）以后的，至于其下限，清初刻本中尚多有沿用，很难据此断定是明末刻本还是清初刻本，尤其是“校”字改作“较”，晚清刻本中也很常见。这是利用讳字鉴定明刻本时要注意的。

清代避讳，主要避皇帝名讳及其偏旁，不避御名同音字，故所避之字不多。自咸丰四年（1854）后，不避当朝皇帝名讳之上一字；自同治三年（1864）后，不避当朝皇帝名讳下一字之偏旁。以下是清代自康熙以后的主要避讳字。

玄：缺末笔，或改作“元”。避清圣祖玄烨名讳。

燁：缺末笔。乾隆纂修《四库全书》时谕令以“煜”字代替。

胤：缺末笔或首笔。乾隆二十五年（1760）谕令以“允”字代替。避清世宗胤禛名讳。

禛：缺末笔。乾隆二十五年谕令以“正”字代替，纂修《四库全书》时谕令以“祯”字代替。

丘：缺竖笔，或改作“邱”。雍正三年（1725）以后避孔子名讳。

弘：缺末笔，或改作“宏”。避清高宗弘历名讳。

曆：缺末笔，或改作“曆”、“歴”、“歷”、“厯”、“厤”等。

顒：缺末二笔。避清仁宗颙琰名讳。

琰：将右旁第二“火”字改写为“又”字。

旻：缺中间一点。避清宣宗旻宁名讳。

寧：道光时一般改作“寕”字。自咸丰四年（1854）后，谕令改写为“甯”字。

詝：缺末笔。避清文宗奕詝名讳。

淳：改作“湻”字。以“享”为偏旁者不避。避清穆宗载淳名讳。

湉：缺末笔。避清德宗载湉名讳。

儀：缺末笔。避清末帝溥仪名讳。

清刻本由于时代较近，绝大多数书的牌记、序跋都保留得比较完整，因此，使用讳字只是鉴定版本的辅助手段。此外，由于坊刻本避讳不严，在实践中不能简单地以最常见的“玄”、“弘”字是否避讳来作为明刻本和清刻本的区别。

(四) 刻工鉴定法

刻工是指雕刻印板的工人，其名字很少见于文献记载，唯有在自己雕刻的书版上留名于后世。但刻工比较务实，留下名字主要是为了便于查核责任和计算工钱。此外，据当代修家谱的刻工口述，在书上镌刻名字，也是出于招揽生意的需要。假如某个刻工口碑好，生意就会源源不断地找上门来。这些由刻工自行镌刻的名字记号，一般位于版心右下，或者位于全书卷尾，有的姓名俱全，有的只镌姓氏或名字中的某个字，能够与本地同时的刻工区分开来就行。由于刻工的从业时间一般只有二三十年，如果知道某书上的某个刻工在哪一年刻了其他书，该书的刊刻年代就大约在这一年的前后二三十年中。虽然无法精确到具体的某一年，但相对于泛泛地说宋刻本、元刻本、明刻本，已经是很大的进步了。

对古代刻工名的系统搜集与整理，首推日本著名书志学家长泽规矩也《宋元刊本刻工名表初稿》(邓衍林译，《图书馆学季刊》第 8 卷第 3 期，1934 年 9 月)，共著录宋刻本 130 种、刻工约 1 500 名，元刻本 73 种、刻工约 750 名。中国学者自 20 世纪 80 年代开始重视刻工名录的整理，主要有何槐昌《宋元明刻工表》(《图书馆学通讯》，1983 年第 3 期)，著录宋刻本 170 多种、元刻本 50 多种、明刻本 100 多种，著录刻工 6 000 余位；王肇文《古籍宋元刊工姓名索引》(上海古籍出版社，1990)，著录宋元版书 369 种、刻工 4 500 名；张振铎《古籍刻工名录》(上海书店出版社，1996)，著录唐五代及宋元刻本 267 种、明刻本 487 种、清及民国刻本 477 种；李国庆《明代刊工姓名索引》(上海古籍出版社，1998)，著录明版书 1 100 多种，明代刻工、印工、装裱工 5 700 多人。这些工具书，为我们查找刻工姓名提供了便利。但要深入地利用刻工鉴定版本，这些书还远远不够用。如宋元版大藏经中的刻工，现藏台湾地区宋、元、明本中的刻工，还有待系统地补充进去。此外，在接触各种古籍版本时，遇到以上书籍中未著录的刻工，也可随手记录，积少成多，必将大有收获。

利用刻工鉴定版本，在具体操作时并不简单。首先，刻工名字一般都比较大众化，不同时代以及同时代的不同地域可能存在同名现象，不能仅仅依据一二名刻工就轻率地鉴定某书的版本。例如，南宋诗人周文璞《方泉先生诗集》三卷，其宋刻本有刻工“陈祥、叶青、李生”等。据王肇文《古籍宋元刊工姓名索引》，陈祥曾为抚州公使库刊《春秋经传集解》、《春秋公羊经传解诂》；叶青于绍兴（1131—1162）年间刊《温国文正司马公文集》(或称福建初刻本)，为淮南路转运司刊《史记集解》，又于孝宗时刊《河南程氏遗书》；李生于嘉定（1208—1224）年间在建康郡斋刻《西汉会要》。这三名刻工分别在江西、淮南、福建等地活动，时间跨度也比较大，包括南宋前期和中期，因此，无法根据这几名刻工来判断《方泉先生诗集》究竟刊于宋代何时何地。其次，在抄录某书的刻工名字时要严格区分原版和补版，尤其是二朝或三朝递修本，应避免混淆刻工时代。例如，元刻明清递修本《玉海》，如果某页书版心镌有“监生某某”，则是明代以后补版，而不是元版。再次，如果一部书篇幅较大，出现的刻工多达几十人，也不能仅仅核查一二名刻工就断定为何时何地刻本，必须全面调查这个群体，只有大多数人的活动时代与地域基本相符才能得出结论。

（五）字体鉴定法

所谓字体，是指书写或镌刻的文字呈现出来的风格体式。俗话说“字如其人”，可见字体具有身份标识功能。利用字体来鉴定版本，就是在总结不同时代、地域和个人书写风格的基础上，逐一将所鉴定的对象还原到具体的时、地、人。

首先来谈历代版刻字体。宋代是古代书籍从手写本向印刷本转变的时代，在日常书法学习中，楷书以唐代著名书法家为典范，反映到雕版印刷字体的选择，仍以欧、颜、柳为主。从地域刻书的角度来看，大致而言，浙本多用欧体，次用柳体，或介于欧、柳之间；蜀本多用颜体；建本多用柳体，参用颜体笔法。到了元代，赵孟頫字体盛行一时，除元代前期尚沿宋版余风外，后期多用赵体字。明代以正德（1506—1521）年间为转折点，前期（洪武至弘治）仍沿袭元代赵体字，且由于雕刻技术的进步，更加接近手写赵体；中期（正德、嘉靖、隆庆）和后期（万历、天启、崇祯）在字体上不再接近手写书法字体，而是改为横平竖直、撇捺直挺的方体字（或称硬体字、匠体字）。此种字体，由专业工匠即可书写，刊刻效率也有了极大提高，能够满足明代中期以后社会文化飞跃发展的需要，故一直沿用至今，衍变为现代中文印刷字体的宋体字。清代自康熙至乾隆初期，在继续发展嘉靖、万历方体字的同时，出现了笔画纤细、娟秀端庄的软体字（或称写刻体），时称“康版”，以侯官林佶写刻《渔洋山人精华录》、《午亭文编》、《尧峰文钞》、扬州诗局刊《全唐诗》等为代表。但清刻本的主流仍然是自明代以来的硬体字，康、雍、乾三代精刻本尚有可观，道光以后则每况愈下，最终被新式的石印本和铅印本所取代。此为历代刻书字体之大概。利用字体来鉴定刻本，须首先熟悉各时代最主流的刻书字体，然后认真揣摩其笔画特点、间架结构、刻字刀法，方能找到门径。

稿抄本、批校题跋本的鉴定，同样也存在字体识别的问题，但难度更大。因为刊刻出版是群体行为，打上了特定时代和地域的烙印，而稿抄本更多反映的是作者与抄书者的个人书写风格。现存的古籍抄本，主要有唐写本、明抄本、清抄本等。唐写本传世的不多，主要是近百年出土的敦煌遗书，已有专门的敦煌学去研究。明、清抄本的鉴定与研究，首先要求我们熟悉明清时期著名学者、文人、藏书家的笔迹，了解各个时期的书法流变，才可能使千差万别的个人书写字体与版本鉴定结合在一起。

（六）版式鉴定法

所谓版式，指的是版面格式，包括版框大小、行款、版心、字号、文字排列方式等。时代不同，版式也有变化，故了解不同时代的版式特征①，有助于版本的鉴定。

宋刻本的版式特征是：绝大多数为左右双边，少数四周双边，很少四周单边；浙本、蜀本多为白口、单鱼尾，建本多为细黑口、双鱼尾；南宋中期以后，版心上方多记大小字数，下方多镌刻工姓名。至于宋刻本的行格，并无一定标准和定例，利用行格很难鉴定版本。但记住特定时期刻书较多的官府机构或书坊的主要行格，有助于提高版本鉴定的效率。例如，南宋末期临安书坊规模较大的有三家，其中陈起父子的陈宅书籍铺，以刊刻唐、宋诗集为主，行款基本是每半页十行十八字；陈思的陈道人书籍铺，以刊刻艺术类书籍为主，行款为每半页十一行二十字；尹家书籍铺，则以刊刻子部书籍，尤其是笔记小说为主，行款一般是每半页九行十八字。记住了这些书坊的行格特点，能初步判断是何人所刻，再结合别的证据，就能得出结论了。

元刻本的版式特征是：以左右双边、四周双边为主，罕见四周单边；以黑口尤其是大黑口为显著特征，白口较少；以双鱼尾为主，甚至正文小题之上也刻有黑鱼尾，大概是为了醒目或装饰；建本一般不镌刻工名及字数。

明刻本的版式特征是：前期（洪武至弘治）大多黑口本，正德年间，开始出现较多白口本，嘉靖以后，白口本占主流地位。此外，弘治以后，开始在版心上方刻书名省写，此即花口，后逐渐盛行，万历以后直至清末，大多数书籍都采用此种花口，但一般书目仍只著录为白口。前期多为四周双边，弘治以后出现四周单边，中期四周单边、四周双边、左右双边各占一定比例，后期以四周单边居多。弘治、正德间开始出现白鱼尾，嘉

① 本书有关各时代版式特征的概括，主要参考李清志：《古书版本鉴定研究》第三章“历代版刻版式之研究”，89～116页，台北，文史哲出版社，1986。

靖以后白鱼尾较多，但总体来说仍以黑鱼尾占主流。

至于清刻本的版式，由于清代刻书数量非常庞大，刻书地域也极为广博，宋、元、明的各种版式都有应用，很难总结规律性的特征。

利用版式特征鉴定刻本的时代，可能会存在很大误差。但是，利用版式来区分刻本与活字本，则有极大便利。由于活字本利用单个活字排成印板，固板时用四条木片围成版框，故四边衔接的地方有明显缝隙，这是活字本的显著特征。但需要注意的是，刻本的后印本，如果版框磨损的地方恰好在某一衔接处，就不能仅仅根据这一裂口鉴定为活字本。另外，雕版印本在写样稿时，是用红格稿纸工整抄写的，故文字排列整齐划一，但刊刻时二字之间可能有笔画交叉，而每个活字笔画不同，大小也不一样，版面通常歪歪斜斜，有疏有密，甚至由于排字工人的粗心，出现横植、倒立之字。这就为活字本的鉴定提供了确凿的依据。

（七）纸墨鉴定法

雕版印刷的书籍，虽然离不开印版，但雕版只有借助于纸和墨才能呈现出来。对于版本鉴定者和读者来说，手里摸到的是书籍的纸张，眼里看到的是文字的墨迹，纸和墨是最直观的书籍物质载体，因此成为经验丰富的藏书家、贩书者鉴定版本时的首选。

历代书籍用纸，汉魏六朝时期，盛行麻纸；唐代虽以麻纸为主，但也兼用藤皮纸、桑皮纸和楮皮纸；宋元时期，建本多用竹纸，其余地区多用皮纸或竹纸，少数用麻纸；明代洪武、永乐间，仍多用竹纸，宣德以后至嘉靖，多用皮纸、白棉纸，少数用竹纸，万历以后至清末，以竹纸为主，包括毛边纸、毛太纸、官堆纸、连史纸等，次用皮纸，如开化纸、太史连纸（皮、竹混合纸）、宣纸、各地棉纸等。麻纸的主要特征是纤维较粗，簾纹较阔，质地坚韧，纸面不光滑，但不起毛；皮纸种类较多，较细薄、柔韧、洁白、光滑，是书籍用纸的上好选择；竹纸的特点是纤维细、短，纸面光亮平滑，纸质较脆，不柔韧，容易褪色变成暗黄色。利用纸张鉴定版本，主要是利用特定时期和地域的用纸特点来断代，如嘉靖刻本多用白棉纸，明末清初汲古阁刻书多用毛边纸，清代康熙至乾隆内府刻书多用开化纸，清末云南、贵州刻书多用本地棉纸等；同时根据不同类别纸张自然老化所呈现的纸色来确定印刷的先后。

利用书籍印刷用墨来鉴定版本，主要关注墨的颜色、光泽与气味。一般来说，宋版书色泽乌黑如漆、墨光焕发、经久弥香；元代和明代的官刻与私刻用墨尚精，然建阳书坊刻本，大多墨色秽浊，没有香味；明末坊刻，为降低成本，甚至有用面粉和烟煤制成墨来印书的，印后容易脱落，翻书时手指染黑，污染书叶，俗称大花脸本；清代康、雍、乾三代写刻本，用墨较精，嘉、道以下不甚讲究；晚清石印本、铅印本，采用油墨机械印刷，版框及文字周围有明显油渍印痕，可用于区分传统印本与新式印本。至于出土战国秦汉简牍用墨、六朝隋唐写本用墨，因时代久远，可以进行碳十四测年法，科学地测定其大致年代。而活字本的鉴定，主要根据墨色的深浅浓淡来判断。这是因为活字往往高低不平，印刷出来后，有的着墨较深，有的着墨较浅，雕版印本则不存在这一问题，着墨比较均匀。

（八）藏迹鉴定法

所谓藏迹，是指收藏痕迹。古书在流传过程中，留有历代藏书家、读者的印记、题跋、圈点、批语等，这些可统称为藏迹。只要知道某藏书印的所属及其钤印时代，就能断定某书的时间下限。如宋蜀刻本唐人诗集，大多镌有元代“翰林国史院官书”长方朱印（见图2—10），说明这些书的刷印，至迟不晚于元代。利用藏迹鉴定版本，首先要正确识别藏书印和手写题跋，因为藏书印多为小篆，题跋多为行草书，所以需要事先储备这方面的知识。其次，要能鉴别伪造的藏书印和题跋。从印色来看，年代越早的藏书印，印色越暗，年代较近的，印色就较鲜明；从印章工艺水平来看，著名藏书家的印章，一般请行家雕刻，精工隽美，伪印则多出于市井之徒，庸俗不堪；从钤印态度来看，藏书家精选印泥、找准位置、用力均匀，对每个环节都一丝不苟，伪盖印章往往轻率从事，使用劣质印泥、不讲布局、用力不均，一望即可疑其伪造。如果能够找到某位藏书家真的印记或印谱来对照，就很有说服力。至于题跋，同样要去找该藏书家的真正手迹来对比，才能准确鉴定其真伪。

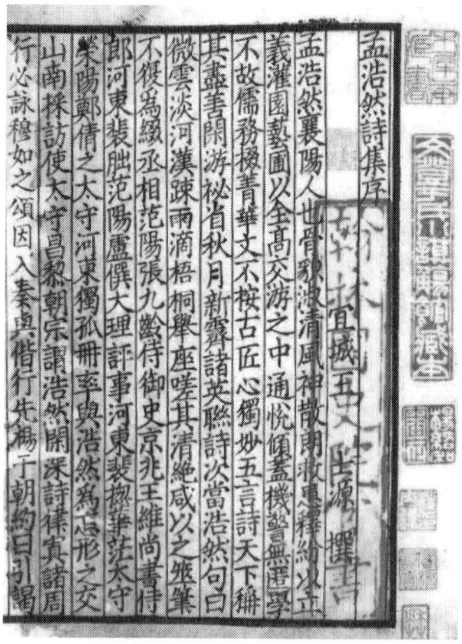
孟浩然詩集序
宜城王士源撰
孟浩然襄陽人也骨貌淑清風神散朗救患釋紛以立
義灌園藝圃以全高交游之中通悅傾蓋機警無匿學
不攻儒務掇菁華文不按古匠心獨妙五言詩天下稱
其盡善閑游祕省秋月新霽諸英聯詩次當浩然句曰
微雲淡河漢疏雨滴梧桐舉座嗟其清絕咸以之擱筆
不復爲綴丞相范陽張九齡侍御史京兆王維尚書侍
郎河東裴朏范陽盧僎大理評事河東裴摠華陰太守
滎陽鄭倩之太守河東獨孤冊率與浩然爲忘形之交
山南採訪使太守昌黎韓朝宗謂浩然閑深詩律寘諸周
行必詠穆如之頌因入秦與偕行先揚于朝約日引謁

图2—10 元翰林国史院藏蜀刻本《孟浩然诗集》

除了藏书印，藏书家写在书前或书后的题跋或识语，也是版本鉴定的重要手段。藏书题跋内容很随意，或记载作者生平，或讨论内容得失，或鉴定版本年代，或叙述得书经过，这些信息，对版本鉴定的帮助非常大。藏书界和学术界一向重视“黄跋”，即清代乾嘉间苏州著名藏书家黄丕烈的藏书题跋，后人先后辑成《士礼居藏书题跋记》六卷、《士礼居藏书题跋记续》二卷、《士礼居藏书题跋再续记》二卷、《荛圃藏书题识》十卷、《荛圃藏书题识续录》四卷、《再续录》一卷等，其中包含了丰富的版本鉴定知识，有助于厘清许多版本疑难问题。此外，一般的题记或浮签，也有助于版本鉴定。如国家图书馆藏元延祐六年（1319）李怀素刻本《知常先生云山集》五卷，现仅残存三卷（三至五）三册，卷末有一小张长方形夹纸，上用毛笔手书：“一部五本，洪武三十五年正月十九日朝天宫道士姚孤云进到。”从这条题记可以得到丰富的版本信息，洪武是朱元璋年号，洪武只有三十一年，三十五年是建文四年，成祖于这一年六月十七日即位后，诏令革除建文年号，夹纸就是这时候改写年号的。这条题记说明《知常先生云山集》的印刷时间不晚于建文四年（1402），很可能是元刻元印本，可以作为研究元代书籍用纸的标本。其次，说明该书在建文四年藏南京文渊阁，其时还是五册足本，再结合书中的章钰题跋，民国元年（1912）冬，残本三卷流落在北京厂肆，可见明清二代，此书都藏于皇家内府，辛亥革命之后才从宫中流散出来。

（九）内容鉴定法

传统的版本鉴定，主要从字体风格、版式特征、纸墨刀法等感性方面入手，因此，文化层次较低的旧书店学徒也可以成为这方面的行家。但是，当上述方法都难以解决问题时，最后只能求助于书籍内容的考订。例如，国家图书馆藏清抄本《御制北调宫词乐谱》，原定为乾隆四十七年（1782）升平署抄本，但升平署之名，是道光七年（1827）二月六日奉旨由南府改名的，故此书当是道光七年以后抄本。[1] 又如，广东中山图书馆藏古本《金刚经》，仅据刊刻风格难以断代，但经册最后有两行题记："隰州隰川县保定乡去延村居住孝男姚钧，奉为先妣霍氏今月二十三日届斯百日之辰，谨舍净财建立。"金代隰州下设隰州县，元代始改为隰川县，明初撤销隰川县建制，可知题记时间为元代，应迟于经版制成时间，经版可能成于金代，故佛经版本学家将此经版本定为13世纪金、元之际。又如，北京大学图书馆藏海内外孤本《庐山外集》四卷，《北京大学图书馆藏古籍善本书目》著录为元延祐三年（1316）刻本，其根据是卷首有延祐三年临川姜肃序，但第二篇序是泰定元年（1324）庐陵龙仁夫序，二序相差八年，究竟应当定为延祐三年还是泰定元年刻本呢？仔细阅读全书，发现卷二有《己巳（1329）天下大旱》、卷四有《庚午（1330）旱》等诗，稽诸史实，与《元史》记载相符，天历（1328—1330）、至顺（1330—1332）年间天下大旱，从书中内容可知该书应当刊刻于至顺元年（1330）以后，比姜序晚十四年以上，比龙序晚六年以上，可证序跋年代与成书年代和刊刻年代都不符，不能据以鉴定该书版本。由此可见，作为古典文献学的学习者，不能仅仅停留在版本鉴定的感性层面，还要深入进行理性的考证。

（十）著录鉴定法

任何书籍，只要出版问世，或多或少都会在历史文献中留有记录。利用这些著录来鉴定版本，虽是间接的手段，但只要运用得当，也是行之有效的方法。中国古代目录学非常发达（本书第一课已有详细介绍），不仅有只著录书名、作者、卷数的簿录，还有详记版本、藏印、题跋等的版本目录、善本书志或藏书志等。利用这些书目的著录，与手头要鉴定的版本相对照，往往能得出准确的结论。例如，台湾"中央研究院"傅斯年图书馆藏有一部《马石田文集》，其行款为每半页十行二十一字、黑口、四周双边，该馆定为元刊本，但据《北京图书馆古籍善本书目》，元刊本的行款是每半页十行十八字、细黑口、左右双边，再结合二书的字体风格、版式特征，可以确定傅斯年图书馆藏本不是元刊本，而是明弘治六年（1493）熊翀刻本。

利用书目鉴定版本，还有一种常用的方法，可称为版本调查法，即全面调查某部书在历史上的刊刻次数。明清时期的诗文集，很多都仅仅刊刻过一次，碰到这样的书，不用作太多的考证，只需根据著录就可基本判断其版本。例如，冯梦祯《快雪堂集》六十四卷，查《中国古籍总目》、《中国古籍善本书目》、《明别集版本志》、复旦大学图书馆明人别集数据库、台湾汉学研究中心明人文集联合目录与篇名索引资料库等，可知该书仅刊刻过一次，即明万历四十四年（1616）黄汝亨、朱之藩刻本，现已收入《四库全书存目丛书》。如果我们见到《快雪堂集》的雕版刻印本，可以毫不犹豫地确定其版本就是万历四十四年刻本。这种方法极其简单，也行之有效，但前提是必须全面、准确地调查所有书目，确信某书只有唯一的版本。其实，除了少数经典著述，一般古书的版本并不多，根据著录查到各个版本的特征，再用来鉴定手中的版本，也不用费太多的功夫。

除了书目，其他文献的著录也可用于版本鉴定，但文献浩如烟海，如何知道哪些资料中有相关著录呢？幸好现在电子数据库检索（参看第十课）越来越方便，能够提供快捷的途径。

---

① 参见李致忠：《古书版本学概论》，167～169页，北京，书目文献出版社，1990。

以上版本鉴定的十种方法，是最基本和最重要的，但每一种方法的适用程度不一样，解决问题的方式也不相同。利用牌记与序跋来鉴定版本，能精确到某一年；利用讳字与刻工鉴定版本，能大致精确到某一帝王年号；利用字体、版式、纸墨、藏迹、内容鉴定版本，则只能推测到某一时期；利用著录鉴定版本，要看具体情况，有的能精确到具体年份，有的只能泛泛推测。更须注意的是，在具体实践时，往往要选择两三种方法综合运用，才能得出可靠的结论。

二、版本鉴定的注意事项

版本鉴定对于鉴定者本身的知识、能力方面的要求很高，虽然鉴定方法有规律可循，但在实践中还是会面临很多问题，难度很大。以下是从事版本鉴定的原则与注意事项。

（一）全面的知识储备

版本鉴定者的知识储备要全面，否则难以胜任高难度的鉴定工作。首先是语言文字学方面的知识，鉴定者要精通古代汉语，能准确识别古文字、理解文言文，如果鉴定少数民族文献，还需要懂一些古代少数民族语言文字知识，如藏文、维吾尔文、彝文、蒙古文、满文、西夏文、契丹文等。其次是书法、篆刻、版画方面的知识。古代的书籍，一般用楷书刻印或抄写，因此，要熟悉历代重要的楷书名家字体，如颜体、柳体、欧体、赵体、董其昌体等，利用字体鉴别版本时才能准确揣摩其字体特征。古书的序跋，往往用行书或草书撰写，藏书印通常使用篆刻，牌记也偶尔用篆文，其中包含丰富的版本信息，如果我们不能准确释读，就不能胜任最基本的版本鉴定工作。再次是文献学其他分支学科的知识，如目录学、校勘学、编纂学、考证学、辨伪学等，于版本鉴定帮助也很大。例如，明白古书的编纂体例，对版本鉴定就很有裨益。明人编纂别集，往往采用分体编排的方式，将古书的原始面貌生硬地加以割裂，常受后人诟病。如《常建诗集》，《新唐书·艺文志》、《郡斋读书志》、《直斋书录解题》等著录为一卷本，今已不存；南宋书棚本是二卷本，不分体，收诗 57 首；明刻本虽以书棚本为底本，但分体编排，将 57 首诗强分为三卷——卷一五言古诗 19 首，卷二五言古诗 18 首，卷三五言律诗 7 首、七言古诗 2 首、七言绝句 11 首，反映了明人刻书改变古书原貌的陋习。在版本鉴定时，如果遇到不分体的刻本或抄本，则可能较好地保存了宋刻本的原貌，版本价值较高；如果是分体编排的，则极可能是明代以后的刻本。最后是历史文化常识。版本鉴定者的历史文化知识越丰富，版本鉴定的效率和准确度就越高。如历史地理沿革、职官、衔名、姓氏、避讳、谥名、刻工等，在版本鉴定中发挥着重要的作用，我们在平时的学习中要不断积累。

（二）警惕伪本的干扰

上文介绍的版本鉴定的基本方法，只是就一般情况来说的，如果是刻意作伪的伪本，仍然一成不变地使用上述方法，就很可能误中圈套、上当受骗。

伪本与伪书不同，伪书是指托名伪撰的假书，是辨伪学的研究对象；伪本则指伪造某书的版本，“书”是真的，“版本”是假的。常见的版本作伪现象有以下几种。

1. 以近（新）刻冒充旧刻

古书的版本，年代越早越珍贵。因此，不法书商常常利用年代较晚的本子来冒充年代较早的版本，尤其是古书的覆刻本、影刻本、翻刻本等，如果版式、行款、字体与原刻接近，常常被用来以假乱真。利用新刻冒充旧刻，首先要解决纸张、墨色的新旧问题。因为年代较早的书本，其纸张在流传过程中会氧化，导致发黄变脆，或者因保管不善而有污渍、虫蛀等现象。书商为了迎合一般人求古好旧的心理，通过烟熏、染纸等手段将纸张变黄，通过人为制造虫蛀的方法使书籍看起来年代久远。其次，新刻本的牌记、序跋等反映书籍真实年代的信息，也可通过剜改、添补、撤换、拼凑等方式加以伪造，从而达到迷惑、欺骗买家的目的。

2. 以旧板伪造新书

如前所述，古书的书板由于保存时间较久，经常在不同时代或同时代的不同书商之间转手交易，新得旧板的书商往往将原有牌记撤换，冒充最近编印的新书，以欺骗读者，牟取利益。

3. 以残本冒充足本

古书在流传过程中有残缺，无法配齐，其价值便大打折扣。书商为了牟利，往往将残本的目录、版心、正文的卷次信息挖改，以达到用残本冒充足本的目的。对于这样的版本，只有仔细观摩原书，查找相关文献中著录的真实卷数，才能有效地辨别。

4. 以丛书零种冒充单刻

丛书是汇编两种以上书形成的，每一种书都相对独立和完整，但由于大多数丛书校勘不精，除了具备资料集成的优点外，其中独立的某种书的价值比不上相应的单行本，一旦丛书有残缺，其资料集成的功能就受损，无法获得原有的商品价值。因此，书商往往将丛书零种冒充单刻本求售，以牟取利润。

5. 以普通本冒充名家递藏本

在藏书界，除了有好古心理，还很重视名人效应。凡是经过名家收藏或题跋的，哪怕是很普通的本子，也价值倍增。书商掌握了这种心理，往往通过添加名人藏书印、名家题跋等手段作伪，从而牟取暴利。

对于以上常见的作伪现象，在版本鉴定实践中，一定要提高警惕。

（三）严谨求实的作风

学习或从事版本鉴定，一定要保持严谨求实的作风，这里的“求实”，体现在以下几方面。

1. 勇于实践，多看多想

学习版本鉴定，绝不能纸上谈兵。空谈理论和方法，远比不上实践操作。在学习过程中，要充分利用各种资源和渠道，尽可能多接触古籍实物。当然，古籍是不可再生的资源，目前接触实物的机会越来越少。但随着电脑网络技术的普遍应用，大量古籍全文影印本、扫描本、电子图录等，在互联网上可以轻易搜寻到，这就给版本鉴定提供了新的技术手段。喜欢上网的同学不妨从网络寻找资源，将不同时代、各种类型的古籍图片搜集起来，分门别类加以整理，不时观摩，总结经验，在无形中就提高了版本鉴定的能力。

2. 小心求证，实事求是

版本鉴定是非常严谨、精密的智力活动，来不得半点虚假。任何一部书的鉴定，都要求我们以谨小慎微的态度去从事。在这一过程中，鉴定者的所有知识储备都被调动起来，高度集中注意力，认真阅读序跋、目录与正文内容，仔细辨认牌记、刻工、纸张、墨色等信息，勤于检索各种工具书和数据库，综合感性与理性知识，寻找内证与外证，最后实事求是地得出鉴定结果。

3. 眼见为实，多闻阙疑

“眼见为实”是版本鉴定的一个重要原则，对于没有亲眼见到实物或图片的书籍，绝不要轻易根据书目或其他文献的著录去判断其版本。即使是根据实物或图片作出的鉴定，如果没有绝对的把握，也宁可存疑，将问题留给后人去解决。

总之，版本学在人文学科中是极其讲究科学实证的，我们要以从事自然科学研究的态度和方法去开展这项工作。

第三节 版本源流考订

古书在流传过程中产生了各种本子。这些本子中，哪一种最接近著述的原貌？每一种本子是从哪儿来的？其文字校勘是否精审？有无特殊的文献价值？这些问题，都需要通过版本源流考订来回答。版本鉴定是静态地确定某个本子的年代、真伪，版本源流考订则是动态地考察各个本子的关系，揭示某个本子的版本价值。二者共同构成了版本学的核心内容。

从事版本源流考订工作，离不开扎实的目录学、文献检索和校勘学知识。通过目录学和文献检索，我们能够查阅到古今中外某本书的所有版本，然后按照版本类型和时代顺序罗列成简表，根据书前序跋、前人考订成果对各版本的关系作初步梳理；对来源不清的版本，只能通过校勘文字的方式来确定所属版本系统。最后，以图表的形式将各个版本的关系呈现出来，以提要的形式告诉读者哪个版本最好、可否作为阅读和研究的首选或参考。

以《唐十二家诗》为例，南京大学周勋初先生《〈唐十二家诗〉版本源流考》[①] 对其

① 周勋初：《〈唐十二家诗〉版本源流考》，见《文史探微》，238～248 页，上海，上海古籍出版社，1987；又见《周勋初文集》，第三卷，175～184 页，南京，江苏古籍出版社，2000。

版本源流进行过深入的考订，可以作为学习的典范。所谓“十二家”，指的是王勃、杨炯、卢照邻、骆宾王、陈子昂、杜审言、沈佺期、宋之问、孟浩然、王维、高适、岑参。这些都是唐代著名诗人，明人喜爱唐诗，书坊将这十二家诗集汇编在一起，很受时人欢迎，所以曾多次被翻刻。通过书目调查，明刻本《唐十二家诗》有以下版本：

（1）佚名编，明嘉靖前期重印正德仿宋唐人诗集本。

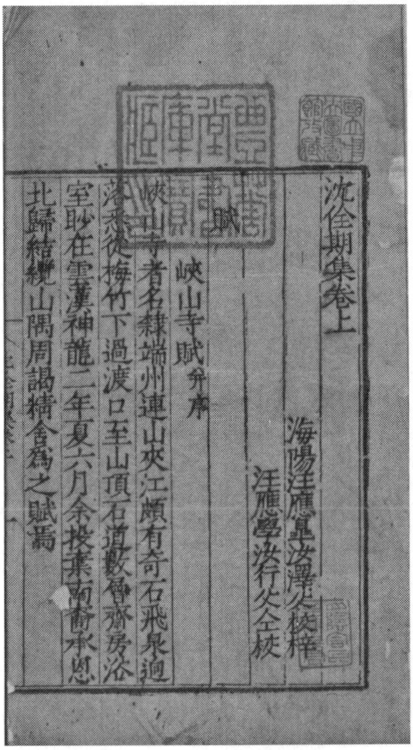
沈佺期集卷上
海陽汪應臯汝擇父校梓
汪應學汝行父仝校
賦
峽山寺賦并序
峽山寺者名隸端州連山夾江巔有奇石飛泉迴
落參從梅竹下過渡口至山頂石道數百齋房浴
室盼在雲漢神龍二年夏六月余投業南裔承恩
北歸結纜山隅周謁精舍爲之賦焉

图 2—11　明万历汪应皋刻《沈佺期集》

（2）张逊业编，明嘉靖三十一年（1552）黄埻东壁图书府刊本。

（3）杨一统编，明万历十二年（1584）刊本。

（4）许自昌编，明万历三十一年（1603）霏玉轩刊本。

（5）郑能编，明万历年间闽城琅嬛斋刊本。

（6）汪应皋编，明万历年间刊本（见图 2—11）。

上述版本的来源和关系是怎样的呢？首先来看第一个版本。明代正德、嘉靖间兴起了翻刻宋本的风气，佚名编仿宋本恰好出现在这一时期，其行款是十行十八字，郑振铎撰写明正德本《高常侍集》题跋，就怀疑该本来源于南宋书棚本。根据北京大学孙钦善先生的最新调查，《高常侍集》确有书棚本存世，行款是十行十八字，现藏日本东京大东急记念文库。

其次，东壁图书府本与正、嘉仿宋本相比，行款变成了九行十九字，将原来的多卷本一律改为上、下二卷本，删去了各集原有序言和文章部分，如把《高常侍集》中的二卷“文”删掉，把剩下八卷“诗”重新分为二卷。虽然形式上发生了变化，但比较两种版本的文字内容，应当是东壁图书府本来源于正、嘉仿宋本。以《高常侍集》为例，卷六《宴郭校书因之有别》中“芸香口早著”一句，明铜活字本中间缺一字，《敦煌遗书》本唐诗残卷作“业”，《四库全书》本和清初仿宋精钞本作“功”，正、嘉仿宋本作“名”，东壁图书府本也作“名”，其他类似情况还很多，可见东壁图书府本是根据正、嘉仿宋本校刻的。但是，对于正、嘉仿宋本的缺字，东壁图书府本也存在任意补字的不良行为，因此，其版本校勘价值不如正、嘉仿宋本。

再次，万历以后刻本大多是根据东壁图书府本翻刻的。如万历十二年杨一统编刻本有孙仲逸序：“江都之刻（按东壁图书府本卷端署‘江都黄埻子笃梓行’，故称江都刻本），不数载已复初木，余友人杨允大再刊于白下，而校加精焉。”杨一统白下重刊本的行款变为九行二十字，共分十二卷，每人一卷，分由多人校勘而成。万历三十一年许自昌刻《前唐十二家诗》，其文字内容差不多全同于东壁图书府本。万历年间福建郑能重刻本《前唐十二家诗》，前有许自昌序，版式也与许刻相同，卷数也同为二十四卷，每人二卷，说明是据许自昌本重刻本，同属于东壁图书府本系统。此外，万历年间还有汪应皋刻《唐十二家诗》，其行款是九行十九字，与东壁图书府本、许本、郑本相同。此本较罕见，流传至今者多为零本，目前所知有美国国会图书馆藏《岑嘉州集》二卷，题“海阳汪应皋汝择父校梓、汪应学汝行父同校”，台湾图书馆藏汪应皋校刊本《沈佺期集》二卷、《宋之问集》二卷，邓邦述《群碧楼善本书录》卷三著录《高常侍集》二卷和《卢昇之集》二卷。

为了更清楚地呈现各版本间的关系，周勋初先生绘制了该书的版本源流表（见表2—1）：

表2—1　《唐十二家诗》版本源流表

书名	编者	刻印年代	刻印地点与单位	行格	源流
唐十二家诗		嘉靖前期	吴下（苏州）	十行十八字（17.5×12.3）	重印或翻刻正德间唐人诗集
唐十二家	张逊业	嘉靖三十一年	杭州·东壁图书府	九行十九字（18.5×12.2）	主要依据上书校编
唐十二家诗	杨一统	万历十二年	白下（南京）	九行二十字（19.8×13.0）	重刊东壁图书府本
前唐十二家诗	许自昌	万历三十一年	长洲（苏州）·霏玉轩	九行十九字（22×13.8）	重刊东壁图书府本
前唐十二家诗	郑能	万历年间	闽城·琅嬛斋	九行十九字*（22×13.6）	重镌许自昌本
唐十二家诗	汪应皋	万历年间		九行十九字（17.6×12.0）	重刊东壁图书府本

* 许自昌本的版框作左右双边，郑能本则作左右单边。

上表也可以更简明地用版本谱系来表示（见图2—12）：

明嘉靖前期吴下重印正德本
|
嘉靖杭州东壁图书府本
|
万历杨一统白下本　万历许自昌长洲本　万历海阳汪应皋本
|（许自昌本）
万历郑能闽城本

图2—12　《唐十二家诗》版本谱系图

从上面图表和分析可以看出，《唐十二家诗》的万历刻本虽多达四种，但都直接或间接来源于嘉靖东壁图书府本，而嘉靖本又来源于明嘉靖前期重印正德本。因此，无论从文献价值还是文物价值来衡量，嘉靖前期重印正德本是《唐十二家诗》现存最早、最好的版本，其次是嘉靖杭州东壁图书府本，有一定校勘价值，至于其他四种万历刻本，仅能反映此书在万历年间的传播情况。因此，阅读和研究《唐十二家诗》，我们应当首选嘉靖前期重印正德本。

版本源流考订需要搜集大量资料，认真比勘，虽然很辛苦，可一旦梳理完毕，各种版本的价值及其相互关系，就清晰地呈现出来。无论从普通阅读的角度出发，还是从事学术研究，或者从事文物收藏，都能因此获得可靠的指引。

【主要参考文献与课外阅读书目】

严佐之．古籍版本学概论．上海：华东师范大学出版社，1989

程千帆，徐有富．校雠广义·版本编．济南：齐鲁书社，1991

黄永年．古籍版本学．南京：江苏教育出版社，2005

李清志．古书版本鉴定研究．台北：文史哲出版社，1986

曹炯镇．中韩两国古活字印刷技术之比较研究．台北：学海出版社，1986

李致忠．古书版本鉴定．北京：文物出版社，1997
陈正宏，梁颖．古籍印本鉴定概说．上海：上海辞书出版社，2005
张秀民．中国印刷史．上海：上海人民出版社，1989
杜伟生．中国古籍修复与装裱技术图解．北京：北京图书馆出版社，2003
王菊华．中国古代造纸工程技术史．太原：山西教育出版社，2006
刘仁庆．中国古纸谱．北京：知识产权出版社，2009

【练习题】

一、通过网络任意搜寻一种古籍的书影图片，用版本学专业术语对其进行描述。

二、比较中国古代与朝鲜时代活字印刷的差异。

三、结合版本鉴定的方法，任选一两种古书电子版进行实践。

四、尝试考订某部你感兴趣的古书的版本源流。

（罗鹭　编撰）

第二单元

提高篇

本单元包括校勘学和注释学，合称校注之学。校注之学能提高我们阅读和整理古籍的能力，故称本单元为提高篇。广泛搜集不同版本，校勘文字，考订讹误，使古文献恢复原貌，这就是校勘；在校正文字、形成善本的基础上，注释难懂的语词、名物、典故、史实等，方便今人阅读，这就是注释。在古籍整理和出版的实践中，校勘与注释往往密不可分。新中国成立以来，在全国古籍整理出版规划领导小组的领导下，以中华书局和上海古籍出版社为代表的20余家古籍出版社，出版了大量优秀的古籍点校本、注本。

第三课 校勘学

【本课教学重点】

一、校勘的流程；

二、校勘的方法；

三、数字时代的校勘。

【建议课时】

约4学时。第一节以学生课前自学为主；第二节重点讲授，约3学时；第三节以学生自学为主，教师选择性地讲授，约1学时。

校勘学作为一门传统学问，与我国古代文献的产生、发展相伴始终。校勘是古籍整理研究的一项专门工作。校勘的目的是求“真”，即尽量还原古书的原貌。校勘的方法可以分为三类：一是叶德辉的“死校”、“活校”法，一是陈垣的“校法四例”，一是版本比勘与逻辑考证。随着互联网的普及与古籍数据库研发利用，校勘的条件大为改善，对校版本的获取极为便利，他校的手段也彻底颠覆。校勘的本质正是以古书异文为考察对象，在历时性变化中反复“求同存异”，不断追求相对稳定的文本。

我国古代文献浩如烟海，文本在传承中错讹不断衍生，所以自古以来我国就有校勘古书的传统，渐渐形成了一种专门的学问，即校勘学，它是中国古典文献学的一个分支学科。需要说明的是，校勘学虽是我国一门传统学科，但其研究范式并非中国独有，西方的“文本批评学”（Textual Criticism，又译作“文本考据学”）与校勘学存在许多共通之处，有时也被译作校勘学。本章所探讨的校勘学特指以汉语文献为研究对象的中国传统校勘学。

第一节 校勘及其简史

校勘学所研究的校勘，专指古书的校勘，即对同一典籍用不同的版本和有关资料加以比较核对，以考订其文字的异同、正误和真伪。

一、校勘的概念

“校勘”一词是六朝以后才出现的，本义是比较核对。在此之前，表达校勘的含义，往往使用“校雠”，也称“雠校”，应劭《风俗通义》：“案刘向《别录》：‘雠校，一人读书，校其上下，得谬误为校；一人持本，一人读书，若怨家相对。’”① 可见，校雠原意是校对文字，与校勘义同，然而后世词义逐步扩大，涵盖古籍整理的各个环节，包括目录学、版本学、校勘学等方面的研究，校雠学的研究范围与中国古典文献学基本相同。

与“校勘”、“校雠”含义相近的还有“校对”一词，意为根据定本核对抄本或根据原稿核对校样，订正差错。近代以来，因在编辑出版业中普遍使用，所以校对和校勘分涉两个不同的领域，它们所校的对象不同，校勘是古籍整理研究的一项专门工作，校对特指编辑出版行业中用原稿核对校样的工作。校勘包含文献考证环节，因此远比校对复杂，难度也远大于校对。

校勘包含考证的环节，但校勘不等同于考证，二者的界限要区分清楚。校勘只对异文造成的分歧负责，不对异文以外的事实出入负责。校勘在研究异文造成的分歧时，要使用考证的方法，例如校勘人名、地名、书名等各种专名的异文，一定要通过考证定其是非。但是异文以外的事实出入，例如历史事件时间的错讹、地理位置的偏差、人物世系的混乱等，在没有异文分歧时，可以通过考证进行研究（详见本书第七课“考证学”），但这不属于古书校勘的范畴。

---

① 转引自《文选》左思《魏都赋》李善注。又，《太平御览》卷六百一十八《学部》十二：“刘向《别传》曰：‘雠校者，一人持本，一人读析，怨家相对，故曰雠也。’”参见李昉等：《太平御览》，2776页，北京，中华书局，1995。

此外，在实际研究中，校勘不仅仅是审定原文正误的工作。不以订正文字错讹为目的的校勘，通过文本对读去考察文献，有时是研究古书过程中发现问题的有效手段，这是一种作为文本比较研究方法的广义校勘。例如，研究古书版本源流时，也可以用校勘的方法，通过古书不同版本的对校，分析其讹脱衍倒的异文关系，如果两书的错讹比较吻合，有时便可以推断两个版本的亲缘关系。又如，在研究缀合的古写本残卷时，通过校勘的手段，有时可以发现残卷缀合的错误。总之，比较法是人文学科中极其重要的一种研究方法，校勘正是建立在文本比较基础上的一种研究手段，因此借助这种方法研究古书文本，不应该局限于文字校正和文本厘定，而是可以做出更宽广和纵深的探索。但本章所说的校勘，主要是狭义的校勘。

二、校勘简史述略

校勘的历史与古代文献的产生、发展相伴始终，古代文献自诞生之日起代代传承，有传承就会滋生讹误，因而就有校勘工作，这项工作随着文献的传承从未停止过。《国语·鲁语下》："昔正考父校商之名《颂》十二篇于周太师，以《那》为首。"① 这是说春秋时期宋国的正考父用周太师藏的《商颂》来进行校勘，并且订正篇次。通常认为这是传世典籍中最早关于校勘工作的记载。

相传孔子曾经删定六经，关于孔子的校勘工作却没有明确记录，但在古书中也可寻绎到蛛丝马迹。《公羊传·昭公十二年》："伯于阳者何？公子阳生也。子曰：'我乃知之矣。'在侧者曰：'子苟知之，何以不革？'曰：'如尔所不知何？'"何休《解诂》："子谓孔子。乃，乃是岁也。时孔子年二十三，具知其事，后作《春秋》。案史记知'公'误为'伯'，'子'误为'于'，'阳'在，'生'刊灭阙。"② 这是说"伯于阳"是"公子阳生"的讹误，孔子知道这处错讹，但并不主张改字，以此表达对待古籍的审慎态度。

古书中也有关于孔子弟子子夏从事校勘的记载。《吕氏春秋·察传》："子夏之晋，过卫，有读史记者曰：'晋师三豕涉河。'子夏曰：'非也，是"己亥"也。夫"己"与"三"相近，"豕"与"亥"相似。'至于晋而问之，则曰'晋师己亥涉河'也。"③ 子夏从字形讹误入手，指出了卫国人读错字的原因，这实际上就是校勘工作。

校勘真正成为校勘学，需要具备系统的理论和知识，通常认为校勘学奠基于西汉时期刘向、刘歆父子的文献整理。秦始皇焚书加之秦汉之际的战乱，使先秦典籍损毁严重。汉兴，惠帝时除挟书律，武帝时建立藏书目录，成帝时命刘向校经传、诸子、诗赋，任宏校兵书，尹咸校数术，李柱国校方技，并由刘向总其成。这是校勘学史上有确切记载的最早的一次大规模古籍整理工作。

刘向校书广征异本，包括官府藏本和私人藏本，前者如"中书"、"太常书"、"太史书"，后者如"外书"、"臣向书"，用这些版本相互比勘，校正字句讹误，例如指出《战国策》"本字多误脱为半字，以'赵（趙）'为'肖'，以'齐'为'立'"④。又如："以中古文《尚书》校欧阳、大小夏侯三家经文，《酒诰》脱简一，《召诰》脱简二，率简二十

① 上海师范大学古籍整理研究所校点：《国语》，216页，上海，上海古籍出版社，1998。
② 阮元校刻：《十三经注疏》，2320页，北京，中华书局，1980。
③ 王利器：《吕氏春秋注疏》，2779～2781页，成都，巴蜀书社，2002。
④ 刘向集录：《战国策》，1195页，上海，上海古籍出版社，1998。

五字者，脱亦二十五字，简二十二字者，脱亦二十二字。文字异者七百有余，脱字数十。”（《汉书·艺文志》）

校勘文句的同时，刘向还审定古书的篇章次第，给没有定名的书籍定名，所校各书的书录，除附于原书之外，还单独汇聚成书，称为《别录》，即有书名和解题的图书目录。刘向去世后，汉哀帝命其子刘歆接续校书工作，刘歆在简化《别录》叙录的基础上综合新校本，编定《七略》，即官修分类图书目录。刘向、刘歆父子校勘古书前后共二十余年，使得秦汉以来的各种典籍得以系统地整理，为古书的传承做出了巨大的贡献。同时他们在自己的实践中也开创了中国的古籍校勘学，至今大家都以刘氏父子为校勘学的奠基人。

两汉时期经学兴盛，许多经学家研究经学典籍时也很重视校勘工作，东汉时期的郑玄遍注群经，他注的“三礼”（《周礼》、《仪礼》、《礼记》）和《毛诗》流传至今，从这些古注里可以窥见其校勘研究。例如：

（1）《仪礼·士冠礼》：“宾对曰：‘某敢不夙兴。’”郑玄注：“今文无‘对’。”①

（2）《仪礼·士昏礼》：“赞尔黍。”郑玄注：“古文‘黍’作‘稷’。”②

《仪礼》一书，东汉时既有今文的版本，又有古文的版本，郑玄兼采今古文之长，认为古文本对的，就在正文中取古文，注里标注今文本的异文；认为今文本对的，就在正文里取今文，注里标注古文本的异文，因此有了以上两种胪列异文的校注。郑玄对古书的错简也有校正，例如《礼记·乐记》：

> 爱者，宜歌《商》。温良而能断者，宜歌《齐》。夫歌者，直已而陈德也，动己而天地应焉，四时和焉，星辰理焉，万物育焉。故《商》者，五帝之遗声也。宽而静，柔而正者，宜歌《颂》。广大而静，疏达而信者，宜歌《大雅》。恭俭而好礼者，宜歌《小雅》。正直而静，廉而谦者，宜歌《风》。肆直而慈爱。

郑玄注：“此文换简失其次。‘宽而静’宜在上，‘爱者，宜歌《商》’宜承此下行读云‘肆直而慈爱者，宜歌《商》’。”③

郑玄发现这段文字里因错简而致大段误倒，对此做出了校正。除此以外，郑玄往往对各类文字错讹分析其致误之由，用“字之误”、“声之误”、“衍字”、“脱”、“非其次”等术语以区分。

汉魏南北朝时期，从事古籍校勘的学者很多，根据现存的文献记载，高诱校过《淮南子》、《吕氏春秋》、《战国策》，王逸校过《楚辞》，何晏校过《论语》，杜预校过《左传》，徐广校过《史记》，裴松之校过《三国志》，刘孝标校过《世说新语》，等等。这些著作本身都是古书传注之作，但在解读注释古书时，先要厘清文本，因此也包含有校勘工作在其间。此外，南北朝时期颜之推《颜氏家训·书证》有许多校勘例证，利用到古书异本、出土文物等材料，也运用了文字、方言、训诂、语法等方面的知识。了解校勘学史，颜之推这篇文章应当阅读学习。

隋代时，陆德明《经典释文》是一部汇聚经典音义的专著，里面保存了大量的版本异文，从这些异文可以看出，陆德明对他“释文”的十四部经典逐一做过校勘。

唐代时，文化空前繁荣。《开成石经》的颁布，使得儒家十二部经典有了标准文本，《五经文字》、《九经字样》的问世，有了明确的用字规范，孔颖达等人在汉魏古注基础上为儒家经典新作阐述，形成了九经注疏。司马贞《史记索隐》、张守节《史记正义》、颜师古注《汉书》、李贤等人注《后汉书》、《文选》李善注和五臣注也都产生于这一时期。这些古

① 《十三经注疏》，957页。

② 同上书，966～967页。

③ 同上书，1545页。

籍整理与注解的工作都包含有校勘环节，这类校勘多是罗列异文，并不加以详细判断。

两宋时期，由于雕版印刷术的普及，官方和民间都陆续整理刊刻重要典籍，因此宋代的学者积累了丰富的校勘经验。这一时期诞生了一批独立的校勘著作，例如毛居正《六经正误》、朱熹《韩文考异》等，这些著作多为校记单行本。校勘理论上，南宋彭叔夏《文苑英华辩证》和旧题岳珂《相台书塾刊正九经三传沿革例》具有代表性，前者总结校勘经验，按照误例分类，后者类似今天的图书整理出版条例。

元明时期，学术流于空疏，官私刻书远不及宋代，妄改古书渐成风气，古书校勘成就不高。

清代的校勘学成绩卓著，是我国历史上校勘古书集大成的时期。这一时期诞生了大批态度谨严的校勘学者，由于他们往往具有扎实的小学功底，视野开阔，所以校勘古书的方法也比较多元，出现了卢文弨《群书拾补》、钱大昕《廿二史考异》、王念孙《读书杂志》、王引之《经义述闻》、阮元《十三经注疏校勘记》、俞樾《古书疑义举例》等校勘学典范之作。除此之外，对经史子集的重要著作，清代学者几乎全面系统地做了校勘整理。对于校勘学理论，也进行了深入归纳和有益探索，例如王念孙在《读书杂志》中将古书致误之由归纳为了六十二例，俞樾在《古书疑义举例》中也对校勘误例的类型作了总结归纳，段玉裁《与诸同志论校书之难》以及卢文弨、顾广圻等人都有对校勘研究有不同角度的认识与判断。

民国时期，虽然时间短暂，但仍然诞生了大批校勘学成果，尤其是1931年陈垣的《元典章校补释例》（后更为《校勘学释例》再版）的出版标志着校勘学的理论体系的建立。在这一时期，许多学者重视新材料的运用，比如敦煌文献、甲骨、金文、简牍等。张元济主持的商务印书馆，翻印了一批宋元善本典籍，其间也做了许多校勘工作，如影印《四部丛刊》、《百衲本二十四史》，都对底本作过不同程度的校改。

新中国成立以后，古籍整理出版事业一直备受重视，点校整理出版的古籍数量是空前的，中华书局、上海古籍出版社、人民文学出版社、凤凰出版社（原江苏古籍出版社）、巴蜀书社、齐鲁书社、岳麓书社等一大批专业的古籍出版社出版了大量的古籍整理本，尤其以中华书局出版的许多古籍整理著作较为典范，比如点校本《二十四史》及《清史稿》。在这些校勘整理古籍的工作中，也逐渐形成了一系列的古籍整理工作条例，使得古籍校勘理论愈加完善。

第二节 校勘的流程与方法

一、校勘的前期准备

（一）考察版本

从事古籍校勘之前要有一些准备工作，首先要做的是搜求所校古书的版本。古书的版本非常复杂，从形态上看，大致可以做如下表述：

（1）宋代以后的文献主要是刻本，有的还有稿本、抄本流传；

（2）宋代以前的文献除了刻本，还包括宋以前的古写本；

（3）汉魏以前的文献除了刻本、古写本，还有更早的简帛本；

（4）先秦的经籍除了刻本、古写本、简帛本，还有汉唐时期的石经资料。

因此，在校勘一部古书之前，要考察该书源流，这项工作如今可以从以下几方面着手：

（1）通过互联网搜索该书的版本研究论著，如果能找到相关论著，先阅读这些论著，并且查核这些论著征引的参考文献，以此为线索，扩大对该书版本的了解；

（2）如果找不到该书版本研究的相关论著，要去查核历代的史志目录以及公私藏书目录，梳理该书的版本源流，这方面的知识可以参考本书第一课“目录学”；

（3）在中国国家图书馆、上海图书馆、南京图书馆、台湾图书馆和“中央研究院”史语所傅斯年图书馆等大型公共图书馆网站，以及“学苑汲古”高校古文献资源库（中国高等教育数字图书馆联合检索网站）等高校图书馆网站检索所校古书，获取相关图书信息。

在了解了该书版本信息后，要尽量搜求异本，可以从几个方面去查找：

（1）查询所要寻找的该书某本是否有单行的影印本。

（2）查询各种丛书目录，如果收在某丛书里，便可去找寻该丛书。很多大型丛书，例如四库系列的丛书《文渊阁四库全书》、《续修四库全书》、《四库未收书辑刊》等，现今各大图书馆都有藏，很多高校图书馆也有收藏，可以去相关图书馆查阅，甚至复制获取。现今网络提供了不少丛书的扫描电子图版，可以通过网络下载获取。

（3）如果既没有单行影印本也没有丛书收录，只能到收藏该书的图书馆去查阅。

通过以上工作的展开，一般可对所校古书的版本获得基本了解，在此基础上，选取校勘底本和对校本、参校本等。

（二）古籍的流传与文本特征的考察

我国的古书流传日久，其构成非常复杂，尤其是先秦两汉时期的典籍，如今所见的面貌，多经过了唐宋时期的加工、整理与修饰。通过比对传世古书与其对应的出土的简帛文献便可获得一种认识：古书的撰写年代与文本年代是值得认真区分的两个概念。例如《老子》的传世版本，实际上是唐代以后才定型的，即使如王弼本、河上公本，其文本面貌也都非真正的汉代文本，而是历经汉代到唐代的传承变化，最终在唐代整理而成的产物。在这种认识基础上，我们校勘古书得出的版本异文，不可轻易做出判断，定其是非一定要有多重证据和充分的理由。

在搜求版本时，要尽量去考察版本系统，不同版本系统之间有时也存在较大的差异，在校勘不同版本系统的古书时，要尽量弄清楚造成差异的原因，例如《史记》的“三家注”（《史记集解》、《史记索隐》、《史记正义》）本，有的版本系统在“三家注”合刊时，删除了其中相重的部分，有的版本系统尽量存旧，于是造成了这两种版本系统的文字差异，在这种编纂原则分歧背景下导致的版本异文，有时候并不存在是非问题，只是优劣之别。

从事校勘之前，对于古书的文本特征也要有所了解，比如要校勘敦煌文献，对于敦煌写卷的形制、书写习惯、用字习惯、重文符号、省略符号、换行符号、乙字符号、删除符号等都要有所了解；校勘宋代刻本，同样也要对相关的形制、用字习惯等有所了解。

只有对这些文本特征有所了解以后，才能更好地解决校勘中发现的问题。

（三）具备一定的语言文字知识基础

文字、音韵、训诂等传统小学的知识，即语言文字学知识，是读懂古书的前提基础，也是从事校勘研究的必备知识。有了这方面的基础，去校勘古书，才有可能解决疑难异文问题。许多异文的出现与古书流传过程中用字、用词习惯的变化有关，因此要以汉语史的视角来看待古书异文，综合运用文字、音韵、训诂的知识来分析判断古书异文。

（四）明确校勘的目的

校勘的目的是求“真”，即尽量还原古书的原貌。然而，校勘工作建立在对古书原本假定的基础上，这种假定认为古书原本一定是没有文字上的错讹的，所以校勘求“真”实际上是求“善”，即将现有的古书通过校勘研究，还原到接近没有文字瑕疵的状态。

二、校勘的方法

校勘的方法自古以来就有学者探讨，但往往是只言片语，系统性的认识主要有以下三种。

（一）叶德辉的“死校”、“活校”

清末民初学者叶德辉把校勘方法分为“死校”、“活校”两种，他在《藏书十约·校勘七》中说：

> 今试言其法，曰死校，曰活校。死校者，据此本以校彼本，一行几字，钩乙如其书，一点一画，照录而不改。虽有误字，必存原文。顾千里广圻、黄荛圃丕烈所刻之书是也。活校者，以群书所引改其误字，补其阙文，又或错举他刻，择善而从，别为丛书，板归一式。卢抱经文弨、孙渊如星衍所刻之书是也。斯二者，非国朝校勘家刻书之秘传，实两汉经师解经之家法。郑康成注《周礼》，取故书杜子春诸本，录其字而不改其文，此死校也。刘向录《中书》，多所更定；许慎撰《五经异义》，自为折衷，此活校也。其后隋陆德明撰《经典释文》，胪载异本，岳珂刻《九经三传》，抉择众长，一死校，一活校也。明乎此，不仅获校书之奇功，抑亦得著书之捷径也已。[①]

所谓死校、活校，其实是基于校勘改字原则层面的认识。只校异文，列异文，不改字，即为死校；校异文，取舍判断定是非，对文本加以修订，即为活校。

（二）陈垣的“校法四例”

民国学者陈垣于1931年在《元典章校补释例》（后更为《校勘学释例》再版）中将校

---

① 叶德辉：《叶德辉书话》，10～11页，杭州，浙江人民出版社，1998。

勘方法总结为对校、本校、他校、理校四种，这种分类认识比较简明易懂，因此广为接受，沿用至今。以下根据陈先生的四种校法，结合笔者自己的校勘实例加以说明。

1. 对校法

陈先生认为对校法是：

> 以同书之祖本或别本对读，遇不同之处，则注于其旁。刘向《别录》所谓‘一人持本，一人读书，若怨家相对者’，即此法也。此法最简便，最稳当，纯属机械法。其主旨在校异同，不校是非，故其短处在不负责任，虽祖本或别本有讹，亦照式录之；而其长处则在不参己见，得此校本，可知祖本或别本之本来面目。故凡校一书，必须先用对校法，然后再用其他校法。①

由此可见，对校法是选用同一部书的不同版本比对。这是校勘古书的初始环节，建立在考察古书版本基础之上。

古籍善本一般有两种界定：一是年代久远的，比如唐抄本、宋代刻本等，也包括更早的简帛文献和石经资料，为了下文表述方便，这里姑且称之“古本”；一是校勘精良的全本，刊刻出版时代未必早，比如中华书局 1959 年以后陆续整理出版的《二十四史》，即是《二十四史》的善本，这里姑且称之“精校本”。前者是文物意义上的“善”，由于其年代较早，有的会有残缺，有的错讹满纸，但常存一字千金的异文——可能是后世版本皆误的异文，因此非常珍贵；后者是文献意义上的“善”，这种版本错讹较少，适合拿来阅读和做校勘研究。

采用对校法的时候，一般要选取校勘底本、对校本以及参校本，用底本与对校本进行对校，然后用校出的异文再查对参校本。如何选取这三类版本，首先要看出发点是什么，如果是整理一部古书，一般尽量选取“精校本”作为校勘底本，选取“古本”作为对校本，这样可以用“古本”来补正“精校本”，做到文本的尽善尽美。如果是针对某个版本的研究与评判，可以用需要研究的版本作为校勘底本，用“精校本”作为对校本。参校本的选择也尽量择“善”而从。如果是为了读书而校书，可以选取最易获得的版本，即通行本作为底本，尽量找寻善本作为对校本和参校本，这样通过校勘可以改正手头通行本的错讹，方便自己阅读。总之，对校古书时，一定要注意搜寻善本。对于同出一源的版本，要尽量使用祖本。

例如，《史记·河渠书》中有一句话是“自征引洛水至商颜山下”，南朝宋裴骃《史记集解》对这句话注作：“服虔曰：‘颜音崖’。或曰商颜，山名也。”唐代司马贞《史记索隐》注作：“颜音崖，又如字。商颜，山名也。”《史记·河渠书》日本藏有唐写本残卷，原藏于神田文库，现藏于东京国立博物馆，其网站提供有高清扫描照片。② 民国时期罗振玉曾影印该卷，收入线装本《古写本史记残卷》一书，如今国内各大图书馆都有收藏。我们通过对校《史记·河渠书》中华书局 1959 年的点校本（2 版，1982）和日藏唐写本发现，《河渠书》原文“商颜山”，唐写本作“商颜”，无“山”字。查核《史记》北宋时期的“景祐本”、南宋“十四行本”、耿秉重修桐川郡斋本、黄善夫刻本，以及明代的汪谅刊本、凌稚隆《史记评林》本、清朝武英殿本等，皆无“山”字。再结合裴骃《史记集解》、司马贞《史记索隐》来看，他们都注解“商颜”为“山名”，可见他们所见本亦

① 陈垣：《校勘学释例》，129 页，北京，中华书局，2004。
② 参见日本东京国立博物馆 e-Museum 网站，见 http：//www. emuseum. jp/。

无“山”字，据此，我们怀疑中华书局点校本“商颜山”的“山”字应是后世衍文。

2. 本校法

陈垣先生认为，本校法是“以本书前后互证，而抉摘其异同，则知其中之谬误。吴缜之《新唐书纠谬》，汪辉祖之《元史本证》，即用此法。此法于未得祖本或别本以前，最宜用之”①。

本校法是根据同书前后文来互勘。这种校勘方法的逻辑前提是同一作者写的同一部书，前后文必定存有许多内在的一致性，比如前后文的行文体例、逻辑关系、遣词造句的语法习惯和语用习惯等。下面举一个例子：

《史记·平准书》：“张汤又与异有郤，及有人告异以它议，事下张汤治异。”

考察《史记》一书中“有人告……”的搭配仅此一见，而“人有告……”的搭配习见，例如：

《史记·樊郦滕灌列传》：“高祖戏而伤婴，人有告高祖。”

《史记·袁盎晁错列传》：“晁错犹与未决。人有告袁盎者，袁盎恐，夜见窦婴，为言吴所以反者，愿至上前口对状。”

《史记·袁盎晁错列传》：“人有告从史，言‘君知尔与侍者通’，乃亡归。”

《史记·佞幸列传》：“居无何，人有告邓通盗出徼外铸钱。”

又，查核《汉书》亦有三例“人有告”，而无一例“有人告”：

《汉书·蒯伍江息夫传》：“是时哀帝被疾，始即位，而人有告中山孝王太后祝诅上，太后及弟宜乡侯冯参皆自杀，其罪不明。”

《汉书·贾谊传》：“是时丞相绛侯周勃免就国，人有告勃谋反，逮系长安狱治，卒亡事，复爵邑，故贾谊以此讥上。”

《汉书·魏相丙吉传》：“后人有告相贼杀不辜，事下有司。”

查核南宋黄善夫刻本《史记》“有人”作“人有”。《汉书·食货志》记载此事作：“汤又与异有隙，及人有告异以它议，事下汤治。”亦作“人有”。可见，中华书局点校本《史记》作“有人”应是“人有”误倒。

3. 他校法

他校法是指用本书以外的相关资料来校勘。陈垣认为：

> 他校法者，以他书校本书。凡其书有采自前人者，可以前人之书校之，有为后人所引用者，可以后人之书校之，其史料有为同时之书所并载者，可以同时之书校之。此等校法，范围较广，用力较劳，而有时非此不能证明其讹误。丁国钧之《晋书校文》，岑刻之《旧唐书校勘记》，皆此法也。②

由于我国传世典籍数量庞大，而古书编纂时又常常互相援引，加上各种文字载体的文献材料（包括甲骨、青铜器、简帛、石刻、玺印、封泥等非纸质载体的出土文献资料）赅备，因此可资用以他校的材料非常丰富。下面举一个利用他校法校勘古书的例子：

《左传·昭公四年》：“旦而皆召其徒，无之。”“皆召其徒”的“召”，《十三经注疏》、《四部丛刊》、《景刊唐开成石经》等《左传》传世本都作“召”。日本保存至今的原本

① 《校勘学释例》，130页。

② 同上书，131页。

图 3—1　《玉篇》残卷“占”字

《玉篇》古写卷“占”字条目下有引文作：“《左氏传》：‘皆占其徒，无之。’野王案：‘《方言》：占，视也。凡相候谓之占，占犹瞻也。’”[①]（见图 3—1）《文选·思玄赋》李善注亦有征引作：“旦而瞻其徒，无之。”“瞻”、“占”上古音均属章母谈部，《方言》：“占犹瞻也。”又《广雅·释言》：“占，瞻也。”[②]故知“瞻”、“占”二字音近义通，皆可作察看、窥视义。

原本《玉篇》和《文选》李善注的引文都属于他校材料，然而古书引文常会作改动，未必与原文完全一致，所以不可轻信。但是，由于《玉篇》是一部字典，作为字典的字头一定不会有误，所以据《玉篇》引文，我们至少可以做出这样的判断：顾野王在编纂《玉篇》时所见到的《左传》传本是“皆占其徒”，并极有可能存《左传》古貌，《文选》李善注的他校材料可为旁证。

回到《左传》原文，其上下文内容如下：

> 初，穆子去叔孙氏，及庚宗，遇妇人，使私为食而宿焉。问其行，告之故，哭而送之。适齐，娶于国氏，生孟丙、仲壬。梦天压己，弗胜，顾而见人，黑而上偻，深目而豭喙，号之曰：“牛！助余！”乃胜之。旦而皆占其徒，无之。且曰：“志之。”

这段话里讲到叔孙豹（穆子）离鲁适齐途中，做一噩梦，梦里被一个长相奇怪的人所救，早上醒来在众随从里寻找这位长相奇怪的人而不得。从前后文意看，上作“旦而皆占其徒”，即遍视众随从，下言“无之”，紧承其上。如果是作“召”字，那么“旦而皆召其徒”和“无之”中间应该有省略成分，显然，作“占”在动作上更加连贯。杨伯峻先生《春秋左传注》曾对“召其徒”也有所不解，推测说：“盖随行之人颇多，且有平日所不识者，不然，何必召而认其貌?”[③]其实，如果判定“召”是“占”字之讹，“占”又是“察看”之义，“皆占其徒”即看了看身边的众侍从，这个疑问就涣然冰释了。有了这种理解上的判断，似乎我们离《左传》原貌更加接近了一些。

巧合的是古书中与《左传》叔孙豹寻找梦中之人情节相类似的故事亦有记载：

《史记·殷本纪》：“武丁夜梦得圣人，名曰说。以梦所见视群臣百吏，皆非也。于是乃使百工营求之野，得说于傅险中。”

以《殷本纪》武丁寻找梦中人傅说的过程对比叔孙豹，“以梦所见视群臣百吏，皆非也”和“皆占其徒，无之”几乎字字对应。通过考察这类故事结构，亦可证《左传》此处应作“皆占其徒”，且“占”和“视”义同。

由此可论定《左传·昭公四年》原貌应作“占”，梁代顾野王和初唐时期的李善所见的《左传》仍不误为“召”，而到了始刻于唐文宗大和七年（833）、完成于开成二年

① 顾野王：《玉篇》残卷，见《续修四库全书》228 册，387 页，上海，上海古籍出版社，2002。
② 王念孙：《广雅疏证》，152 页，南京，江苏古籍出版社，2000。
③ 杨伯峻：《春秋左传注》，1256 页，北京，中华书局，2000。

(837) 的《开成石经》时，《左传》已误作“召”。[①] 另从“占”、“召”篆隶字形分析，二字相去甚远，而楷书、行书字形极其相似，可推知这一讹误的发生当在初唐、中唐之际。

《左传》这个讹字的考校过程其实主要利用了两类他校资料：一是狭义的他校资料，即《玉篇》和《文选》李善注征引的《左传》原文；一是广义的他校资料，即《史记·殷本纪》中与《左传》描写寻找梦中人相似的段落。

4. 理校法

关于理校法，陈垣先生是这样解释的：

> 段玉裁曰：“校书之难，非照本改字不讹不漏之难，定其是非之难。”所谓理校法也。遇无古本可据，或数本互异，而无所适从之时，则须用此法。此法须通识为之，否则卤莽灭裂，以不误为误，而纠纷愈甚矣。故最高妙者此法，最危险者亦此法。[②]

理校法是采用推理考证的办法校勘古书。这种校法与前三种不是同一层面的认识，前三种都是基于版本异文的校勘，而这种是基于逻辑分析与判断。如果没有异文的支持，只据“理校”判断，往往比较草率冒险，正如陈先生所说的“卤莽灭裂”。所以在校勘实践中，理校法一般是基于版本校勘的“理校”。基于版本异文的对校、本校、他校，也需要逻辑分析，从前面所举的三个校例可以看出，在版本校勘的基础上，都有分析判断，实际上也包含了理校法的运用。

(三) 校勘方法的两步骤：版本比勘、逻辑考证

通过分析讲解陈垣的“校法四例”，可以看出古书的校勘实际上分为两个步骤，一是版本比勘，二是逻辑考证。对校、本校、他校，都属于版本比勘的范畴，而理校属于逻辑考证。有许多前辈学者也把这两个步骤当作校勘方法来归纳，比如周祖谟早在 1936 年《论校勘古书的方法》一文中就提出了“版本的校勘”和“理性的校勘”两种方法。[③] 倪其心《校勘学大纲》中也提出：“校勘的一般方法的实质就是比较分析和科学考证。”[④] 这里的“比较分析”即版本比勘，“科学考证”即逻辑考证。

三、讹误的类型

古书的讹误一般分为讹文、脱文、衍文、倒文四种类型。

(一) 讹文

讹文是指古书流传过程中产生的错讹。有形近而讹，音近而讹，因重文符号而讹，因类化俗字而讹，因直行排列而讹，还有因饰笔而讹等。下面对几种情况稍作说明。

---

① 参见《景刊唐开成石经》，1901 页，北京，中华书局，1997。

② 《校勘学释例》，133 页。

③ 参见《周祖谟学术论著自选集》，548 页，北京，北京师范大学出版社，1993。

④ 倪其心：《校勘学大纲》，101 页，北京，北京大学出版社，1987。

重文符号在古写本中常用，作“=”、“”等形，这种符号容易和“之”、“了”等字相混。

类化俗字，是指“由于受上下、左右、内外等处参照字符的心理暗示而致使部件趋同的和由于分类学的应用而同化部首的俗字”[①]。例如敦煌 S. 2073《庐山远公话》：“且见其山非常，异境何似生：嵯峨万岫，叠掌［嶂］千嶒，崒屼高峰，崎岖峻岭。”这句话里的“嶒”字，原卷作“”，即上“山”下“曾”，这个字根据上下文看应该是“层（層）”，之所以会讹误成“”，大概和前后文许多从“山”的字形有关。还有，许多双声叠韵词，偏旁本来可能并不相同，后来由于受前后字影响，于是趋同了。

中国人的书写习惯自古以来都是直行竖行，文献中有所记载[②]，从出土的甲金、简帛文献也可得到证实。由于直行书写，容易发生一字误为两字，或两字误为一字的错讹。例如，《史记·孔子世家》“生而首上圩顶”一句，《正义》引《括地志》引“干宝《三日纪》”，此处当是“干宝《晋纪》”之讹，“三日”即是“晋”竖写误为两字，东京大学史料编纂所藏《括地志》残卷作“晋纪”可证。两字误为一字，有个著名的例子，即《战国策·赵策四》“左师触詟愿见太后”，元代吴师道、清代王念孙对“詟”字都有考证，尤其是王念孙在《读书杂志》中认为“詟”当是“龙言”二字误为一字，1973 年马王堆出土的《战国纵横家书》记载此事正作“触龙言”。

饰笔是古文字学上的一个术语，指文字构形中没有实际意义的修饰性笔画。这种现象在隋唐时期的写本和宋代以后的刻本中也有表现，比如宋刻中“代”和“伐”常相混同，根据上下文作“代”的字，有时候多一撇写成“伐”形，这种应是刊刻时写版的人为了美观需要随手加上的，也可视为一种形近而误。

（二）脱文

脱文是指古书流传中脱漏的文字。脱文可以分为两类：一是主观因素造成的，比如刊刻古书的人，对古书作了加工，重新整理、删去的文字。《史记》“三家注”合刻时，就做了许多删重的工作，刊刻者把《史记索隐》、《史记正义》中与《史记集解》重复的文字作了删除，比勘“三家注”本和明代汲古阁刊刻的《史记索隐》单行本，就会发现这一现象，“三家注”本中的《索隐》是经过删节的。一是客观因素造成的，比如抄写不慎，不明句意、词义等原因。

（三）衍文

衍文又称羡文，即多余的文字，指古书流传中误增的文字。有涉上下文而误增，有涉注文而误增，有将古书旁记文字误增入正文，有因不明文意而误增，还有因不察不明删字符号而衍等。前面几种很常见，下面主要介绍一下“因删字符号而衍”这种情况。书写时误写的字，书写人发现后如果不作涂改，也可用特殊符号标示删除，这种特殊符号就是删字符号。在敦煌文献等中古时期写本文献中，删字符号一般标在要删除的文字

① 黄征：《敦煌俗字典》，20 页，上海，上海教育出版社，2005。

② 例如《史记·大宛列传》记载安息国“画革旁行以为书记”，这是说安息国与中国不同，横向书写。这句话下司马贞《史记索隐》引韦昭云：“外夷书皆旁行，今扶南犹中国，直下也。”

右边，标示为卜号“卜”、点号“：”等形。“卜”的“丨”代表选中被删的字，“卜”右面的点号“丶”、“：”等代表删除的意思，有时直接用“：”等点号，省去“丨”。① 因此有时誊抄文献时，不察或者不明文字右边的删字符号，会把原书已删除的文字录入下来，就产生了衍文。例如《中古汉字流变》“放”字下引《原本玉篇残卷》：“《左氏传》：‘弃位而放，不可谓贞。’杜预曰：‘放望，淫之别名也。’”② 核查日藏《玉篇》原卷图版，“放望”的“望”字作“望”③，右边有删字符号“：”，当是抄写者先将“淫”字误书为“望”，后来发现了这一错误，又在“望”字右边标了删字符号。

（四）倒文

倒文是指古书中的字词或句子甚至篇章位置的颠倒错乱。有因抄写不慎而误倒，因不明文义而误倒，因不明乙字符号、重文符号而误倒，因错简而误倒，等等。下面就后几种情况稍作说明。古人书写时，面对书写颠倒的文字，可以用符号加以校改，例如在敦煌文献等中古时期的写本中常用“Ⅴ”、“√”、“乙”等形标示该符号前后的文字当颠倒顺序，这类符号就是乙字符号，其中作“乙”形的乙字符号沿用至今。如果誊抄古书的人不明或不察这种符号，便容易将原已乙正的文句抄写颠倒。重文符号，前文曾有论及。古人 ABAB 型的重文，有时会用重文符号写作 A＝B＝或 AB＝＝，因此这样就容易被误读成 AABB 或 ABBB，而 AABB 也可写成 A＝B＝，所以 A＝B＝被还原成文字时就有两种可能，也容易出现错倒。④ 魏晋以前的古书以竹简为载体，按顺序将一支支竹简串联编成，竹简前后次序错乱即是“错简”。后来古书用纸张抄写，有时候断裂缀合的错误，也被称为“错简”。古书流传中的错简现象可致字句甚至篇章的误倒。

古书的讹误主要是这四种类型，但这四种类型可能交叉复合出现，徐复先生在《校勘学中之二重及多重误例》一文中曾有详细讨论，并归纳为二十四例。⑤

四、校勘异文的分类与处理方式

通过校勘获得的异文，可以分为两大类：一类通过考辨可以判断正误，即可定于一是；一类根据现有的材料和分析无法判断正误，只能存疑。笔者试给这两者命名，称前者为“求同异文”，后者为“存异异文”。“求同异文”里又可分两小类，一是正确的异文，可称为“真异文”，一是错误的异文，可称为“假异文”。这两大类异文的处理方式不同，“求同异文”要定是非，“存异异文”只能罗列存疑。

整理古籍时，出校的办法有两种。

一是改字出校。面对“求同异文”时，通过分析判断，定于一是，如果底本有误，将底

① 参见黄征：《敦煌语言文字学研究》，23 页，兰州，甘肃教育出版社，2002。

② 臧克和：《中古汉字流变》，1401 页，上海，华东师范大学出版社，2008。

③ 《玉篇》残卷，377 页。

④ 参见裘锡圭：《考古发现的秦汉文字资料对于校读古籍的重要性》，见《古代文史研究新探》，38～40 页，南京，江苏古籍出版社，1992；张涌泉：《敦煌变文校读释例》、《敦煌写本重文号研究》，见《敦煌文献论丛》，121、434～435 页，上海，上海古籍出版社，2011。

⑤ 参见徐复：《校勘学中之二重及多重误例》，见《徐复语言文字学论稿》，229～240 页，南京，江苏教育出版社，1995。该文原载《新中华》1945 年复刊第三卷第十一期，原总结十六例，1993 年 8 月增改为二十四例。

本错误改正，然后列出校勘记。校勘记包含三部分：原文作某、改字的版本依据和考证分析。严谨的校勘，一般要有通过对校异本获得的“真异文”作为依据才可以改字，如果仅仅通过本校、他校获得“真异文”，一般轻易不改字，只出校，在校勘记中作倾向性判断。

二是不改字，只出校。面对“存异异文”时，保留底本原貌，只能在相关异文处出校，撰写校勘记，罗列异本异文。

校勘记的撰写可简可繁，要根据古籍的性质来决定。普及性的书籍，受众不是专业的研究者，校勘记就可以采用简式的，面对“求同异文”，简单列出“真异文”的版本依据和校改理由即可，面对“存异异文”，校勘记只要简单罗列异文即可，有时甚至可以不出校。对于专书的校勘，尤其受众是专业研究者的著作，比如针对某书的汇校研究，就要采用繁式的：改字出校的地方，要详细交代版本依据和原因；不改字出校的地方，要全面罗列异文，有的时候也可作倾向性判断。无论简繁，校勘记的撰写都要求语言表达既准确又凝练，通常可用浅近的文言，可以认真学习借鉴前人的校勘记，学会使用校勘术语，比如某疑为某之讹，某与某互乙，等等。

整理古籍时，校勘记要随文标出，列于页下，或者列于段末或篇末，如果书籍篇幅较小，校勘记数量不多，也可列于全书末尾。

需要说明的是，有前辈学者整理古籍时，主张全篇不改字只出校，即使底本有误，所有的判断也都只反映在校勘记里，以使正文存底本原貌。这其实就是叶德辉所谓的“死校法”。

另外，校勘异文中异体字、古今字、避讳字以及版刻讹误等屡屡出现又需要统一处理的问题，可以不出校但作统一处理，在整理凡例中作出说明即可。古书虚词异文如果不影响文义和修辞优劣，一般不出校。

如果不是全面整理一部古籍，只是对古籍乃至只是对古书一篇内容的校勘研究，校勘记可以写成考证札记的形式。一般包含两部分：一是截取需要校勘的原文段落列出，二是案语，案语包含罗列版本异文和校勘的理据分析。

第三节 数字时代古籍校勘的拓展

最近几年，关于汉语古籍数字化的研究和讨论越来越多[①]，大量的相关研究论著如雨

① 仅笔者所见，代表性的论著有：王继如、陶家骏合写《古籍数字化的思考》，收入《训诂问学丛稿》，336～354页，南京，江苏古籍出版社，2001；毛建军博士论文《古籍数字化理论研究》，2008年5月在南京大学中国古典文献学专业通过答辩，后以《古籍数字化理论与实践》为题由航空工业出版社2009年出版；吴洪泽、张家均编著《计算机在古籍整理中的应用》，成都，四川大学出版社，2009；杨琳在《古典文献及其利用》（北京大学出版社，2010）一书中曾对“电子文献检索方法”有所探讨；王立清撰有《中文古籍数字化研究》，北京，国家图书馆出版社，2011；荣新江编《学术训练与学术规范——中国古代史研究入门》（北京大学出版社，2011）中也涉及“电子文本的检索”一节。

后春笋般涌现，尤其是在图书馆学研究领域，关于古籍数字化的讨论尤为热烈。[①] 然而这些论著几乎都是围绕古籍数据库资源、古籍数据库开发研究，以及借助计算机如何进行文本技术处理等方面的研讨，真正涉及古籍数字化在校勘学中具体应用的研究，迄今为止尚未见到。[②] 笔者在近年的校勘实践中，不断认识到古籍数字化对校勘研究的潜在价值，深感揭橥探讨这一问题的迫切必要。

一、对校条件的改变

由于互联网的普及应用，加上存储设备的不断升级，古书的扫描图版以电子书的形式传播迅捷，尤其是2006年以后国学数典论坛、爱如生论坛、新浪爱问等网站的开辟，为pdf和djvu等格式的古书扫描图版提供了诸多共享的平台，顷刻之间，大量的古书图版真正地“化身千百”。加上中国基本古籍库、超星数字图书馆、读秀中文学术搜索、大学数字图书馆国际合作计划（CADAL）等提供的电子图书资源以及国内外诸多网站（例如国际敦煌项目IDP，日本、韩国高校和图书馆的网络图书资源等）提供的古籍善本高清照片，如今足不出户就可以查阅许多古书善本。从这方面看古籍校勘学，获得对校版本的条件发生了巨大的改变，从事古书善本的校勘工作也不再只是专业学者的专业行为，古书爱好者只要掌握了一定的校勘学知识，也有条件尝试进行校勘实践。

二、他校手段的颠覆

随着电子计算机技术的进步与更新，大量的古籍数据库不断地被研发与应用，古籍的查找和利用愈加便捷、有效，很多古文献资料都可以进行竭泽而渔式的穷尽检索，这为古籍校勘研究开辟了一个前所未有的“大数据”[③] 时代。因此，在这样的时代背景下，对于陈垣提出的“校法四例”应该作出新的认识。

管锡华早在多年前就认识到了科学技术进步对校勘实践的改变：

网络开发商、电子图书开发商已开发了大量古籍，网络古籍资源、光盘古籍资源都在迅速增加。就校勘来说，目前已可以通过计算机利用诸资源进行对校、本校、他校、理校，特别是对校、本校尤其速便。查找他校、理校数据也比翻检纸本书籍快捷。[④]

笔者通过近些年来的校勘实践则认为：数字化时代“古籍校勘四法”中受到最大影响的当是他校，因为他校资料的获取方式在这个时代已经完全被颠覆。在利用古籍数据库的校勘研究中，相比前人而言，“对校”的改变最小，“本校”和“理校”可资检索的

---

① 参见毛建军：《古籍数字化理论研究》附录一《古籍数字化研究论文索引（1988—2008）》，130～136页，南京大学博士学位论文，2008。

② 王继如先生曾就“信息时代的训诂学”提出过见解，参见《训诂学：面对新世纪》一文，见《训诂同学丛稿》，24～47页。台湾学者黄一农也曾提出史学研究“e-考据时代”的出现，仅侧重探讨史学考证方法的改变，参见《两头蛇——明末清初的第一代天主教徒》，64～65页，上海，上海古籍出版社，2006。

③ “大数据”(big data)，是由数量巨大、结构复杂、类型众多数据构成的数据集合，是基于云计算的数据处理与应用模式，通过数据的整合共享，交叉复用，形成的智力资源和知识服务能力。

④ 管锡华：《汉语古籍校勘学》，21页，成都，巴蜀书社，2003。

资料又相对有限，唯有大量的他校资料可以最为便捷地获取与利用，这一点是前辈学人无法企及与实现的。下面就此展开论述。

(一) 数据库条件下他校资料的获取和利用

前辈许多校勘名家，在利用他校资料时，尤其喜欢校勘类书引文，这主要是因为类书引文便于查检。但是，借助查检类书获得的他校资料，无论是数量还是定位精确度，都无法与古籍数据库相比拟。而今他校资料的检索和获取方式已经完全被科学技术手段所改写，在海量的古籍中能够便捷地将最有价值的他校资料检索定位，这一点对于古籍他校法而言具有划时代的意义。借助古籍数据库提取的他校资料进行合理的分析判断，许多过去校勘研究中只能存疑的异文便可以得到全面落实。在这一系列环节中，他校资料采集方式的改变最为关键。

下面笔者结合自己校勘实践中的具体校例，对古籍数字化条件下他校资料的获取与利用展开论述。

1. 人名的校勘

中华书局本《史记·魏世家》："与韩康子。"《索隐》："名虔。"

通过对校日本国立民俗博物馆藏南宋黄善夫本《史记》（下文简称"黄善夫本"）发现，"虔"，黄善夫本作"虎"。[①] 查核水泽利忠的《史记会注考证附校补》（下文简称"《校补》"）："虔，庆 彭 凌 游 殿 虎。"[②] 然而据此并不能作出判定，笔者通过检索古籍数据库，获得多种资料信息如下：

《史记·六国年表》："韩康子败智伯于晋阳。"《索隐》："康子名虎。"

《史记·韩世家》："庄子卒，子康子代。"《索隐》："名虎。"

《国语·晋语》："智襄子戏韩康子而侮段规。"韦昭注："康子，韩宣子之曾孙、庄子之子虎。"

《世本》："庄子生康子虎。康子生武子启章。武子生景子虔。"[③]

可见，据《史记·韩世家》、《世本》等史料，康子之孙名虔，亦可证康子不会名虔，中华书局本《索隐》"虔"必是"虎"之讹。

2. 书名的校勘

中华书局本《汉书·扬雄传上》："衿芰茄之绿衣兮……"师古曰："衿音其禁反。茄亦荷字也，见张揖《古今字谱》。"

此处"《古今字谱》"，日本兵库县上野淳一藏《汉书·扬雄传》唐代写本残卷（下文简称"日藏古写本"）作"《古今字诂》"。[④] 王先谦《汉书补注》："宋祁曰：'注文"字谱"

---

① 参见日本国立历史民俗博物馆藏南宋黄善夫本《史记》，第七册，113页，东京，汲古书院，1998。

② ［日］泷川资言、水泽利忠：《史记会注考证附校补》，1110页，上海，上海古籍出版社，1986。

③ 宋衷注，秦嘉谟等辑：《世本八种》，49页，北京，商务印书馆，1957。

④ 本课涉及的《汉书·扬雄传上》和《周书》日藏古写本资料皆据中田勇次郎等编《唐钞本》所收图版，台北，明文书局，1981。

一作“字诂”。’”[①] 但未作判定。笔者通过检索古籍数据库“张揖”相关材料，获得多种有效信息如下：

《魏书·江式传》和《北史·江式传》均记载：“魏初，博士清河张揖著《埤仓》、《广雅》、《古今字诂》。”

《隋书·经籍志》亦记载张揖撰《古今字诂》三卷。又，张揖的著述见诸《隋书·经籍志》、《旧唐书·经籍志》、《新唐书·艺文志》等，其中并无《古今字谱》。

司马贞《史记索隐》中曾两次援引《古今字诂》，分别见于《史记·平准书》“留蹛无所食”和《史记·匈奴列传》“短兵则刀鋋”之下。《史记》三家注和《汉书》颜注他处皆不见有《古今字谱》。

根据以上他校资料，综合判断“《古今字谱》”是“《古今字诂》”之讹。

3. 地名的校勘

中华书局本《太史公自序》：“还而与之俱赐死杜邮。”《索隐》：“李奇曰‘地名，在咸阳西’。按《三秦记》，其地后改为李里者也。”

李里，黄善夫本作“里李”[②]，如果按照传统校勘的手段，此处异文很可能只能作为“存异异文”处理。然而通过古籍数据库查找有关“杜邮”的资料，发现原来这里“李里”、“里李”其实都是“孝里”的形讹及误倒。以下是检索所得：

《水经注》：“渭水北有杜邮亭，去咸阳十七里，今名孝里亭，中有白起祠。”[③]

《文选》潘岳《西征赋》：“索杜邮其焉在，云孝里之前号。”

《汉书·外戚传》“葬雍门”，颜师古注：“雍门在长安西北孝里西南，去长安三十里。《广记》云赵父冢在门西也。”

可见地处陕西的“孝里”作为地名在唐代时仍有沿用。

又如，中华书局本《汉书·扬雄传》：“顾龙门……”师古曰：“龙门山在今蒲州龙门县北。”

“蒲州”，《汉书》日藏古写本作“泰州”。

通过检索和龙门山、龙门县相关的资料，发现古籍中关于龙门山属地的记载不一：

《汉书·司马迁列传》“迁生龙门”，师古曰：“龙门山，其东则在今秦州龙门县北，其西则在今同州韩城县北，而河从其中下流。”

《史记·货殖列传》“龙门、碣石”，张守节《正义》曰：“龙门山在绛州龙门县。”

这些他校资料的获取，使得问题更加复杂化了。因为涉及历史地理的问题，故翻检相关正史《地理志》的材料，获得了如下信息：

《旧唐书·地理志二·河东道》：“龙门，汉皮氏县，后魏改为龙门。武德元年，于县置泰州，领龙门、万泉、汾阴四县。贞观十七年，废泰州及芮县，以龙门、万泉属绛州，汾阴属蒲州。”

《新唐书·地理志三》：“河中府河东郡，赤。……龙门。次畿。武德二年，徙泰州来治，五年，析置万春县。贞观十七年，州废，省万春入龙门，隶绛州。元和初来属。”

参照新、旧《唐书·地理志》的记载，可知龙门的归属在唐代有过多次更迭。

---

① 王先谦：《汉书补注》，1490页，北京，书目文献出版社，1995。

② 参见日本国立历史民俗博物馆藏南宋黄善夫本《史记》，第十二册，421页。

③ 郦道元注，陈桥驿校证：《水经注校证》，450页，北京，中华书局，2007。

又据新、旧《唐书》记载，颜师古奉太子承乾之命为《汉书》作注始于贞观十一年（637），贞观十九年（645）颜师古“从驾东巡，道病卒”，之后其所注《汉书》“大行于世”。可见，在颜师古生活时代，“龙门县”本属“泰州”，后隶“绛州”。日藏古写本《扬雄传》颜注作“泰州”当是旧貌，现作“蒲州”疑是后人误改，《汉书·司马迁列传》颜注“秦州”实为“泰州”之讹。而《史记正义序》记载《史记正义》于“开元二十四年八月，杀青斯竟”，据新、旧《唐书·地理志》，贞观十七年（643）“龙门”已隶属“绛州”，张守节曰“龙门山在绛州龙门县”也不误。

4. 成语资料的校勘

中华书局本《史记·平准书》：“张汤死而民不思。”《索隐》：“乐产云：‘诸所废兴，附上困下，皆自汤，故人不思之也。’”

黄善夫本“困”作“罔”（见图 3—2）。[①]《校补》：“附上困下　○困，耿 庆 中统 彭 凌 殿 罔。”[②]

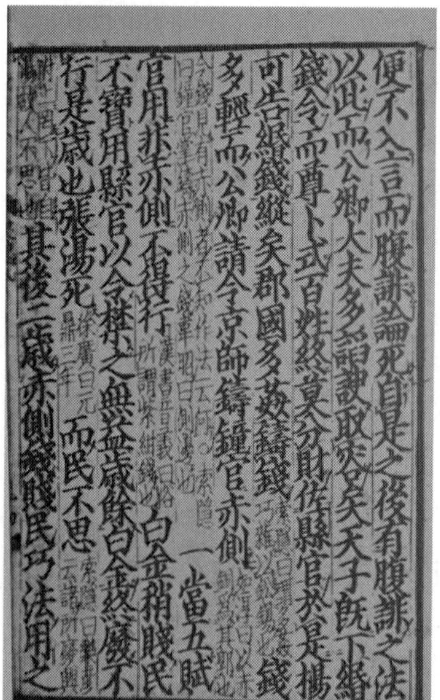
便不入言而腹誹論死自是之後有腹誹之法
以此而公卿大夫多諂諛取容矣天子既下緡
錢令而尊卜式百姓終莫分財佐縣官於是楊
可告緡錢縱矣郡國多姦鑄錢
錢多輕而公卿請令京師鑄鍾官赤側一當五賦
官用非赤側不得行白金稍賤民
不寶用縣官以令禁之無益歲餘白金終廢不
行是歲也張湯死而民不思其後二歲赤側錢賤民巧法用之

图 3—2　南宋黄善夫刻本《史记》

王叔岷《史记斠证》：“黄善夫本、殿本《索隐》，‘困下’并作‘罔下’。《汉志补注》：‘汤附上罔下，当时民之怨嫉，岂止不思！’所谓‘附上罔下’，即本《索隐》，困亦作罔。”[③]

“困”当是“罔”字形讹。此处《索隐》疏解《史记》正文“是岁也，张汤死而民不思”，“罔下”即欺骗百姓，和“民不思”义合。通过检索数据库，“附上罔下”这一类结构见于《汉书》、《南齐书》等文献，到明代人编纂的《元史》依然袭用，例如：

《汉书·武帝纪》：“夫附下罔上者死，附上罔下者刑。”《说苑·臣术》亦有此语，并谓出自《泰誓》[④]，今本《尚书·泰誓》不见。

《南齐书·萧谌传》：“蔽上罔下之心，诬君不臣之迹，固以彰暴民听，喧聒遐迩。”

《元史·曹伯启传》：“云南佥事范震言宰臣欺上罔下，不报，范饮恨死，伯启具其事，书于太史。”

可见，“附上罔下”当是司马贞《索隐》原貌。

5. 其他专有名词的校勘

中华书局本《史记·高祖本纪》：“左股有七十二黑子。”《正义》：“《河图》云：‘帝刘季口角戴胜，斗胸，龟背，龙股，长七尺八寸。”

黄善夫本等《史记》异本此处皆作“口角”，没有异文出现，但作“口角”是什么含

---

① 日本国立历史民俗博物馆藏南宋黄善夫本《史记》，第五册，457 页。

② 《史记会注考证附校补》，840 页。

③ 王叔岷：《史记斠证》，1250 页，北京，中华书局，2007。

④ 向宗鲁：《说苑校证》，53 页，北京，中华书局，2000。

义，尤其是和“戴胜”连读，颇费思量。[①]

通过古籍数据库检索《河图》有关刘邦容貌的描写，发现《后汉书·班彪传》“仰寤东井之精，俯协河图之灵”李贤注引《河图》作：“帝刘季，日角戴胜，斗匈龙股，长七尺八寸。”和张守节《正义》几乎全同，唯“口角”作“日角”。

“日角”一词，按照《汉语大词典》的解释，即额骨中央部分隆起，形状如日。旧时相术家认为是大贵之相，多用以描写帝王之相。《史记·五帝本纪》“黄帝者”，《正义》：“生日角龙颜，有景云之瑞，以土德王，故曰黄帝。”《史记·周本纪》“西伯曰文王”，《正义》引《雒书灵听》云：“苍帝姬昌，日角鸟鼻，高长八尺二寸，圣智慈理也。”《后汉书·光武帝纪上》：“身长七尺三寸，美须眉，大口，隆准，日角。”李贤注引郑玄《尚书中候》注：“日角谓庭中骨起，状如日。”相术家亦称额骨隆起入左边发际为“日角”，入右边发际为“月角”。《文选》刘孝标《辩命论》：“龙犀日角，帝王之表。”李善注引朱建平《相书》：“额有龙犀入发，左角日，右角月，王天下也。”后亦用“日角”喻指帝王。

如此一来，关于“口角戴胜”的疑惑就释然了，“口角”是“日角”之误，和“戴胜”之间可以点断，这是两个分别描绘帝王异相的词语。

反思对这一专名问题的破解过程，最为关键的环节在于找到《后汉书·班彪传》李贤注引《河图》的异文，而这条异文的获取，在传统的校勘研究中，利用翻检纸质典籍查找的手段是难以得到的，即使能够检得，往往也具有偶然性。

6. 引书断限的校勘

《史记·周本纪》：“定王元年，楚庄王伐陆浑之戎。”《正义》：“杜预云：‘允姓之戎居陆浑，在秦、晋西北，二国诱而徙伊川，遂从戎号，今洛州陆浑县，取其号也。’”

通过检索古籍数据库，这段《左传》杜注出自《僖公二十二年》传“秋，秦、晋迁陆浑之戎于伊川”后：“允姓之戎居陆浑，在秦、晋西北。二国诱而徙之伊川，遂从戎号，至今为陆浑县也。”

又，《史记·匈奴列传》：“于是戎狄或居于陆浑……”《索隐》：“《春秋左氏》‘秦晋迁陆浑之戎于伊川’。杜预以为‘允姓之戎居陆浑，在秦晋之间。二国诱而徙之伊川，遂从戎号，今陆浑县’是也。”

将杜注原文和《周本纪》张守节《正义》、《匈奴列传》司马贞《索隐》相关文字比较来看，《正义》“今洛州陆浑县，取其号也”恐非杜注，而为张守节述语。《旧唐书·地理志》：“河南府隋河南郡。武德四年，讨平王世充，置洛州总管府，领洛、郑、熊、谷、嵩、管、伊、汝、鲁九州岛。洛州领河南、洛阳、偃师、巩、阳城、缑氏、嵩阳、陆浑、伊阙等九县。”武德是唐初高祖李渊年号，张守节《史记正义》作于玄宗时期，其时陆浑县正属洛州。《周本纪》此段《正义》标点当作：“杜预云：‘允姓之戎居陆浑，在秦、晋西北，二国诱而徙伊川，遂从戎号。’今洛州陆浑县，取其号也。”

7. 旧注归置的校勘

《史记·晋世家》：“十年，伐千亩，有功。”《集解》：“杜预曰：‘西河介休县南有地

① 王晶波《论史书中的帝王形貌记载及其演变》一文认为：“按司马迁的记载，刘邦虽然应天命感龙而生，但毕竟还长着人的样子，而到了《河图》、《合诚图》以及张守节的眼里，刘邦的形象则变得更加怪异：‘口角戴胜’。……刘邦形象中的‘口角戴胜’，不知是指他的嘴巴长得像胜，还是口角上戴着一个胜？无论是哪种，反正都很怪。”载《中国典籍与文化》，2011（1）。

名千亩。’”

“生少子，名曰成师。”《集解》：“杜预曰：‘意取能成其众也。’”

经查检，以上两条杜注出自《左传·桓公二年》传“其弟以千亩之战生，命之曰成师”之下，《十三经注疏》整理本和上海古籍版《春秋经传集解》都标点作“西河界休县南有地，名千亩，意取能成其众”①，今核诸《史记集解》引文，知“意取能成其众”是释“成师”之词，传世诸本《左传》将两条杜注合为一条，极有可能是刊刻时归置之误，如此一来，产生了理解上的歧义。

《史记》黄善夫本三家注的位置多有和中华书局本相异之处，有的相差在同一篇前后文字里，有的甚至是跨篇相差。例如，黄善夫本《史记·齐太公世家》“成公九年卒，子庄公购立”后有《索隐》：“刘氏音神欲反，系家及《系本》并作‘赎’，又上成公脱，《年表》作‘说’也。”而中华书局本《齐太公世家》此处无。如果按照以往的校勘，很容易判定此处中华书局本《史记》脱漏《索隐》，然而将这段话在古籍数据库中检索发现，中华书局本《史记·十二诸侯年表》“齐庄公赎”后有《索隐》“刘氏音神欲反。系家及《系本》并作‘购’。”而黄善夫本“齐庄公赎”下却无，可见这两处几乎相同的《索隐》也并非脱漏问题，只是三家注合刻时产生的位置排列差异。

（二）利用他校资料需要注意的问题

由于他校资料本身具有复杂性，加之制作数据库的古籍电子文本往往校勘不精，所以在利用他校资料时，有诸多值得注意的问题。

第一，必须熟练掌握古典文献学的基础知识，并把这些知识灵活运用到对他校资料的获取与判断之中。

古籍数据库给我们的研究提供的只是技术手段，在古籍整理研究中，这些技术手段不是充分条件，而是必要条件。校勘学是一门综合性的实践学科，只有熟练地掌握了古典文献学的基础知识，能够把目录学、版本学、文字学、音韵学、训诂学、辨伪学等学科的知识运用到校勘实践中，才能解决具体问题。

单就利用数据库获取他校资料而言，数据库中提供的古籍文献是海量的，有时检索出的相关材料数量有限，易于提取，但有时检索出的相关材料却纷繁芜杂。如何从这些海量材料中提取最有价值的信息？首先就要圈定检索范围，这就需要有目录学的知识，例如，遇到地名的问题，可以在正史《地理志》、《水经注》、《三辅黄图》、《元和郡县图志》以及各种州县志、笔记等历史地理资料中检寻；遇到语言文字的问题，可以在传世字书、韵书以及传注义疏等材料中检寻；遇到某一时代的具体专名问题，可以在该时代存世的相关文献与出土文献中检寻。诸如此类，假若仍然找不到相关的有效信息，可以再扩大检寻范围，逐步梳理。又如，有时在辨别他校异文时，必须运用文字、音韵、训诂等知识，结合汉语史研究的已有成果，尤其要注意具体历史时期语言的使用习惯和词汇的特殊含义，才能做出合理的判定。因此，这一检索和判断他校资料的过程，实际上是综合运用知识进行文献考订的研究过程。

第二，必须注意数据库选取的古籍文本问题。

如今的数字化文本往往没有经过精良地校勘，例如 1999 年香港迪志文化公司和北京

① 《十三经注疏》整理本《春秋左传正义》，175 页，北京，北京大学出版社，2000；《春秋经传集解》，75 页，上海，上海古籍出版社，1988。

书同文公司联合开发的文渊阁《四库全书》电子版，由于是在扫描识别基础上校对制作的，因此存有许多形近误字。因此在利用古籍数据库时必须特别注意以下几方面问题：

（1）古籍数据库检索出来的数据不能直接引用，务必查核相关规范的纸质出版物。当代出版的古籍，无论是点校本还是影印本，最好使用中华书局、上海古籍出版社、凤凰出版社（原江苏古籍出版社）、齐鲁书社、巴蜀书社、岳麓书社、黄山书社等传统古籍出版社的权威版本。

（2）古籍数据库由于文本校勘粗疏，时常会存有文字讹误，所以检索时最好能对该数据库的文本优良情况有所了解，要谨记检索不到的资料，并不能代表该古籍中就没有，要变换条件进行多方位检索，有时候还要查检与检索条件形近易误的字符串。

（3）古籍数据库的文本不是唯一的，大量经典文献都存在复杂多样的版本谱系，例如校勘《史记》，甲版本作 A，乙版本作 B，检索《汉书》的相关资料，得到了相关异文 A，此时并不能轻易下结论认为 A 是 B 非，因为古籍数据库提供的《汉书》版本只是《汉书》诸多版本中的一个，很有可能《汉书》别本存在异文 B，这时要寻求别的证据来判断是非，也就是说，古籍数据库提供的他校资料绝不是判断校勘异文的确证，而只是旁证。

第三，必须谨慎使用他校资料，遵循实事求是的原则。

使用他校资料必须谨慎。他书引文的可靠性时常值得推敲，不可尽信，因为引文往往包含引文作者主观的增删去取。他校资料的利用必须经过客观缜密地再判断，而且研究者必须遵循实事求是的原则，有一分材料说一分话。由于借助古籍数据库获得的他校资料经常是多种类型的，所以在进行校勘考辨时，切忌只选取利于自己论证的材料，而有意忽略与自己论点相反的材料。[①]

三、校勘本质的新认识

前文曾经讨论校勘的目的是求“真”求“善”，尽量还原古书的原貌，追求接近一个假定的没有文字瑕疵的古书“原本”。校勘过程中获得的异文可以分为两大类，我们之前定义为“求同异文”和“存异异文”。二者随着新材料和新技术手段的出现，可以相互转化。校勘的本质正是在这种历时性的反复“求同存异”的变化中不断追求相对稳定的文本，非一次性完成的工作，但每一次严谨有效的校勘工作完成，都将形成一个新的稳定文本，为其他方面的研究提供一个讨论平台。

颜之推云：“观天下书未遍，不得妄下雌黄。”古人亦云：“校书之难，如扫落叶，旋扫旋生。”前者是说随着新材料的出现，“求同异文”可以变成“存异异文”，“求同”的“雌黄”可能就成了妄断。后者常被理解为校勘过程中，改正了旧的错讹，同时会滋生新的错讹，然而为何会产生新错讹？难道仅仅是因为校勘者的粗疏吗？实际上，新的错讹的产生有时是因为之前的“求同异文”可能遇到了新材料转变为了“存异异文”，或者“存异异文”在新的技术手段背景下转变为了“求同异文”，于是就出现了新问题，之前的是非判断就被推翻了。因此，校勘活动是一个运动的过程，可以说永无止境。在这种变动的考察中，研究者往往对“存异异文”的分析判断较为重视，但值得注意的是：对

① 关于数据库时代的他校研究与应用，参见苏芃：《他校时代的降临——e时代汉语古籍校勘学探研》，载《中国典籍与文化》，2012（2）。

“求同异文”中“真异文”的适当存疑有时也是极其必要的。

【主要参考文献与课外阅读书目】

陈垣．校勘学释例．北京：中华书局，2004

倪其心．校勘学大纲．北京：北京大学出版社，1987

钱玄．校勘学．南京：江苏古籍出版社，1988

管锡华．汉语古籍校勘学．成都：巴蜀书社，2003

张涌泉，傅杰．校勘学概论．南京：江苏教育出版社，2007

王叔岷．校雠学．北京：中华书局，2007

苏杰．西方校勘学论著选．上海：上海人民出版社，2009

【练习题】

一、查找并阅读颜之推《颜氏家训·书证》。

二、尝试利用网络资源寻找日本学者磯部彰编的《台东区立书道博物馆所藏中村不折旧藏禹域墨书集成》一书，利用该书中影印的《庄子》写本残卷校勘传世本的《庄子》，传世本《庄子》可以选用郭庆藩《庄子集解》本。

三、查找《银雀山汉墓竹简［壹］》（文物出版社，1985），利用其中的竹简本《孙子兵法》校勘《十一家注孙子》（上海古籍出版社，1978）。

四、利用中国基本古籍库检索徐锴《说文解字系传》征引《史记》的材料，进行校勘实践。

（苏芃　编撰）

第四课 注释学

【本课教学重点】

一、注释的功用；

二、注释的名称与相关术语；

三、注释的方法和要求。

【建议课时】

约4学时。第一节和第五节以学生课前自学为主；第二节重点讲授，约2学时；第三节以教师讲授和学生自学相结合，约1学时；第四节可选择性讲授，宜结合实例来掌握注释的方法，约1学时。

注释学是研究古籍注释的内容和方法，探讨注释古籍的一般方法的学科。古籍注释的实践工作往往走在注释学的前面，古今学者在古籍整理注释方面取得了巨大成就。注释的功用，主要是帮助人们更好地阅读和理解古籍，扫除阅读中的障碍，包括文字和内容两方面。文字方面的障碍，主要是字的音和义，以及语法修辞等；内容方面的障碍，主要是指古籍中某一朝代或历史时期的人物事件、典章制度、典故名物、天文地理以及作者的生活经历、思想感情、写作背景等。学习注释学，除了熟练地利用注释阅读古书外，还可指导我们从事注释工作，整理古人留给我们的文化遗产。

第一节 概 论

一、注释与注释学

文献是以语言文字等形式记录人类改造和认识世界足迹的材料。随着时间推移，语言文字会发生变化，语言文字所表达的内容，如物质材料和思想理念等也在变化。这就给后人阅读和掌握古代文献造成了困难，时代越早的文献越难为后人所理解。上古夏商周三代的文献向来被认为难懂，韩愈在《进学解》中说："周诰殷《盘》，佶屈聱牙。"《尚书》中的文字，是三代口语的反映，其中的文字，不仅语义和后来多有不同，就是语音也变化很大。汉代司马迁写作《史记》，在引用《尚书》时，考虑到《尚书》的文字古奥难懂，用汉代语言对《尚书》中的语言进行翻译。如《尚书·尧典》："乃命羲和，钦若昊天。"《史记·五帝本纪》作："乃命羲和，敬顺昊天。"用"敬顺"来替代"钦若"，比《尚书》原文好懂了许多。我们今天看司马迁的文字，觉得很多话难懂，殊不知司马迁时候的人读《尚书》这类先秦典籍时，和我们今天读他们时代的书籍的感觉一样，这就是由时代变化所造成的语言文字变化带给人的阅读困难。除此之外，文人创作刻意追求含蓄，追求语言的古奥典雅，喜用典故，以求增加文章的深度，这就人为增加了理解的难度。于是对文献进行考证、解散和说明便十分必要，这就是文献的注释。

"注释"一词，汪耀楠在《中国注释学》中考证[①]，最早见于南朝梁刘勰《文心雕龙·论说》："若夫注释为词，解散论体，杂文虽异，总会是同。"又引颜之推《颜氏家训·书证》：

> 《诗》云："参差荇菜。"《尔雅》云："荇，接余也。"字或为莕。先儒解释皆云：水草，圆叶细茎，随水浅深。今是水悉有之，黄花似蓴，江南俗呼为猪蓴，或呼为荇菜。刘芳具有注释。

这里所讲注释是为儒家经典所作的注解。

此外，严可均《全上古三代秦汉六朝文·全梁文》中载陆云公撰《御讲般若经序》提到：

> 上以天监十一年注释大品，自兹已来，躬事讲说，重以所明三慧，最为奥远，乃区出一品，别立经卷，亦由观音力重，特显普门之章，登住行深，乃出华严之品，故以撮举机要，昭悟新学者焉。

《全梁文》沈绩《立神明成佛记注序》说：

> 此臣所以舞之蹈之，而不能自已者也。敢以肤受，谨为注释。岂伊锥管，用穷天奥。庶几固惑所释焉。

---

① 汪耀楠：《注释学纲要》，1页，北京，语文出版社，1997。

这两例所提到的注释都是在南北朝佛教兴盛的情况下出现的对佛经的注释。很显然，以上所涉及的“注释”，仍不是今天所说的专门术语“注释”，只是对注和释的连称。解释经文义旨曰“注”。汉代儒学大盛，治一经者即被称为通儒，东汉郑玄综合今古文注“三礼”、《毛诗》、《尚书》、《周易》，被尊为经学大师。“注”在后来成为对古籍进行解释说明的最主要的一个术语。至于“释”字，《说文》云：“解也。从釆；釆，取其分别物也。”区别事物，使人明白，叫做“释”。我国最早的辞书《尔雅》中有《释诂》、《释言》、《释训》、《释宫》等十九篇，通用“释”字，表示对词语的解释。注和释都是对古书的解释说明术语，使人容易理解书本的意思，后来连言称之，才有了以上例子中的“注释”一词。

这里需要注意的是另一个术语——训诂。训是解释疏通，诂是古言，即古代的语言，合起来讲即是对古代语言进行解释。《诗经·周南·关雎诂训传第一》孔颖达疏云：

> 诂训传者，注解之别名。毛以《尔雅》之作多为释《诗》，而篇有《释诂》、《释训》，故依《尔雅》训而为《诗》立传。传者，传通其义也，《尔雅》所释十有九篇，独云诂训者，诂者古也，古今异言通之使人知也；训者道也，道物之貌，以告人也。《释言》则《释诂》之别，故《尔雅·序》篇云：“《释诂》、《释言》，通古今之字，古与今异言也；《释训》言形貌也。”然则诂训者通古今之异辞，辨物之形貌，则解释之义尽归于此。

毫无疑问，训诂即是古代的注释。不过，我们今天所说的注释较训诂所包含的内容更广一些。注释可以泛指古今中外学者对书籍进行解释说明的工作，而训诂则一般指民国以前古人对古籍的疏通解释的实践工作，近人对书籍的注释，很少有称为训诂的。有时训诂还偏指对词、句的解释。

关于注释的起源，胡运飚分析了春秋战国时期的经典传授情况，认为这一时期的口语解释经典是古籍注释的发端；到汉代，这些口耳相传的解说才形诸文字，譬如毛亨《毛诗诂训传》，在西汉之前是由孔子、子夏、卜商直到毛亨、毛苌等递相传授的口耳相传之作。① 冯浩菲在《中国训诂学》中也持相似的观点，以为口耳相传的教学活动频繁，造就了口头训诂的发展。② 可备参考。

注释帮助人们更好地阅读和理解古籍。如果古籍没有注释或者有注释我们不去读，那么不仅读古籍一无所获，而且还会闹笑话。小说《玉娇梨》第二回写纨绔公子杨芳不学无术，把《诗·卫风·考槃》中的“永矢弗告”的“告”读了常音而没有读本音“谷”，被人笑话不读书。由于语言的变化，常有文字的读音发生变化的，而在一定的语言环境之下，这样的字还是要读原来的读音的，如果我们仍按变化之后的读音去读，就会产生错误。比如《诗经》中许多字的读音和今天都不一样，还有一些由于后来使用较少而读音不为人们所熟悉。这种情况下，就必须依靠注释。比如《诗·小雅·伐木》中的“伐木丁丁，鸟鸣嘤嘤”中的“丁丁”是拟音词，象伐木声或下棋时棋子声，读若“蒸蒸”。《毛诗注疏》中注为：“丁丁，陟耕反。”许多人不知道这个读音，而读常见的读音，就造成了读别字的情况。这就要求我们阅读古籍的时候，一定要读古籍的注释，对于那些尚没有注释的古籍，也要尽可能查相关的工具书，不能强以不知为知。

---

① 参见胡运飚：《古籍注释的起源及其在战国两汉的发展》，载《贵州民族学院学报》（哲学社会科学版），2002（2）。

② 参见冯浩菲：《中国训诂学》，22～23页，济南，山东大学出版社，1995。

注释学是研究古籍注释的内容和方法，探讨注释古籍的一般方法的学科。对于注释学的产生时间问题，研究者有不同看法。一种观点认为，注释学并非伴随注释的产生而产生，作为一门学科的时间并不长。朱星最早于1973年在《中国注释学概论》中首次使用“注释学”一名。注释学的研究内容主要与注释的实践工作有关，包括注释家、注释的专书、注释史以及注释学的理论研究与注释的实践经验总结。① 而汪耀楠则认为把注释学作为近现代才成立的学科是不公允的，他在《注释学纲要》中提出了注释学成立的五个标志：（1）能够自觉地运用文字学的原理，辨识字的本义、引申义和假借义；（2）能够明了声音与词义的关系；（3）能够明了古今异言、方俗殊语的语言变化现象；（4）有广泛深入的注释学实践，其注释内容涉及文章的各个方面；（5）有阐发注释原理和方法的理论。以此为标准，他认为，注释学在汉代就基本上形成了，尽管并没有注释学这一名称，但实际上学术本身已在汉代形成了。② 我们认为，虽然古代已有了大量的注释实践工作，但这些工作都是零碎的、是就某些书籍而进行的注释，并没有形成系统的、一般的理论总结，因此，注释学是近现代才出现的一门学科。

二、注释学与其他学科的关系

注释是古籍整理的重要环节，与其他环节紧密相连。因此，注释学也与其他学科，如训诂学、版本学、目录学、校勘学、标点、音韵学等有密切的关系。

（一）与训诂学的关系

与注释学最接近的学问是训诂学。研究训诂学的学者如黄侃、齐佩瑢、冯浩菲、郭在贻等大都承认这样的定义，即训诂学是将历代的训诂实践系统化，归纳其理论方法的一门学科。训诂学研究的内容涉及文字、音韵、语法、修辞等方面的知识，以探究古代文献的词义为主要方向。③

那么，训诂学和注释学有什么样的关系？冯浩菲认为：“训诂，就是注释的意思。因此训诂学也可以叫做注释学。”这是看到了注释学与训诂学相似的地方，而汪耀楠认为注释学并不排斥传统的训诂学，但是比训诂学有更广泛的适应性。我们认为，训诂学和注释学紧密联系，但也有区别。训诂学所研究的古代汉语的词义、句子等内容，也是注释学研究的对象，但注释的其他内容，如史实的考证、说明、补充，思想内容的分析、引申等，则不是训诂的内容。

（二）与版本学的关系

选择版本是古籍整理的第一步。好比建一所大楼，先要挑好的木石材料，否则，哪怕盖楼的技术再好，大楼也不会耐用。注释学也是如此，所注书籍版本不好，就会产生为讹误而注释的情况。选择好的版本是起步，起步错了，就会事倍功半，徒劳无功。

① 参见李红霞：《注释学研究的回顾与前瞻》，载《古籍整理研究学刊》，2009（2）。

② 参见《注释学纲要》，9～10页。

③ 参见管锡华：《论注释与训诂和古籍整理研究的关系》，载《安徽教育学院学报》，1994（2）。

怎样挑好的版本呢？当然以善本为好。不过未必一定是孤本或者是有文物价值的本子，那是鉴赏家、收藏家们的标准。我们的目的是注释古籍，让人们更好地阅读古籍，进而掌握古代文化。所以把古代图书的内容全面正确地传达给读者，是我们的目标。为了达到这个目标，就必须掌握版本学的知识，能够辨别版本的差异好坏。有关版本学的知识，可详参本书第二课。

（三）与目录学的关系

目录学也是非常重要的学问，掌握了目录学的知识，我们就能按图索骥，有的放矢。注释学涉及知识面很广，在注释时需要引证的材料极多，我们未必能也不需要全部记住这些材料，只要掌握了目录学的知识，就能知道怎么查、在哪部书中查这些资料，工作起来就会容易很多。有关目录学的知识，详参本书第一课。

（四）与校勘学的关系

校勘旨在辨讹误、定是非。如果没有校勘，我们在注释中就会碰到一大堆问题。例如，《孟子·梁惠王章句上》："孟子见梁襄王，出语人曰：望之不似人君。"赵岐注："襄，谥也，魏之嗣工也，望之无俨然之威仪也。"阮元校勘记："'魏之嗣王也'，闽、监、毛三本同。廖本、孔本、韩本、足利本魏作梁。"如果没有校勘，我们拿到的恰又是错误较多的本子，在这里很可能就把梁襄王解释为梁王。因为这句话并不难理解，所以更容易望文释义，不去查考，因而出错。实际上，梁惠王、梁襄王都是魏国的君主，只是因为他们居住在梁地，因而称为梁惠王、梁襄王。

（五）与标点的关系

标点是整理古籍的重要组成部分，也是很容易出错的环节。鲁迅曾说过："标点古文，确是一种小小的难事，往往无从下笔；有许多处，我常疑心即使请作者自己来标点，怕也不免于迟疑。"① 可见标点的困难。然而标点又是非常重要的，因为注释要根据断句后的文章进行注释，标点一错，注释自然随之错误。如《左传·成公二年》："先王疆理天下，物土之宜而布其利。"上海人民出版社 1977 年标点本《春秋经传集解》把这句话断作："先王疆理天下物土之宜，而布其利。"显然是不明白"疆理"、"物"在这句话中的意思。"疆理"是划分、界划的意思，"物"在这句话中是动词，意为品度。按后面一种标点来看，物是名词。根据后一种标点，自然无法正确解释"物"的含义。

（六）与音韵学的关系

音韵学与注释学关系密切。音韵学对注释学最大的作用是释词义。训诂学中有音训和依声求义的说法。古代汉语中很多词语的读音是和意义相联系的，可以通过音韵学的相关知识来推求其意义。所以不通音韵学，在注释词义时就会遇到很多障碍，产生错训。

① 《鲁迅全集》，第 3 卷，313 页，北京，人民文学出版社，1981。

三、注释学的研究现状

注释学成为古典文献学的分支，作为一门独立的学科出现，尚是近几十年的事，但已经取得了丰硕的成果。

（一）研究对象趋于专门深入，不限于古籍旧注的研究

近年来的注释学研究，眼界开阔，研究更加深入，出现了不少注释专书研究，如郝润华《〈钱注杜诗〉与诗史互证方法》专门就钱注杜诗的特点展开研究，黄亚平《试论〈孟子章句〉的注释特点》研究《孟子》赵岐注的特点；在注释史研究方面，研究经、史、子、集四部书在不同时期的注释情况，如张三夕《宋诗宋注管窥》研究宋人注宋诗的特点。此外，在高校古典文献教学过程中，对注释学理论研究和注释实践经验的总结都有所加强。①

（二）借鉴其他学科理论，赋予注释学新的内容

任何一门学科的发展，都离不开借鉴其他学科的理论，注释学也不例外，可以与西方文学理论中的解释学、语言学相结合，研究注释语言的传意性。这方面，陕西师范大学的杜敏颇有创获，她认为典籍注释是一种复杂的转换性传意行为，传意的完成要经过注释者对文本的解读和注释文本阅读者的理解这两个过程，解释者和接受者理解力的不同，以及环境因素等都会对典籍传意的实现造成影响。她构建了如下的典籍传意模式图（见图 4—1）：

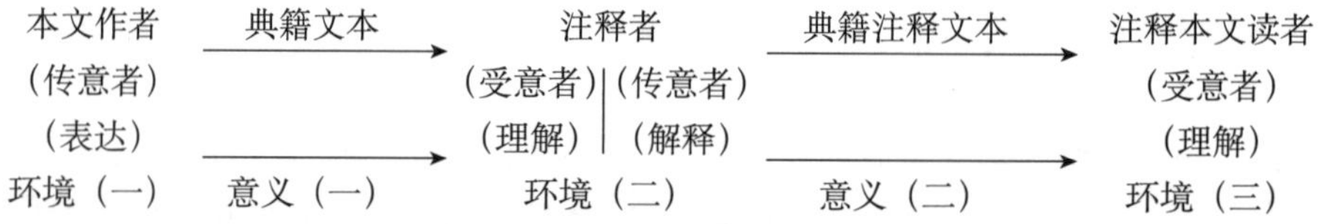

图 4—1　典籍传意模式图

可以看出，这是对西方文论中阅读与解释关系的发挥。她总结道："典籍注释是一种历时的、转换性的、复杂的传意行为，其复杂性体现在理解与表达两个环节中。"② 很明显，这是借鉴了语言学中的转换生成语法的研究思路。

此外，还可结合心理学来研究注释中的心理机制。如杨永发借用戴维森的"原始解释"概念，即解释者在不知道语句的意义和说话人的看法下对文本作出解释这一理论，和海德尔的"理解的前结构"等心理学概念，来阐释影响注释过程对字义、字的组合义与语境义的解释与理解的心理因素。他认为的注释者的心理机制如图 4—2 所示。

也就是注释者的注释要从首次阅读出发，反复验证、调整，才能达到对文本的正确解释。③ 这些都是比较新颖、有启发性的研究思路。

① 参见李红霞：《注释学研究的回顾与前瞻》，载《古籍整理研究学刊》，2009（2）。

② 杜敏：《论典籍注释的传意性》，载《北京大学学报（哲学与社会科学版）》，2005（4）。

③ 参见杨永发：《注释的心理机制——兼谈字义、字的组合与语境义的解释》，载《社会科学家》，2008（4）。

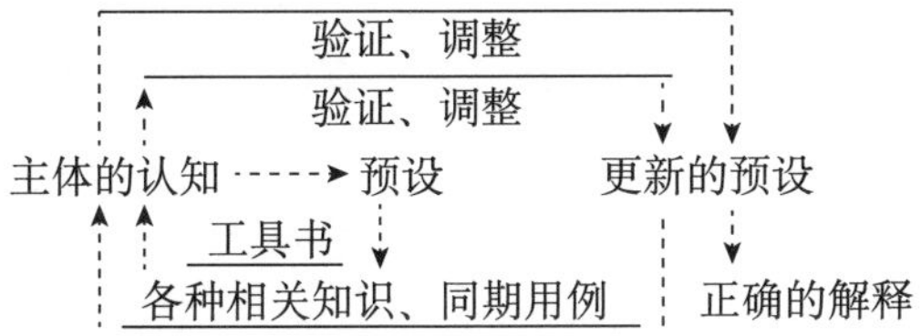

图 4—2　注释者的心理机制示意图

（三）对注释学学科构建的思考

注释学虽然作为一门学科已经出现，但并不完善，相关的理论构建还很薄弱。目前已有研究者开始思考学科构建和相关理论研究的问题。如韩格平《关于高校中国古籍注释学学科构建的几点思考》，探索在高校中建立古籍注释学的相关问题[1]；黄亚平《建设古籍注释理论框架的重要意义》，总结建设古籍注释理论框架所需要的工作[2]。

第二节 注释的功用

我们阅读、利用、研究古典文献，都要以正确理解文本为前提，这就离不开注释。注释的功用，大致可以从以下几方面来谈。

一、扫除阅读障碍

在谈到注释的产生时，我们讲到是语言随时代的变化造成古籍阅读障碍，这种变化主要包括文字和内容两方面，而扫除这些阅读障碍，正是注释学的主要作用。

（一）文字方面的障碍

阅读古籍时遇到的文字方面的障碍，主要是字的音和义，以及语法修辞等。

1. 释字音

需要注音的字，多是古籍中的难字、僻字、古音通假字或者有特殊读音的字。释难

---

① 参见韩格平：《关于高校中国古籍注释学学科构建的几点思考》，载《古籍整理研究学刊》，1994（6）。
② 参见黄亚平：《建设古籍注释研究理论框架的重要意义》，载《古籍整理研究学刊》，2002（3）。

字、僻字如：

《尔雅·释诂》："遹、遵、率、循、由、从，自也。"陆德明《音义》："遹，孙云：古述字，读聿，一音馀橘反。"

《诗·国风·摽有梅》："庶士迨其吉兮。"陆德明《音义》："迨，音待，《韩诗》云顾也。"

释通假字如：

《礼记·儒行》："起居竟信其志。"郑玄注："信，读如屈伸之伸，假借字也。"

《礼记·典礼》："执天子之器则上衡，国君则平衡，大夫则绥之。"郑玄注："此衡谓与心平。绥，读曰妥，妥之谓下于心。"

释特殊读音如：

《汉书·高帝纪》："沛公西过高阳，郦食其为里监门。"颜师古引服虔注："（郦食其）音历异基。"

《周礼·司几筵》："每敦一几。"郑玄注："敦，读曰焘，焘，复也。"

在大部分情况下，注音同时兼有释义，这方面成就最大的是唐代陆德明的《经典释文》。这部书为考证古音，参考前代旧注，为《周易》、《尚书》、《毛诗》、《论语》、《尔雅》、《周礼》、《仪礼》、《礼记》、《左传》、《公羊传》、《穀梁传》、《老子》、《庄子》、《孝经》等十四部古籍作音义。此外，一些字虽没有明确注明意思，却在注音的同时即表明了意思，这是指通假字或异体字而言的。譬如上文所举，郑玄以"伸"字释"信"的读音，同时"信"在原文中即是"伸"的意思。异体字除了字形不同，字音和字义完全相同，如"詧"与"察"、"朞"与"期"、"群"与"羣"等。因此，我们可以根据注音所用字而明白原字的实际意义。

2. 释字义

解释字义是古籍最主要也是最常见的内容。上古时期，所造字少，因而假借、通用等用字方法很普遍，后世因循，由此造成了大量多义词（这里所说的多义词实际上是字。古代汉语，除一些拟声词或人名、地名专用词外，大多数是一个字即是一个词）。仅仅知道词的常用义是不够的，必须明白词在具体的语言环境中是什么意思。这就要我们借助注释去理解这些多义词的具体含义。例如：

《孟子·离娄上》："瞽瞍底豫，而天下之为父子者定，此谓大孝。"赵岐注："厎，致也。豫，乐也。瞽瞍，顽父也。"

《周礼·天官》："体国经野。"郑玄注："体，犹分也。经，谓为之里数。"

注释还要注出典籍在文字上的错误或不同的写法、用法。如：

《周礼·司寇》："鼎，牲器也。"郑玄注："牲，当为腥，声之误也。"

《古逸丛书》影宋本《南华真经注疏·大宗师》："南伯子葵问乎女偶曰：'子之年长矣，而色若孺子，何也?'"郭象疏："葵当为綦字之误，似《人间世》篇中南郭子綦也。"

《史记·李将军列传》："胡骑得广。广时伤病，置广两马间，络而盛卧广，行十余里，广佯死，睨其旁有一胡儿骑善马，广暂腾而上胡儿马，因推堕儿，取其弓，鞭马南驰。"裴骃《集解》引徐广曰："一云抱儿鞭马南驰。"

另外，注释还可通过串讲文意，也就是解释整句话来帮助我们理解，往往在串讲的同时也说明了词义。如：

《诗·周南·兔罝》："赳赳武夫，公侯好仇。"郑玄《笺》："怨耦曰仇。此罝兔之人，敌国有来侵伐者，可使和好之，亦言贤也。"

《孟子·离娄下》："沈犹行曰：'是非汝所知也。昔沈犹有负刍之祸，从先生者七十人，未有与焉。'"赵岐《章句》："沈犹行，曾子弟子也。行谓左右之人曰：先生之行，非汝所能知也。先生，曾子也。往者先生尝从门徒七十人，舍吾沈犹氏，时有作乱者曰负刍，来攻沈犹氏，先生率弟子去之，不与其难。言师宾不与臣同耳。"

3. 说明语法

古代汉语不同于现代汉语最大的部分就是语法。关于古代汉语的语法，古代的注释家们在注解古籍时，也时有涉及。例如，《诗·周南·关雎》："关关雎鸠，在河之洲。"毛《传》："兴也。关关，和声也。""兴也"，是说明这句诗是运用兴的手法。毛公所作《诗大序》中说："故诗有六义焉，一曰风，二曰赋，三曰比，四曰兴，五曰雅，六曰颂。"六义，是《诗经》的六种表现方法。孔颖达疏云："兴，见今之美，嫌于媚谀，取善事以喻劝之。"朱熹《诗集传》说："兴者，先言他物以引起所咏之辞也。"兴的手法比较委婉曲折，所以毛公特别注明。类似的如《诗·周南·汉广》："南有乔木，不可休息。汉有游女，不可求思。"毛《传》："兴也。南方之木，美乔上竦也。思，辞也。汉上游女，无求思者。"以上两例还注明了词的用法："和声也"，是说拟声词；"辞也"，是说句尾语气词。《孟子·公孙丑下》："其心曰：'是何足与言仁与义云尔。'"赵岐《章句》："今人皆谓王无知，不足与言仁义。云尔，绝语之辞也。""绝语之辞也"意为决绝的语气，这是解释语气词。

修辞手段也是语法注释的内容。古代汉语有很多种修辞手法，王力《古代汉语》列出了古代常见的修辞手段，如稽古、引经、代称、倒置、隐喻、迂回、委婉、夸饰等。这里试举几例：《诗·邶风·国风》："行道迟迟，中心有违。"郑玄《毛诗传笺》："云徘徊也。行于道路之人至将离别，尚舒行，其心徘徊然，喻君子于己不能如也。"以行道之人离别时内心的徘徊来比喻君子不能如己。这是《诗经》中的比喻。屈原的《离骚》中运用了大量的香草美人的意象来喻贤君贤臣，用恶草妒女来喻佞臣。这一点，王逸的《楚辞章句》已有说明。《楚辞·离骚章句》："离骚之文依诗取兴，引类譬喻。故善鸟香草以配忠贞，恶禽臭物以比谗佞，灵修美人以媲于君，宓妃佚女以譬贤臣，虬龙鸾凤以托君子，飘风云霓以为小人。"《诗大序》中说："故正得失，动天地，感鬼神，莫近于诗。"孔颖达疏云："天地云动，鬼神云感，互言耳。"也就是说可以感动天地鬼神。这是阐释互文的修辞用法。

今人注释古籍时，考虑到现代汉语的特点，因而对古籍中的语法现象，较古代有更多的关注，较有代表性的有杨伯峻《论语译注》、《孟子译注》等。仅举其中一例：《论语译注·学而第一》："曾子曰：'吾日三省吾身——为人谋而不忠乎？与朋友交而不信乎？传不习乎？'"杨伯峻注释"三省"："'三'字有读去声的，其实不破读也可以。'省，音醒，xǐng，自我检查，反省，内省。'三省'的'三'表示多次的意思。古代在有动作性的动词上加数字，这数字一般表示动作频率。而'三''九'等字，又一般表示次数的多，不要着实地去看待。说详汪中《述学·释三九》。这里所反省的是三件事，和'三省'的'三'只是巧合。如果这'三'字是指以下三件事而言，依《论语》的句法便应该这样说：'吾日省身者三。'和《宪问》篇的'君子道者三'一样。"[①] 注释语法非常详细。

---

① 杨伯峻：《论语译注》，3页，北京，中华书局，1980。

（二）内容方面的障碍

内容方面的障碍主要是指古籍中某一朝代或历史时期的人物事件、典章制度、典故名物、天文地理以及作者的生活经历、思想感情、写作背景等。对于这些方面的阅读障碍，我们固然可以查阅相关的辞书、政书、类书等工具书，比如《初学记》、宋代四大类书、《渊鉴类函》、《佩文韵府》、十通等，但这些书使用起来并不方便，且讹误较多，不如注释那么准确、简明。

1. 注释人物事件

注事件要注明事件的原委由来、具体经过。如：

《史记·秦始皇本纪》："三十一年，十二月，更名腊曰'嘉平'。"裴骃《集解》注"三十一年"引徐广曰："使黔首自实田也。"注"嘉平"引《太原真人茅盈内纪》曰："始皇三十一年九月庚子，盈曾祖父濛乃于华山之中乘去驾龙，白日飞升。先是，其邑谣歌曰：'神仙得者茅初成，驾龙上升入泰清，时下玄洲戏赤城，继世而往在我盈，帝若学之腊嘉平。'始皇闻谣歌而问其故，父老具对此仙人之谣歌，劝帝求长生之术。于是始皇欣然，乃有寻仙之志，因改腊曰'嘉平'。"

注人物一般要注明人物的名字、籍贯、官职、血缘关系等方面的内容。这方面，《世说新语》刘孝标注颇可参看。《世说新语》以记人物言行为主，所以对人物进行注释是最主要的。如：

《世说新语·政事》："王安期为东海郡。"刘孝标注："《名士传》曰：'王承，字安期，太原晋阳人。父湛，汝南太守。承冲淡寡欲，无所循尚。累迁东海内史，为政清静，吏民怀之。避乱渡江，是时道路寇盗，人怀忧惧，承每遇艰险，处之怡然。元皇为镇东，引为从事中郎。'"

注释非常详细，可作为一篇人物小传。大多数情况下，注释人物还是比较简略的，如：

《孟子·公孙丑下》："孟仲子对曰：'昔者王有命，有采薪之忧，不能造朝。今病小愈，趋造于朝，我不识能至否乎？'"赵岐注："孟仲子，孟子之从昆弟，学于孟子者也。"

这就只是注明孟仲子的身份，非常简略。

2. 注典章制度

典章制度包括律历、职官、音乐、礼仪、祭祀等方面的内容。如：

《左传·隐公元年》："元年，春，王正月。"杜预注："隐公之始年，周王之正月也。凡人君即位，欲其体元以居正，故不言一年一月也。隐虽不即位，然摄行君事，故亦朝庙告朔也。告朔朝正例在襄二十九年，即位例在隐、庄、闵、僖元年。"

《周礼·地官》："师氏，中大夫一人，上士二人，府二人，史二人，胥十有二人，徒百有二十人。"孔颖达疏曰："师氏在此者，以其主教，与地官掌十二教同，故亦在此。以其教国子有道艺，故中大夫尊官为之也。其徒百有二十人者，以其国子人多，使役处众，故其徒多矣。"

《汉书·刑法志》："丞相张苍、御史大夫冯敬奏言：'肉刑所以禁奸，所由来者久矣。陛下明诏，怜万民之有一过被刑者终身不息，及罪人欲改行为善而道亡由至，于盛德，臣等所不及也。臣谨议请定律曰：诸当完者，完为城旦舂。'"颜师古注引臣瓒曰："文帝除肉刑，皆有以易之，故以完易髡，以笞代劓，以釱左右止代刖。今既曰完矣，不复云以完代完也。此当言髡者完也。”

3. 释典故名物

《昭明文选·书下·与山巨源绝交书》：“阮嗣宗口不论人过，吾每师之，而未能及。至性过人，与物无伤，唯饮酒过差耳。”“过差”是个典故，李善注：“《庄子》：仲尼谓颜回曰：圣人处物不伤物者，物不能伤也。李尤盂铭曰：饮无求辞，才以相娱；荒沈过差，可不慎与!”

《与陈伯之书》：“并刑马作誓，传之子孙。”“刑马作誓”是个典故，是汉高祖刘邦即皇帝位之后与同他一块打天下的大臣杀白马盟誓的事。李善注：“《汉书》曰：汉王即皇帝之位，论功而封之，申以丹书之信，重以白马之盟。”

《尚书·金縢》：“武王有疾，周公作《金縢》。为请命之书。藏之于匮，缄之以金，不欲人开之。”孔颖达注“金縢”曰：“经云‘金縢之匮’，则‘金縢’是匮之名也。《诗》述韔弓之事云：‘竹闭绲縢’。毛《传》云：‘绲，绳。縢，约也。’此传言‘缄之以金’，则训‘縢’为缄。王、郑皆云：‘縢，束也。’又郑《丧大记》注云：‘齐人谓棺束为缄。’《家语》称周庙之内有金人，叁缄其口，则‘縢’是束缚之义。‘藏之于匮，缄之以金’，若金今钉鐷之，不欲人开也。郑云：‘凡藏秘书，藏之于匮，必以金缄其表。’是秘密之书，皆藏于匮，非周公始造此匮，独藏此书也。”

4. 释天文地理

《诗·唐风·绸缪》：“绸缪束薪，三星在天。”关于三星，毛《传》云：“三星，参也。在天，谓始见东方也。男女待礼而成，若薪刍待人事而后束也。三星在天，可以嫁娶矣。”郑玄《笺》云：“三星，谓心星也。心有尊卑，夫妇父子之象，又为二月之合宿，故嫁娶者以为候焉。昏而火星不见，嫁娶之时也。今我束薪于野，乃见其在天，则三月之末，四月之中，见于东方矣，故云‘不得其时’。”

《史记·律书》：“书曰：七正二十八舍。”司马贞《索隐》：“七正，日、月、五星也。七者可以正天时。又孔安国曰‘七正，日月五星各异政’也。二十八宿，（七政）之所舍也。舍，止也。宿，次也。言日月五星运行，或舍于二十八次之分也。”

《孟子译注·梁惠王》：“梁惠王曰：‘寡人之于国也，尽心焉耳矣。河内凶，则移其民于河东，移其粟于河内。河东凶亦然。’”杨伯峻注：“河内、河东——魏国的河东地，当今山西省安邑县一带；河内地，即黄河北岸土地，当今河南省济源县一带。”①

《史记·秦本纪》：“四年，取蒲阪。”张守节《正义》：“蒲阪，故城在蒲州河东。”

《汉书·高帝纪》：“相国酂侯下诸侯王。”颜师古注引臣瓒曰：“茂陵书何封国在南阳。酂音赞。”颜师古自注曰：“瓒说是也。而或云何封沛郡酂县，音才何反，非也。案《地理志》：南阳酂县云侯国，沛酂县不云侯国也。又南阳酂者，本是春秋时阴国，所谓迁阴于下阴者也，今为襄州阴城县，有酂城，城西见有萧何庙。彼土又有筑水，筑水之阳古曰筑阳县，与酂侧近连接。据何本传，何薨之后子禄无嗣，高后封何夫人同为酂侯，小子延为筑阳侯。孝文罢同，更封延为酂侯。是知何封酂国兼得筑阳，此明验也……斯例甚多，不可具载。”

---

① 杨伯峻：《孟子译注》，7页，北京，中华书局，1980。

5. 说明写作背景

写作背景多介绍文章和书籍的写作原由，一般见于文章或书籍的序。如：

《尚书·西伯戡黎序》："殷始咎周，周人乘黎。祖伊恐，奔告于受，作《西伯戡黎》。"

《楚辞·离骚序》（《古逸丛书》本）："《离骚经》者，屈原之所作也。屈原名平，与楚同姓，仕于怀王，为三闾大夫。三闾之职，掌王族三姓，曰昭屈景。屈原序其谱属，率其贤良以厉国士。入则与王图议政事，决定嫌疑；出则监察群下，应对诸侯，谋行职修，王甚珍之。同列上官大夫及用事臣靳尚妒害其能，共谮毁之，王疏屈原。屈原被谗，忧心烦乱，不知所愬，乃作《离骚》，上述唐虞三后之制，下序桀纣羿浇之败，冀君觉悟反于正道而还已也。是时秦使张仪谲诈，怀王令绝齐交，又诱与俱会武关。原谏怀王勿行，不听而往，遂为所胁，与之俱归，拘留不遣，卒客死于秦。而襄王立，复用谗言，迁屈原于江南。屈原复作《九歌》、《天问》、《九章》、《远游》、《卜居》、《渔父》等篇，冀伸己志以悟君心，而终不见省。不忍见其宗国将遂危亡，遂赴汨罗之渊，自沉而死。"

总之，注释帮助我们更透彻地学习古代汉语的字、词、句等语言特点，提高阅读古籍的能力，进而掌握古代纷繁复杂的文化现象，增加我们对祖国灿烂文化的理解。

二、帮助整理古籍

整理古籍包括校勘、标点、辑佚、注释，翻译等，注释是古籍整理中非常重要的一环，也是沟通读者和古籍的重要桥梁。注释学为古籍整理提供理论指引，使注释的工作按着科学有序的方法进行，是整理古籍者必须具备的学问。汪耀楠在《注释学纲要》中说："从注释学研究的对象和和内容上看，它包括点校、释词、释史实名物各个方面；从注释学的方法论上看，它必须说明怎样确定注释对象，采用怎样的注释方法，怎样通过注释向读者提供理解典籍最重要的、最必需的知识信息。同时，注释学还必须向读者介绍我国典籍注释的优良传统和基本理论，使我们能够充分吸取前人的研究成果，促进我们的工作。这一切对于古籍整理都至关重要。"① 较全面地概括了注释对整理古籍的作用。

三、促进古籍研究

古籍研究包括的范围很广，以古籍的种类为基础，譬如古代文化、文学、语言学、历史学、地理学、哲学、医学等。注释尤其是旧注，一方面为这些学术研究提供便利，补充佐证材料，另一方面，注释本身即是这些研究的对象。② 清代朴学大兴，名家如顾炎武、毛奇龄、阎若璩、臧庸、王鸣盛、钱大昕、戴震、王念孙、王引之、洪亮吉、卢文弨等涉猎广泛，经、史、小学、地理等均有钻研，创获颇多。而他们的很多研究就是基

① 《注释学纲要》，26 页。

② 参见管锡华：《论注释与训诂和古籍整理研究的关系》，载《安徽教育学院学报》，1994（2）。

于前人的注疏展开的。

例如，臧庸《拜经堂文集·答翁覃溪先生毛诗下武解》："昨承下询《诗》'下武'主何解，按经曰：'下武维周，世有哲王。'毛《传》：'武，继也。'《笺》云：'下，犹后也。言后人能继先祖者，惟周家最大，世世有明知之王，谓太王、王季、文王也。'故下文'三后在天'，毛《传》曰'三后，太王、王季、文王也'。《尔雅·释诂》：'继武也'，郭注：'《诗》曰下武维周'。毛《传》用《尔雅》，而郑《笺》从之，景纯又从毛郑也。"这很能体现清人学问的特点。

清人顾祖禹《读史方舆纪要》是一部谈论古代地理的著作，他在书中同样从古代典籍的注释中找相关地理材料来佐证。如该书卷九十五《福建一》："《禹贡》扬州地。周为七闽地。《周礼》：七闽，荒服，掌于职方。郑注：蛮种有七，故曰七闽。贾疏：祝融之裔，分据闽地而为七。"

今人的研究眼界更为开阔，但古代典籍的注释，仍然是相关研究的主要材料。譬如研究中古语言文字，可用陆德明《经典释文》和释玄应、释慧琳《一切经音义》作为语言材料；要研究古今河道水系变化情况，郦道元《水经注》自然是首选。

尽管注释有如此多的功用，但在阅读古籍时，对注释特别是旧注，要多读勤思，不能盲从古人，一概全信。因为注释固然有注得很好的，但其中的错误也实在不少。譬如聚讼纷纭的《毛诗》中，《关雎》的题解是："《关雎》，后妃之德也。"本是写男女恋爱时的心情，与后妃的德行又有什么关涉？这就是古人注解时，随意附会、过度发挥的毛病。此外还有一些毛病：如集解之类的注疏取舍无方，只集合众人注疏，不加甄别；唐人更是坚持疏不破注，盲从先人；还有一些训诂学家，解释字词时全凭主观臆断，随意引申，牵强附会，等等。①

第三节 注释的类型与术语

一、注释名称详解

我国古籍注释的实践活动历史悠久，从传说中孔子所作解释《周易》的"十翼"、"三传"对《春秋》的传注等先秦注释书籍，到今天的各种新注古籍，不仅注释的内容繁多，注释的具体名称、称谓或别名也有许多种，如传、注、记、说、笺、疏、故、微、训、序、解、述、集注、集解、集释、音义、章句、解故、正义、纂义、说义、直解、正读、举要、疏证、注疏、讲疏、义疏、译注、新注、今诂、解诂、通释、通笺等。仔细辨别起来，这些名称或名同实异，或名异实同。对这些具体注释名称的解释，不同的研究者各有选择。时永乐《古籍整理教程》中列了"传、注、训、诂、解、笺、疏、记、

① 参见裘燮君：《古书的注释》，载《河池师专学报（社会科学版）》，1994（2）。

说、隐微、章句、正义、疏证、校注、订、音义”十六种具体名称，并给予阐释；张三夕《中国古典文献学》中列了“传、注、说、故、训、解、笺、记、诠释、微、隐、章句、集解、义疏、正义、音义、直解”十七种予以阐释；汪耀楠《注释学纲要》列了“传、说、解、诂与故、训、故训与训诂、笺、诠、订、校、证、考、述、微、义、疏、音义、章句”十八种，并作了详细解释。综合起来看，常见的主要是传、注、说、故、训、解、笺、疏、记、订、义、考、微、音义、章句等十五种。兹概述如下。

（一）传

传，是解释或阐述经文义旨的文字。《公羊传·定公元年》：“主人习其读而问其传。”何休注：“读谓经，传为训诂。”也就是说“传”与解释训诂的意思相同。《汉书·古今人表》：“传曰：‘譬如尧、舜、禹、稷、卨与之为善则行，鲧、讙兜欲与为恶则诛。’”颜师古注：“传，谓解说经义者也。”清代马瑞辰《毛诗传笺通释·毛诗诂训传名义考》：“盖诂训第就经文所言者而诠释之，传则并经文所未言者而引申之，此诂训与传之别也。”又说：“毛公传诗多古文，其释诗实兼诂、训、传三体，故名其书为诂训传。”马瑞辰的观点颇可采纳。我们看毛《传》，内容不限于解释名物，还有依经立训和自己的发挥解释。传侧重阐发经文的微言大义，并不像训诂那样只是简单解释。不过何休注的也不错，汉代理解的训诂与今天的训诂概念并不完全相同，那时训诂可能仅指解释古言而言，包含的内容更多，不像后代训诂的内涵变窄。现存最早以“传”命名的典籍，可能是传说为孔子所作的《易传》，也叫“十翼”。《易传》也是对《周易》的经文作发挥说明的文字。

单称传的有《左传》、《穀梁传》、《公羊传》。《左传》侧重补充史实，《穀梁传》、《公羊传》旨在阐述经义，都是为解释《春秋》而作。例如《春秋·隐公元年》经文为：“元年，春，王正月。”《公羊传》：“元年者何？君之始年也。春者何？岁之始也。王者孰谓？谓文王也。”全书都是这个体例，依托经文，一问一解，阐释非常详细。后代以传名注的较少，但并非没有，譬如清代毛奇龄就曾作《春秋毛氏传》三十六卷。

孟子卷第一　朱熹集注
梁惠王章句上　凡七章
孟子見梁惠王。梁惠王魏侯罃也。都大梁，僭稱王，謚曰惠。史記惠王三十五年，卑禮厚幣以招賢者，而孟軻至梁。王曰：叟不遠千里而來，亦將有以利吾國乎？叟，長老之稱。王所謂利，蓋富國彊兵之類。孟子對曰：王何必曰利？亦有仁義而已矣。仁者，心之德、愛之理。義者，心之制、事之宜也。此

图 4—3　（宋）朱熹《孟子集注》

除了单称“传”的，还有内传、外传、大传、补传、集传等。内传以传解经义为主，外传不主经义。较有名的以内传、外传为名的书籍有《汉书·艺文志》载《韩诗内传》四卷、《韩诗外传》六卷，为汉韩婴所作。《韩诗内传》已佚，《韩诗外传》今本为十卷。大传之名，源自汉代伏生的《尚书大传》。伏生讲解《尚书》，重在说明《尚书》大义，因而，大传也就是解释经典的“大义”。《礼记·大传》孔颖达注：“郑《目录》云：名曰《大传》者，以其记祖宗人亲之大义，此于《别录》属通论。”补传就是对前人的传注进行补充，南宋范处义有《诗补传》。集传与集注类似，例如朱熹既作《诗集传》，又作《楚辞集注》、《论语集注》、《孟子集注》（见图 4—3），作法相似。

(二) 注

注是用得最多、流行最广的注释名称。各种不同内容的注释都可称为注。以注为名的注释专书的出现，比以传为名的书要晚。时永乐《古籍整理教程》中说：“传的起源要早于注。在西汉，解释经书者以‘传’为名的居多。东汉至魏晋，‘注’这种体例广泛用于经书的注释，成为训释古书的通称，而以‘传’为名者越来越少。”① 确实如此，查《汉书·艺文志》，并没有以注为名的书籍。《史记·淮南衡山列传》司马贞《索隐》引刘向《别录》：“《易》家有救氏注也。”但也只是提到有救氏注《易》，未必是直接作为书名。东汉以后，以注为名的注释书籍逐渐增多，如郑玄《周礼注》、《仪礼注》、《礼记注》，高诱《战国策注》，王弼《周易注》，郭象《庄子注》，刘孝标《世说新语注》等，还有各种集注、补注，种类繁多，不胜枚举，四部书籍均有涉及，大多都有自己的特点。

(三) 说

“十翼”中《说卦》一篇，就是解释《周易》卦象的，《周易·说卦》孔颖达疏：“《说卦》者，陈说八卦之德业变化及法象所为也。”《说文》：“说，释也。”《墨子·经上》：“说所以明也。”《国语·越语》：“勾践说于国人。”韦昭注：“解也。”《后汉书·孔奋传》：“奋晚有子嘉，官至城门校尉，作《左氏说》云。”李贤注：“说，犹今之疏也。”可见“说”的主要意思就是解释说明。《汉书·艺文志》中以“说”为名的注释书籍有解说《易》的五鹿充宗《略说》三篇，解说《诗》的《鲁说》二十八卷、《韩说》四十一卷，解说《礼》的《中庸说》二篇、《明堂阴阳说》五篇，解说《论语》的《齐说》二十九篇、《鲁夏侯说》二十一篇、《鲁安昌侯说》二十一篇、《鲁王骏说》二十篇、《燕传说》三卷，解说《孝经》的《长孙氏说》二篇、《江氏说》一篇、《翼氏说》一篇、《后氏说》一篇，解说《老子》的《老子傅氏经说》三十七篇、《老子徐氏经说》六篇。惜以上诸书均已亡佚。此外，宋司马光《易说》、真德秀《复卦说》、许奕《毛诗说》，清金鹗《礼说》、姚鼐《九经说》、王绍兰《周人经说》、丁晏《读经说》、宋翔凤《大学古义说》、侯康《春秋古经说》等，均是说解经文的著作。

(四) 故

“故”与“诂”同，都是疏通解释经文的意思。《说文》：“诂，训故言也。”段玉裁注：“故言者，旧言也，十口所识前言也。训者，说教也。训故言者，说释故言以教人，是之谓诂。分之则如《尔雅》析故、训、言为三，三而实一也。汉人传注多称故者，故即诂也。”《汉书·艺文志》载解释《诗》的有《鲁故》二十五卷、《齐后氏故》二十卷、《齐孙氏故》二十七卷、《韩故》三十六卷、《毛诗故训传》三十卷。以“诂”为名的后代也有，《隋书·艺文志》载有《古今字诂》、《杂字解诂》。清代王引之《春秋名字解诂》、洪亮吉《左传诂》、阮元《经籍纂诂》、余煌《春秋求故》（见图4—4），都是这一类的著作。

---

① 时永乐：《古籍整理教程》，169页，保定，河北大学出版社，2003。

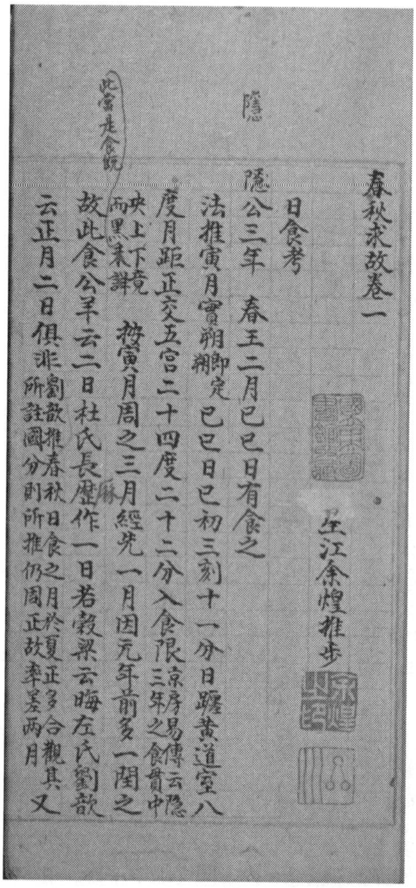
春秋求故卷一　　左江余煌推步

日食考

隱公三年　春王二月己巳日有食之

法推寅月實朔即定己巳日巳初三刻十一分日躔黃道室八度月距正交五宮二十四度二十二分入食限京房易傳云隱三年之食貫中央上下竟而黑未詳　按寅月周之三月經先一月因元年前多一閏之故此食公羊云二日杜氏長曆作一日者穀梁云晦左氏劉歆云正月二日俱非劉歆推春秋日食之月於夏正多合觀其所註國分則所推仍周正故率差兩月又

图 4—4　（清）余煌《春秋求故》

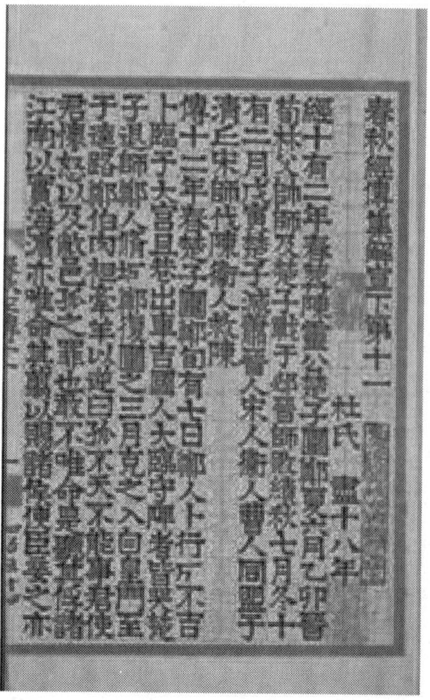
春秋經傳集解宣下第十一　杜氏　盡十八年

图 4—5　（晋）杜预《春秋经传集解》

（五）训

训，《尔雅·释诂》说："训，道也。"邢昺疏《尔雅·释训》时解释篇名说："此篇以物之事、义、形、貌告道人也，故曰'释训'。"所以"训"就是把事物的形貌意图告诉别人。以"训"作书名，自然是将书中要表达的意思告诉读者。但直接以"训"为书名的很少，往往和诂、注、纂等连称。譬如汉何休《论语注训》和《孝经注训》、卫宏《古文尚书训旨》、晋刘兆《周易训注》、梁曹侯彦《字义训音》、宋薛季宣《书古文训》、清江永《礼记训义择言》、朱骏声《说文通训定声》、宋翔凤《小尔雅训纂》等。凡为训，多以训解经书和小学书为主。

（六）解

解，《说文》："判也。""判"字本义是将木头分为两半，所以解的意思就是分析、分解。作为一种注释的类型，解主要是指将经文意思分解明白，其实还是解释说明的作用。解常和其他类型的注名连用，如解诂、解谊、注解、解说、解义等。相关的书有汉何休《春秋公羊传解诂》、服虔《春秋左传解谊》。也有单用"解"为书名的，如宋范祖禹《诗解》、李樗《毛诗详解》等。

惯常所见的，主要是集解，即集合、汇纂诸家注释。正如魏何晏《论语集解序》所说："今集诸家之善，记其名字，有不安者颇为改易。"《论语集解》就集合了孔安国、包咸、马融、郑玄、陈群、王肃、周生烈等诸家为论语所作注释。类似的还有南朝宋裴骃《史记集解》、清孙希旦《礼记集解》，都是模仿何晏体例。这有一个好处，就是一些注释家的注本虽然亡佚，但通过保存在集解中的片言只字，仍可窥见他们的注释思想。

集解还有一个比较特殊的含义，就是汇集经传为之作解说，这仅存于晋杜预《春秋经传集解》（见图 4—5）一书。宋邢昺在疏解何晏《论语集解序》中说："名曰《论语集解》者，何氏注解既毕，乃自题之也。杜氏注《春秋左氏传》谓之'集解'者，谓聚集经传为之作解也。此乃聚集诸家义理以解《论语》，言同而意异也。"道明了杜预集解与何晏集解的不同。

（七）笺

笺，《说文》云：“表识书也。”表识即是注明。汉郑玄为《毛诗》作注，既释经文大义，亦补充毛《传》不足，也是解释《诗》之大作。郑玄所注“三礼”皆称“注”，唯注《毛诗》称“笺”，足见对此作的自许。只因毛《传》在前，故谦称“笺”。元好问《论诗三十首》：“独恨无人作郑《笺》。”亦可知后人对郑玄《毛诗传笺》的推重。笺作为注释的特点是注释详细，不仅解释经文，于前人相关注释难解处也有说明。用作书名的，如清江藩《尔雅小笺》、汪继培《潜夫论笺》、黄节《汉魏诗风笺》、近人郭绍虞《元好问论诗三十首小笺》，多含谦虚之意。此外，笺多与其他注释类型组合，构成诸如笺注、笺疏、笺证之类的注释名称，如清吴兆宜《徐孝穆集笺注》、钱绎《方言笺疏》等。

（八）疏

“疏”是疏通的意思。解释经文，疏通其费解、讹误之处，是疏的主要作用。疏不仅解释经文本身，还采辑其他人的注释并为之作注。唐人注经很有成就，却有个不好的习惯，即“疏不破注”。唐人依汉魏旧注作新疏，却恪守前人藩篱，取一家之说而截断诸家之说，不能有所发挥创新。疏之体起于魏晋，陆玑曾作《毛诗草木鸟兽虫鱼疏》，解释说明《毛诗》中记载的草木、鸟兽、虫鱼等生物。《隋书·经籍志》载有许多以“义疏”为名的书，如《尚书义疏》、《毛诗义疏》、《周官礼义疏》、《丧服文句义疏》、《礼记义疏》等。到了唐代，唐太宗鉴于经籍散亡，经义注家繁多，其中错讹乖舛颇多，遂诏国子祭酒孔颖达等删定增补前人注解。孔颖达所做的就是疏的工作，书成以后，唐玄宗下诏改名为“正义”，遂有“五经正义”之称。所谓正义，其实还是疏。该书一出，便被奉为正宗，魏晋南北朝所作义疏渐渐湮灭。孔颖达给五经作注疏时，有一个毛病，就是坚持“疏不破注”，即对前人注疏，专主一家，《易》用王弼注，《尚书》用伪孔安国传，《诗》用毛《传》、郑《笺》，《左传》用杜预注，《礼记》用郑玄注，以这些人的注疏为去取标准，不肯逾越他们的范围，死守前人，不能有所发挥创新。以疏为名的，最常见的是“十三经注疏”。其具体名称和注疏人分别为：

《周易正义》十卷，魏王弼、晋韩康伯注，唐孔颖达等正义。

《尚书正义》二十卷，旧题汉孔安国传，唐孔颖达正义。

《毛诗正义》七十卷，汉毛亨传、郑玄笺，唐孔颖达正义。

《周礼注疏》四十二卷，汉郑玄注，唐贾公彦疏。

《仪礼注疏》五十卷，汉郑玄注，唐贾公彦疏。

《礼记正义》六十三卷，汉郑玄注，唐孔颖达正义（见图4—6）。

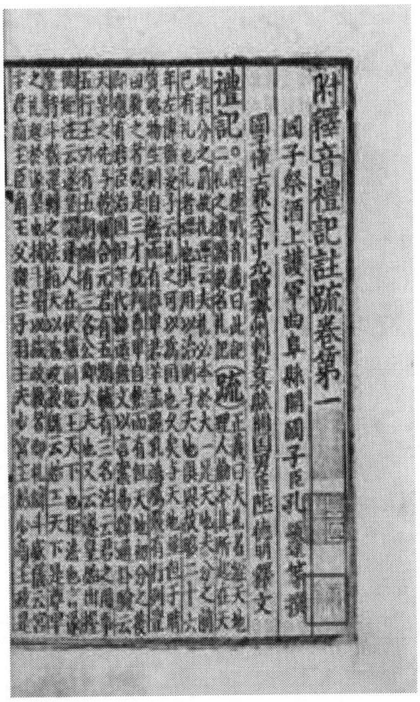
附釋音禮記註疏卷第一
國子祭酒上護軍曲阜縣開國子臣孔穎達等撰

图4—6　（唐）孔颖达《礼记注疏》

《春秋左传正义》六十卷，晋杜预集解，唐孔颖达正义。

《春秋公羊传注疏》二十八卷，汉何休解诂，唐徐彦疏。

《春秋穀梁传注疏》二十卷，晋范宁集解，唐杨士勋疏。

《论语注疏》二十卷，晋何晏集解，宋邢昺疏。

《孟子注疏》十四卷，汉赵岐注，旧题孙奭疏。

《孝经注疏》九卷，唐玄宗御注，宋邢昺疏。

《尔雅注疏》十卷，晋郭璞注，宋邢昺疏。

（九）记

《说文》："记，疏也。"《广雅》："记，识也。"记与前文所讲的笺、疏意思相同，都是注释的一种名称。时永乐说："先秦礼学家在学习《仪礼》的时候，都附带学习一点参考资料，这种参考资料叫做'记'，如有《大戴礼记》、《小戴礼记》。"[①] 除了大、小戴《礼记》之外，刘向有《五行传记》一书，其他便很少有以"记"作为书名的注本了。

（十）订

《说文》："订，平议也。"平议，就是评议的意思。订作为注释的一种类型，侧重于订正相关的错误。以"订"为名的书籍较少，如宋周与之《周礼订义》八十卷、明史惟堡《尚书晚订》十二卷、张能恭《尚书订传》一卷、清朱轼《周易传义合订》十二卷等。

（十一）义

"义"是义理、道理的意思。作为训诂注释的"义"，主要是指疏通、解释书的义理。以"义"名书的颇多，据《隋书·经籍志》，仅与《周易》有关的就有宋陈令和范歆《周易义》、干宝《周易爻义》、刘瓛《周易乾坤义》、梁武帝《周易大义》、南平王《周易几义》、梁蕃《周易开题义》等。与"义"相关的注释名称还有义疏、义注、义证、义章、义略、异义、精义等。《隋书·经籍志》同样载有《毛诗义疏》、《毛诗述义》、《尚书义注》、《尚书文外义》等。后代类似著作更多，不赘录。

（十二）考

顾名思义，"考"不仅有注释的内容，而且注重考订辩证。与考有关的，有考证、考辨、考订、考异、考误、通考等名，自宋以后渐多，如宋王应麟《三家诗考》、《诗地理考》，元马端临《文献通考·经籍考》，明王以宁《春王正月考》，陈士元《论语类考》，陈第《毛诗古音考》，清朱彝尊《经义考》，胡秉虔《西京博士考》，惠栋《古文尚书考》，周广业《孟子四考》，戴震《毛郑诗考证》，潘眉《三国志考证》，宇文绍奕《石林燕语考异》，钱大昕《廿二史考异》，秦惠田《五礼通考》，钱坫《九经通借字考》（见图4—7）等。

---

① 《古籍整理教程》，172页。

（十三）微、隐

“微”与“隐”意思相似，都是指阐发经文的微言大义、内在的深义。以“微”和“隐”命名的书出现较早，《汉书·艺文志》载有《左氏微》、《铎氏微》、《张氏微》、《虞氏微传》。《隋书·经籍志》所载较少，仅有《礼记音义隐》一卷。此外还有唐陆淳《春秋微旨》，宋卢仝《春秋摘微》，清魏源《诗古微》、《书古微》、《公羊古微》，江永《律吕阐微》等。

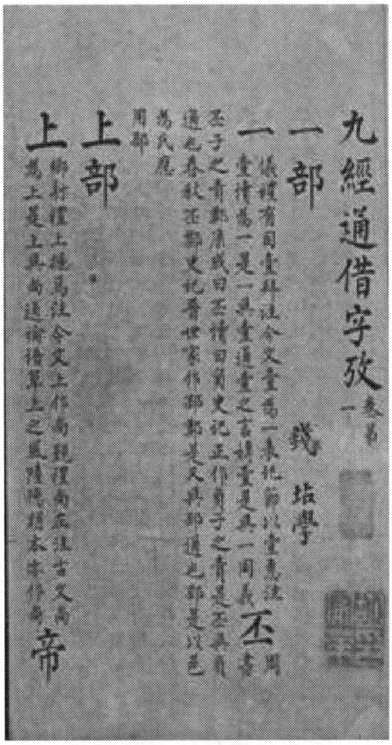
九經通借字攷 卷一
錢坫學
一部
一
丕
上部
上
帝

图 4—7 （清）钱坫《九经通借字考》

（十四）音、音义

音，指文字的读音。不言而喻，凡以“音”为名的注释图书，均以释经文或注释的读音为目的，注释方式则多以反切注音为主。由于阅读古书会碰到很多难字、多音字，故以“音”为名的书籍较多，如汉郑玄《周礼音》，魏王肃《周易音》，晋徐邈《古文尚书音》、《毛诗音》、《礼记音》，陈顾野王《尔雅音》，唐陆德明《尚书释音》，清顾炎武《诗本音》，许桂树《许氏说音》，方缋《楚辞音》等。此外还有虽不以“音”命名，但也是释经文读音的著作，如清陈昌齐《楚词辨韵》，江有诰《楚辞韵读》、《宋赋韵读》，蒋曰豫《楚辞释韵》等。

“音义”是指在释音的同时兼及释义。其实一些释音的著作同时也释义，如上文所举晋徐邈《毛诗音》、《古文尚书音》等。音义之外，还有音训、音注、音证、音释、音解、音辨等名称。释音义的书如唐陆德明《经典释文》一书，共为十四种书释音义。此外还有隋萧该《汉书音义》，唐释玄应《一切经音义》、释慧琳《一切经音义》，宋邹季友《书传音释》、贾昌朝《群经音辨》、吕祖谦《古易音训》，元胡三省《资治通鉴音注》，清江声《尚书集疏文字音疏》等，都是注音义的典范之作。

（十五）章句

章，《说文》：“乐竟为一章。”引申为一句话结束为一章。这和我们今天理解的“章”的概念不同。譬如《诗·周南·关雎》：“关关雎鸠，在河之洲。窈窕淑女，君子好逑。”这就是一章。所谓章句，就是离章析句，说明一章或一句的意思。这涉及句读和注释，重在对章句的串讲通解。章句之书，《汉书·艺文志》记《尚书》有《大小夏侯章句》、《欧阳章句》，《易经》有施、孟、梁丘氏《章句》各二篇（梁丘氏《章句》疑即《清史稿·艺文志》所载“汉梁丘贺《周易章句》”），《春秋》有《穀梁章句》和《公羊章句》。此外，汉王逸《楚辞章句》（见图 4—8）、赵岐《孟子章句》、薛汉《韩诗章句》、蔡邕《月令章句》、刘歆《春秋左氏传章句》、王肃《春秋外传章句》、清王夫之《礼记章句》、臧庸《蔡氏月令章句》等也是有代表性的以“章句”为名的注本。

古籍旧注之异名颇多，以上所列，仅为常见之名，且其中大部分均可与他名合而称

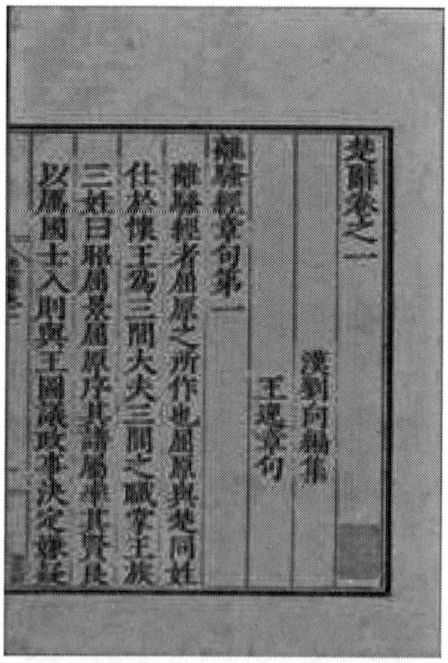
楚辭卷之一

漢劉向編集

王逸章句

離騷經章句第一

離騷經者屈原之所作也屈原與楚同姓

仕於懷王爲三閭大夫三閭之職掌王族

三姓曰昭屈景屈原序其譜屬率其賢良

以厲國士入則與王圖議政事決定嫌疑

图 4—8　（汉）王逸《楚辞章句》

之。虽名称迥异，实殊途同归，全归于注释这一大旨。但它们各有侧重，只有深入地研读，才能掌握各体著述的特征。

二、古籍注释的分类

古籍注释名称众多，不同的名称反映出各体注释的特点。对这些名目繁多、内容各异的注释进行分类，指导注释的实践和理论研究，是注释学的重要内容。

目前对注释分类的已有研究成果很多。如裘燮君根据古注的内容、对象和形式等方面的不同，综合考虑，分为传注类、章句类、音义类、义疏类、补注类、集解类。传注类以释文献中的字、词、名物为主要内容，包括诂、训、传、注、笺等类。章句类，实质就是我们上文所释以章句为名的注释图书。音义类涵括的主要是以辨音、释义为注释重点的图书。义疏类包括的主要是以“正义”、“疏”为名的注释图书，特点是注释详细，对词、句、经文章旨都有解释。补注类涵括的是以补充订正前人注疏为重点的注释书籍。归入集解类的主要是以汇集各家注释为特点的注释图书。① 汪耀楠则主张根据不同的划分标准，确定不同的分类。如根据内容的不同，分为文字注释类、章句类、义理类、综合类；根据性质的不同，分为首注自为类、补述类、辨证类、校订类；根据注释知识量的不同，分为简注类、详注类、集注类。② 冯浩菲《中国训诂学》将中国训诂体式分为八大类五十八小类。其八大类是：随文释义体、文献正文体、考证体、总论体、翻译体、释例体、图解体、训诂工具书体。③ 黄亚平重点考评了以上两种，又根据注释内容的不同，提出了自己的分类，即词义类、章句类、义理类、史传类、音义类。④ 那世闰在黄亚平分类的基础之上又增添了“综合类”。⑤

对注释的分类应根据存世的注释书籍的实际情况，分析其主要特点，进行归纳确定。分类的具体要求：一是要涵盖全，使现有的注释图书都能有所归类，不至于“无家可归”。二是有区分性，既不能分得太简单，如分为简注类、详注类、集注类，这样并没有达到分类的目的，同一类下还会存在特征各异的注释类型；也不宜分得太细，像冯先生那样分八大类五十八小类，过于细致容易使人无所适从，因为每一种注本的情况很复杂，可能既有考证、又有翻译、随文释义，分得过细，就会把一部注本的“脑袋、胳膊、腿”都分到了不同的类下。总之，既要能分出来，确定其系属，又要保持完整性，不能把一部注本分到不同的类下。

至于分类的实践操作，首先要确定标准，其次要分析不同注本的特征和倾向性，考察其注释的重点是什么，然后确定其归类。不能完全根据内容划分，这样会有遗漏；也

① 参见裘燮君：《古书的注释》，载《河池师专学报（社会科学版）》，1994（2）。

② 参见《注释学纲要》，46 页。

③ 参见《中国训诂学》，75 页。

④ 参见黄亚平：《古籍注释类型刍议》，载《西北师大学报（社会科学版）》，1999（3）。

⑤ 参见那世平：《论我国文献的重要组成部分——注释图书》，载《图书馆学刊》，2009（3）。

不能全按性质划分。较好的办法是以内容为主，辅以其他分类标准。

以上几种分法，冯先生的分法太细，偏重训诂学具体层面，并不适宜注释学中的分类。除此之外的分类，章句、义理两类特征明显，没什么异议。音义类，除汪先生划入文字注释类之外，其他都主张独立出来。我们认为，音义类还是独立为一类较好，因为其特征非常明显，即以释音兼释义为主，释义非常简单，如《经典释文》释《庄子》中的词汇："齐谐，户皆反。司马及崔并云人姓名。简文云书。"与其他释词义的注释还是有所不同的。补注类、集解类也可单列出来。此外，史传类、综合类也是不错的分类方法。

综上所述，注释可分为以下七类：

（1）词义类。以解释古籍中的词汇为主，包括词义、典故名物等。如毛《传》、郑《笺》、"三礼"郑注等。

（2）章句类。以离章辨句为主，偏重串讲章句意旨。如汉王逸《楚辞章句》、赵岐《孟子章句》等。

（3）义理类。在释词解句的基础上，阐发经文义旨。注释较为详细。如《五经正义》、邢昺《论语注疏》等。

（4）音义类。以释音为主，兼及释义。如《经典释文》、《一切经音义》等。

（5）补注类。补充前人注疏不足之处，订正讹误。如宋洪兴祖《楚辞补注》、清王先谦《汉书补注》等。

（6）集解类。集合诸家注疏为主，往往不加截断。如何晏《论语集解》、裴骃《史记集解》等。

（7）综合类。注音、释词、断句、翻译、串讲都有涉及，以今人注疏为主。如杨伯峻《孟子译注》、《论语译注》、《春秋左传注》等。

三、古籍注释的体例

古籍注释的体例，古今不同。今人注释古籍，释文都在原文之下，注释的内容都有序号和原文所注之处相联系，一目了然，不难掌握。虽然具体某一家注释某书可能有所不同，但一阅凡例即可明白。古籍旧注则不然，旧注都附于原文之中，多在句子之后，且集诸家注于一书，初学者往往难以直接看明白。这就需要我们了解古籍旧注的体例。

阅读一本古籍的旧注，我们先要知道为这部书作注释的作者是哪几人。以嘉靖中福建刊《十三经注疏》本《毛诗正义》（见图 4—9）为例，我们知道有毛亨作传、郑玄作笺、孔颖达作疏、陆德明作音义，这有助于我们区分注疏的内容。

下页图片中，右边半页是《魏风·园有桃》二章，左边半页是《魏风·陟岵》的开头部分。字体最大者，是正文，小字部分都是注释。黑底白字部分标识的是注疏的类型。"○"是分隔符。就右边图片而言，"园有棘，其实之食"是正文，黑底白字的"传"字以下、"○"以上的内容"棘，枣也"是毛亨的传解。"○"以下"棘，纪力反……"是唐陆德明所作音义。黑底白字的"笺"以下内容是郑玄的笺注。正文中另起一行的"园有桃二章章十二句"是一首诗的标题，诗题都在每一章的最后，说明该诗有几章、每章多少句。左边图片"笺"字之前的正文，是毛亨所作小序。毛亨为《诗》三百篇每一篇都作了小序，介绍诗的主旨。小序后面的"笺"是郑玄注毛《传》的内容，郑玄不仅注《诗》原文，而且注毛《传》。黑底白字的"疏"下面的内容是孔颖达的注疏。"疏"字下

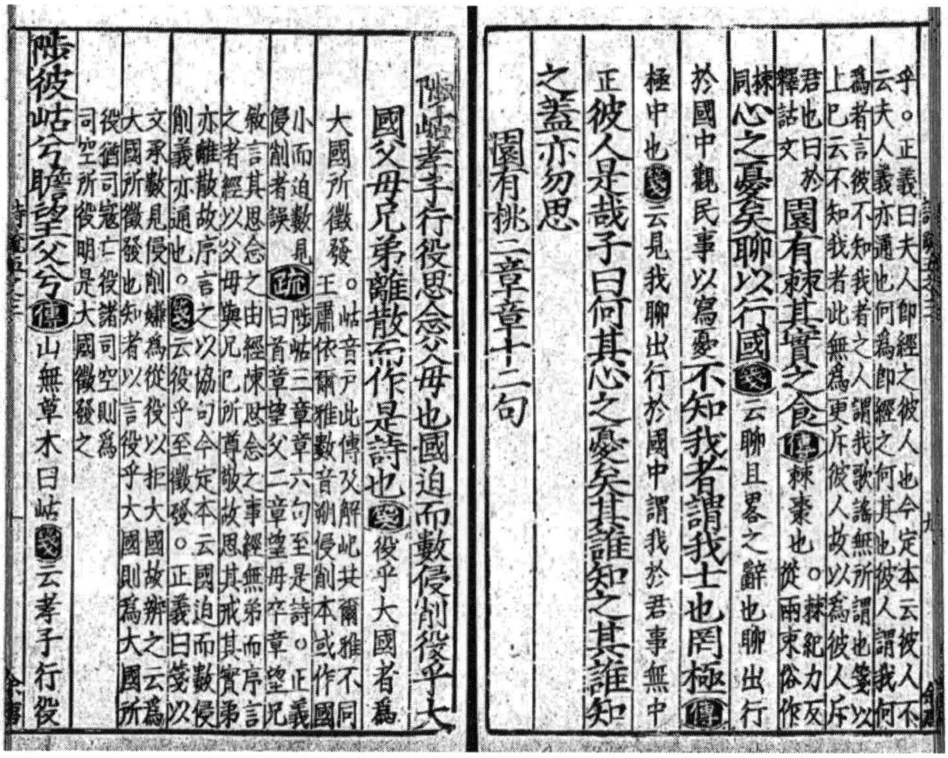
乎。正義曰夫人即經之彼人也今定本云彼人不云夫人義亦通也何為即經之何其也彼人謂我何為者言彼不知我者之人謂我歌謠無所謂也箋以上已云不知我者此無為更斥彼人故以為彼人斥君也曰於釋詁文

園有棘其實之食傳棘棗也○棘紀力反棗音早俗作棘同

心之憂矣聊以行國箋云聊且畧之辭也聊出行於國中觀民事以寫憂

不知我者謂我士也罔極傳極中也箋云見我聊出行於國中謂我於君事無中正

彼人是哉子曰何其心之憂矣其誰知之其誰知之蓋亦勿思

園有桃二章章十二句

陟岵孝子行役思念父母也國迫而數侵削役乎大國父母兄弟離散而作是詩也箋役乎大國者為大國所徵發○岵音戸此傳及解此共爾雅不同王肅依爾雅數音朔侵削本或作國小而迫數見侵削者誤

疏陟岵三章章六句至是詩○正義曰首章望父二章望母卒章望兄敘言其思念之由經陳思念之事經無弟而序言之者經以父母與兄己所尊敬故思其戒其實弟亦離散故序言之以協句今定本云國迫而數侵削義亦通也○箋云役乎至徵發○正義曰箋以文承數見侵削嫌為從役以拒大國故辨之云為大國所徵發也知者以言役乎大國則為大國所役猶司寇亡役諸司空則為司空所役明是大國徵發之

陟彼岵兮瞻望父兮傳山無草木曰岵箋云孝子行役

图 4—9 《毛诗正义》

面的“陟岵三章，章六句，至是诗”说明孔颖达疏的范围。“○”以下“正义曰”到下一个“○”之前的内容，是孔颖达的注释文字。

总结起来，古籍旧注的一般体例是：大字部分为正文；双行小字是注释；大的“○”号是分隔符，将不同类型的注区别开；另外一些书中会有一些小的“○”号，类似今天的句号，是点句读的。不同的注疏在旧籍中都会有标明。知道了这些，再结合原文仔细阅读，基本上可以明白古书的注释体例。

四、注释的常见术语

古代注释家在实践中创造使用了很多术语。注释不同的对象和内容，说明不同的事物特征，都有不同的术语，如清代阮元《经籍籑诂·释例》就有归纳。本书结合前人的经验，再详细加以介绍。

（一）释音术语

注释读音的术语有很多，如“音某”、“某某反”、“某某切”、“如字”、“读若”、“读如”、“读为”、“读曰”等。

1. 音某

“音某”是直接注音，在音韵学中称为直音法，即用一常见字的读音表示繁难字的发音。直音是反切注音方法出现之前最主要的注音方法。例如：

《周礼》："凡沟逆地防，谓之不行。水属不理孙。"陆德明《释文》："防，音勒。理孙，音逊，注同。"

直音法目前仍在使用，只是一般与拼音字母同时使用。如《孟子译注·梁惠王上》："数罟不入洿池。"杨伯峻注："数，音朔（shuò），细也，密也。"

2. 某某反、某某切

此即反切注音法。反切的注音方法，是随着佛经的翻译而产生的。直音法虽然很简便，但有一个很大的缺点，就是一些读音下的字很有限，或者有的注音字本身就是不常用字。用直音法注字时，经常会有无字可注的情况。后来人们在翻译佛经时，参考梵语的拼音方法，发明了反切注音方法。反切是用两个字来切一个字的读音，两个字中上一字的声母是所切字的声母，下一字的韵母和声调即是所切字的韵母和声调。例如，《广韵》"冬，都宗切"，即取"都"字的声母 d 和"宗"字的韵母及声调 ōng，即可拼出"冬"字的发音 dōng。反切注音法产生以后，成为中国古代典籍最主要的注音方法，一直用到中华民国成立，教育部才公布新的注音符号。根据今天的读音来使用反切，拼出的音有很大一部分和实际读音相去甚远，这是因为语音发生了变化。要想根据反切注音得到古字的正确读音，需要掌握一定的音韵学知识。再举几例：

《诗·国风·葛覃》："害浣害否，归宁父母。"陆德明《释文》："害，户葛反，下同。否，方九反。"

《周易程传》："象曰：泣血涟如，何可长也?"《释文》："涟，音连。长，直良反。"

《尚书·洪范》："箕子乃言曰：'我有在昔，鲧陻洪水，汨陈其五行。'"《释文》："鲧，工本反。陻，音因。汨，户更反。"

陆德明在注音时，有时还注明不同的发音方法。如《尚书释音》："豫，羊庶切，徐又音舒。""徐"是指发音的缓急。《诗·国风·葛覃》郑《笺》："我之衣服，今者何所当见浣否？何所当否乎？言常自洁清，以事君子。"陆德明《释文》："清如字，沈音净。"意思是普通读如"清"字，发音重浊的话，读如"干净"的"净"字。

3. 如字

"如字"是针对多音字的注音。多音字在具体的语言环境中发什么音，需要特别注明。而"如字"，指这个字发其本来的读音。如《诗大序》："风，风也。"陆德明《释文》："风，风也，并如字。徐上如字，下福凤反。"意即一般读的话，"风"还是发阴平声，要是缓慢读的话，上个"风"字发本来的音，下个"风"字发"讽"的读音。

4. 读若、读如

这两个术语和直音法类似，也是用常见字来说明难字的读音。《说文》"读"字下，段氏注："拟其音曰读，凡言读如、读若皆是也。"如：

《楚辞补注》："霾两轮兮絷四马，援玉枹兮击鸣鼓。"宋洪兴祖注："霾，读若埋。"

《一切经音义》卷九二："麛猎：上觅鼙反，读若迷。注《周礼》云：麛鹿子也。《说文》：从鹿弭声。下廉辄反。"

《诗·召南·野有死麕》："白茅纯束。"郑玄《笺》："纯，读如屯。"

《诗·邶风·北风》："其虚其邪。"郑玄《笺》："邪，读如徐。"

5. 读为、读曰

这两个术语是说明假借字的，是用本字释所借字。因为假借字和本字之间意思和读音相同，所以这里也归纳为释读音。如：

《周礼》："兵同强，举围欲细，细则校。"郑玄注："校读为'绞而婉'之绞。"

《周礼·考工记》："水属不理孙，谓之不行。"郑玄注："属读为注。"

《周礼·考工记》："梢沟三十里而广倍。"郑玄注引郑众说："梢读为'桑螵蛸'之蛸。"

《周礼·考工记》："群吏撰车徒，读书契，辨号名之用。"郑玄注："撰，读曰算。算车徒，谓数择之也。"

"读为"、"读曰"和"读若"、"读如"不同，这两个术语只能以本字释假借字，而"读若"、"读如"则灵活得多，既可以本字释假借字，也可以假借字释本字。①

（二）释义术语

常见的释义术语有"之言"、"之为言"、"曰"、"为"、"谓之"、"谓"、"言"、"貌"、"犹"，等等。

1. 之言、之为言

"之言"、"之为言"，主要是解释词的意思。除了释义之外，所释词与释词之间还有语音联系，或者同音，或者音近，或者双声叠韵。如：

《论语·述而》："子之怕慎：斋、战、疾。"邢昺注："斋之言齐也，所以齐不齐也，故戒慎之。"

《礼记正义》卷十一《王制》："王者之制禄爵：公、侯、伯、子、男，凡五等。"孔颖达疏引《元命包》云："公者，为言平也，公平正直。侯者，候也，候王顺逆。伯者，伯之为言白也，明白于德也。子者，奉恩宣德。男者，任功立业。"

2. 曰、为、谓之

这几个术语都是解释词义的，特点是所释词在这些术语的后面。如：

《诗》毛《传》："四方高曰台。""高平曰原。""木下曲曰樛。"

《论语·述而》："子以四教：文、行、忠、信。"邢昺注："中心无隐谓之忠。"

3. 谓

"谓"也是释义，不同于上面三个术语，所释词都在"谓"字前面。如：

《论语·述而》："子不语：怪、力、乱、神。"何晏《集解》："力，谓若奡荡舟，乌获举千金之属也。乱，谓臣弑君、子弑父也。神，谓鬼神之事。"

《诗谱序》："诗之兴也，谅不于上皇之世。"孔颖达疏："上皇谓伏牺，三皇之最先者，故谓之上皇。"

---

① 参见郭在贻：《训诂学》，51页，北京，中华书局，2005。

4. 言

此一术语多为串讲章句意思时所用，仿佛现代汉语中的“说的是”。如：

《论语·述而》：“子曰：‘天生德于予，桓魋其如予何?’”邢昺注：“此章言孔子无所忧惧也。”

5. 貌

这个术语常用来表示所释之词具有某种性质或特征，类似现代汉语中的“……的样子”。如：

《诗·周南·葛覃》：“葛之覃兮，施于中谷，维叶莫莫。”毛《传》：“莫莫，成就之貌。”

6. 犹

“犹”即犹如、好比的意思。释词与被释词之间是同义或近义词关系。如：

《论语·述而》：“子与人歌而善，必使反之，而后和之。”邢昺注：“反，犹重也。”

《左传·成公二年》：“五伯之霸也。”杜预注：“霸，犹把也，把天子之事也。”

(三) 其他术语

1. 当作、当为

这两个词一般用来说明字词错误的地方。如：

《诗·邶风·雄雉》：“我之怀矣，自诒伊阻。”郑玄《笺》：“‘伊’当作‘繄’，‘繄’犹‘是’也。”

《诗·邶风·新台》：“燕婉之求，籧篨不殄。”郑玄《笺》：“‘殄’当作‘腆’。”

《礼记·曲礼》：“主人与客让登，主人先登，客从之，拾级聚足。”郑玄注：“‘拾’当为‘涉’，声之误也。”

2. 一作

这个术语用来说明异文。如：

《史记·秦始皇本纪》：“及生，名为政，姓赵氏。”裴骃《集解》引徐广云：“一作‘正’。”

《尔雅·释言》：“幼、鞠，稚也。”郭璞注：“鞠，一作‘毓’。”

3. 浑言、析言

“浑言”，意即概括来说、一般来说，又名“通言”、“统言”、“散文”、“散言”。

“析言”和“浑言”相对，意思是详细来说、具体来说，又名“对文”、“对言”。如：

《周礼·天官》郑注：“兽，牛马之类。”孔颖达疏：“案《尔雅》‘在野曰兽，在家曰畜’，畜兽异矣。而言‘兽，牛马’者，但此职云主治牛马，未必治其野兽，而以牛马为兽者，对文则畜兽异，散文通。”

《诗·小雅·车攻》郑玄《笺》：“言诸侯来会也。”孔颖达疏引《周礼·大宗伯》：“时见曰会，殷见曰同。”并解释说：“言‘同’者，以‘会’、‘同’对文则别，散则义通。会者，交会。同者，同聚。理既是一，故《论语》及此连言之。”

“对文”、“散文”，这两个术语在孔颖达的注疏中用得很多。

第四节 注释的方法和要求

一、古籍注释的方法

古籍注释是古籍整理中的基础工作，需要深厚的学识和长期的积累作为支撑才能够很好地完成。但古籍注释还是有一定的方法和规律可循的，大致而言，有以下主要方法。

（一）学习和参考旧注

我国古籍注释历史悠久，成就斐然，是前人为我们留下的珍贵遗产。我们今天用现代汉语注释古代典籍，最大的便利就是可以学习和利用这些典籍旧注。旧注有许多优点，一是去古未远，处在类似的语言环境下，作注者对词语的理解比我们今天的理解要更为准确，资料也比我们今天充足，因而注释结果比较可靠；二是注释详细，体例完善。当然，旧注也有不少问题和错误，需要我们甄别使用，去粗取精。

（二）充分利用工具书和前人研究成果

注释古书，离不开工具书，如字典、词典、政书、类书、年表、图册等。常用的工具书，释字方面的有《说文解字注》、《尔雅》、《方言》、《康熙字典》、《正字通》、《汉语大字典》、《中华大字典》、《广韵》、《字海》、《异体字字典》等，释词方面的有《辞海》、《辞源》、张相《诗词曲语辞汇释》、胡朴安《俗语典》、徐嘉瑞《全元戏曲方言考》等，历史方面的有《二十四史纪传人名索引》、《中国历史纪年表》、《历代职官表》，地理方面的有《方舆胜览》、《舆地广记》、《元和郡县志》、《大清一统志》等。还有各种政书、类书和典故辞典，如“十通”、《初学记》、《艺文类聚》、《佩文韵府》等。以列词为主的类书如《初学记》、《佩文韵府》等列了不少同义词例，为我们写诗提供了大量词藻，对我们注释古籍也有很大帮助，我们作古诗方面的注释，需要注释一些词语典故，查看这些类书就能得到答案。比如《初学记》中“春”字下与春相关的典故（即“事对”）就有苍精、青祇、参伏、祥正、谷雨、迟日、和风、淑景、鲜云、九阳、三节、倉庚、玄乙等67个。随着电子数据库的日趋兴盛与精密，我们也要充分利用先进的电子检索手段，解决疑难问题。

前人的一些研究成果也是我们注释必不可少的参考资料，如清代王念孙、王引之父子的训诂学著作——《读书杂志》、《广雅疏证》、《经传释词》、《经义述闻》等，以及刘淇《助字辨略》、阮元《经籍籑诂》、俞樾《古书疑义举例》等，这些清代学者的研究成果对我们的注释很有帮助。

(三) 搜集相关语言材料进行分析

在一定的历史时期内，语言的变化不大，我们可以搜集相关的语言材料为我们的注释提供佐证。这一点清代学者做得很好。例如《荀子·劝学》："强自取柱，柔自取束。"这句话怎么理解呢？王引之认为："柱与束相对成文，则柱非屋柱之柱也。柱当读为祝，《哀十四年公羊传》'天祝予'，《十三年穀梁传》'祝发文身'，何范注并曰：'祝，断也。'此言物强则自取断折，所谓太刚则折也。《大戴礼》作强自取折，是其明证矣。"王引之的这段分析之所以正确，就是因为他充分利用了同一时期的语言材料作证明，进行分析判断。

搜集语言材料眼界要宽，经史子集各种材料都可以利用，特别是小说、曲文、俗语等，近来已引起研究者重视。郭在贻《训诂学》中对俗语词给予特别重视，可以参看。

(四) 分析所注书的语言特点和语法规律

不同时代的语言有不同的特点，甚至不同的作者也有不同的用语习惯。《左传》、《周易》、《论语》的用语就和《孟子》的用语有很多不同的地方，这是值得我们注意和分析的。还有一些常见的古代语言规律，如通假字、对文、连文等，明白其用法，对我们解释词义很有帮助。假借字在上古语言材料中非常普遍，如《庄子·至乐》："支离叔与滑介叔观于冥伯之丘，昆仑之虚，黄帝之所休。俄而柳生其左肘，其意蹶蹶然恶之。""柳生其左肘"甚难理解，孙诒让指出，"柳"当为"瘤"之假借字，如此解释则文意畅通。又如《孟子·梁惠王下》："内无怨女，外无旷夫。"这是一组对文，内外相对，怨与旷也是对文，则怨与旷的意思也相似，都是幽怨孤独的意思。当然，做到这些需要深厚的语言学素养和充分的阅读思考。

二、古籍注释的要求

从事古籍注释是非常严谨的工作，来不得半点马虎，否则就可能误导读者。以下是一些具体要求。

(一) 注释要有针对性

注释者要根据不同类别古籍的特点，恰当地确定注释的重点，即要有针对性。学术内容不同的书，有不同的注法和要求。清代钱大昭在《三国志辨疑·自序》中说："注史与注经不同，注经以明理为宗，理寓于训诂，训诂明而理自见。注史以达事为主，事不明，训诂虽精，无益也。尝怪服虔、应劭之于《汉书》，裴骃、徐广之于《史记》，其时去古未远，稗官载记碑刻尚多，不能会而通之，考异质疑，而徒戋戋于训诂。"这就是说，注史书要以补充解释史实为主，训诂文字虽有必要，但不能过分执着于训诂文字。

例如，裴骃注《史记》，动辄引徐广曰“一作”来解释字词，而很少对史实作充分的解释，这就是注而不当，没有考虑到史书注释的特点。

（二）注释宜简明流畅

注释的主要作用是为读者阅读古籍扫除理解障碍。因此，注释必须以传意为目标，宜简明流畅，切忌冗注、缺注。冗注是指本不必出注而冗余地注了一大堆文字，或者只是堆砌注释材料，没有适当地整理或说明，从而使注释比原文更复杂，让读者望而却步。比如《东京梦华录》一书，是孟元老记载宋都汴梁风俗人物的笔记资料，记载了很多宋都的建筑、小吃、风俗方面的名物，今天已很难见到了。为这部书作注最好就是把这些不为人所熟悉的典故名物等材料注释清楚。这方面，为这本书作笺注的邓之城、伊永文都考虑到了，注得非常详细。然而也并非没有问题，以伊永文《东京梦华录笺注》为例，其中也有一些冗注。《东京梦华录笺注·酒楼》：“浓庄妓女数百，聚于主廊槏面上，以待酒客呼唤，望之宛若神仙。”伊注“妓女”一词，就用了宋话本《苏长公章台柳传》、张邦基《侍儿小名录拾遗》、陈师道《后山诗话》、魏泰《临汉隐居诗话》、李献民《云斋广录》、宋话本《单符郎全州佳偶》、宋话本《新桥市韩五卖春情》这七本书中写妓女的情节。据伊永文案语，他选录这几则例子，“重在资证宋市妓其妓艺精绝，承前启后，其服务对象亦从达官贵人趋向市民大众”[①]。且不说能不能达到他所要证明的东西，仅就“妓女”这一常见词就用了这么多材料，确有冗注之嫌。此外，还要注意缺注的情况。注释者要经常换位思考，从读者的角度去考虑哪些该注，哪些无须注。不能从注者自身水平出发，以为某些词常见易懂，而省去注释。

（三）注释者要有丰富的古代汉语和历史文化知识

注释者必须掌握丰富的古代汉语和历史文化知识，才不会犯一些常识性的错误，注释起来才能得心应手。这不仅是注释学的要求，也是古典文献学其他分支学科的基本要求。虽然我们可以随时查阅资料，但掌握这些知识，可以省去不少环节，提高注释效率，达到良好的效果。清代杭世骏在《李太白集辑注序》中说：

> 作者不易，笺疏家尤难。何也？作者以才为主，而辅之以学，兴到笔随，第抽其平日之腹笥，而纵横曼衍，以极其所至，不必沾沾獭祭也。为之笺与疏者，必语语核其指归，而意象乃明；必字字还其根据，而佐证乃确。才不必言，夫必有十倍于作者之卷轴，而后可以从事焉。

注释者要有“十倍于作者之卷轴”，没有这样丰富的学识积累而贸然作注，只会见笑于方家。

（四）要有科学、认真的态度，忌望文生义，强不知以为知

注释是非常细致、繁琐的工作，要求我们耐得住寂寞，能够沉下心来，以十年磨一剑的心态去做踏实的工作。另外，要多动手、勤查书，因为记忆力再好也有记错的时候，

① 孟元老撰，伊永文笺注：《东京梦华录笺注》，181页，北京，中华书局，2006。

在没有把握的情况下不要对自己的记忆力过分自信，尽量多从书中求证。而对于自己不知道，也无法查到的东西，宁可付之阙如，也不能自作聪明，强不知以为知，贻误读者。对此，前人已有垂范。读郑注“三礼”，常会见到“未闻”一词，这就是郑玄对自己不知道的地方作的标注，朱熹《诗集传》、《楚辞集注》也常用“未详”、“未闻”等词老实说明自己不懂，这些都很值得我们学习。

第五节 古籍注释相关成果

古籍注释的实践工作是走在注释学的前面的，尤其是近现代以来，古籍的整理注释与出版工作取得了很大成就。四部书籍中，经书一直是清以前学者们研究与注释的重点，而有清一代学术繁荣，经史子集各方面都有巨大的创获。经学方面，比如王鸣盛《尚书正义》、刘逢禄《春秋公羊经何氏释例》、焦循《雕菰楼易学》等，大家杰作辈出。中华书局曾选择清人注疏中比较好的，汇成一套《清人注疏十三经》，分别是孙星衍《尚书今古文注疏》、孙诒让《周礼正义》、马瑞辰《毛诗传笺通释》、刘宝楠《论语正义》、王先谦《诗三家义集疏》、李道平《周易集解纂疏》、朱彬《礼记训纂》、皮锡瑞《今文尚书考证》、王聘珍《大戴礼记解诂》、孔希旦《礼记集解》、洪亮吉《春秋左传诂》、钟文烝《春秋穀梁经传补注》、焦循《孟子正义》。清人学术重考据，大都从研究小学开始，所以其经学成就巨大。张之洞在《书目答问·国朝著述诸家姓名略》中说：“由小学入经学者，其经学可信；由经学入史学者，其史学可信；由经学史学入理学者，其理学可信；以经学史学兼词章者，其词章有用；以经学史学兼经济者，其经济成就远大。”① 可以说概括了清人学术研究的特点。

新中国成立以后，注释书籍的出版进入了快速发展时期，中华书局和上海古籍出版社两大古籍出版中心，出版了大量的注释书籍。其中子部书籍最著名的要数中华书局整理出版的《新编诸子集成》，这套丛书是1983—2009年中华书局在原世界书局出版的《诸子集成》基础上修订、增补、重印的，汇集了清代以来学者校勘、注释子书的成果，到现在为止已出版了四十种。集部注释书籍的整理出版数量最多、质量最高的是上海古籍出版社的《中国古典文学丛书》和中华书局的《中国古典文学基本丛书》。

上海古籍出版社自1978年以来，编辑出版了一套《中国古典文学丛书》，这套书根据不同情况分别采用前人旧注或集注本，并进行校勘和标点，一些前人未曾校注过的别集或总集也采用今人新注的形式。上海古籍出版社最初拟定了一个含200种图书的丛书书目，后来根据作家作品在文学史上的地位和影响，又将书目调整压缩为100种。在实际的出版工作中，到现在为止，包括同一文集的不同注疏本，到2010年年底已出版了110种，其中唐以前13种、唐31种、宋22种、元明清44种。内容涉及总集、别集、文

① 张之洞撰，范希曾补正：《书目答问补正》，258页，上海，上海古籍出版社，2001。

论、笔记、小说、戏曲、词集等。整理方式主要是标点、校点、校笺、笺注、校注、集注、集释等，其中笺注、笺校、集注、集释占大部分。一些文集前人有旧注且较好的，多只标点，如《文选》李善注、《王右丞集》清赵殿成注、《李长吉歌诗》清王琦等三家评注、《玉溪生诗集》清冯浩笺注等；而对于一些前人无注和注疏较简者，则取现当代学术大家的注疏本，如高亨的《诗经今注》、孙钦善的《高适集校注》、朱金城笺校的《白居易集笺校》、瞿兑之的《刘禹锡集笺证》、邓广铭的《稼轩词编年笺注》、夏承焘的《姜白石词编年笺校》等，一大批著名学者把他们的相关研究成果反映到注疏中去，代表了相关文集研究的最高水平，获得了广泛好评。

与上海古籍出版社相对应，中华书局也出版了一套《中国古典文学基本丛书》。中华书局的这套丛书也以诗文集的注疏为主，其中一部分书和上海古籍出版社有重复，然除去一些前人较好的注疏外，其余虽著者相同，但点校、注释者不同。中华书局这套丛书和上海古籍出版社所不同的是，上海古籍是精择精选，中华书局则是既精择点校，又目标广泛。中华书局并没预订总的出版计划，而是根据古籍整理的实际情况，随时增益。这套书有一部分是邀请学术名家对各个朝代未曾校点注释的诗文别集进行整理，以便为广大读者和研究者提供一个完善的本子。上海古籍出版社的《中国古典文学丛书》所选诗文集大多是较为常见的文人别集，而中华书局的这套丛书因为并没有预设范围，所以其中一些别集是不很常见的，如《张耒集》、《魏叔子文集》、《袁桷集校注》、《朱淑真集注》、《戴名世集》等这样一些在文学史上名声并不特别显著的文集，都得到了校点整理。到现在为止，这套丛书大概也达到了 100 种。

【主要参考文献与课外阅读书目】

俞樾等．古书疑义举例五种．北京：中华书局，1956

朱熹．诗集传．上海：上海古籍出版社，1958

杨伯峻．论语译注．北京：中华书局，1980

杨伯峻．孟子译注．北京：中华书局，1980

余嘉锡．世说新语笺疏．北京：中华书局，1983

汪耀楠．注释学纲要．北京：语文出版社，1997

张元济．校史随笔．上海：上海古籍出版社，1998

冯浩菲．中国训诂学．济南：山东大学出版社，1995

郭在贻．训诂学．北京：中华书局，2005

朱熹．四书章句集注．北京：中华书局，2011

王引之．经传释词．江苏：江苏古籍出版社，2000

【练习题】

一、名词解释。

1. 疏不破注　　2. 之为言　　3. 集解　　4. 浑言　　5. 析言

二、指出并说明下面文字中所用的典故。

粤以戊辰之年，建亥之月，大盗移国，金陵瓦解。余乃窜身荒谷，公私涂炭。华阳奔命，有去无归，中兴道销，穷于甲戌，三日哭于都亭，三年囚于别馆。

天道周星，物极不反。傅燮之但悲身世，无处求生；袁安之每念王室，自然流涕。昔桓君山之志事，杜元凯之平生，并有著书，咸能自序。潘岳之文采，始述家风；陆机之辞赋，先陈世德。信年始二毛，即逢丧乱，藐是流离，至于暮齿。《燕歌》远别，悲不自胜；楚老相逢，泣将何及！畏南山之雨，忽践秦庭；让东海之滨，遂餐周粟。下亭漂泊，高桥羁旅。楚歌非取乐之方，鲁酒无忘忧之用。追为此赋，聊以记言。不无危苦之辞，惟以悲哀为主。

日暮途远，人间何世！将军一去，大树飘零；壮士不还，寒风萧瑟。荆璧睨柱，受连城而见欺；载书横阶，捧珠盘而不定。钟仪君子，入就南冠之囚；季孙行人，留守西河之馆。申包胥之顿地，碎之以首；蔡威公之泪尽，加之以血。钓台移柳，非玉关之可望；华亭鹤唳，岂河桥之可闻！

——选自《哀江南赋序》，中华书局排印本《庾子山集注》

三、为下面图片中文字加上标点，并翻译成现代汉语，指出其中所用注释学术语。

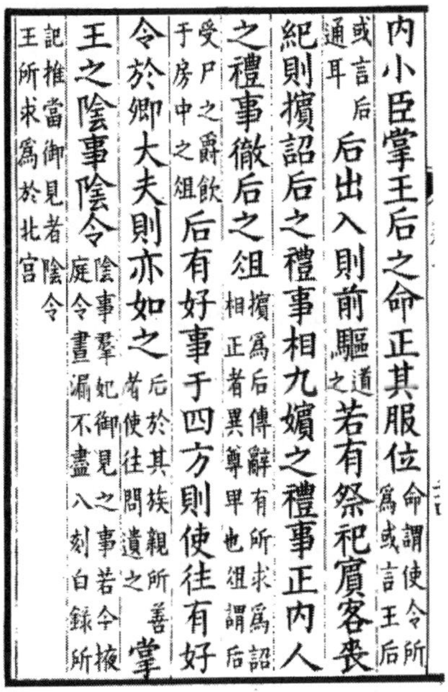
內小臣掌王后之命正其服位(命謂使令所為或言王后或言后通耳)后出入則前驅(道之)若有祭祀賓客喪紀則擯詔后之禮事相九嬪之禮事正內人之禮事徹后之俎(擯為后傳辭有所求為詔相正者異尊卑也俎謂后受尸之爵飲于房中之俎)后有好事于四方則使往有好令於卿大夫則亦如之(后於其族親所善者使往問遺之)掌王之陰事陰令(陰事羣妃御見之事若今掖庭令晝漏不盡八刻白錄所記推當御見者陰令王所求為於北宮)

——选自士礼居本《周礼郑氏注》卷二

（杨亮　编撰）

第三单元

博览篇

本单元包括编纂学和辑佚学。广泛搜集各种零散资料，按一定体例组织起来，形成新的著述，即为编纂，如编纂别集、总集、类书、丛书等；钩沉散佚的著作，重新编排成书，这就是辑佚，是一种特殊的编纂。二者皆须博览群书，才有所获，故为博览篇。从事规模宏大的资料编纂与辑佚工作，需要集体合作，并耗费很多时间与精力，如全国高等院校古籍整理研究工作委员会在20世纪80年代规划的《全唐五代诗》、《全宋诗》、《全宋文》、《全元文》、《全元戏曲》、《全明诗》、《全明文》和《清文海》等大型断代文学总集的编纂，就是这方面的代表性成果。

第五课 编纂学

【本课教学重点】

一、编纂的界定、功能和工序；

二、别集编纂的要义；

三、全集编纂的原则。

【建议课时】

约2学时。第一节全部内容、第二节前半部分（别集和总集编纂），应重点讲授；第二节后半部分（类书与丛书编纂）可选择性讲授，也可课后自学。

中国古典文献学范畴内的编纂学，不同于历史编纂学。文献学意义上的编纂是书籍形成过程中的一道加工程序，是已有文献的选择、分类和整合，不产生新的文献。书籍编纂具有保存和整理文献两方面的功能，具体编纂原则和方法不能一概而论，但仍然具有大体一致的工作程序。编纂学主要有两方面的用途，一是研究古代的书籍编纂的历史与特点，二是确立现代的古籍编纂的原则和方法。从书籍类型角度说，别集、总集、类书、丛书是编纂学关注的主要方面，并且具有各自的基本原则和关注重心。

第一节 概　述

一、编纂的界定

关于“编”字的本义，《说文解字》说：“编，次简也，从糸，扁声。”清段玉裁《说文解字注》：“以丝次第竹简而排列之曰编。”关于“纂”字的本义，《说文解字》说：“纂，似组而赤，从糸，算声。”“编”、“纂”二字都包含“糸”的义项，在书籍的简牍时代里，编纂是用丝带编连、纂集若干竹简而成卷轴。因此，编纂是书籍形成过程中的范畴。

“编纂”一词，经常可以用如下词语替换：编次、编辑、编集、编修、纂集、纂述、纂钞等。在具体场合的用例中，这些词语可能各有侧重的含义，但在文献学范畴中使用，这些词语的核心义项是文献资料的排列、组合。因此，在书籍形成过程中，编纂的行为不提供新的文献资料，而只是已有文献资料的排列、组合。

在古代学者的论述中，文献形成的方式主要有三种：作、述、论。作与述的区别比较明显。作，强调先知先觉的创造性；述，是传承和损益前人。而述与论的区别比较含混，同样是传承前人，在传承的方式和程度上也缺乏明确的分界。司马迁在《太史公自序》中，将自己撰写的《史记》看成述，而不是作。这表明史书的形成应该归到述的层次。王充在《论衡·对作》中，谦虚地评论自己的著作说：“非曰作也，亦非述也，论也，述之次也。”论，比述的层次更低，只是一种资料的组织。因此，文献学范畴中的“编纂”一词，应该归到论的层次，并需要明确地区别于历史编纂学所讲的编纂。

从书籍生产过程看，编纂是文本从作者流通到读者过程中的一个程序，是文本生产过程的一环，这是编纂有别于作和述的基本方面。需要注意的是，现代出版业中的书稿编辑（edit），虽然也是类似的文本生产的一环，但大体上只限于对已有书稿的技术加工，一般只涉及非实质性的文本要素，如标点、字体、笔误等；而文献学范畴中的编纂一般不包括对已有书稿的加工整理，而是依据已有文献资料，包括零篇和成书，选择、组合、编次而形成新的书稿。

从古代的书籍体例看，别集、总集、类书、丛书、杂纂、杂编等，是典型的编纂形式；而方志、谱录、政书等类型的书籍，是已有文献资料的整理，需要深度的加工，并形成紧密的内在结构，很难确定是否应该归到编纂的范畴；史书、子书等类型，则显然不属于编纂的范畴。编纂学关注的中心，是别集、总集、类书、丛书等典型的编纂形式。

综上，中国古典文献学范畴内的编纂，可以作出如下的界定：

编纂是书籍形成过程中的一道加工程序，是已有文献的选择、分类和整合，编者处于作者与读者之间，编纂工作可以生产新的书籍，但不生产新的文献。

二、编纂的功能

书籍编纂，是文献资料的选择、组合、序化和增值的工作，具有保存和整理文献两方面的功能。

(一) 保存文献

单篇或片断的资料，不易传世，如先秦诗歌，大多借助编纂成书的《诗经》而流传下来，其余逸诗则寥寥无几；孤帙单行的书籍，较易散失，具有相当体量的全集或丛书，则不易亡佚，如清人王士禛早年多种单行小集，罕见流传，而通行于世的是《王渔洋遗书》和《带经堂全集》。这都说明编纂对于文献保存的贡献。

编纂是否得当，也事关传世能否久远。宋人郑樵在《通志·校雠略·编次失书论》中指出："书之易亡，亦由校雠之人失职故也。盖编次之时，失其名帙，名帙既失，书安得不亡也!"意思是说，编纂书籍时，如果名目和分类都不当，书籍就容易亡佚。

编纂有助于文献保存，典型地体现于总集、类书和丛书。例如，元好问在金亡后编纂《中州集》10 卷，辑录金源诗人 251 家，作品 2 062 首，其中多数诗人都无别集传世，仅赖此集保存若干作品；成书于明前期的类书《永乐大典》，凡 22 877 卷，收录大量已佚文献，成为后世辑佚的渊薮；清乾隆间编纂的大型丛书《四库全书》，收书近 3 500 种，凡 79 000 余卷，存目 6 793 部，凡 93 551 卷，保存和流播大量文献，至今也有不少书籍全赖此而传世。

(二) 整理文献

将单篇文献编纂成书，将单行书籍编纂成丛书，将若干个人作品编纂成总集，将诸多文献资料编纂成类书，诸如此类的书籍编纂，都需要适当的裁择、分类、排列、组合，甚至需要校勘、连缀和删改，这就是文献整理的工作。书籍编纂都是基于某种意图并遵循某种原则而展开的文献整理，因此对于文献的有序形成具有重要意义。例如，清代成书的《古今图书集成》，分 6 编、32 典、6 117 部，依天、地、人、物、事展开，规模宏大，体例严谨，既条分缕析、汇集群言，又分类编排、随类相从，是一部巨细毕举、便于查检的类书。

历史上几次著名的文献整理工作，都是以书籍编纂为基础的。例如汉成帝河平年间，诏刘向、任宏、尹咸、李柱国等，分校六艺、诸子、诗赋、兵书、数术、方技诸书。诸书的整理工作程序：一是广罗众本，去重补缺；二是校理异文，订正讹误；三是调整篇章，编定目次；四是统一异称，确定书名。经过这些工作程序，最终写定各书，编成群书目录。这样的书籍编纂工作，是对传世文献的系统整理，具有清人章学诚《校雠通义》所评论的"辨章学术，考镜源流"的学术意义。

无论是文献的保存，还是文献的整理，最终的用途都是文献的使用，这实际上也是书籍编纂的根本目的。书籍最终都要用于阅读（包括普通读者的阅读和专门学者的研究），而编纂工作使阅读成为可能，并致力于提高阅读的效率。概言之，编纂是文化传承的一种手段。

三、编纂的工序

文献资料复杂多样，相应的书籍类型也各不相同，因此具体的编纂原则和方法也不

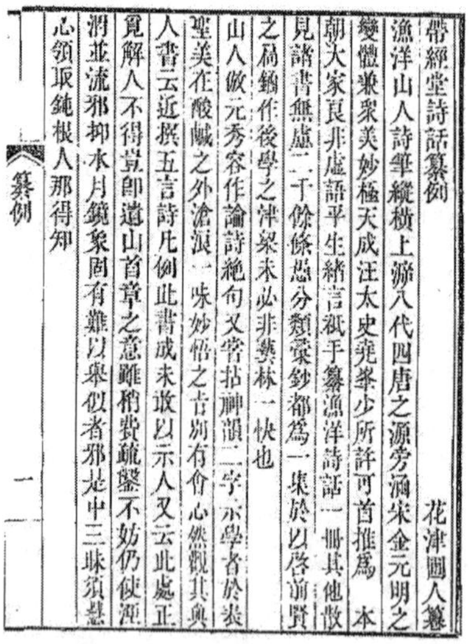
帶經堂詩話纂例　花津圃人纂
漁洋山人詩筆縱橫上遡八代四唐之源旁涵宋金元明之
變體兼衆美妙極天成汪太史堯峯少所許可首推爲本
朝大家良非虛語平生緒言祇手纂漁洋詩話一册其他散
見諸書無慮二千餘條思分類彙鈔都爲一集於以啓前賢
之扃鐍作後學之津梁未必非藝林一快也
山人倣元秀容作論詩絶句又嘗拈神韻二字示學者於表
聖美在酸鹹之外滄浪一味妙悟之言別有會心然觀其與
人書云近撰五言詩凡例此書成未敢以示人又云此處正
覓解人不得豈即遺山首章之意雖稍費疏鑿不妨仍使涇
渭並流邪抑水月鏡象固有難以舉似者邪是中三昧須是
心領取鈍根人那得知
纂例　一

图 5—1　清乾隆二十七年（1762）刻本《带经堂诗话》

能一概而论。然而，书籍编纂仍然具有大体一致的可以遵循的工作程序。下面以清人张宗柟纂集王士禛论诗之语而成的《带经堂诗话》三十一卷（见图 5—1）为例，略述书籍编纂的工序。

（一）确定选题

这是最先的一步，论证编纂的必要性和可行性。在充分调研的基础上，确定选题是否具有学术创新、文化传承等意义，以及相关文献资料是否具备。古代书籍的选题如何确定，通常可以从序跋、凡例中得到一些了解，至于具体的学术价值的论定，则是学术史研究的任务。

选题确定，书籍名称也可以大体确定。命名的一般原则，如清人纽琇所说："明简确切，然后可传。若意尚新奇，字谋替代，一有谬误，遂生訾议，不可不慎也。"（《觚剩续编》卷一）古代书籍的命名，纷繁多样，但也有一定的规律，书名经常可以体现书籍的性质，如以"集"、"稿"等字为名的，通常是文集；以"记"、"笔"、"谈"等字为名的，通常是笔记；以"某某子"为名的，通常是子书。另外，同名异书、异名同书的情况也很常见。

张宗柟纂集《带经堂诗话》的意义，如卷首《纂例》第一条所述："渔洋山人诗笔纵横，上溯八代、四唐之源，旁涵宋、金、元、明之变，体兼众美，妙极天成。汪太史尧峰少所许可，首推为本朝大家，良非虚语。平生绪言，只手纂《渔洋诗话》一册，其他散见诸书，无虑二千余条。愚分类汇钞，都为一集，于以启前贤之扃鐍，作后学之津梁，未必非艺林之一快也。"概括起来有两点：其一，王士禛是一代诗学宗师，值得推崇和效仿；其二，王士禛平生论诗之语，已有专书的只有《渔洋诗话》一册，其他则散见各书，纂集成书，便于阅读。

（二）拟订凡例

这是编纂开始之前拟出的工作条例，体现编纂工作的目标和原则，同时也体现书籍的内容和体例。在编纂过程中，凡例可能需要作出一定程度的调整，应该注意的是，在最终完成的书籍中，凡例必须一以贯之。

古代书籍的凡例，又称发凡、例言等，通常放在卷首，作为书籍的阅读指南，如明代的《永乐大典》有凡例 21 则，清人编《四库全书总目》有凡例 20 则，《全唐诗》卷首有凡例 23 则。但不是所有书籍都有形诸文字的凡例，这就有待于后学的总结。吕思勉指出："惟古人著书，虽有例，而恒不自言其例。欲评其得失，必先通贯全书，发明其例而后可。"（《史通评·序例第十》）替古书发明凡例（释例），是具有学术意义的研究工作，如晋人杜预《春秋释例》、今人张舜徽《郑氏经注释例》等。

《带经堂诗话》卷首《纂例》16 则，说明此书的编纂义例，包括删节的原则、编排的方法、设置某些门类的用意等。如第六条："凡重出条数，一字不易者，只注'亦见某书'；小异者，分注各句下；大段异同，且屡见者，审视语气，取一条为冠，并录各条，标明某书于上，与前后条序次不致混淆。又如一事覆陈，却须分属他类；数端错杂，自可并系某条，各有指归，殊非臆为离合。”讲的是重出材料的处理办法。

（三）选择资料

编纂是一种加工，成败既取决于加工的工艺，也取决于原材料的好坏。因此，去伪存真、去粗取精地选择符合选题的文献资料，是编纂工作的基础。选择资料的一般原则是，尽可能选择年代更早的、经过学者精心校理的、更加完整的文献。这一原则，类似于校勘学上讲求的善本（古本、足本、精校本）。对于类书、总集等类型的书籍而言，严谨的编纂工作，应该标明每一条资料的文献来源，包括书名、卷次和版本。古代的书籍编纂，经常没有标注文献来源，然而，严谨地标明某书某卷的做法，很早就已出现，如唐王悬河《三洞珠囊》、宋江少虞《事实类苑》。那些没有标明文献来源的书籍，对于后世学者而言，是一种缺憾，同时也成为学术考证的课题。

张宗柟《带经堂诗话》三十一卷，纂集资料包括王士禛著述凡 18 种，2 000 余条。卷首《纂例》称：“插架诸书，纂辑几无遗矣。山人已刻未刻书目，详见《精华录训纂》。惠氏且云‘未见者十有一二’，愚僻处海隅，孤陋实甚。嗣有所获，尚期续补。”谦逊地承认，纂辑所用的资料可能并不完备，有待来日补遗。

（四）裁择编排

这是编纂工作的核心部分，依照事先拟订的凡例，对收集齐全的原始资料，剪裁校订，删除重复，分类编排，最终编次成书。其中分类编排最为重要，决定书籍的基本体例和主要面貌。对于别集编纂，可以是编年或分体；对于总集编纂，可以是分体、分地、分人或分类；对于丛书编纂，可以依四部、时代或出版先后，等等。分类编排的一般原则是，符合选题的要求，便于阅读和查检，各部分内容大致匀称并层次清楚。编排工作直接决定一部书籍的基本形态和使用功能。可以说，对于任何书籍的编纂而言，体例都是核心问题。

《带经堂诗话》的编次，如张宗柟后序所说：“凡为门八，为类六十有四，总卅一卷，分别部次，条理秩如。”张宗柟《纂例》称：“汇纂十有八种，类以经之，年以纬之。”并对其中一些门类作出说明，如《总集门》的说明：“选诗凡例及唐宋诸集跋语，直是老眼无花，照见古人心髓。即序同时作者，具存微旨，特文气纡余，体裁自别。愚于每段剪截处，细意斟酌，不敢稍涉支离。凡若此类，归之总集门中。”

（五）编写目录

以下都是编纂的后期工作。目录的功能是体现书籍的主要结构和内容，同时是读者翻检的导引。编写目录需要注意的问题，是目录的繁简或层次。目录对应正文中的卷、章、节、篇等不同计量单位的内容，应该体现到哪一层次的内容，是需要综合考虑的问题。一般原则是既清晰简洁又便于查检。

古代书籍的目录，可以出现在多种位置，如全书卷首、各卷之前或各册之首。不同的位置各有利弊。目录一般只需指向正文的不同部分，不提供正文之外的信息，但也有例外。清顺治九年（1652）刻本《列朝诗集》，卷首目录的若干诗人之下，时见标注文献来源，而正文并不出现这类信息，这一目录对于考证《列朝诗集》引用明诗总集的情况很有帮助。

对于书籍流传而言，目录还有防止篇章错乱的作用。然而古代书籍并非都有目录，对次序颠倒的书籍，订正次序、重定目录是有用的编纂工作。例如，唐人韦公肃编《礼阁新仪》，宋曾巩为其补编目录：“臣书有目录一篇，以考其次序，盖此书本三十篇，则集贤院书虽具，然其篇次亦乱。既正其脱谬，因定著从目录，而《礼阁新仪》三十篇复完。”(《礼阁新仪目录序》)

《带经堂诗话》卷首《目录》，有三个层次，分卷、分门与分类，并注明每一类的条数，如卷一是综合门一，其下有源流类（一至五条）、体制类（一至二八条）和品藻类（一至二八条）。

（六）撰写序跋

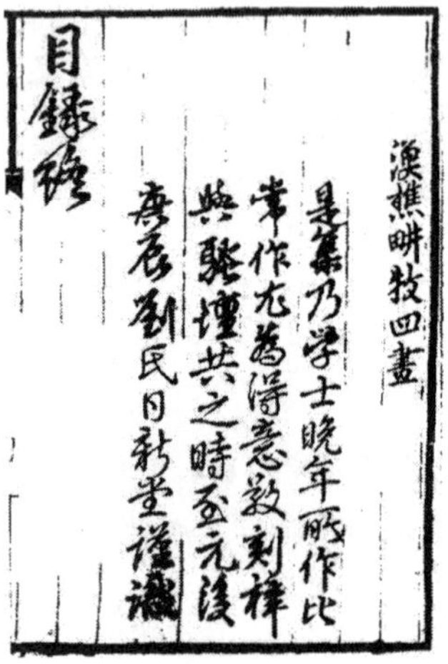

图 5—2　元刘氏日新堂刻本《伯生诗后》

序跋是书籍的阅读指南、补充说明，有时兼具广告的性质（见图 5—2），可以由编者自撰，也可以另请高明。通常情况下，序言在卷首，跋文在卷末，序言的使用频率高于跋文。在现代出版的书籍中，跋文通常称作后记，与序言相比，更具有补充说明或记录心得的意思，重要性不如序言。

序言的功能，章学诚《文史通义·匡谬》指出：“书之有序，所以明作书之旨也。”所谓作书之旨，对于书籍编纂而言，包括编纂的用意、资料的来源、编纂的过程等情况。例如，张宗柟纂集《带经堂诗话》，卷首自序交代编纂此书的用意是自己对王士禛诗学的仰慕和瓣香，编纂的契机是涉园馆师许昂霄的鼓励：“君既寝味渔洋，盍汇编诗话，以资解悟？”卷末张宗柟后序，解释此书剪裁文集序论以入诗话的编纂体例，是“无戾乎前贤，有裨于后学”。

（七）编制附录

对于书籍编纂而言，附录的定位必须明确：一方面是使用书籍的辅助资料或补充文献必须有用；另一方面是依附于书籍，不应该喧宾夺主，占用过多篇幅。附录的资料类型包括传记、序跋、索引、引用书目等。例如，《带经堂诗话》的附录有《汇纂书目》和陆以谦《含广先生墓志铭》，前者是纂集工作的引用书目，后者是编者张宗柟的传记。又如今人李毓芙等整理《渔洋精华录集释》，卷末有八种附录：钱谦益序、钱谦益《古诗一首赠王贻上士禛》、翁方纲序、林佶后序、渔洋诗总评、王士禛《与林吉人手札》、手札后各家题跋六则、渔洋山人自撰年谱。

四、编纂学的用途

中国古典文献学范畴内的编纂学，具有综合的性质，涉及校勘、目录、版本等工作，但主要关注的是书籍形成的过程，涵括历史、观念与方法等层面，既指向理论研究，更指向实践工作。由此，编纂学主要有两方面的用途，一是研究古代的书籍编纂的历史与特点，二是确立现代的古籍编纂的原则和方法。

研究古代的书籍编纂，用意在于更准确地理解古籍编纂的过程、体例和意图，为历史研究确定坚实的文献基础。这方面的研究可以余嘉锡《古书通例》为代表。此书论列两汉以前的典籍，分成“案著录第一”、“明体例第二”、“论编次第三”、“辨附益第四”四卷，其中多涉及编纂问题，如“古书多造作故事”、“古书单篇别行之例”、“古书之分内外篇”诸章。又如萧统《文选》的编纂素来备受关注，骆鸿凯《文选学·义例第二》有“论文选之编次”一节，包括“一、增删古人之文”、“二、割裂古人之文代造题目”、“三、误析赋首或摘史辞为序”、“四、标题之误”、“五、叙次之失”诸条。另外，前文提及的替古书发明凡例，也是理解古代书籍编纂的重要工作。

确立现代的古籍编纂理论、原则和方法，用意则是为古籍编纂实践提供一种入门的指南。在传世文献的基础上编纂新的古籍，是文化传承的重要方式，始终得到学者的重视，因此也不断涌现出各种类型的新古籍。围绕这些编纂工作，古籍编纂的原则和方法得到思考、总结和检验，并表述在前言、后记和相关书评中。在若干古典文献学的教材中，编纂学也被列为独立的章节，得到一定程度的介绍。

第二节 分　论

一、别集编纂

(一) 别集与作者之意

别集是个人诗文集，与总集、诗文评等一起构成四部中的集部，与经、史、子三部相区别。《四库全书总目》卷一百四十八集部总叙：“四部之书，别集最杂。”确实如此，别集的收录范围在宋以后日益混杂，甚至出现涵括个人全部著述的大全集、四部稿。然而，别集的基本特征仍然是一位作者的诗文作品的结集。因此，别集编纂的要义是作者意图的问题，具体地说，按照某种原则编纂而成的别集，在多大程度上尊重作者之意，这直接决定别集的权威性和可靠性。

从编纂的角度看，作者之意的问题就是编者与作者手稿之间的距离问题。编者编定成集后，尽可能地保持手稿的文字和相关特征，这是尊重作者之意的基本要求。编者与作者手稿之间的距离问题，可有三类情况：

其一，编者就是作者。作者生前自行编定成集，避免他人改窜，控制文本生产的主要过程，这是最理想的编纂方式。

其二，编者与作者存在直接联系。子孙、门生、好友往往能获取作者家藏手稿，遵循遗愿，据以编集，通常能大体符合作者的原意。

其三，编者与作者没有联系。后世学者未能亲见作者手稿，仅凭传本，增辑佚文，私意纂集，甚至妄加改字，虽然刊布有功，却往往多少违背作者之意。

作者自定文集，不必深论，而作者之外的编者如何尊重作者之意，始终受到学者的关注。明人叶盛指出："古人制作，名集编次，多出于己，各有深意存焉。"并举出后人妄意编类前人文集的例子，如明初高启自定《缶鸣集》，凡 987 首，而正德间徐庸编纂并刊刻的《高太史大全集》，依照诗体重新编次，并增至 2 000 首，已非高启原本。[①] 清人陆以湉谈及明人程敏政殁后刊集，多混入门人代笔，瑕瑜互见，总结说："知文人著述，必当及身自定也。"[②]

作者之意是否受到尊重，不仅学者关注，一些作者也感到担忧。清人郑板桥自定《板桥集》，自行手书上版刊行，并附有题识："板桥诗刻止于此，死后如有托翻板，将平日无聊应酬之作改窜滥入，吾必为厉鬼，以击其脑。"[③] 这样激烈的警告，虽然显得怪异，却鲜明地表现出作者对身后文集在流传中失控的焦虑。

（二）别集编纂的注意事项

围绕作者之意，别集编纂应该关注几方面的问题：真伪、去取、异文、编次以及文本附属的处理。

其一，真伪问题。作者之外的编者经常需要面对作品真伪的问题，误收他人作品的例子不胜枚举。在判定真伪上，文献来源是最重要的依据，流传有绪的文献通常比较可靠。不同类型、不同时代的文献，权威程度应区别对待。例如，类书、选本通常不如本集可靠，晚出的本子不如旧本可靠。多闻阙疑是收录的基本原则，对于真伪未定的作品，应置于附录，并加按语说明文献来源和相关考辨。

其二，去取问题。作者生前自行删削，或请师友删定文集，留取精华，以便传世，这是很多古代文人的习惯，通常不会引起去取不当的问题。作者身后的删定则未必能够符合作者之意，或者让他人满意。例如，清乾隆间，黄仲则殁后，翁方纲删定其诗集而成《悔存诗钞》八卷，引起洪亮吉不满。[④] 晚清钱振锽评论说："《两当轩诗》瑕瑜杂出，去取无当，此皆仲则早死之故。若出于仲则手定，决不如此。"[⑤] 另一种情况是，后世编者经常抱有求全的心理，极力搜取零篇佚章，将作者删去的作品找回。这类补遗辑佚的工作，不能让作者满意，但有利于学者的研究。在编排上，这类作品应该置于外集或补遗，区别于作者删存的作品，既满足研究的需要，也部分地尊重作者的原意。

其三，异文问题。别集编纂中经常遇到不同版本提供的异文，如何处理这些异文是校勘学的问题，此不具论。需要提及的是作者修改所致的异文，古人处理此类异文，通常遵循的原则是两存。例如，南宋曾季貍提到："东莱《济阴寄故人》'柳絮飞时与君别'有两本者，东莱少时作，后失其本，在临川因与学徒举此诗，亡之，遂用前四句及结尾两句补成一篇，已而得旧诗，遂两存之。'落花寂寂长安路'者是旧诗，'千书百书要相

---

① 叶盛撰，魏中平校点：《水东日记》卷二《编次文集》，18 页，北京，中华书局，1980。

② 陆以湉撰，崔凡芝点校：《冷庐杂识》卷六《著述当自定》，317 页，北京，中华书局，1984。

③ 转引自李调元撰，詹杭伦、沈时蓉校正：《雨村诗话校正》卷十三，304 页，成都，巴蜀书社，2006。

④ 洪亮吉《卷施阁诗》卷十八《刘刺史大观为亡友黄二景仁刊悔存轩集八卷工竣感赋一首即柬刺史》："删除花月少精神。"自注："诗为翁学士方纲所删，凡稍涉绮语及饮酒诸诗，皆不录入。"

⑤ 钱振锽撰，钱瑗之校点：《谪星说诗》卷一，见张寅彭编《民国诗话丛编》，第二册，590 页，上海，上海书店出版社，2002。

就’者是追作。”（《艇斋诗话》）在今传吕本中《东莱先生诗集》（影宋本）中，卷十所收《新郑路中》是旧诗，卷五所收《济阴寄故人》是追作。

其四，编次问题。作者自定文集，在编排次序上往往寓有微意，唐宋以后的作者在编纂上尤有明确的自觉意识。大体而言，先唐旧集流传久远，难寻作者之意；宋人别集略依时地先后，多具编年之意；明人别集分体纂列，多见辨体意识。后学重编古人文集，应该关注编次问题。例如，前举徐庸编《高太史大全集》，将原本单行的《姑苏杂咏》，依从诗体，散入各卷，这实际上既违背高启的原意，也不利于学者单独研究这组诗。

其五，文本附属的问题。文本的附属包括作者自己完成的题目、序言和注释。这些正文以外的附属要素，在古代的别集编纂中，经常不能得到应有的尊重，司空见惯的是删减或削落的情形。这应该部分地归咎于古代印抄成本的限制，但更重要的是相沿已久的轻视态度。在现代学者的编纂中，此类情形应该尽量避免出现，然而还是时有发生。例如，元好问自定的《遗山先生诗集》，保留若干音注，想必是出于作者之手，而姚奠中主编《元好问全集》却删去不少此类音注。

二、总集编纂

《四库全书总目》卷一百八十六总集类小序，在综览历代总集的基础上总结说：“文籍日兴，散无统纪，于是总集作焉。一则网罗放佚，使零章残什，并有所归；一则删汰繁芜，使莠稗咸除，菁华毕出。”这段论述，一方面指出总集编纂的意义是使散乱繁杂的文籍变得有条理，可见总集的体例是关键问题；另一方面又指出总集可分成全集和选本二类，各有其编纂的宗旨，全集的编纂注重文献的完备，选本的编纂则注重选录的标准。

从文献学的角度说，总集的编纂主要讲的就是全集的编纂，而选本的编纂在很多时候应该归入文学批评史的范畴。对于编纂学而言，选本编纂需要关注的只是文献层面的问题，如作品的来源，是取自本集还是其他总集，又如作品的删定，是严格照录底本文字还是随手改定。例如，清人沈德潜、周准共同辑选的《明诗别裁集》，所录作品部分取自本集，部分则本于钱谦益《列朝诗集》、朱彝尊《明诗综》等明诗总集，在文字方面，经常擅改、删略原文，有时也沿用钱谦益的窜改，从文献学上说，是一个非常不可靠的明诗选本。

以下论述全集编纂的相关问题，包括从古至今全集编纂的主要成果与全集编纂需要遵循的主要原则。

（一）全集编纂的主要成果

总集的编纂始于先秦的《诗经》，之后影响最大的是南朝萧梁萧统的《文选》，然而，网罗放佚、追求完备而不加遴择的全集则出现得比较晚。最早的全集是明代嘉靖间冯惟讷编纂的《古诗纪》156 卷，《四库全书总目》评价此书说：“上薄古初，下迄六代，有韵之作，无不兼收。溯诗家之渊源者，不能外是书而他适。固亦采珠之沧海，伐木之邓林矣。”卷首《凡例》比较详细地说明此书的编纂原则，如互见诗的处理、异文的处理、残句连缀的原则、编次先后的原则等。

晚明出现的全集，如吴琯《唐诗纪》（初盛唐部分）170 卷，沿用《古诗纪》的体例；胡震亨《唐音统签》1 033 卷，首次完成有唐一代诗歌的汇辑；与胡震亨同时的茅元仪有

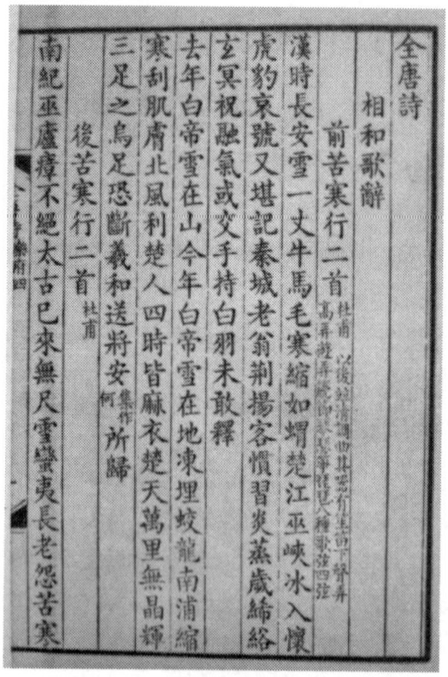
全唐詩
相和歌辭
前苦寒行二首 杜甫
漢時長安雪一丈牛馬毛寒縮如蝟楚江巫峽冰入懷
虎豹哀號又堪記秦城老翁荆揚客慣習炎蒸歲絺綌
玄冥祝融氣或交手持白羽未敢釋
去年白帝雪在山今年白帝雪在地凍埋蛟龍南浦縮
寒刮肌膚北風利楚人四時皆麻衣楚天萬里無晶輝
三足之烏足恐斷羲和送將安所歸
後苦寒行二首 杜甫
南紀巫廬瘴不絕太古已來無尺雪蠻夷長老怨苦寒

图 5—3 清康熙间扬州诗局本《全唐诗》

《全唐诗》1 200 卷，首次以“全”字命题断代文学全集，惜已亡佚，仅存《凡例》。清初钱谦益、季振宜也曾从事唐诗的汇辑，可惜当时并未刊传，仅有稿本和清写本传世。在唐诗全集编纂上成为权威文献的是清康熙年间成书的《全唐诗》900 卷（见图 5—3)，此书的编纂蓝本是胡震亨、季振宜二书，虽然成书匆忙，却影响至今，并得到今人的增补，如《全唐诗外编》、《全唐诗补编》。

清人编纂的全集，尚有康熙间郭元釪编《全金诗增补中州集》72 卷，是在金人元好问《中州集》基础上增辑而成的金诗总集，但仍不完备；乾隆间李调元编《全五代诗》100 卷、嘉庆间徐松等编《全唐文》1 000 卷、严可均编《全上古三代秦汉三国六朝文》746 卷等，这些全集在很长时期内都是学者案头必备的文献资料。

20 世纪以来，全集编纂工作进一步展开，比较重要的有如下几种：

逯钦立辑《先秦汉魏晋南北朝诗》135 卷。逯辑本以冯惟讷《古诗纪》为基础，宋前群书博采殆尽，同时留心搜寻敦煌遗书、域外汉籍、石刻方志、佛道二藏，逐条注明各书引录情况，详加校勘，编次合理，为先唐诗研究提供了良好的文献基础。逯辑本的不足是仍有若干误收、失收的作品，采录的文献也并非都是善本。

唐圭璋编纂、王仲闻参订、孔凡礼补辑《全宋词》。此书在采录善本文献、网罗残佚作品、甄别互见词作等方面，都可作为全集编纂的典范。赵宋一代的文学全集，又有北京大学编纂的《全宋诗》和四川大学编纂的《全宋文》。二书体量巨大，文献价值自然不容置疑，但在体例、编次、校订等方面稍有可议之处。

辽金元的文学全集，已出版的有陈述辑《全辽文》，薛兆瑞、郭明志辑《全金诗》，阎凤梧、康金声主编《全辽金诗》，唐圭璋辑《全金元词》，隋树森辑《全元散曲》，王季思主编《全元戏曲》，以及北京师范大学古籍所李修生主编《全元文》等。

明清两代的文学全集，已出版的是饶宗颐初编、张璋编订的《全明词》，《全清词》已出版顺康卷，其余各卷尚在进行，《全明诗》、《全明文》仅各出版三册和两册，至于清诗、清文全集的编纂，仅见学者提议，尚未付诸实践。

（二）全集编纂的主要原则

陈尚君在《断代文学全集编纂的回顾与展望》一文中将全集编纂的主要原则概括为八条，现择要删述如下。[①]

其一，搜辑全备。

收录作品全备，是每一部全集都应该追求的目标，即《四库全书总目》所说的“网罗放佚，使零章残什，并有所归”。然而，全备的目标通常不是一次编纂就能达到的，而

① 参见陈尚君：《断代文学全集编纂的回顾与展望》，载《四川大学学报（哲学社会科学版)》，2005 (5)。

是需要学者的不断增辑和补编。例如，《全唐诗》成书不久，朱彝尊即指出缺收问题。后世学者不断致力于唐诗的增补工作，最早为其补遗的是日人市河世宁（1749—1820）《全唐诗逸》三卷；20世纪以来，中国学者王重民利用敦煌遗书，孙望、童养年利用四部群书和石刻方志，分别辑录唐人逸诗，合编成《全唐诗外编》；后陈尚君又加补辑，并删订前书，重编为《全唐诗补编》，共存逸诗6 300多首；再后来，徐俊《敦煌诗集残卷辑校》出版，又可补唐人逸诗近千首。

其二，注明出处。

前述编纂工序时已指出，标明每条资料的文献来源是编纂工作的基本要求，全集编纂同样应该遵循这一要求，这也是衡定编纂质量的一种标准。具体地说，注明出处应该注意两点：一是所据文献是否为最早最可信的记载；二是能否备录作品在较早文献中的引录情况，并出校异文。

其三，讲求用书及版本。

全集编纂工作所采摭的文献，通常数量巨大，经常是随得随用，未能充分讲求史源，广征异本。例如，季振宜编唐诗时，别集之外的零散诗篇，大抵以计有功《唐诗纪事》为基础，另据他书增补。这一格局为《全唐诗》所传承。《唐诗纪事》成书于南宋初，确实保存不少唐诗文献，然而其中十之七八的作品均能找到更早的出处。

其四，录文准确，备校异文。

文本在漫长的流传过程中不免滋生各种异文，这些异文有的是可以判定的讹误，有的则只能是多闻阙疑、存以待考。全集编纂有责任为读者提供尽可能反映文本流传面貌的文献，以及自行判断异文去取的机会。这就需要准确地辨识所用文献的文字，并校出不同版本的异文。至于异文的处理和呈现方式，有底本式和定本式两种。

其五，甄别真伪互见之作。

在文献流传中，作品与作者之间的关系经常发生混乱，如归属不清、张冠李戴、伪托虚构等，这就是全集编纂需要处理的真伪互见的情况。就互见误收作品的处理而言，《全宋词》采用存目附考的体例，是者存录，加附按说明误传情况，误者删去，在存目表中记录传误书证，并加考证裁定归属，这是最为妥善的办法。

其六，限定收录范围。

所谓收录范围包括以下几类：空间范围，时间范围，语言范围，单文与专著的区别，文体的界定。如何限定收录范围，需要根据实际情况而详加斟酌。例如，对于易代之际作者及其作品的收录，已编各书的宽严出入不一，各有其考虑。

其七，作者小传。

全集编纂大多是以作者立目，一般都需要撰写简洁准确的作者小传。这种方式古来有之，如元好问《中州集》、钱谦益《列朝诗集》等。对于古代编纂的全集而言，作者小传既有阅读的意义，更有史料的价值。对于新编的全集而言，作者小传的撰写目的，主要是梳理、考证作者生平，帮助读者的阅读。作者小传的内容，除生平之外，通常还要说明作者著述尤其是别集的流传和版本情况。

其八，编次有序。

历代全集的编纂次序，有分体、分类、编年、以作者先后为序等类型。《全唐诗》以后的断代文学全集，大多以作者立目，但在先后次序上，还有作者身份、世次先后及诗体等编次方法。现代的全集编纂，大多以作者世次先后为序，不再区别作者身份等因素。在作者世次排列上，则有生年为序和卒年为序两种，各有长短。每一作者之下作品的排列，可依原集次序，也可分体，一般原则是编次尽量有所依据而避免重编。

三、类书编纂

（一）类书编纂的要素

类书，又称类事之书，是分门别类的资料汇编，可供寻检和征引的工具书。在四部分类中，类书通常列在子部，然而类书所含资料则无所不包。《四库全书总目》沿用旧例，将类书放在子部，并在类书类小序中指出：“类事之书，兼收四部，而非经非史非子非集，四部之内，乃无类可归。”

类书的功能，就编纂者的意图说，主要是查找事典和语典，这种功能在现代大抵已被百科全书和各类辞典所取代；从后世学者的使用看，主要是作为文献整理中校订古书和辑录佚书的资料。唐宋类书可谓学者校书和辑佚的渊薮，文献价值应该充分发掘。

类书的编纂包含三方面的要素：

其一，资料抄撮的主题。是综合还是专科的性质，是资治还是学文的意图，是事类还是诗文的主体，诸如此类的不同取向使类书的类型极为繁杂，如20世纪30年代邓嗣禹所编《燕京大学图书馆目录初稿·类书之部》，把类书分为十门：类事门、典故门、博物门、典制门、姓名门、稗编门、同异门、鉴戒门、蒙求门、常识门。

其二，资料的分类形式。通常是按照天文、地理、人事（三才）三类，其下再分若干小类，如天文类有日、月、星、时等，这称为义系类书；又有音系和形系两类，分别是依韵字和字形的编类。

其三，资料的处理方式。类书引录资料的单位，可以是词、句、段或篇，但不能是全书，这点不同于丛书；类书抄集资料，可以摘录、删节，但通常不作改写、撮述或归纳，这点不同于辞书或百科全书。

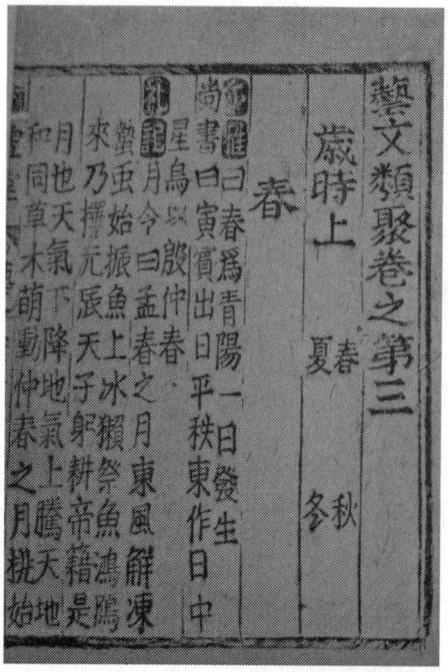
藝文類聚卷之第三
歲時上 春夏 秋冬
春
曰春爲青陽一日發生
尚書曰寅賓出日平秩東作日中
星鳥以殷仲春
月令曰孟春之月東風解凍
蟄虫始振魚上冰獺祭魚鴻鴈
來乃擇元辰天子躬耕帝藉是
月也天氣下降地氣上騰天地
和同草木萌動仲春之月桃始

图5—4　明华坚兰雪堂铜活字本《艺文类聚》

（二）类书举例①

以下介绍几种重要类书的编纂情况。

1.《艺文类聚》

《艺文类聚》100卷（见图5—4），唐初欧阳询等编纂，现存宋绍兴刻本及多种明刻本。此书抄撮的资料是事与文并举，欧阳询序称：“《流别》、《文选》，专取其文；《皇览》、《遍略》，直书其事。文义既殊，寻检难一，爰诏撰其事且文，弃其浮杂，删其冗长。”至于分类情况，如书名“类聚”所示，此书分类聚集各种资料，包括天部、岁时、地部、帝王部、人部、礼部等，凡46部；部下又分小类，如天部下分天、日、月、星、云、风等，全书凡727小类。而资料的编排方式，是每一条目先列故事，再列诗文。如卷十七《人部一·目》，先列《易经》至《濑乡记》中有关目

① 参见胡道静：《中国古代的类书》，北京，中华书局，2005。

的资料 28 条，再列诗、箴、铭各 1 首。

《艺文类聚》具有很高的文献价值。南宋陈振孙《直斋书录解题》已称："所载诗文赋颂之属，多今世所无之文集。"《四库全书总目》也指出："隋以前遗文秘籍迄今十九不存，得此一书，尚略资考证。宋周必大校《文苑英华》多引是集，而近代冯惟讷《诗纪》、梅鼎祚《文纪》、张溥《百三家集》从此采出者尤多。亦所谓残膏剩馥，沾溉百代矣。"

2.《册府元龟》

《册府元龟》1 000 卷，北宋初王钦若等编，现存两种宋刻残本以及明黄国琦刻本等。卷首宋真宗序明确指出此书的编纂体例："粤自正统，至于闰位，君臣善迹，邦家美政，礼乐沿革，法令宽猛，官师议论，多士名行，靡不具载，用存典刑。凡勒成一千一百四门，门有小序，述其指归。分为三十一部，部有总序，言其经制，凡一千卷。"

此书初名《历代君臣事迹》，专门辑录与君臣事迹有关的资料，所采以正史为主，间及经书和子书，不取杂书、小说；采摭资料繁富，引文整篇整段，自上古至五代，依照人物身份阶层，分门编纂，如帝王部、宗室部、宰辅部等，各部之下又分门，各门所录事迹又以年代为序。

3.《永乐大典》

《永乐大典》22 877 卷，明解缙等编，现仅存残卷 800 余卷。

此书的编纂体例，是依照《洪武正韵》的韵目，"用韵以统字，用字以系事"。各韵分列单字，先注音读，再录字书、韵书的释义，再列篆、隶、楷、草等书体，然后汇集与该字有关的天文、地理、名物，以及诗文词曲等资料，采摭资料大多是整段、整篇，甚至整部。

《永乐大典》体量浩繁，旁搜博采，汇聚群书，多达七八千种，共 11 095 册，约 3.7 亿字。其文献价值主要是辑佚。例如，明嘉靖末张四维参与重抄《永乐大典》时，从中抄出《名公书判清明集》、《折狱龟鉴》；清乾隆间修《四库全书》时，从中辑出佚书 388 种，收入丛书，另有 128 种入存目；嘉庆间徐松在参修《全唐文》时，从中辑出《宋会要》366 卷、《宋中兴礼书》150 卷、《中兴礼书续编》80 卷等，详参本书第六课"辑佚学"。

四、丛书编纂

(一) 丛书的概念与编纂方式

丛书，即丛聚之书，是若干种书籍的集合，是与单行本相对的书籍传布的概念。将若干种书籍集合成为丛书的名义，可以是相同的主题，如晚清徐乃昌刊《小檀栾室汇刻闺秀词》、清宣统元年（1909）诵芬室印本《敦煌石室遗书》；可以是同一出版商（出版者）而主题未必相同，如明末毛晋汲古阁刊《津逮秘书》、清乾隆间武英殿木活字印本《武英殿聚珍版书》；也可以是其他名义。

丛书是一般名称，既非固定，也不专用。可能出现的情况是，名为丛书，而实非丛书，如晚唐陆龟蒙的文集称《笠泽丛书》；名非丛书，而实是丛书，如清咸丰元年

(1851)海昌蒋氏宜年堂所刻《涉闻梓旧》。多数丛书名虽然不必含有“丛书”一词，但也大致能从名称中反映出来，如《百陵学山》、《纪录汇编》、《学海类编》、《宛委别藏》等。

丛书的选题范围，可以是无所不包的四部，如《四库全书》、《四部丛刊》、《四部备要》等；可以是专题文献，如明顾元庆编《顾氏文房小说》；也可以是接近个人全集的一家著述的丛编，如王国维所著《海宁王静安先生遗书》。与选题相关，丛书可以有严谨的次序，如依照四部分类法；也可以是随得随刻，依时成辑。

丛书编纂的动机和用途，主要是保存和传布文献。明代以前的书籍，多数以丛书本传世，单行本难以流传久远。明清以来的书籍虽以单行本居多，但丛书本仍然是书籍刊行的重要方式。编纂丛书以保存和传布文献的范例是佛藏和道藏，这种方式得到学者的认同，清人周永年由此撰写《儒藏说》，提出编纂儒藏的建议。

丛书的文献价值，主要在于对所收书籍的仿真程度，这又取决于不同的编纂方式，如影印（影刻、影写）、重刊（抄）、整理等。影印的方式，既能保存原书的文本内容，也可保持原书的版式行款；重刊的方式，则通常只能保存原书的文本内容。是否保持原书的版式，也与丛书是否采用统一版式特征的体例有关。影印也有仿真程度的不同，如《续修四库全书》，黑色缩印，版框以外如有眉批，经常不能完全体现，版心的要素也很难完全保留，而《中华再造善本》则在字体、版框大小、颜色等方面都尽可能逼真再现。古代的丛书编纂，有时也并非全取一书，而是摘取其中若干卷，如《夷门广牍》。现代的丛书编纂出版，除影印的方式之外，有时也按照某种体例对所收各书作句读、校勘、注释等整理工作，如上海古籍出版社《中国古典文学丛书》、中华书局《中国古典文学基本丛书》。这类包含整理工作的丛书，在文献价值之外，更有其学术价值。

（二）丛书举例

下面以《四库全书》的编纂为例。

《四库全书》，清乾隆皇帝敕编，设立四库全书馆负责编纂，是古代中国体量最大的一部丛书，历经十载编成，收书约 3 500 种，近 8 万卷。丛书分经、史、子、集四部，故称四库，部下又有类和属，凡 44 类 66 属，是四部分类法的集大成者。

该书编纂工作的第一步是征书。其底本来源包含内府本（中央朝廷的藏书）、赞撰本（清前期官修书籍和皇帝著述）、各省采进本、私人进呈本、通行本、《永乐大典》本。其中最重要的是各省采进和私人进呈，在各地官员和藏书家的响应下，征集工作顺利展开，其中以江浙进呈最多。底本来源最终体现于各书提要中书名之下的小注，例如《昭明太子集》六卷注：“江苏巡抚采进本。”《何水部集》一卷注：“江苏蒋曾莹家藏本。”《谢宣城集》五卷注：“内府藏本。”《庾子山集注》十六卷注：“通行本。”《陶山集》十四卷注：“《永乐大典》本。”

第二步是择书。四库馆臣对各书提出应抄、应刻、应存的具体意见。应抄之书，抄入丛书；应刻之书，不仅抄入丛书，还要付刊以广流传；应存之书，只列于存目。应抄、应刻之书，即作为丛书的工作底本，还需要经过分校官的校勘和纂修官、总纂官的审查，以及最后的御览。

第三步是抄书。抄写底本所需的人员，来自保举、考查等办法，最后也从乡试落第的考生中挑选，先后选拔 3 800 多人担任抄写工作。由于赏罚分明，抄写工作顺利展开。

第四步是校订。四库全书馆制定《功过处分条例》，严格规定校正文字讹误的记功、记过的细则。各册之后，标明校订者姓名，落实责任。一书需要经过分校、复校两关，再经总裁抽阅，最后装潢进呈。

第五步是抄副。第一部文渊阁《四库全书》（见图 5—5）完成后，又用若干年抄写副本六部，分贮南、北七阁，以广流传，嘉惠学林。

《四库全书》的编纂还产生几种副产品：《四库全书荟要》是精华版，收书 463 种，抄写二部；《四库全书考证》100 卷，是四库馆臣对抄入各书的文字校勘的记录汇编；《武英殿聚珍版丛书》，将 138 种应刻之书，用木活字印刷传世；《四库全书总目》200 卷，是丛书所收各书（含存目）的提要，出自纪昀、戴震、邵晋涵等学者之手，是提要撰写的典范；《四库全书简明目录》20 卷，是《四库全书总目》的简编本。

图 5—5　影印文渊阁《四库全书》

《四库全书》的编纂，各书所据底本，很多是宋元旧本和罕见珍本，还有从《永乐大典》等书中辑出的佚书，清初以前最重要的书籍大多收录在内，这些都表明这部写本形式的大型丛书具有无可置疑的文献价值。然而，《四库全书》的编纂过程中多有删削、篡改、焚毁等审查工作，从而损害了所收书籍的文献价值。鲁迅指出：“清人纂修《四库全书》而古书亡，因为他们变乱旧式，删改原文”①。例如岳飞《满江红》：“壮志饥餐胡虏肉，笑谈渴饮匈奴血。”因“胡虏”、“匈奴”二词在清代犯忌，而改作“壮志饥餐飞食肉，笑谈欲洒盈腔血”。因此，在学术研究中，《四库全书》本应该谨慎使用，如有其他传本，理应并观参照。

别集、总集、类书和丛书之外，其他类型的书籍如资料汇编、档案、佛藏、道藏等，具体的编纂事项或有不同，而主要的编纂原则大体不出以上所述。

【主要参考文献与课外阅读书目】

胡道静．中国古代的类书．北京：中华书局，2005

徐有富．中国古典文学史料学．北京：北京大学出版社，2008

郭伯恭．四库全书纂修考．长沙：岳麓书社，2010

George Thomas Tanselle. *Textual Criticism and Scholarly Editing*. Charlottesville：University Press of Virginia，1990

【练习题】

一、请概述逯钦立《先秦汉魏晋南北朝诗》的编纂情况。

二、请构想一部地方文学总集的编纂计划。

（颜庆余　编撰）

① 《鲁迅全集》，第 6 卷，185 页，北京，人民文学出版社，1981。

第六课 辑佚学

【本课教学重点】

一、文献的散亡及其原因；

二、历代辑佚工作的成就；

三、辑佚的方法。

【建议课时】

约 2 学时。第一节以学生课前自学为主，教师择要讲授；第二节重点讲授，结合实例，讲解辑佚的方法。

文献在流传过程中，由于受到天灾人祸以及书籍本身的内容质量、传播方式、载体性能等因素的影响，部分或者全部亡佚。复原这些亡佚文献的工作就是辑佚。研究辑佚活动的基本规律，总结辑佚整体活动过程、原则、方法及相关问题的学科即为辑佚学。学术界大都认为辑佚工作开始于宋代，并在清代达到兴盛。辑佚工作大致遵循以下几个步骤：判定拟辑佚的文献是否真佚；根据所辑书的时代、性质，确定辑佚的取材范围；选择取材文献的版本；熟悉古人引书通例，正确辑出佚文；注明佚文的出处；考校佚文的内容；探究所辑书体例，恢复原貌。

第一节 概　述

一、辑佚

(一) 文献亡佚与辑佚的产生

我国历史悠久，古代文献浩若烟海。官府、私人、学校、寺庙等藏书单位竭力收集、保藏文献。但文献的聚集与散佚是相始终的，往往前代《艺文志》或《经籍志》已著录的书籍，过了一段时期便找不到了。马端临《文献通考·自序》称："汉、隋、唐、宋之史，俱有艺文志。然《汉志》所载之书，以《隋志》考之，十已亡其六七；以《宋志》考之，隋、唐亦复如是。"[①] 其中有不少书籍亡佚是因本身的质量问题而被新的同类著作所取代的自然淘汰，也有一些是由于火烧、水浸、鼠啮、虫咬、霉变等自然灾害造成的。但绝大部分书籍亡佚是人为因素导致的，主要包括禁毁、兵燹等。

最早总结图书亡佚现象的是隋代牛弘。《隋书·牛弘传》记载，牛弘向隋文帝上表请开献书之路，指出古今书籍五件重大毁灭事件，称为"五厄"。明代胡应麟《少室山房笔丛·经籍会通》又补充了隋、唐至宋末的五次书籍劫难[②]，共称"十厄"。胡应麟之后，我国图书尚经历了诸多劫难。这里以时间为序，列举十多次重大文献损失。

(1) 秦始皇焚书。始皇三十四年（前 213），博士淳于越认为"事不师古而能长久者，非所闻也"，主张效法古制。丞相李斯坚决反对，并建议："史官非秦纪皆烧之。非博士官所职，天下敢有藏《诗》、《书》、百家语者，悉诣守、尉杂烧之。有敢偶语《诗》、《书》者弃市。以古非今者族。吏见知不举者与同罪。令下三十日不烧，黥为城旦。所不去者，医药卜筮种树之书。若欲有学法令，以吏为师。"(《史记·秦始皇本纪》)这一建议得到了秦始皇的批准。图书遭到极大摧毁。

(2) 西汉末年战乱。王莽在长安起兵，宫室图书，并从焚毁。

(3) 东汉末年战乱。献帝初平元年（190），董卓挟帝从洛阳迁都长安，洛阳藏书被吏民肆意糟蹋。

(4) 西晋末年惠怀之乱。惠帝时八王之乱及怀帝时永嘉之乱，京华荡覆，渠阁文籍，靡有孑遗。

(5) 侯景之乱与梁元帝焚书。南朝以梁代藏书最盛。梁武帝末，发生侯景之乱，图籍数百橱，焚之皆尽。梁元帝又收集七万余卷，及周师入郢，元帝自焚之。

(6) 隋末兵燹。隋炀帝聚书三十七万卷，皆焚毁于广陵。经隋末乱离，私家书籍损失严重。

(7) 安史之乱。唐朝藏书盛于开元，但安史之乱（755—763）时，长安、洛阳两都

① 马端临：《文献通考》卷首，8 页，北京，中华书局，1986。

② 参见胡应麟：《少室山房笔丛》卷一，8 页，北京，中华书局，1958。

沦陷，旧籍亡散殆尽。

（8）黄巢起义。黄巢攻克两京，宫庙寺署，焚荡殆尽。馆阁数十万卷藏书，损毁散失殆尽。

（9）靖康之难。靖康元年（1126），金军攻破东京汴梁（今河南开封），时“太清楼、秘阁、三馆及天下州府图书，为之一空”。

（10）南宋末年，元军破临安，大量图书散失损毁。

（11）乾隆禁毁。乾隆三十八年（1773），诏开四库馆，纂修《四库全书》，在全国范围内广泛征调图书，进行严格审查。把不符合政治要求的文献列为禁书，或删改，或抽毁，或全毁，或销毁书版，并对收藏禁书者严惩不贷。“据《禁书总目》、《掌故丛编》、《文献丛编》、《办理四库全书档案》诸书考之，在于销毁之例者，将近三千余种，六七万部以上。”①

（12）太平天国起义。太平天国起义军所到之处，有书必焚，其中江浙文化发达地区被祸尤烈。扬州文汇阁、镇江文宗阁《四库全书》被付之一炬，杭州文澜阁《四库全书》部分被毁。

（13）英法联军纵火圆明园。咸丰十年（1860），英法联军攻陷北京，在抢劫之余，放火焚烧圆明园。文源阁《四库全书》及味腴书屋《四库全书荟要》等毁于一旦。

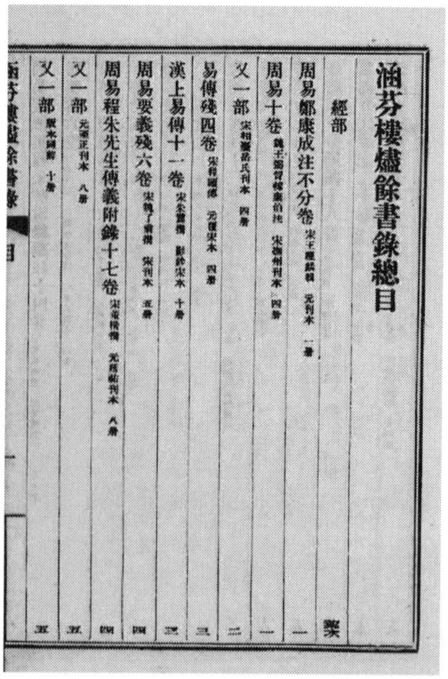

图 6—1　张元济《涵芬楼烬余书录》

（14）日本侵华战争。日本侵略中国期间，焚毁的文献不计其数。上海“一·二八事变”时，日本飞机轰炸商务印书馆，馆内珍籍 46 万余册化为灰烬，唯五百余种善本藏于租界金城银行保险库，才得以保全。张元济《涵芬楼烬余书录》（见图 6—1）记载其事。

（15）“文化大革命”。1966 年至 1976 年我国处于“无产阶级文化大革命”阶段。期间由于极左路线推行，以“破四旧”为名，在全国范围内发动了一场空前的大抄查，使历史文献典籍的损失触目惊心，无法统计。许多珍贵古籍被化为纸浆。经此劫难，民间藏书受到根本上的摧残。

综上所述，文献在流传过程中，由于受到天灾人祸以及书籍本身的内容质量、传播方式、载体性能等因素的影响，部分散佚，或者全部亡佚。这些历史上确曾存在而后来又亡失不传或已不见独立流传的文献——佚书、佚篇、佚文等，被称为亡佚文献。好古敏学的学者，出于求知的需要和复睹失传古籍的渴求，开始了复原这些亡佚文献的工作，也就是辑佚。

（二）辑佚的概念

“辑”字的本义，《说文》解释为“车舆也。从车，咠声”。段玉裁云：“舆之中无所不居，无所不载，因引申为‘敛’义。”即收敛之义。“辑”又通“集”，收集、编纂的意

① 孙殿起：《清代禁书知见录·自序》，上海，商务印书馆，1957。

思。《汉书·艺文志》解释《论语》时说："《论语》者，孔子应答弟子时人及弟子相与言而接闻于夫子之语也。当时弟子各有所记。夫子既卒，门人相与辑而论纂，故谓之《论语》。"

"佚"字的本义，《说文》解释为"佚民也，从人，失声"。段玉裁注补充说："许作'佚民'，正字也。作'逸民'者，假借字。"指出"佚"通"逸"，称遁世隐居的人。后引申为散失、失落之义。文献中"佚"字常构成"佚书"、"佚诗"、"佚文"等词，指散佚的作品。

"辑佚"又作"辑逸"、"辑遗"，定义有广义和狭义之分。狭义辑佚，单指辑佚书，即将佚书现存的片段资料加以搜集整理，最大限度恢复佚书原貌的文献整理工作和方法。广义辑佚，除辑佚书外，还有辑佚文、辑佚诗、辑佚句。我们这门课取的是广义的概念。

二、辑佚学

辑佚之事，去今久远。南宋郑樵在《通志·校雠略》中写有一篇《书有名亡实不亡说》，是最早提倡和研究辑佚理论与方法的文献，标志着辑佚学的发端。然辑佚作为一门独立之"学"被认识，始于晚清。皮锡瑞《经学历史》说："国朝经师有功于后学者有三事：一曰辑佚书。两汉今文家说亡于魏、晋；古文家，郑之《易》，马、郑之《书》，贾、服之《春秋》，亡于唐、宋以后。宋王应麟辑《三家诗》、郑氏《易注》，虽搜采未备，古书之亡而复存者实为首庸。至国朝而此学极盛。"① 梁启超《中国近三百年学术史·辑佚书》也有"入清而此学遂成专门之业"之语。至曹书杰《中国古籍辑佚学论稿》始明确提出"辑佚学"的概念。

辑佚学是研究辑佚活动的基本规律，总结辑佚整体活动过程、原则、方法及相关问题的一门学科，与校勘学、训诂学、版本学、目录学等同属中国古典文献学的分支学科。

三、辑佚史

（一）宋元时期的辑佚

古书辑佚和相关的研究工作自清代以来便成为一门专学。但是关于这项工作的起源和创始问题，学术界一直存在许多争议，并且至今仍不断有学者提出新的见解。但毫无疑问，宋人已开始从事辑佚工作。②

北宋陈景元从《意林》等书中辑出佚书《相鹤经》。叶德辉认为该书是宋代最早的辑佚书。其《书林清话》说："宋黄伯思《东观余论》中有《跋慎汉公所藏相鹤经后》云：'按《隋经籍志》、《唐书艺文志》，《相鹤经》皆一卷。今完书逸矣，特马总《意林》及李善《文选注》、鲍照《舞鹤赋》钞出大略。今真静陈尊师所书即此也。而流俗误录著故相

① 皮锡瑞：《经学历史》，330页，北京，中华书局，1959。

② 关于辑佚史内容可参见曹书杰：《中国古籍辑佚学论稿》，67～253页，长春，东北师范大学出版社，1998。

国舒王集中，且多舛午。今此本既精善，又笔势婉雅，有昔贤风概，殊可珍也。’据此，则辑佚之书，当以此经为鼻祖。”①

南宋高似孙曾辑有《古世本》一书，他在《史略》中自述辑佚工作说：“《世本》叙历代君臣世系，是书不复见……予阅诸经疏，惟《春秋左氏传》疏所引《世本》不一，因采掇汇次为一书，题曰《古世本》。”②

另一位著名学者王应麟以群经注文为取资，进行辑佚。章学诚《校雠通义》卷一《补郑》篇评述其工作时说：“昔王应麟以《易》学独传王弼，《尚书》止存伪孔《传》，乃采郑玄《易注》、《书注》之见于群书者，为《郑氏周易》、《郑氏尚书注》；又以四家之《诗》独毛《传》不亡，乃采三家《诗》说之见于群书者，为《三家诗考》。嗣后，好古之士踵其成法，往往缀辑逸文，搜罗略遍。”③

元代辑佚工作没有多大成绩，值得称道的仅有元末陶宗仪的《说郛》。此书分类选辑历代“士林罕见”的经、史、小说、杂记一千余家。但辑佚不注文献出处，对明代辑佚工作产生了不良影响。

（二）明代的辑佚

张四维于嘉靖间重录《永乐大典》时，从其中抄出《名公书判清明集》及《折狱龟鉴》二书，是现存最早的《永乐大典》辑佚书。

胡应麟辑录有《搜神记》、《柯山集》及《二酉缀遗》。

梅鼎祚辑有《三才记》、《汉魏八代诗乘》、《古乐苑》、《唐乐苑》、《历代文纪》、《履斋遗集》等，为明代一大辑佚家。

吴琯收集汉魏六朝至唐宋间史籍、笔记、小说、志乘等五十五种著作，成《古今逸史》，其中不乏辑佚之作。

张溥辑编汉魏六朝诗文，成《汉魏六朝百三名家集》。

孙瑴广泛搜集汉唐古籍中征引的纬书遗文，成《古微书》，开专辑一类古佚书的先河。

（三）清代的辑佚

辑佚在清代最为兴盛，成为专门的学术事业。特别是国家主导的四库全书馆和全唐文馆辑佚，成绩卓著。

四库全书馆开馆前，清人辑佚规模较小。李绂和全祖望在乾隆初年从《永乐大典》（见图6—2）中辑录《周官新义》、《永乐宁波府志》、《二袁先生文钞》、《公是先生文钞》等五十余种佚书，开四库全书馆辑佚之源头。乾隆元年（1736），开馆纂修《三礼义疏》，方苞、杭世骏和李绂等将《永乐大典》中有关于“三礼”者悉录出。

乾隆三十七年（1772），安徽学政朱筠奏请从《永乐大典》中辑录佚书，得到批准。四库馆臣邵晋涵、周永年、戴震等从其中录出大量佚书。《永乐大典》辑录本，据浙刻本《四库全书总目》统计，著录经部70种、史部41种、子部102种、集部175种，共388种；存目经部9种、史部38种、子部71种、集部10种，共128种。此外还有部分四库

---

① 叶德辉：《书林清话》，183页，长沙，岳麓出版社，1999。

② 高似孙著，周天游校笺：《史略校笺》，168页，北京，书目文献出版社，1987。

③ 章学诚：《校雠通义》，10页，北京，古籍出版社，1956。

馆辑本因种种原因未能列名《四库全书总目》。

嘉庆中纂修《全唐文》，又从《永乐大典》辑出不少唐代佚文。阮元、徐松、胡敬、孙尔准、陈鸿墀、法式善等利用与修《全唐文》的机会，辑出大量自己感兴趣的文献。特别是徐松辑出《宋会要》、《中兴礼书》、《中兴礼书续编》等，意义重大。

此后，辑佚成为一门显学，辑佚主体呈现多元化，学者、官员、商人、藏书家等参与其事，硕果累累。以下是较有代表性的成果：

王谟《汉魏遗书钞》（又名《经翼钞》）104 种附 4 种、《汉唐地理书钞》79 种。

严可均《全上古三代秦汉三国六朝文》746 卷，作者 3 496 人。

马国翰《玉函山房辑佚书》辑录经、史、子三部佚书 590 余种，《续补》11 种。

黄奭《黄氏逸书考》（又名《汉学堂丛书》）341 种（附刻 7 种非佚书，未计）、《汉学堂知足斋丛书》250 种。

图 6—2 《永乐大典》

王仁俊《玉函山房辑佚书续编》辑录唐以前经、史、子三编佚书 269 种、《补编》138 种、《十三经注》40 种（其中 32 种有所增益后汇入《续编》）、《经籍佚文》116 种。

文廷式利用《永乐大典》，从中辑录《中兴政要》、《宋状元及第图》、《经史百家制度》、《经世大典》等佚书 20 余种。

（四）现当代的辑佚

民国时鲁迅《古小说钩沉》、张国淦《永乐大典方志辑本》、赵万里《析津志》及《元一统志》、郭绍虞《宋诗话辑佚》，都卓有成绩。近年复旦大学陈尚君先生的《全唐诗补编》、《全唐文补编》、《旧五代史新辑会证》，无论在理论还是实践上都堪称辑佚著作的楷模。

关于隋代前佚书辑佚的总成绩，可参考孙启治、陈建华《古佚书辑本目录》[1]。

第二节 辑佚的方法

辑佚是一项操作性很强的工作，主要借助史源学、辨伪学、目录学、版本学、校勘

① 孙启治、陈建华：《古佚书辑本目录》，北京，中华书局，1997。

学等学科的研究成果和手段，把散佚文献的佚文尽量搜罗齐全，并进行考订整理，依一定体例编排成册。那么，辑佚是如何进行的呢？辑佚的方法，可根据所辑书性质和辑佚者的不同情况，采用多种形式。不过，不管形式如何，大致必须遵循下列几个步骤。

一、判定拟辑佚的文献是否真佚

文献在流传过程中亡佚而形成佚书、佚文，这是辑佚的前提。所以，我们在开展辑佚工作前，需要通过翻检目录学著作、寻访图书馆馆藏等了解古书的存佚残缺，搞清楚拟辑文献是否确实散佚了。否则，花费了很多心血和时间，结果辑佚的书并未散佚，徒劳无功。

清代四库全书馆的辑佚，就存在辑录的文献并未真正散佚的情况。四库馆臣所辑经部文献，文渊阁《四库全书》载70种，但其中宋丁易东《周易象义》、元吴澄《易纂言外翼》、宋程大昌《禹贡山川地理图》、宋傅寅《禹贡说断》、宋晏兼善《春秋透天关》、宋司马光《切韵指掌图》及《蒙古译语》、明火源洁《华夷译语》等八种文献实际上并未散佚，中国国家图书馆及台湾图书馆藏有原刻本或旧抄本。四库馆臣所辑史、子、集三部文献也存在类似情况。造成这一状况的主要原因是编纂《四库全书》时，官府本身藏书及从民间征集的文献有限，私人藏书又基本不向社会开放。四库馆臣未能得见某些文献，就想当然地认为这些著作是散佚了。由于四库馆臣未审原书是否真正亡逸，盲目从事辑佚活动，虽皓首穷经、夜以继日辑出这些佚书，但因原书旧刻、旧抄本尚存，辑本只有弃而不用。

当下，大部分文献，特别是善本文献，都藏于海内外各种图书馆，且多数对社会开放。同时其藏书目录以纸质文献或电子资源对外发布，学者可以轻松搜辑某一文献全球馆藏书目，判定这一文献的典藏状况。凡见于前代文献征引、古籍标记、书目著录的图书，而未见其有流传下来的传本，基本可以认定为散佚之书。若此书前人未曾辑佚，或虽曾辑佚而辑本有欠缺，且该书又有较大的价值，我们就可以把它作为辑佚的对象。

二、根据所辑书的时代、性质，确定辑佚的取材范围

佚文散见于经、史、子、集各部类的图书文献中。因此，辑佚的取材，应该从多方面发掘，不可局限于少数或一部书。其中有些类型的图书由于编纂上具有征引群书的特点，因此保存的佚文较多，成为主要的辑佚取材文献：类书如《北堂书钞》、《初学记》、《艺文类聚》、《太平御览》、《太平广记》、《册府元龟》、《类要》、《永乐大典》等，古注如郦道元《水经注》、《世说新语》刘孝标注、《文选》李善注、《三国志》裴松之注等，地志如《舆地广记》、《方舆胜览》、《乾道临安志》等，字书如《玉篇》、《一切经音义》、《经典释文》等，总集如《文选》、《古文苑》、《文苑英华》、《玉台新咏》、《乐府诗集》、《唐文粹》等，此外还有金石、新出土文献及海外流传文献等。

范围宜广是辑佚的取材原则。但对具体的辑佚文献而言，应根据其时代、性质等因素，确定辑佚的重点取材范围。

(一) 时代

任何著作，只能被其同时或稍后的文献引录，而不能被之前的文献征引，这被称为“书距律”。所以，在辑佚时，首先应考察所辑文献的成书时间，以便确定辑佚取材文献的时间限断。凡成书于所要辑佚的文献之前的著作都可以排除。如王溥《五代会要》引录大量五代文献，但其成书略早于薛居正《旧五代史》，就不能据之增补《旧五代史》史文。

(二) 性质

著作引录的前人文献，一定在内容上和自身有某种联系。而辑佚时，应重视这种联系，把同种性质的文献作为重点辑佚依据。如所辑书是小说类佚书，必须注意利用现存古小说书；所辑书是地志类佚书，必须注意利用现存的地志书；所辑书是诗话类佚书，必须注意利用现存的诗文评书。

三、选择取材文献的版本

每种辑佚取材文献在流传中，都会产生各种版本，这些版本在质量上会有些微的差别。我们辑佚时，取材文献务求该书版本系统中的旧本、精本、足本等善本。否则，或者所辑佚文不完备，或者辑佚成果因袭版本上的错误，以讹传讹，增加了后期校勘工作的难度。如北宋陈舜俞《庐山记》载有大量庐山文献。但此书自明代开始逐渐散佚，清代唯有《四库全书》本三卷本传世。清人辑佚所用即为此版本。但 1909 年，罗振玉在日本发现成篑堂藏五卷宋刻足本，据以印入《吉石庵丛书》，世人始知清传三卷本仅为原书的前二卷。陈尚君先生《全唐诗补编》曾据五卷本补录唐诗二十多首。

四、熟悉古人引书通例，正确辑出佚文

查寻佚文，应该对有关图书文献逐一地仔细翻阅，要注意避免遗漏，追求全备。对于图书征引文献的不同方式，通常有两种相应的辑录佚文方式：有中生无、无中生无。

(一) 有中生无

有中生无指文献引录时明确注明出处，指出所据文献是引用的某人、某书的观点。根据这些标识语，可直接确定佚文。这种搜集佚文的方式是最为常见的。

查寻佚文时要尽可能地利用书目、索引等工具书，以节省时间。如常用于辑佚的《永乐大典》就有杨家骆主编的《〈永乐大典〉存本引用书索引》、《〈永乐大典目录〉夹注分类索引》，栾贵明《〈永乐大典〉索引》，日人衣川强《〈永乐大典〉索引》等可用。特别是 20 世纪 90 年代后期以来，随着古籍数字化及古籍电子检索手段的普及，这种查寻散佚文献的方式变得更加轻松。但这种辑录佚文方式并不缺乏学术含量，也非常考究，必须注意作者和书名的详细情况。

1. 同人异称

古人在不同场合有不同的称呼，最常见的是本名，如卢照邻、骆宾王之类。此外，尚有多种不同的称名方式。有称字的，如称陈子昂为"陈伯玉"、苏舜钦为"苏子美"之类；有称号的，如称苏轼为"苏东坡"、姜夔为"白石道人"之类；有称谥号的，如称韩愈为"韩文公"、宋祁为"宋景文"之类；有称行第的，如称杜甫为"杜二"、白居易为"白二十二"之类；有称官名的，如称李白为"李翰林"、高适为"高常侍"之类；有称官所的，如称骆宾王为"骆临海"、韦应物为"韦苏州"之类；有称封爵或籍里的，如称褚遂良为"褚河南"、孟浩然为"孟襄阳"之类。北宋末禅僧有更为独特的称名方式：以法名和表字连称，法名取简称，即法名第二字，字取全称。如释惠洪字觉范，称为"洪觉范"；释祖可字正平，称为"可正平"之类。[①] 辑佚时若不搞清楚作者别名异称，仅以本名检索查寻，佚文遗漏是可以想见的，也容易导致同一作者重复立目，将一书误作"同名异书"。如张祁字晋彦，而《全宋诗》误"晋彦"为"进彦"，将"张进彦"与"张祁"两立；释士珪字粹中，《全宋诗》将"释士珪"与"珪粹中"两立。

若取材文献引录时仅标明作者，就需要进一步根据所辑作者著作性质及所得佚文内容，确定该佚文是否为所辑书所有。

2. 同名异人

历史上不同人本名或别名相同现象很常见。如"蔡京"，一是唐朝开成元年（836）进士，一是宋徽宗时权臣，这是异代同名。又如"张先"，一是天圣二年（1024）进士，一是著名词人张先，天圣八年（1030）进士；"宋谏议"，因宋祁、宋庠兄弟曾官右谏议大夫，时人对二人均有此称呼：这是同代同名。辑佚时若不注意考辨，很容易误收。如四库馆臣辑元代王沂《伊滨集》，误辑入明代王沂诗，集中凡言及丧乱的诗都是明代王沂所作。[②] 甚至名字相近作者的作品，辑佚者也可能误收。四库馆臣辑宋代王珪《华阳集》，据劳格《读书杂识》卷十二所考，文渊阁《四库全书》本卷二《奉和敬叔弟七月十二夜胡伯恭园池对月即事之作》、《刘损斋主簿见示游广教和刘朔斋诗次韵》、《莫京甫知事有台援之辟赋诗识别》、《送汪叔志赴平江府同知》、《胡则大学士满秩趋京赋诗为赠》、《访别成献甫经历时新拜西台御史之命》、《又上监察御史》，卷三《次胡则大赋雪韵》、《又次韵》，卷六《挽胡信芳上舍》、《挽吴止水》、《挽贡南漪》、《挽董澜溪》、《挽潘昌朝》、《挽吴大社》、《挽钱公起》等共22首，所涉人物均为元代人，显然不是王珪的作品。据笔者所考，当是元代王圭的作品。这些诗歌，误辑入《华阳集》的原因，显然是因为"王珪"、"王圭"二名相近所致。

确定这类佚文，必须研讨所辑佚的文献作者的生卒年代、籍贯、仕履、交游等，以避免误辑佚文。

3. 同书异名

同一著作有不同的书名是常见的。杜信孚、王剑《同书异名汇录》（江苏古籍出版

---

① 参见周裕锴：《宋僧惠洪行履著述编年总案》，441～445页，北京，高等教育出版社，2010。

② 参见劳格：《读书杂识》卷十二，见《续修四库全书》，第1163册，影印光绪四年刻本。

社，2000）即收录 13 500 余条。如《庄子》又称《南华真经》、《列子》又称《冲虚真经》、《蒯子》又称《隽永》、《诗经》又称《葩经》之类。同书异名现象，常使辑佚者将一书误辑作二书。如宋人王中行的《潮州图经》，《宋史·艺文志》著录作“王中行《潮州记》一卷”，《舆地纪胜》引作“《潮阳图经》，郡守常祎序”，《永乐大典》引作《潮州图经》。其实，《潮州图经》、《潮州记》、《潮阳图经》三书实为一书，为郡教授王中行撰、郡守常祎序。然张国淦《中国古方志考》载之作两种：一作“《潮阳图经》，宋常祎纂”，一作“《潮州记》，宋王中行纂”①。

因此，搜辑异文时，应把所辑文献的常见书名、别称或简称等均作为搜集词目，详加辨识考证，以免遗漏或误分一书为两书。

4. 同名异书

同一书名有不同的著作也很常见。杜信孚等编《同名异书汇录》即收录 3 500 余条。如明代《王襄敏公集》，一为四卷，明王越撰，一为二卷，明王以旂撰；清代《明善堂诗集》一为允祥撰，一为弘晓撰。辑佚时若不留意，会将彼书误为此书，使二书、三书的佚文误辑成一书。如四库馆臣辑宋赵湘《南阳集》，其中《和子华对雨有感》二首、《蒙惠拄杖及诗依韵奉答》、《蒙以诗惠水精鲙辄次韵答谢》、《闻太素绝食饮水颇甚清羸以诗见招》等五首诗歌，均见韩维《南阳集》卷十四，显然是由于同名异书而导致误收。

如何处理同名异书对辑佚的影响呢？若同名书中一书散佚，同时另一种存世，散佚书佚文的确定可用“非此即彼”的推论法。陈尚君先生重辑薛居正《旧五代史》，取材文献有《永乐大典》。《永乐大典》引录文献有标书名《五代史》，兼指欧阳修《新五代史》及薛居正《旧五代史》（见图 6—3）。如何判定具体每条《五代史》引文是否是《旧五代史》呢？因《新五代史》存世，经过比对，若不是其中的文字，就一定是薛居正的《旧五代史》文字了。叶德辉辑许慎《淮南鸿烈间诂》也使用了“非此即彼”推论法。他的依据是：《淮南子》汉人注只有许慎、高诱两家，唐人注书和类书常两家并引，但字句、音读划然不同，宋代两书才淆乱。《群书治要》、《意林》是唐人著述，所引《淮南子》注不出许、高两家之外，高注尚存，通过比较，异于高注者，为许注无疑。

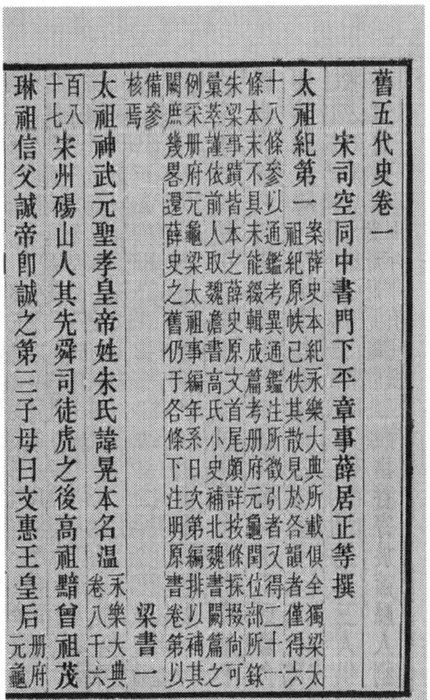
舊五代史卷一
宋司空同中書門下平章事薛居正等撰
太祖紀第一 案薛史本紀永樂大典所載俱全獨梁太祖紀原帙已佚其散見於各韻者僅得六十八條參以通鑑考異通鑑注所徵引者又得二十一條本末不具未能綴輯成篇考冊府元龜閏位部所錄朱梁事蹟皆本之薛史原文首尾頗詳按條採掇尚可彙萃謹依前人取魏澹書高氏小史補北魏書闕篇之例采冊府元龜梁太祖事編年系日次第編排以補其闕庶幾畧還薛史之舊仍于各條下注明原書卷第以備參核焉
梁書一
太祖神武元聖孝皇帝姓朱氏諱晃本名温 永樂大典卷八千六百八十七
宋州碭山人其先舜司徒虎之後高祖黯曾祖茂
琳祖信父誠帝即誠之第三子母曰文惠王皇后 冊府元龜

图 6—3　民国嘉业堂刊本《旧五代史》

（二）无中生无

“无中生无”即著作引录文献时，并没有指明所依据文献的作者或书名，而辑佚者根据其体例、性质等推断其文献出处的方法。这种方法又被称为“以文辞义例推循法”。此为辑录佚文的最高妙的方法。陈尚君先生重辑《旧五代史》时，对《通历》和《册府元

① 张国淦：《中国古方志考》，614 页，北京，中华书局，1962。

龟》的利用即属此种情况。《通历》十五卷，前十卷是唐代马总编纂，后五卷是宋佚名编纂，但并未说明文献依据。陈尚君先生用现存《旧五代史》诸帝纪与《通历》有关部分作一对读，发现其严格限定仅用《旧五代史》节写，且节录颇为讲究，很少增加新文字以使文意通顺。故判定《通历》卷十二至卷十五共四卷可以作为《旧五代史》的本文来利用。《册府元龟》引录五代史料甚多，但不注文献来源，在判断某一文献是出自五代实录，还是《旧五代史》时，陈尚君先生也利用了“以文辞义例推循”的方法。根据实录是编年体、《旧五代史》为纪传体，实录带有立场、《旧五代史》相对超然，实录繁、《旧五代史》简略等基本原则，推定这些未注出处文献的来源。此判断过程非常精微复杂，具体可参见《旧五代史新辑会证·前言》所述。[①]

古人征引图书，往往随意删节，有时节引，有时引其大义，各家征引、转引时删节改窜自不相同。且章句无读，往往不知起讫，辑录佚文时必须善于分辨。

五、注明佚文的出处

辑录散佚文献时一定要标注出处，而且要尽量详细和准确，必要时还要注明版本。这样做，一方面可以表明所辑文献的根据和真实性，另一方面也便于使用者按图索骥、覆按原书。如果所辑录的散佚文献不止一个出处，标注出处的方法一般有两种：一是并注法，即在所辑佚文后逐一注明所见征引的诸书；二是校注法，即每条佚文无论见于多少处征引，一般只注明最早的一个出处，其余的出处则在校注中说明。后一种方法较前一种方法节省文字，但于各处征引情况不能一目了然。

但无论采取何种标注出处的方法，都必须讲求史源，尽量找到佚文最早、最可信的记载。如《先秦汉魏晋南北朝诗》中录陈代徐德言夫妇“破镜重圆”二诗，注出“《本事诗》一、《御览》三十、《万花谷后》十五引《古今诗话》、《诗纪》百六”，应该说出处注明已经很充分，但细究起来仍有可议之处。《本事诗》虽为世人熟知此事的最早出典，但存世文献中则以唐玄宗时韦述《两京新记》卷三为最早，稍早于《本事诗》的还有李伉《独异志》；《古今诗话》是袭用《本事诗》，今见征引以《诗话总龟》卷二三所引为较早。

六、考校的佚文内容

对查寻辑录所得佚文，必须进行校注和考证，通过版本和校勘来审订所辑字句的异同多寡，通过辨伪来考证辑录文献的真假是非，保证辑佚成果的可靠性。

古人作品流播广泛，原作经不同途径传播，不可避免地会产生大量歧互异文。辑佚者有责任溯本清源地理清原作与流布异本的先后关系，为读者提供尽可能准确的文本和丰富的线索。若佚文出处单一，则可会校诸本；若出处复杂，则可备录佚文在较早文献中的引录情况，并出校异文。这虽是许多辑佚书努力希望达到的目标，但要做到则很难。如宋祁《景文集》，原本久佚，现有日本藏残宋本及四库馆臣从《永乐大典》另辑的六十卷本存世。其中文渊阁《四库全书》本卷二《感交赋》：“先是，君娶范氏，末年生子，

---

① 参见陈尚君：《旧五代史新辑会证·前言》，上海，复旦大学出版社，2005。

未百日而君没。范既早寡，拥树而归。庚申岁，予南涉大江，戾止斯郡，访君之孙，已三岁矣。”文中“君”指宋祁好友王贺，卒于天禧二年（1018），时其子始百日，至天禧四年（庚申，1020），正三岁。可知文渊阁本“访君之孙”的“孙”应该是讹字。文津阁本《景文集》卷二此句“孙”字作“孤”，不误。但《全宋文》第23册收录宋祁此文仍沿袭文渊阁本的讹误，照录不改。

同时，辑佚要与其他考据学手段相结合，甄别佚文真伪。如四库馆臣辑王珪《华阳集》，文渊阁《四库全书》本卷三收录《金陵怀古》（控带洪流古帝城）、《登悬瓠城感吴季子》、《三乡怀古》、《登海州楼》四诗。但《四部丛刊》影印涵芬楼藏旧钞本张耒《张右史文集》，上述四诗分别为卷二四《金陵怀古》、《登悬瓠城感吴李事》，卷二五《三乡怀古》，卷二二《登海州城楼》。其中重出诗《登悬瓠城感吴季子》所咏乃唐宪宗元和十二年（817）平淮西吴元济事，与吴季子无涉，《华阳集》诗题显误。而所咏史实与张耒集《登悬瓠城感吴李事》诗题合。重出诗有《登海州楼》，检王珪诗歌，仅此一首涉及海州，而《张右史文集》卷二二有《将至海州明山有作》、《秋日登海州乘槎亭》等诗，则海州乃耒行迹所至。且张耒集流传有自，重见诗可判为张耒作，四库馆臣误辑。这四诗之所以重出为王珪诗，源自《瀛奎律髓》。检《瀛奎律髓》卷三录此四诗，未署作者，第二首题《登悬瓠城感吴季子》，当是脱去张耒之名；而前一首为《依韵和金陵怀古》，署作者为王岐公。[①] 据《瀛奎律髓》各诗题作者例，四诗被误为王珪所作。《永乐大典》编纂者沿而不察，连《登悬瓠城感吴季子》诗题误字也未改，尽录张耒四诗为王珪诗，四库馆臣袭之，全部误录入辑本。

七、探究所辑书体例，恢复原貌

所辑佚书佚文经过查寻、辑录、考校之后，所得成果还需要编排整理。

辑佚的目标是再现原书。虽然辑本完全恢复原书的面貌，基本不可能，但不能以此为借口对佚文杂乱排列。佚文编排工作一定要从该书原有的体例出发，力求恢复原书的面貌。经书佚著，一般按照经文顺序排列；诗文类可分类或按时间排列。但有些佚书的编排需要较高的技巧。如四库馆臣邵晋涵所辑《旧五代史》，在恢复原本编排方面取得了突出成就，基本恢复了150卷的原书次第，可为后世之师。据陈尚君先生考察，其编排所据有四[②]：

（1）《玉海》卷四六引《中兴书目》云“凡记十四帝五十三年，为纪六十一、志十二、传七十七”，据此可知原书纪、传、志所占卷数。

（2）五代各自成编，宋人屡有记述。欧阳修初议《新五代史》体例时提出“正史更不分五史而通为纪传”，亦透漏出《旧五代史》分五编且纪传分列的消息。

（3）本纪各传起讫。《永乐大典》在引录时，另起一卷处各空一格，且重复年号，痕迹很清晰。应该指出的是，《梁太祖纪》因原编亡失，现分7卷是本纪61卷减去各本纪所知，至于各卷起讫是邵氏随意划定的。

（4）列传77卷，存史臣赞51则半，涵盖52卷，据此可约略知道各卷所收人物传记及其大致先后。此外25卷，因史臣赞不存，邵氏采用了类推的办法。邵氏据此分卷，虽

---

① 参见方回著，李庆甲集评：《瀛奎律髓汇评》卷三，143～145页，上海，上海古籍出版社，1986。

② 参见陈尚君：《旧五代史新辑会证·前言》，30页。

细节方面出入颇多，然其方法大端无错。

从事辑佚工作，除了正确掌握以上方法，还必须明确辑佚优劣的标准。梁启超曾总结为四条：

（1）佚文出自何书，必须注明；数书同引，则举其最先者。能确遵此例者优，否则劣。

（2）既辑一书，则必求备。所辑佚文多者优，少者劣。

（3）既须求备，又须求真。若贪多而误认他书为本书佚文则劣。

（4）原书篇第有可整理者，极力整理，求还其书本来面目。杂乱排列则劣。[①]

倘若能够严格按照上面介绍的方法和标准进行辑佚，一定会收获可喜的辑佚成果。

【主要参考文献与课外阅读书目】

曹书杰．中国古籍辑佚学论稿．长春：东北师范大学出版社，1998

喻春龙．清代辑佚研究．上海：上海古籍出版社，2010

张升．永乐大典流传与辑佚研究．北京：北京师范大学出版社，2010

郭国庆．清代辑佚研究．北京：民族出版社，2011

陈登原．古今典籍聚散考．上海：上海书店，1983

施廷镛．清代禁毁书目题注．北京：北京图书馆出版社，2004

【练习题】

一、用自己的话解释以下术语。

1. 辑佚　　2. 辑佚学

二、说说我国文献散亡的主要原因。

三、辑佚的主要方法和步骤。

四、尝试查找一部佚书，进行辑佚工作。

（史广超　编撰）

① 参见梁启超：《中国近三百年学术史》，330页，北京，东方出版社，1996。

第四单元

深化篇

本单元包括考证学和辨伪学，二者能够深化我们对文献的认识，是为深化篇。章学诚在《文史通义》卷五《答客问中》说：“天下有比次之书，有独断之学，有考索之功。”这里的“比次之书”就是本课中提到的目录、校勘、注释、编纂、辑佚等方面的书籍，“考索之功”是指包括考证学、辨伪学在内的侧重于历史考据或文献考证方面的学问。从古典文献学的学科体系看，本单元是在前述各单元基础上对文献文本及其所承载的知识内容的考证、研究，是古籍整理与研究中最高明的学问，以乾嘉考据学和民国时期王国维、梁启超、顾颉刚、傅斯年、陈寅恪、陈垣等人开创的现代实证研究为代表。

第七课 考证学

【本课教学重点】

一、考证学的内容；

二、考证学的方法。

【建议课时】

约3学时。第一节建议学生课前自学；第二节以学生自学为主，教师讲解难点，约1学时；第三节较深较难，重点讲授，约2学时。

考证学有广义和狭义之分。本课所讲是狭义考证学，与历史考证学关系密切，或者更侧重文献考证学，主要包括两方面的内容：文献文本考证和知识内容考证。所谓文献文本考证，一是考证古书的基本情况，如作者、成书年代、卷数等，二是考证文本的真伪（已独立为辨伪学），三是考订书籍内容的正误；所谓知识内容考证，是对于文献典籍所承载的历史事实，尤其是那些模糊不清、简略不详的事实，如历史人物的生平履历、历史事件的详细经过、名物典故的详解、典章制度的演变、历史地理的沿革等进行的考证，以便将隐含在文字背后的知识考察清楚，方便人们阅读和理解。

第一节 概 述

一、考证

考，本义是“老”，《说文解字·老部》：“考，老也。”段玉裁《说文解字注》说：“凡言寿考者，此字之本义也。”如《诗·大雅·棫朴》：“周王寿考，遐不作人。”引申为“考察”，如《尚书·周官》：“又六年，王乃时巡，考制度于四岳。”孔传：“考正制度礼法于四岳之下。”或作“考核”、“核实”，如《尚书·舜典》：“三载考绩。三考，黜陟幽明。”孔传：“三年有成，故以考功。九岁，则能否、幽明有别，黜退其幽者，升进其明者。”

证，本义是“告发”，《说文解字·言部》：“证，告也。”如《论语·子路》：“其父攘羊，而子证之。”引申为“验证”，《广雅·释诂四》：“证，验也。”如《庄子·秋水》：“证曏今故，故遥而不闷，掇而不跂，知时无止。”又引申为“证据”、“凭据”，如《大戴礼记·文王官人》：“女平心去私，慎用六证。”

考证是指研究历史、语言等的一种方法，根据事实的考核和例证的归纳，提供可信的材料，得出可靠的结论。“考证”一词，在宋人著作中经常使用。欧阳修《传易图序》说：“《易·需》之辞曰：‘需于血，出自穴。’……是皆险怪奇绝，非世常言，无为有训故、考证，而学者出其臆见，随事为解，果得圣人之旨邪?”[①] 范祖禹《秘书丞刘君墓碣》说：“道原于魏晋以后事尤能精详，考证前史差谬，司马公悉委而取决焉。”[②] 范成大《吴郡志》有“考证”一卷，王应麟著有《汉艺文志考证》。

考证或作“考信”、“考正”、“考定”、“考校”、“考实”、“考较”、“考究”、“考核”、“考述”、“考据”、“考异”、“考订”等。具体用例如下：

“考信”，即查考其真实，如《礼记·礼运》：“此六君子者，未有不谨于礼者也，以著其义，以考其信。”

“考正”，即考核订正，如《汉书·艺文志》：“故古有采诗之官，王者所以观风俗，知得失，自考正也。”

“考定”，即考核审定，如《汉书·刘歆传》：“（歆）典儒林史卜之官，考定律历，著《三统历谱》。”

“考校”，即校核、研究，如蔡邕《上汉书十志疏》：“请太师田注考校连年，往往颇有差舛。”

“考实”，即考按实情，如《三国志·魏志·傅嘏传》：“循名考实，纠励成规，所以治末也。”

“考较”，即查考比较，如裴骃《〈史记集解〉序》：“考较此书，文句不同，有多有

① 李逸安点校：《欧阳修全集》，第三册，947~948页，北京，中华书局，2001。

② 范祖禹：《范太史集》卷三十八，影印文渊阁《四库全书》本。

少，莫辨其实。”

“考究”，即考索研究，如《魏书·高允传》：“先所论者，本不注心；及更考究，果如君语。”

“考核”，即研究考证，如颜之推《颜氏家训·音辞》：“共以帝王都邑，参校方俗，考核古今，为之折衷。”

“考述”，即稽考叙录，如《新五代史·四夷附录序》：“至于弦弓毒矢，强弱相并，国地大小，兴灭不常，是皆乌足以考述哉。”

“考据”，即根据事实查考证实，如王安石《答韶州张殿丞书》：“盖其所传，皆可考据。”

“考异”，指考订书籍版本的文字或所记事实的异同，如司马光《资治通鉴考异》、朱熹《韩文考异》。

“考订”，即考据订正，如周密《齐东野语·绍兴御府书画式》：“其源委、授受、岁月考订，邈不可求。”

考证的目的是为了求真，而“真”的反面是“伪”和“误”，辨伪已是专门之学（详参本书第八课），本课所讲考证主要是考察古书的基本情况、考订文本错误、考证文献典籍所承载的历史事实等。

二、考证学

考证学的名称最早见于宋代。周必大《毛拔萃洵文集序》说：“大抵考证之学，易差难精，亦在乎秉笔者审之而已。”① 又《亲征录》：“（郑）樵好为考证伦类之学。”② 考证学或称为考核学、考据学、朴学、实学、汉学、制数学、名物典制之学等。这些名称各有侧重，考证学、考核学、考据学侧重于利用资料考辨纠谬的治学方法，朴学、实学指其质朴求实的学术风格，汉学指其宗尚汉儒、重小学训诂与名物考辨的学术特质，制数学、名物典制之学指其注重当名辨物与典制考订的研究内容。

关于考证学的范畴，历代学者有不同见解，聚讼纷纭，莫衷一是。概括言之，大体有四类。

（一）指学问之全体

段玉裁在《娱亲雅言序》中说：“考核者，学问之全体，学者所以学为人也。故考核在身心性命、伦理族类之间，而以读书之考核辅之。”③ 在《戴东原集序》中又说：“义理、文章，未有不由考核而得者。……盖由考核以通乎性与天道。既通乎性与天道矣，而考核益精，文章益盛。”④ 段玉裁认为考核是学问的全体，包括读书之考核和为人之考核，义理、辞章都包括在内。

---

① 周必大：《文忠集》卷五十二，影印文渊阁《四库全书》本。

② 同上书，卷一百六十三。

③ 段玉裁著，钟敬华点校：《经韵楼集》，192～193页，上海，上海古籍出版社，2008。

④ 同上书，370页。

（二）指考证语义、名物、典制等具体内容的学问

江藩《经学入门》说："考据者，考历代之名物、象数、典章制度，实而有据者也。"《汉语大词典》对考据学的解释是："运用考据方法，对古籍语义和历代名物典章制度进行研究、考核、辨证，以期确凿有据的一种学问。"二者对考证学内涵的限定略有不同，但都指一些特定具体内容。

（三）指对文献典籍所作包括义理在内的各种内容的考证研究工作

钱穆《史学导言》说："其实老子、庄子、墨子、先秦各位大思想家，都有他们一套考据。他们的思想言论，也各有来历，各有根据，都不是凭空而来。那亦即是考据。"在《学与人》中又称："考据应是考其义理。"他所理解的考证学不仅包括对文字资料进行音韵、训诂、校勘和考证，还包括对历史事实（制度、事件和人物）和思想的历史形态与发展过程进行具体描述和评判。钱穆的考据学概念包括对义理的考辨，发展了考证学思想。[①] 李时岳《史料的考订》说："考据学实际上无非是以考核辨正古籍字义和历代名物典章制度为中心的整理、疏通、诠释、审查、批判古代文献的工作，即历史资料的考订工作。"[②]他认为考据学包括对古代文献的疏通、诠释、审查和批判，显然也包括义理的考证。

（四）将考证学分为广义和狭义，但对广义和狭义的定义各不相同

阮元《晚学集序》说："尝谓为才人易，为学人难。为心性之学人易，为考证之学人难。为浩博之考据易，为精核之考据难。"[③] 所谓"才人"、"心性之学人"、"考证之学人"，分别指研究词章、义理、考据的学者。所谓"浩博之考据"，指旁征博引考证文献典籍，而"精核之考据"，指精于小学考证而能融会贯通。顾颉刚《古籍考辨丛刊序》说："'考据学'是一门中国土生土长的学问，它的工作范围有广狭二义：广义的包括音韵、文字、训诂、版本、校勘诸学；狭义的是专指考订历史事实的然否和书籍记载的真伪和时代。总之，它以书籍为主体，要彻底弄明白许多书籍的文字意义和社会意义，来帮助人们了解历史。"[④] 其所谓狭义的考据学，主要是历史考证学，而广义的考证学，则包括音韵、文字、训诂、版本、校勘等诸多学科。漆永祥《乾嘉考据学研究》所下的定义为："考据学是对传统古文献的考据之学，包括对传统古文献的整理、考订与研究，是古文献的主干学科。其学包括文字、音韵、训诂、目录、版本、校勘、辨伪、辑佚、注释、名物典制、天算、金石、地理、职官、避讳、乐律等学科门类。"又说："就乾嘉考据学而论，与历代不同之处在于：在考据学诸学科中，以小学为先导和枢纽，小学之中又绝重音韵学；四部书中经史子集兼治但又以经史为主；考据与义理兼治但又偏重考据；词章之学与释道之学被排斥在学术以外，此可称为'广义考据学'。而如江藩所云考历代之名物象数、典章制度，实而有据者，此可称为'狭义考据学'，近今人所论多指此而

① 参见徐国利：《钱穆的学术史方法与史识——义理、考据与辞章之辨》，载《史学史研究》，2005（4）。
② 李时岳：《史料的考订》，载《社会科学战线》，1979（3）。
③ 桂馥：《晚学集》卷首，《丛书集成初编》本。
④ 顾颉刚：《古籍考辨丛刊》第一集，1页，北京，中华书局，1955。

言。本书所论乾嘉考据学正是指‘广义考据学’，而‘狭义考据学’则包含在其中。”① 漆永祥所谓广义考据学将义理之考据也纳入其中。

我们认为，广义考证学已经突破了传统文献学的领域，与本学科的性质和定位不符，同时消解了文献学各分支学科的差异，因此，本书采用狭义考证学的概念。本书所讲考证学，与历史考证学关系密切，但确切地说，更看重文献考证学，即围绕古籍文本展开的考证，目的是探求“事实”与“文献”之“真”与“详”，为进一步研究打好基础。

三、考证学简史

在我国，考证学有着悠久的历史。早在春秋战国时期，考证学即已萌芽。孔子注重文献的考证，强调多闻阙疑，无征不信。《论语·八佾》记载：“子曰：夏礼吾能言之，杞不足征也；殷礼吾能言之，宋不足征也。文献不足故也。足，则吾能征之矣。”孔子的弟子子贡对文献中关于纣的记载表示怀疑，《论语·子张》记载：“子贡曰：纣之不善，不如是之甚也。是以君子恶居下流，天下之恶皆归焉。”子贡认为，纣并不像文献记载那么多罪恶，后人对此有所增饰。《孟子·尽心下》记载：“孟子曰：尽信《书》，则不如无《书》。吾于《武成》，取二三策而已矣。仁人无敌于天下，以至仁伐至不仁，而何其血之流杵也。”孟子对《尚书》佚篇《武成》记载武王伐纣“血之流杵”表示怀疑。《韩非子·显学》称：“孔子、墨子俱道尧、舜，而取舍不同。皆自谓真尧、舜，尧、舜不复生，将谁使定儒、墨之诚乎……无参验而必之者，愚也；弗能必而据之者，诬也。”所谓“参验”就是考证。

由于秦始皇焚书和秦汉之际战乱，文献屡经散佚，古籍整理中大量使用考证方法。《史记·太史公自序》说：“成一家之言，厥协六经异传，整齐百家杂语。”《史记》就是司马迁采摭熔铸经传百家而成。东汉时期，随着古文经学的发展，考证之学大兴于世。在王充所著《论衡》中，有多篇考证性质的文章，如《书虚》、《儒增》、《艺增》和《语增》等。郑玄立足古文经学，遍注群经，其对语言文字和典章名物的考证，成果丰富。郑玄之外，毛亨《毛诗诂训传》，赵岐《孟子注》，高诱《战国策注》、《吕氏春秋注》、《淮南子注》，王逸《楚辞章句》等，也有大量的考证成果。

魏晋南北朝时期，经史考证取得了丰硕的成果。王肃开创利用文物考证的先例，何晏《论语集解》首创集解体例。韦昭《国语解》、杜预《春秋左氏经传集解》、郭璞《尔雅注》、裴骃《史记集解》、裴松之《三国志注》、刘昭《后汉书注》、刘孝标《世说新语注》和郦道元《水经注》等著作引证丰富，对音义、名物、史实、典制、时历、地理、人物等多有考证。裴松之《上三国志注表》说：“三国虽历年不远，而事关汉晋。首尾所涉，出入百载，注记纷错，每多舛互。其寿所不载，事宜存录者，则罔不毕取，以补其阙。或同说一事，而辞有乖杂，或出事本异，疑不能判，并皆抄内，以备异闻。若乃纰缪显然，言不附理，则随违矫正，以惩其妄。其时事当否，及寿之小失，颇以愚意有所论辩。”明确表述了《三国志注》的体例和内容：第一，补阙；第二，存异，包括传闻异词和史事难判；第三，矫妄；第四，论辩时事当否及《三国志》疏误。

隋唐时期考证学集成多而开创少。孔颖达《五经正义》奉行“疏不破注”的原则，集汉魏南北朝考证学成果之大成。颜师古《汉书注》是《汉书》注解的集成之作，对名

① 漆永祥：《乾嘉考据学研究·前言》，2页，北京，中国社会科学出版社，1998。

物、典制、地理、年代、姓氏、人物等作了全面的考证。司马贞《史记索引》、张守节《史记正义》、李贤《后汉书注》、李善《文选注》、刘知几《史通》等著作，也有丰富的考证成果。杜佑《通典》是典制史的开创之作，详细考证了历代制度的源流和沿革。

宋代考证学全面发展，在金石资料与传世文献互证方面取得了突出的成就。欧阳修《集古录》利用金石文字资料考证史实和文集，开金石学先河。司马光等在撰写《资治通鉴》的同时，“参考群书，评其同异，俾归一涂”，撰成《资治通鉴考异》，创史家自撰考证先例。沈括《梦溪笔谈》、《补笔谈》、《续笔谈》有许多关于天文、地理、数学、物理方面的研究考证，创建了考证笔记的体裁形式。此外，郑樵《通志》，洪迈《容斋随笔》、《容斋续笔》、《容斋三笔》、《容斋四笔》、《容斋五笔》，朱熹《仪礼经传通解》，王应麟《诗地理考》、《六经天文编》、《汉制考》、《通鉴地理通释》、《玉海》、《困学纪闻》等著作，在考证天文、历法、地理、礼制、名物、典制、人物、史实等方面做出了很大贡献。

元代胡三省《资治通鉴广注》、《资治通鉴注》二书体现了作者深厚的考证功底。马端临《文献通考》考述历代典章制度沿革，旁征博引，极为详备。明代考证学的成就主要集中在辨伪和以小学为中心的综合考证上，杨慎《丹铅录》、《谭苑醍醐》、《升庵经学》，焦竑《焦氏笔乘》、《焦氏笔乘续集》，方以智《通雅》、《物理小识》等都是考证学的代表之作，对史实、天文、地理、名物典制等作了大量考证，对清代考证学的发展产生了重大影响。

清代是考证学集大成的时期，取得了前所未有的成就。除以小学为中心的综合考证外，还有专题考证。明末清初顾炎武、黄宗羲等主张“通经致用”，推崇汉儒朴实学风，开清代考证学先河。顾炎武《日知录》对经义、礼制、科举、人物、名物、典制、天文、地理等皆有考证。黄宗羲精于典章制度和历法的考证，著有《明夷待访录》、《授时历故》、《大统历推法》等。王夫之擅长名物、典制考证，在《诗经稗疏》、《四书稗疏》等著作中，旁征博引，考订详确，除利用文献和实物互证之外，还特别重视理证。阎若璩、胡渭以辨伪著称，同时擅长地理、名物、典制的考证。清代中期乾隆、嘉庆两朝，是考证学的全盛时期。以惠栋为代表的吴派学者考证成果主要体现在经史方面，如惠栋《左传补注》、《后汉书补注》、《续汉书补注》，王鸣盛《十七史商榷》等。以戴震为代表的皖派学者考据、义理兼重，考证成果主要体现在名物、典制、天文、地理等方面，如江永《周礼疑义举要》、《春秋地理考证》，戴震《七经小记》、《续天文略》、《水地记》、《考工记图》等。钱大昕（见图 7—1）集吴派、皖派之长，考据成果精深广博。段玉裁《潜研堂文集序》称：“先生始以辞章鸣一时，既乃精研经史，因文见道，于经文之舛误，经义之聚讼而难决者，皆能剖析源流。凡文字、音韵、训诂之精微，地理之沿革，历代官制之体例，氏族之流派，古人姓字、里居、官爵、事实、年齿之纷繁，古金石、刻画、篆隶可订六书故实、可稗史传者，以及古九章算术，自汉迄今中西历法，无不了如指掌。至于累朝人物之贤奸、行事之是非疑似难明者，大典章制度，昔人不能明断其当否者，皆确有定见。”[①] 主要著作有《廿二

图 7—1 （清）钱大昕

① 《经韵楼集》，186 页。

史考异》、《十驾斋养新录》、《潜研堂文集》。这一时期深有造诣的考证学者还有赵翼、卢文弨、纪昀、汪中、段玉裁、王念孙、阮元、郝懿行、王引之、俞正燮等。清代晚期，魏源《诗古微》、《书古微》对《诗经》和《尚书》作了许多极有价值的考证工作。孙诒让继承乾嘉考证学传统，著有《契文举例》、《古籀拾遗》、《周礼正义》等，其中《契文举例》是第一部研究甲骨文的著作。

近代以来，殷墟甲骨文、汉晋简牍、敦煌文书的发现，大大促进了考证学的发展。王国维在甲骨文、金文、汉晋简牍、敦煌遗书和蒙古史料的整理考证方面都有极高的造诣，主要成果见于《观堂集林》。许寿裳曾经高度评价王国维的考证学成就："（王国维）著《殷卜辞中所见先公先王考》及《续考》、《殷周制度论》、《戬寿堂所藏殷墟文字考释》、《古史新证》等书，义据的精深，方法的缜密，可谓极考证家的能事。"① 陈寅恪长期致力于魏晋南北朝史和隋唐历史的研究，所著《隋唐制度渊源略论稿》和《唐代政治史述论稿》充分占有史料，融会贯通，考证精详，论说透辟，是历史考证的典范之作。他的《元白诗笺证稿》、《论再生缘》和《柳如是别传》，诗史互证，开辟了文史研究的新领域。陈垣在宗教史、元史和历史文献学等多个学科领域取得了突出的成就，所著有《元西域人华化考》、《史讳举例》、《明季滇黔佛教考》、《通鉴胡注表微》等20余种。此外，胡适、顾颉刚、傅斯年、吕思勉、钱穆等众多学者，也都在各自研究领域取得了丰硕的成果。②

第二节 考证学的内容

孙钦善《中国古文献学史》说："按学术性质来分，古文献学又分为考据学和义理学，有关形式方面的文字、音韵、训诂、版本、目录、校勘、辑佚、辨伪诸学以及有关内容的考实之学均属考据学，有关思想内容的剖析探求属于义理学。"③ 认为考据学的内容包括文字、音韵、训诂等学科的相关内容和人物、史实、名物、典制等具体内容。郭英德、于雪棠《中国古典文献学的理论与方法》说："古籍考证的内容可分为两个方面，即对古籍物质形态的考证和对古籍抽象形态的考证。古籍的物质形态包括图文符号、载体材料、装订形式、版式装帧等。古籍的抽象形态包括古籍的知识内容、类型与体例。"④ 所谓对物质形态的考证主要指古籍版本的鉴定，对古籍基本体例的考证主要是辨伪，而知识内容则"涉及古籍中的人物、史事、典制、名物、天文、地理等，几乎无所不包"⑤。汪启明《考据学论稿》将考据学的内容分为"考事之正误"、"考事之有无"、"考说之然否"、"考时之矛盾"

---

① 许寿裳：《章炳麟》，见萧关鸿编《中国百年传记经典》，第3卷，339～340页，上海，东方出版中心，2002。

② 参见孙钦善：《中国古文献学史》，北京，中华书局，1994；孙钦善：《中国古文献学》，352～390页，北京，北京大学出版社，2006；陈其泰：《20世纪中国历史考证学研究》，北京，北京师范大学出版社，2005。

③ 《中国古文献学史》，20页。

④ 郭英德、于雪棠：《中国古典文献学的理论与方法》，400页，北京，北京师范大学出版社，2008。

⑤ 《中国古典文献学的理论与方法》，404页。

和“考地之沿革”五类。[1]

由此可见，广义考证学的内容无所不包，既包括文字、音韵、训诂、版本、目录、校勘、辑佚、辨伪等学科的相关内容，也包括人物、史实、名物、典制等具体内容，还包括义理的考证。但由于本书所讲是狭义考证学，即文献考证学或历史考证学，因此，我们首先介绍文献文本考证，其次介绍知识内容考证的一般内容。

一、文献文本考证

阅读与研究古代典籍，首先必须准确了解古书的基本情况，如作者、成书年代、卷数等。如果这些信息不明确或者有误，就要进行考证；其次，要确认文本的真伪；再次，深入阅读后，还要考订书籍内容的正误。这些都可称为文献文本考证。

（一）考证书籍作者

由于种种原因，文献典籍在流传过程中，作者信息可能丢失，这就需要我们对其作者加以考证。既包括书籍的作者，也包括单篇作品，如无名氏诗、无名氏文、无名氏书法作品等。

例如，中国国家图书馆藏有一部元刻本《秋堂邵先生文集》，该集是元人别集孤本，仅残存卷二至卷五，前后皆无序跋，正文也未署何人所作，故只知作者姓邵，其真实姓名则有待考证。又如，清光绪二十一年（1895）江标刻《唐人五十家小集》，其中有《无名氏诗集》一卷，江标自称据南宋书棚本影刻，但实际上并非单行本，而是从《才调集》卷二、卷十二中辑录无名氏诗 50 首，另从宋代笔记、诗话中辑录 5 首，合为 55 首。这 55 首诗的作者都是无名氏，如果不能考证出真实作者，就会影响我们从知人论世的角度对这些作品进行解读。至于历代流传的书法碑帖，作者不详的情况则更多。

（二）考证作品年代

图 7—2　秦石鼓

有的文献，不仅作者不详，产生年代也不清楚。最著名的例子是石鼓文。石鼓（见图 7—2）共有 10 个，每个有四言诗 70 字左右，合计约 700 字，但很多已残缺不全，现在仅存 300 多字。而存世的宋拓本尚有 400 多字。从唐初发现至今，有关石鼓文的时代，历代学者争论不已。唐代张怀瓘、韩愈等认为是周宣王时代的，韦应物认为是周文王时凿石、周宣王时刻字，宋代程大昌等认为产生于周成王时，郑樵认为是秦时物，清代武亿认为是汉时作，王闿运认为是晋时作，俞正燮认为是北魏太平真君时作，金人马定国认为是宇文周时物……现代学者根据字体和出土之处加以研究，认为是公元前 7 至前 8 世纪秦国之物，如马

[1] 参见汪启明：《考据学论稿》，41～53 页，成都，巴蜀书社，2010。

衡认为是秦穆公（前7世纪初）之物；罗振玉、马叙伦等认为是公元前763年秦文公时期之物，为记载渔猎而作；郭沫若则认为是公元前770年秦襄公辅助周平王东迁时的记功之作；唐兰认为是秦献公十一年（前374）时作，等等。有关这一问题的考证尚无定论，但今人较统一的看法是春秋至战国初年秦国之物。

（三）考证著述错误

古书中排比资料汇编而成的著述，除文字校勘方面的讹误外，往往还会产生知识性的错误，这是作者著述不严谨造成的。文字讹误是校勘学的研究对象，著述本身的错误则可通过文献文本考证来解决。以顾嗣立《元诗选》为例，突出的文献问题有二：一是有不少重出诗人，二是误收其他时代的诗人。前者如斡玉伦徒，字克庄，号海樵，河西唐兀氏，历官福建廉访副使、侍御史等。《元诗选·癸集》据不同的文献来源重收了三次，分别作斡玉伦徒（《丁集》）、斡玉麟图（《戊集下》）和王伦徒（《戊集下》），其实都是同一人。后者以裴处权为例来说明。《元诗选·癸集下》据《河南志》辑裴处权《题故卢谏议书堂》诗。卢谏议是唐代诗人卢鸿，一名鸿一，字浩然，祖籍范阳（今河北涿州），后徙居洛阳，隐于嵩山。开元五年（717）征召，官谏议大夫。辞官不就，仍还嵩山，以讲学为生。《全唐诗》录其诗10首。裴处权所题咏的就是卢鸿书堂。但元代文献中并无裴处权其人，而唐代有裴处权，文宗朝官户部员外郎，大中时迁司封郎中，出为河南少尹，其行迹很可能游至嵩山。查朱长文《墨池编》卷六著录有唐裴处权《题鸿胪书堂诗》，惜仅存诗题，可知此处的“鸿胪”应当是“卢鸿”之误，《题卢鸿书堂诗》就是《河南志》中的《题故卢谏议书堂》。唐代诗人裴处权的作品，在《全唐诗》中已无一首，《全唐诗补编》等也未收录，却意外地保存在《元诗选·癸集》中。对《元诗选·癸集》来说，收录裴处权是错误的，但将作者的真实时代予以恢复，则可为《全唐诗》增补一位诗人。

考证著述本身的错误，最有效的途径是运用史源学方法。20世纪三四十年代，陈垣曾先后在北平师范大学、辅仁大学和北京大学讲授“史源学研究”、“史源学实习”课。其内容和目的是：“择近代史学名著一二种，一一追寻其史源，考正其讹误，以练习读史之能力，警惕著论之轻心。”[①] 古人著书立说，大多不注出处。即使史源无误，也有可能存在误引的情况。“追寻其史源”的终极目的是为了“考正其讹误”，这是文献文本考证的主要内容。

二、知识内容考证

除了文献文本考证外，阅读古书时，对于文献典籍所承载的历史事实，尤其是那些模糊不清、简略不详的事实，如历史人物的生平履历、历史事实的详细经过、名物典故的详解、典章制度的演变、历史地理的沿革等，也需要进行考证，以便将隐含在文字背后的知识考察清楚，方便人们阅读和理解。

① 陈智超编：《陈垣史源学杂文》，增订本，2页，北京，三联书店，2007。

（一）历史人物

人物是文献典籍中的重要内容。关于人物的考证包括生卒年、字号、籍贯、家世、生平、交游和著述等各个方面，举凡史传、别传、外传、行状、碑志、年谱以及方志、宗谱、笔记、总集、别集、诗文评中有关人物的记载，都可以作为考证人物资料。

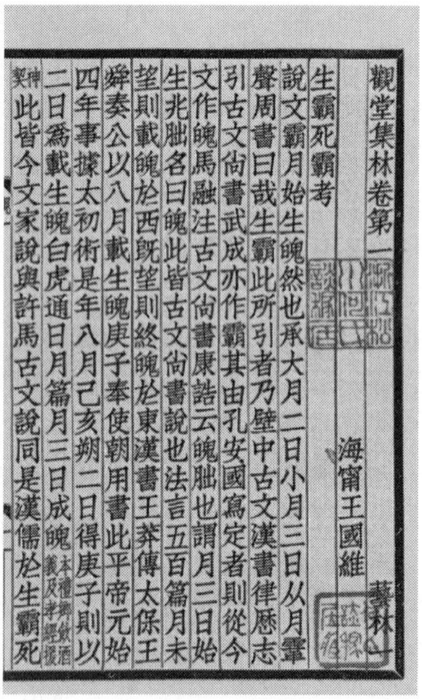
觀堂集林卷第一　藝林一
生霸死霸考　海甯王國維
說文霸月始生魄然也承大月二日小月三日从月䨣
聲周書曰哉生霸此所引者乃壁中古文漢書律歷志
引古文尚書武成亦作霸其由孔安國寫定者則從今
文作魄馬融注古文尚書康誥云魄朏也謂月三日始
生兆朏名曰魄此皆古文尚書說也法言五百篇月未
望則載魄於西既望則終魄於東漢書王莽傳太保王
舜奏公以八月載生魄庚子奉使朝用書此平帝元始
四年事據太初術是年八月己亥朔二日得庚子則以
二日爲載生魄白虎通日月篇月三日成魄
此皆今文家說與許馬古文說同是漢儒於生霸死

图 7—3　王国维《观堂集林》

王国维《观堂集林》（见图 7—3）《殷卜辞中所见先公先王考》“大乙”条说：

> 汤名天乙，见于《世本》（《书·汤誓》释文引）及《荀子·成相》篇，而《史记》仍之。卜辞有大乙，无天乙，罗参事谓天乙为大乙之讹。观于大戊，卜辞亦作天戊（《前编》卷四第二十六叶），卜辞之大邑商，《周书·多士》作天邑商，盖天、大二字形近，故互讹也。且商初叶诸帝，如大丁，如大甲，如大庚，如大戊，皆冠以大字，则汤自当称大乙。又卜辞曰“癸巳贞，又彳（彳的甲骨文）于伊，其囗大乙彡日”（后编卷上第二十二叶），又曰“癸酉卜，贞，大乙伊其”（下阙，见同上）。伊即伊尹。以大乙与伊尹并言，尤大乙即天乙之证矣。[①]

传世文献如《世本》佚文、《史记》等都记载汤名“天乙”，王国维根据殷墟卜辞考证汤名应作“大乙”。“天”、“大”二字形近易讹，商初诸帝名前都有“大”字，大乙又多与伊尹并称，汤名大乙无疑。

班固《汉书·窦皇后传》载：“太后后景帝六岁，凡立五十一年，元光六年崩。”颜师古注说：“《武纪》建元六年，太皇太后崩。此传云后景帝六岁是也。而以建元为元光，则是参错。又当言凡立四十五年，而云五十一。再三乖谬，皆是此传误。”据《汉书·武帝本纪》记载，窦太后死于建元六年（前 135）五月，《史记·孝武本纪》、《史记·封禅书》、《史记·汉兴以来将相名臣年表》、《史记·魏其武安侯列传》、《汉书·郊祀志》、《汉书·天文志》、《汉书·窦田灌韩传》等记载相同。汉景帝卒于后元三年（前 141），《汉书·窦皇后传》说后景帝六年，则应该在建元六年，其作元光六年（前 129），显然有误。窦太后在汉文帝元年（前 179）立为皇后，至建元六年计 45 年，《汉书·窦皇后传》作 51 年也不正确。

（二）史实

史实即历史事实，考证史实主要包括考证历史事件的真实性、甄别传闻异词的真伪和补充语焉不详的记载等。

王应麟《困学纪闻》卷一说：

① 王国维：《观堂集林》，427～428 页，北京，中华书局，1959。

> 《系辞》正义云："韩氏亲受业于王弼，承王弼之旨，故引'弼云'以证成其义。"愚考王弼终于魏正始十年，韩康伯，东晋简文帝引为谈客，二人不同时，相去甚远，谓之"亲受业"，误矣。[①]

王弼之卒在魏少帝正始十年（249），而韩康伯与晋简文帝司马昱（320—372）同时，王弼和韩康伯生活在不同时代。《系辞》正义说韩康伯受业于王弼，与事实不合。

洪迈《容斋随笔》卷三"李太白"条说：

> 世俗多言李白在当涂采石，因醉泛舟于江，见月影俯而取之，遂溺死，故其地有捉月台。予按李阳冰作《太白草堂集序》云："阳冰试弦歌于当涂，公疾亟，草稿万卷，手集未修，枕上授简，俾为序。"又李华作《太白墓志》，亦云："赋《临终歌》而卒。"乃知俗传良不足信，盖与谓杜子美因食白酒牛炙而死者同也。[②]

世言李白因醉入江中捉月而死，洪迈据李阳冰《太白草堂集序》和李华《太白墓志》考证传闻之误。

（三）名物

名物，即事物的名称。《周礼·天官·庖人》说："掌共六畜、六兽、六禽，辨其名物。"《论语·阳货》说："子曰：小子何莫学夫诗？诗可以兴，可以观，可以群，可以怨，迩之事父，远之事君，多识于鸟兽草木之名。"所谓"辨其名物"，"多识于鸟兽草木之名"，就是了解认识动植物的名称和特征。《尔雅》是我国最早的考释名物的著作，历代经史注疏和文史笔记中多有对名物的考证。

司马迁《史记·夏本纪》："陆行乘车，水行乘船，泥行乘橇。"关于"橇"，裴骃《史记集解》解释说："孟康曰'橇形如箕，擿行泥上'。如淳曰'……谓以板置其泥上以通行路也'。"张守节《史记正义》解释说："橇形如船而短小，两头微起，人曲一脚，泥上擿进，用拾泥上之物。今杭州、温州海边有之也。"张守节根据遗存实物考证橇的形状和用法，更为精详。

焦竑《焦氏笔乘续集》卷三"羊角"条说：

> 《庄子》"抟扶摇羊角而上者九万里"，羊角即抟扶摇之状。《梦溪笔谈》云："恩州武成县，有旋风自西南来，望之如插天之羊角，官舍居民悉卷入云中。"又《志林》云："眉州人家畜数百鱼深池中，三十余年。忽一日，天清无雷，池有声如风雨，鱼尽踊起，羊角而上，不知所往。"二事所记，正与《庄子》同。[③]

焦竑通过《梦溪笔谈》和《志林》关于旋风的历史记载，考证"羊角"就是指旋风盘旋而上的形状。

（四）典制

典制即典章制度，指古代的制度法令。关于典制的考证包括礼制、乐制、刑法制、

---

① 王应麟著，翁元圻等注，乐保群、田青松、吕宗力点校：《困学纪闻》，86～87页，上海，上海古籍出版社，2008。

② 洪迈：《容斋随笔》，33页，上海，上海古籍出版社，1998。

③ 焦竑撰，李剑雄点校：《焦氏笔乘》，275页，上海，上海古籍出版社，1986。

兵制、选举制、职官制、赋税制等。研究记录历代典制的著作主要有杜佑《通典》、郑樵《通志》、马端临《文献通考》等，经史注疏和笔记史料中也有许多关于典制的考证。

司马光《资治通鉴·唐纪一》记载："（武德元年）春，正月，丁未朔，隋恭帝诏唐王剑履上殿，赞拜不名。"胡三省注：

> 《隋志》：按汉自天子至于百官无不佩刀。蔡谟议云：大臣优礼者皆剑履上殿，非侍臣解之，盖防刃也。近代以木，未详所起；东齐著令，谓为象剑，言象于剑。周武帝时，百官燕会，并带刀升座。至开皇初，因袭旧式，朝服升殿，亦不解焉。十二年，因蔡徵上事，始制凡朝会应登殿坐者，剑履俱脱；其不坐者，敕召奏事，及须升殿，亦就席解剑乃登。纳言、黄门、内史令、侍郎、舍人既夹侍之官则不脱，其剑皆真刃非假。又，准晋咸康元年定令，故事自天子以下皆衣冠带剑，今天子则玉具火珠镖首，惟侍臣带剑上殿；自王公已下，非殊礼，引升殿，皆就席，解而后升。复下曰舄，单下曰履。诸非侍臣，皆脱履升殿。舄唯冕服及具服著之，履则诸服皆用。凡朝会赞拜，则曰某官某，不名。亦殊礼也。[①]

胡三省引用《隋书·礼仪志》和蔡谟之言，对"剑履上殿"制度的历史沿革作了详细考证。

钱大昕《十驾斋养新录》卷十"状元榜眼"条说：

> 进士第一人称状元，起于唐，至今犹因之。予尝读周益公《省斋文集》，有《回姚状元颖启》、《回第二人叶状元适启》、《回第三人李状元寅仲启》。又魏了翁《鹤山集》有《回蒋状元重珍蔡状元仲龙赵状元发三启》，于蔡则云"擢亚伦魁"，于赵则云"名列魁三"。又严州淳安县状元坊二：一在儒学，以淳祐丁未邑人黄蜕为大对第二建；一在邑东新桥，以邑人方逢辰为大对第一建。（见《新定续志》）是第二三人皆可称状元也。南宋坊刻有《陆状元增节音注精议资治通鉴》一书，首题"会稽陆唐老集注"。考宋时状元无陆唐老其人，盖亦弟二三人矣。《宋史·陈若拙传》称当时以第二人及第者为榜眼，然王元之《小畜集》有《送弟三人朱元先辈从事和州诗》云"榜眼科名释褐初"，是第三人亦称榜眼也。
>
> 朱国桢《涌幢小品》云："元时及第第二者亦称状元。盖其时第一必蒙古人，以中国人居第二，故中国自以状元称之。其余进士系中国人者亦曰'某人榜进士'，皆第二也。诸公多致疑，或曰从俗，或曰讹，殆未之究耳。如李黼榜进士，黼亦第二也。"予谓朱说非是。元时乡会及廷试皆分左右二榜，蒙古、色目人为右榜，汉人、南人为左榜，各有状元，未尝并而为一。如泰定四年赐阿察赤、李黼等及第，阿察赤左榜第一，李黼右榜第一，故杨廉夫自称"李黼榜进士"，黼右榜状元，非第二也。今国子监有《元至正十一年进士题名碑》，又尝见《元统元年题名录》，皆分左右榜，国桢臆说不可信。[②]

钱大昕根据周必大和魏了翁文以及《新定续志》、《陆状元增节音注精议资治通鉴》等文献考证宋代进士除第一人之外，第二人、第三人也都可称状元，进士第二人、第三人也都可称榜眼。又据《十一年进士题名碑》、《元统元年进士题名录》（见图 7—4）等考证元代廷试分左右榜，各有状元，朱国桢《涌幢小品》认为元代进士第二人也可称状元有误。在这里，钱大昕也出现了一处疏误，既然"蒙古、色目人为右榜，汉人、南人为左

---

① 司马光编著，胡三省音注：《资治通鉴》，5771～5772 页，北京，中华书局，1976。

② 钱大昕著，孙显君、陈文和点校：《十驾斋养新录》，281～282 页，南京，江苏古籍出版社，2000。

榜”，则李黼应在左榜，阿察赤在右榜，而不是“阿察赤左榜第一，李黼右榜第一”。欧阳玄《圭峰文集》卷三《喜门生中状元》说：“泰定丁卯八月十二日，崇天门传胪赐进士，右榜第一人阿察赤，左榜第一人李黼，皆肄业国学日新斋，余西厅授业生也。”①欧阳玄是阿察赤和李黼的老师，记载应该不会有误，可见阿察赤是右榜状元、李黼是左榜状元。

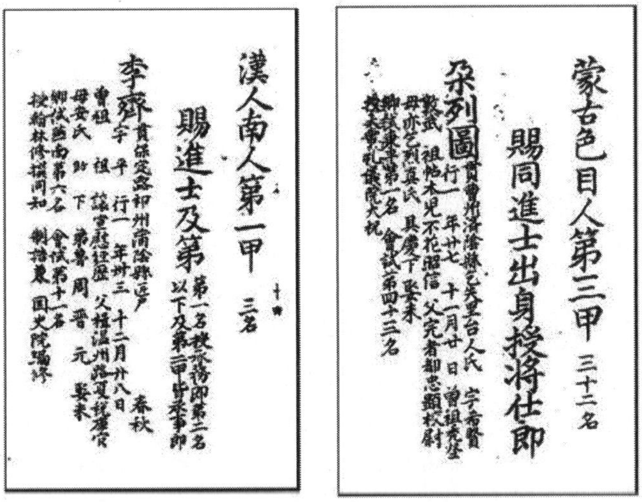

图 7—4 《元统元年进士题名录》

（五）天文

天文指日月星辰等天体在宇宙间分布运行等现象。关于天文的考证包括天体、阴阳、月令、农时等。《史记·天官书》、《汉书·天文志》、《通志·天文略》、王应麟《六经天文编》、戴震《原象》和《续天文略》等都是考证研究天文历法的重要著作，历代经史注疏及笔记史料中也有很多关于天文的考证。

曹植《洛神赋》：“叹匏瓜之无匹兮，咏牵牛之独处。”李善注：

> 《史记》曰：“四星在危南。”匏瓜、牵牛为牺牲。其北织女。织女，天女孙也。《天官·星占》曰：匏瓜一名天鸡，在河鼓东，牵牛一名天鼓，不与织女值者，阴阳不和。曹植《九咏》注曰：“牵牛为夫，织女为妇。”织女、牵牛之星，各处河鼓之旁。七月七日，乃得一会。阮瑀《止欲赋》曰：“伤匏瓜之无偶，悲织女之独勤。”俱有此言。然无匹之义，未详其始。

李善在注中考证了瓠瓜与牵牛的位置，并列举曹植、阮瑀诗文中关于二星的记载作为参证。

方以智《通雅·天文类》“列缺电光也阳气从云决裂而出故名列缺”条说：

> 毛晃曰：“电光趐处，谓之列缺。”服虔曰：“列缺，天闪。”《易元包》曰：“噬嗑，列缺摶，礹礋灼。”《传》云：“列缺摶，雷之动也；礹礋灼，电之耀也。”扬雄赋：“霹雳列缺，吐火施鞭。”《博物志》以“霹雳”为“劈历”。张揖谓《陵阳子明

① 汤锐点校：《欧阳玄全集》，32 页，成都，四川大学出版社，2010。

经》云："列缺，气出地二千四百里。"《狮山掌录》曰："无厚，东方电名；顺流，南方电名；堕光，西方电名；百生树，北方电名。"此是臆造。《仙传》言天嚼嘘开口而笑为电，则更诞矣。《太平广记》："月支献兽，两目如礣磹之炎光。""礣"，先念切；"磹"，徒念切，智谓即闪电之音也。①

方以智征引毛晃、服虔等人诸多文献考证列缺即为电光，而张揖、吴之俊《狮山掌录》及《神仙传》关于闪电的说法都是荒谬的。

（六）地理

地理指山川土地的环境形势。关于地理的考证包括地名的沿革、水系的源流、行政区域的变迁等。中国古代关于地理的研究著作非常丰富，郦道元《水经注》、李吉甫《元和郡县图志》、乐史《太平寰宇记》、王应麟《诗地理考》、顾祖禹《读史方舆纪要》等都是考证地理的重要著作，一些学术笔记中也往往会有地理考证的珍贵资料。

《水经》记载："赣水出豫章南野县，西北过赣县东。"郦道元注：

《山海经》曰："赣水出聂都山，东北流，注于江，入彭泽西也。"班固称南野县，彭水所发，东入湖汉水。庾仲初谓大庾峤水北入豫章，注于江者也。《地理志》曰："豫章水出赣县西南，而北入于江。"盖控引众流，总成一川，虽称谓有殊，言归一水矣。故《后汉郡国志》曰："赣有豫章水。"雷次宗云："似因此水为其地名。虽十川均流，而此源最远，故独受名焉。"刘澄之曰："县东南有章水，西有贡水，县治二水之间，二水合赣字，因以名县焉。"刘氏专以字说水，而不知远失其实矣。②

郦道元征引《山海经》、班固《汉书·地理志》等文献考证赣水源头不一，以出赣县水源最远，故名，刘澄之关于合章水和贡水为赣水的说法不确。

杨慎《丹铅总录·地理类》"渡泸辨"条说：

孔明《出师表》："五月渡泸。"今以为泸州，非也。泸州，古之江阳，而泸水乃今之金沙江，即黑水也。其水色黑，故以泸名之耳。《沉黎古志》："孔明南征，由今黎州路。黎州四百余里至两林蛮，自两林南瑟琶部三程至嶲州，十程至泸水，泸水四程至弄栋，即姚州也。今之金沙江，在滇蜀之交，一在武定府元江驿，一在姚安之左郤。"据《沉黎志》，孔明所渡当是今之左郤也。③

杨慎通过字训和《沉黎古志》的记载，考证诸葛亮《出师表》中所谓的"渡泸"的地点，在姚安左却。

需要特别说明的是，以上有关知识内容的考证，其结果往往体现在古书的注释中，因而也是注释的主要功能（可参看第四课"注释学"）。但是，就某个问题进行的深入考证，往往可以写成论文或专著，这是注释无法具备的。

① 方以智：《通雅》卷十一，中国书店影印清康熙姚文燮浮山此藏轩刻本。

② 郦道元著，陈桥驿校证：《水经注校证》，918～919页，北京，中华书局，2007。

③ 杨慎：《升庵全集》卷七十七，上海，商务印书馆，1935。

第三节 考证的方法与原则

一、考证的方法

关于考证的方法，陈第在《毛诗古音考自序》中说："又惧子侄之学《诗》不知古音也，于是稍为考据，列本证、旁证二条：本证者，《诗》自相证也；旁证者，采之他书也。二者俱无，则宛转以审其音，参错以谐其韵，无非欲便于歌咏，可长言嗟叹而已矣。"① 根据考证资料来源的不同，陈第总结自己《毛诗古音考》所采用的三种考据方法：即"《诗》自相证"的本证法、"采之他书"的旁证法和"宛转以审其音，参错以谐其韵"的理证法。

郭康松《清代考据学研究》将清代考据学的考据方法分为逻辑论证法、数学考据法和调查观察法三类，其中逻辑论证法又分为归纳与演绎相结合的方法、类比推理法，数学考据法又分为概算法、量化统计法。郭英德、于雪棠《中国古典文献学的理论与方法》将古籍考证的方法分为一般方法和特殊方法，一般方法分为本证法、旁证法、理证法，特殊方法分为循名责实法、二重证据法、诗史互证法等。汪启明《考据学论稿》将考据学的基本方法分为归纳法、演绎法、内证法与外证法、反证法等。本证法、旁证法、理证法是考证学的基本方法，归纳法、演绎法和数学考证法也是常见的考证方法，以下分别加以介绍。②

（一）本证法

本证法，又称内证法，即利用某一图书资料本身发现矛盾，寻求证据来考证问题的方法。一部古籍前后所载的内容往往会有出入，可以通过比勘发现疑问，考订正误。

赵翼《廿二史札记》多采用本证法，《小引》说："此编多就正史纪、传、表、志中参互校勘，其有牴牾处自见，辄摘出以俟博雅君子订正焉。"③ 如卷一"史记自相歧互处"条说："《田仁传》，戾太子斩江充，发兵与丞相刘屈氂战之事，即云'丞相令司直田仁闭守城门，因纵太子，下吏诛死'。下又云'仁发兵，长陵令车千秋上变，仁族死陉城'。文既繁复，且不可解。"④ 王树民校证说："按：《史记·田仁传》（卷一〇四）云：'仁发兵，长陵令车千秋上变仁，仁族死。陉城，今在中山国。'《殿本考证》于'仁发兵'至'仁族死'三句引张照云：'此三句中必有讹脱。……况文亦不类。'今按其文在全篇之

① 陈第著，康瑞琮点校：《毛诗古音考》，8页，北京，中华书局，1988。

② 关于本证法、旁证法和理证法，可参见来新夏《如何应用与看待考据》，载《社会科学战线》，1985（1）。

③ 赵翼著，王树民校证：《廿二史札记》，1页，北京，中华书局，2001。

④ 同上书，14页。

末，似为后人附注之语，流传中混入正文。陉城云云，原为另一件事，本传首句言田叔为赵陉城人，后人因地名有变化，故加附注。”关于田仁之死，荀悦《汉纪》有详细记载：“司直田仁部不闭城门，坐令太子得出。丞相欲斩之，御史大夫暴胜之曰：‘司直二千石，当先请之。’丞相乃止。上闻之大怒，责问胜之曰：‘司直纵反者，丞相斩之，是也，大夫何敢擅止之?’胜之自杀。任安坐受太子节，怀二心，与田仁皆腰斩。”[①] 所载与《史记》所谓“下吏诛死”同。王树民认为“仁发兵”以下三句本是注文，赵翼所谓“仁族死陉城”是断句之误，言之成理。

陈寿《三国志·魏志·武帝纪》记载：建安十三年“十二月，孙权为备攻合肥”。裴松之注引孙盛《异同评》说：“案《吴志》，刘备先破公军，然后权攻合肥，而此记云权先攻合肥，后有赤壁之事，二者不同，《吴志》为是。”孙盛根据《三国志·魏志》与《吴志》记载的不同进行考证。

（二）旁证法

旁证法，又称他证法、外证法，即利用某一图书资料以外的其他相关资料进行考证的方法。旁证所用的资料，一般有两种：书证和物证。

书证，指利用某一图书资料以外的其他相关资料进行考证。书证可以利用相关联资料互证，如赵翼《廿二史札记》，“以《汉书》比勘《史记》之大部，以《三国志》比勘《后汉书》之一部，以《南史》比勘宋、齐、梁、陈各书，以《北史》比勘魏、齐、周各书，又以《北史》比勘《南史》，《南史》比勘《北史》，以《新唐书》比勘《旧唐书》，以《新五代史》比勘《旧五代史》，以辽、金史比勘《宋史》，以《金史》比勘《辽史》，又以《宋史》、《金史》比勘《元史》”[②]。书证也可以穷搜博采，全面掌握相关资料进行考证，如顾颉刚《孟姜女故事的转变》一文，通过《左传》、《礼记·檀弓》、《孟子》、《韩诗外传》、《文选》、王褒《洞箫赋》、刘向《说苑》和《列女传》、王充《论衡》、蔡邕《琴操》、范晔《后汉书·刘瑜传》、郭茂倩《乐府诗集》、崔豹《古今注》、郦道元《水经注》、马缟《中华古今注》、郑樵《通志·乐略》、托名孙奭《孟子疏》等古籍文献中的相关记载，对孟姜女故事渊源、流传和演变过程作了详细的考证。

物证，指利用存世文献以外的实物、遗迹，如古代遗迹、金石器物、碑版志铭、甲骨卜辞等资料进行考证。清初顾炎武非常重视把书证和物证结合起来考证，全祖望《亭林先生神道表》说：“凡先生之游，以二马二骡载书自随。所至厄塞，即呼老兵退卒，询其曲折。或与平日所闻不合，则即坊肆中发书而对勘之。”[③]

董逌《广川书跋》卷一记载：

> 将作监李诫出古铜牛以示曰：“此谓牺尊，于《礼图》考之，不合。”余谓古之制牺尊如此，后世不得其制，故《礼图》者失之。郑康成曰：“画凤凰尾婆娑然，今无此器。”当礼家录礼器，则依康成为据。昔刘杳号博识，虽知康成为误，犹谓刻木为鸟兽，凿顶及背以出酒。昔魏得齐大夫子尾送女器，作牺牛形。晋永嘉中，曹嶷发齐景公冢，又得二尊，亦为牛、象。杳盖未尝见牺牛分其首受酒，则又吻合如全牛时，受酒受饭，则开而出内之，以是为异。杳乃谓凿顶及背，误也。康成当汉世，

① 荀悦著，张烈点校：《两汉纪》，263页，北京，中华书局，2002。

② 章嵚：《白门日札》，《天行草堂主人遗稿丛刊》本。

③ 全祖望著，朱铸禹汇校集注：《全祖望集汇校集注》，230～231页，上海，上海古籍出版社，2000。

此器尚未出，宜不得考其制。如梁正、聂崇义，则二器已出，虽未尝见，魏晋梁齐书尽得考之矣，乃画牛负尊，何其愈陋也。今世此器多见礼器，故可知。①

董逌以出土实物为证，驳斥郑玄、刘杳、梁正、聂崇义等人关于牺尊的错误说法。

循名责实法、二重证据法、诗史互证法是旁证法在考证实践中的具体运用，只是采用的旁证资料有所不同。

“循名责实”一词出自《韩非子·定法》：“术者，因任而授官，循名而责实，操杀生之柄，课群臣之能者也，此人主之所执也。”指根据名称或名义寻找实际内容，使名实相符。循名责实法是指文字训诂和事实考察结合的考证方法。如颜之推《颜氏家训·书证》说：

《诗》云：“谁谓荼苦?”《尔雅》、《毛诗传》并以“荼，苦菜也”。又《礼》云：“苦菜秀。”案：《易统通卦验玄图》曰：“苦菜生于寒秋，更冬历春，得夏乃成。”今中原苦菜则如此也。一名游冬，叶似苦苣而细，摘断有白汁，花黄似菊。江南别有苦菜，叶似酸浆，其花或紫或白，子大如珠，熟时或赤或黑，此菜可以释劳。案：郭璞注《尔雅》，此乃蘵黄蒢也。今河北谓之龙葵。梁世讲《礼》者，以此当苦菜；既无宿根，至春子方生耳，亦大误也。又高诱注《吕氏春秋》曰：“荣而不实曰英。”苦菜当言英，益知非龙葵也。②

颜之推将《尔雅》、《毛诗传》等文献的训诂材料与实物考察相结合，考证《诗·邶风·谷风》所谓“荼”是苦菜，而不是龙葵。

二重证据法是由王国维率先提出来的，他在《古史新证》中说：“吾辈生于今日，幸于纸上之材料外，更得地下之新材料。由此种材料，我辈固得据以补正纸上之材料，亦得证明古书之某部分全为实录，即百家不雅训之言亦不无表示一面之事实。此二重证据法，惟在今日始得为之。”③ 所谓二重证据法，是指用地下出土文物资料结合纸上的文献资料进行考证的方法。陈寅恪在《王静安称王先生遗书序》中进一步阐释：

先生之学博矣，精矣，几若无涯岸之可望，辙迹之可寻。然详绎遗书，其学术内容及治学方法，殆可举三目以概括之者。一曰取地下之实物与纸上之遗文互相释证。凡属于考古学及上古之作，如《殷卜辞中所见先公先王考》及《鬼方昆夷玁狁考》等是也。二曰取异族之故书与吾国之旧籍相互补正。凡属于辽金元史事及边疆地理之作，如《萌古考》及《元朝秘史之主因亦儿坚考》等是也。三曰取外来之观念，与固有之材料相互参证。凡属于文艺批评及小说戏曲之作，如《红楼梦评论》及《宋元戏曲考》、《唐宋大曲考》等是也。此三类之著作，其学术性质固有异同，所用方法亦不尽符合，要皆足以转移一时之风气，而示来者以轨则。吾国他日文史考据之学，范围纵广，途径纵多，恐亦无以远出三类之外。④

用二重证据法考证，作为旁证的材料除了传世的古籍文献和出土文物资料之外，还包括其他民族的文献资料和外来的思想观念等。

《殷卜辞中所见先公先王考》是王国维利用二重证据法考证的典范之作，包括《夋》、《相土》、《季》、《王亥》、《王恒》、《上甲》、《报丁、报丙、报乙》、《主壬、癸壬》、《大

① 董逌：《广川书跋》卷一，《丛书集成初编》本。

② 颜之推著，王利器集解：《颜氏家训集解》，376～377页，上海，上海古籍出版社，1980。

③ 王国维：《古史新证》，2页，北京，清华大学出版社，1994。

④ 陈寅恪：《金明馆丛稿二编》，247～248页，北京，三联书店，2001。

乙》、《唐》、《羊甲》、《祖某、父某、兄某》等篇，都是用甲骨卜辞结合文献典籍互证互补。如《王亥》一篇，综合利用了甲骨卜辞中记载王亥的十条材料与《史记》、《汉书》、《山海经》、《竹书纪年》、《世本》、《吕氏春秋》等相关文献对王亥之名及其事迹进行考证。

诗史互证法是指诗歌文本和历史文本相互印证，借以考辨两种文本的正误，或借以说明诗歌旨意和历史事实的方法。[①] 在钱谦益《钱注杜诗》中，或根据诗歌考证历史，或根据历史阐明诗意，如杜甫诗《杜鹃行》"虽同君臣有旧礼，骨肉满眼身羁孤"一句注：

> 上元元年七月，上皇迁居西内。高力士流巫州，置如仙媛于归州，玉真公主出居玉真观，上皇不怿，因不茹荤，辟谷，浸以成疾。诗云"骨肉满眼身羁孤"，盖谓此也。移杖之日，上皇惊，欲坠马数四。高力士跃马厉声曰："五十年太平天子，李辅国，汝旧臣，不宜无礼！"又令辅国拢马，护侍至西内。故曰"虽同君臣有旧礼"，盖谓此也。[②]

钱谦益结合安史之乱后唐玄宗迁西内的历史背景，以史释诗。

陈寅恪在《元白诗笺证稿》、《论再生缘》和《柳如是别传》等著作中大量运用诗史互证法，并把考证范围从诗拓展到文的领域，取得了突出的成就。胡守为《陈寅恪先生的史学成就与治史方法》对其诗史互证的方法作了总结："先生倡导的诗文证史包括两个方面：一是以诗文的史料，或补正史乘，或别备异说，或互相证发；另一种方法是以史释诗，通解诗意。"[③]

（三）理证法

理证法，指没有文献资料和实物遗迹等证据，仅用推理进行考证的方法。陈垣《通鉴胡注表微·考证》说："考证贵能疑，疑而后能致其思，思而后能得其理。凡无证而以理断之者，谓之理证。"[④] 如孟子说："尽信《书》，则不如无《书》。吾于《武成》，取二三策而已矣。仁人无敌于天下，以至仁伐至不仁，而何其血之流杵也。"在没有其他证据的条件下，直接用逻辑推理证明"血之流杵"不可信，所用的就是理证法。

刘义庆《世说新语·文学》载：

> 郑玄在马融门下，三年不得相见，高足弟子传授而已。尝算浑天不合，诸弟子莫能解。或言玄能者，融召令算，一转便决，众咸骇服。及玄业成辞归，既而融有"礼乐皆东"之叹。恐玄擅名而心忌焉。玄亦疑有追，乃坐桥下，在水上据屐。融果转式逐之，告左右曰："玄在土下水上而据木，此必死矣。"遂罢追，玄竟以得免。

刘孝标注："马融海内大儒，被服仁义。郑玄名列门人，亲传其业，何猜忌而行鸩毒乎？委巷之言，贼夫人之子。"刘孝标认为马融作为海内大儒，从情理上说，不可能因忌妒陷害郑玄。余嘉锡也说："孝标斥为委巷之言，不亦宜乎！"[⑤]

---

① 参见周裕锴：《中国古代阐释学研究》，381页，上海，上海人民出版社，2003。

② 杜甫著，钱谦益笺注：《钱注杜诗》，116～117页，上海，上海古籍出版社，1979。

③ 《纪念陈寅恪教授国际学术讨论会文集》，106页，广州，中山大学出版社，1989。

④ 陈垣：《通鉴胡注表微》，98页，北京，中华书局，1962。

⑤ 刘义庆著，刘孝标注，余嘉锡笺疏：《世说新语笺疏》，165～168页，北京，中华书局，2011。

司马光《资治通鉴》（见图7—5）卷一百〇四记载：晋孝武帝太元七年，“是岁，秦大熟，上田亩收七十石，下者三十石，蝗不出幽州之境，不食麻豆，上田亩收百石，下者五十石”。胡三省注：“物反常为妖。蝗之为灾尚矣，蝗生而不食五谷，妖之大者也。农人服田力穑，至于有秋，自古以来，未有亩收百石、七十石之理，而亩收五十石、三十石，亦未之闻也。使其诚有之，又岂非反常之大者乎！使其无之，则州县相与诬饰以罔上，亦不祥之大者也，秦亡宜矣！”[1]《资治通鉴》载蝗不食五谷、亩收七十石等与常理不合，胡三省据此认为记载不真实。

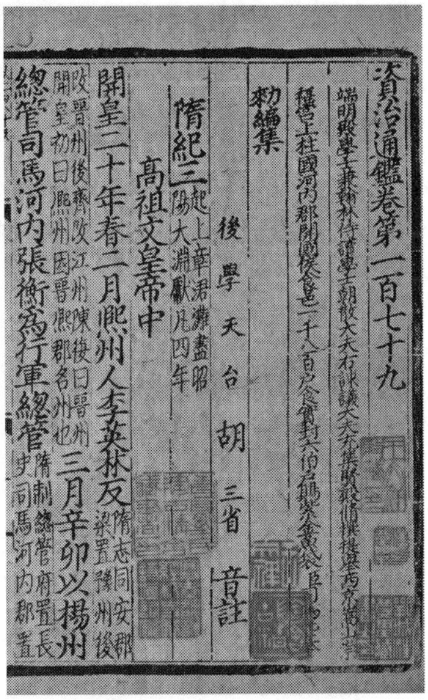

图7—5　（元）胡三省注《资治通鉴》

（四）归纳法、演绎法

归纳法是指搜集大量同类性质的相关材料进行考证分析，从而得出结论的方法。清代顾炎武《日知录》、赵翼《廿二史札记》、钱大昕《廿二史考异》、王鸣盛《十七史商榷》等著作大量使用了归纳法进行考证。

王鸣盛《十七史商榷》卷二四“淮阳郡”条说：

> 《汲黯传》拜为淮阳太守，黯自言“弃逐居郡”云云。其下文又云“居郡政清”，又言“上令黯以诸侯相秩居淮阳”，则淮阳是郡名明矣。而今《地理志》有淮阳国，无淮阳郡。注但云“高帝十一年置，属兖州”，绝不见其曾为郡。愚以《异姓诸侯王表》、《诸侯王表》及高五王、文三王、景十三王、宣元六王等传考之，高帝之子友以高帝十一年始立为淮阳王，至惠帝元年徙至赵，是为赵幽王，则淮阳国除为郡矣。惠帝薨，高后以假立惠帝之子强为淮阳王，强死，又以武代。文帝立，武被诛，则淮阳国又除为郡矣。其后文帝之子武以文帝三年又立淮阳王，王十年而徙梁，是为梁孝王，则淮阳国又除为郡矣。其后景帝之子余以景帝二年又立淮阳王，王二年而徙鲁，是为鲁共王，则淮阳国又除为郡矣。其后宣帝之子钦以宣帝元康三年又立为淮阳王，是为宪王，自立后传子及孙，凡有国六七十年，至王莽乃绝。此郡始为国，改为郡，后复为国，如此展转改易凡八九次，终为国。《地理志》以最后之元始为据，故言国，而中间沿革则俱略去也。汲黯为淮阳守当武帝时。而其前申屠嘉亦尝为之，见本传及《爰盎传》，此当惠帝元年以后国除为郡之时；又司马安亦尝为之，见《郑当时传》，灌夫亦尝为之，见本传，田广明与其兄云中相继皆尝为之，见《酷吏传》，此则皆在武帝时；又韩延寿亦尝为之，此则在昭帝时。盖自景帝四年为郡，直至宣帝元康三年，为郡者约九十年，故为守之见于史者如此之多。若《郑弘传》兄昌为淮阳相，此则在宣帝时宪王钦之国以后事矣。读书贵贯串，今人愦眊善忘，顾此失彼，又性懒畏考核，宜乎史学之无人也。[2]

王鸣盛通过排比《汉书》各表和传中相关史料，考证西汉淮阳郡与淮阳国辗转更替的事

---

① 《资治通鉴》，3305～3306页。

② 王鸣盛著，黄曙辉点校：《十七史商榷》，175页，上海，上海书店出版社，2005。

实，订补《汉书·地理志》之疏漏。

钱大昕《诸史拾遗》卷一《蜀志·诸葛亮传》“亮与徐庶并从。注：《魏略》曰：庶先名福，本单家子”条：

> 案：《魏略》列传以徐福、严幹、李义等十人共卷，幹、义皆冯翊东县人，冯翊东县旧无冠族，故二人并单家。（见《裴潜传》注）又《魏略·儒宗传》：“薛夏，天水人也。天水旧有姜、阎、任、赵四姓，常推于郡中，而夏为单家。隗禧，京兆人也。世单家。”（见《王肃传》注）《魏略·吴质传》：“始质为单家，少游遨贵戚间。”（见《王粲传》注）《张既传》：“既，世单家。”（见《既传注》）凡云单家者，犹言寒门，非郡之著姓耳。徐庶为单家子，与此一例。流俗读“单”为善，疑其本姓单，后改为徐，妄之甚矣。《后汉书·赵壹传》：“恩泽不逮于单门。”亦单家之意也。①

钱大昕列举《三国志》各传裴松之注文中相关资料考证“单家”是指寒门，又用《后汉书·赵壹传》中的“单门”作为参证。

归纳法往往结合演绎法进行考证，即先通过排比类似材料归纳出一般的结论，再通过结论对其他相关材料进行考证。戴震《水经郦道元注序》说：

> 《水经》立文，首云某水所出，已下无庸重举水名；而《注》内详及所纳群川，加以采摭故实，彼此相杂，则一水之名不得不更端重举。《经》文叙次所过郡县，如云“又东过某县”之类，一语实该一县；而《注》则沿溯县西以终东，详记所迳委曲。《经》据当时县治，至善长作《注》时，县邑流移，是以多称故城，《经》无言故城者也。凡《经》例云“过”，《注》例云“迳”。以是推之，虽《经》、《注》相淆，而寻求端绪，可俾归条贯。②

戴震在整理《水经注》时，针对《经》、《注》混淆的特点，详细考证《经》、《注》体例和行文的不同特点，总结出一些规律，再根据这些规律考证全书，问题迎刃而解。

（五）数学考证法

数学考证法指用数学运算或数学统计的方法进行考证。数学考证法往往与逻辑推理结合使用。

章学诚《知非日札》说：

> 韦绚《刘宾客嘉话录》：“智永禅师临《千字文》八百本散与人。永公住永欣寺，积年学书，后有笔头十瓮，皆数万。人来请书兼请题头者如市，所居户限为之穿穴，乃用铁叶裹之，人谓之铁门限。”此等言皆失实，刘彦和所谓形容是也。永师学书虽勤，断无每日换退数十笔头之理。人生百年，此得三万六千日耳。十瓮笔头，每瓮数万，是必百年之内，每日换数十笔头，岂情理哉！③

章学诚根据韦绚《刘宾客嘉话录》记载，用数学方法推算，得出智永每天更换数十笔头的结论，与常理不合，从而证明《刘宾客嘉话录》所载失实。

赵翼《陔余丛考》卷二“古诗三千之非”条说：

① 钱大昕著，方诗铭、周殿杰点校：《诸史拾遗》，1483～1484页，上海，上海古籍出版社，2004。
② 赵玉新点校：《戴震文集》，111～112页，北京，中华书局，1980。
③ 章学诚著，冯惠民点校：《知非日札》，106页，北京，中华书局，1986。

司马迁谓古诗三千余篇，孔子删之为三百五篇，孔颖达、朱彝尊皆疑古诗本无三千。今以《国语》、《左传》二书所引之诗校之，《国语》引诗凡三十一条，惟卫彪傒引武王《饫歌》，及公子重耳赋《河水》二条，是逸诗。而《河水》一诗，韦昭注又以为"河"当作"沔"，即"沔彼流水"，取朝宗于海之义也。然则《国语》所引逸诗仅一条，而三十条皆删存之诗，是逸诗仅删存诗三十之一也。《左传》引诗共二百十七条，其间有邱明自引以证其议论者，犹曰邱明在孔子后，或据删定之诗为本也。然丘明所述仍有逸诗，则非专守删后之本也。至如列国公卿所引及宴享所赋，则皆在孔子未删以前也。乃今考左丘明自引及述孔子之言，所引者凡四十八条，而逸诗不过三条。其余列国公卿自引诗共一百一条，而逸诗不过五条；又列国宴享歌诗赠答七十条，而逸诗不过五条。是逸诗仅删存诗二十之一也。若使古诗有三千余，则所引逸诗，宜多于删存之诗十倍，岂有古诗则十倍于删存诗，而所引逸诗反不及删存诗二三十分之一？以此而推，知古诗三千之说，不足凭也。①

赵翼用数学统计的方法对《国语》、《左传》中的引诗进行研究，发现《国语》引诗共三十一条，逸诗仅一条，《左传》引诗二百一十七条，逸诗仅十三条，所占比例极小，从而推论司马迁所谓古诗三千的说法不可信，极有说服力。

二、考证的原则

对古籍进行考证时，必须遵循以下一些基本原则：

第一，善于发现问题，勤于思考。陈垣《通鉴胡注表微》说："考证贵能疑，疑而后能致其思，思而后能得其理。"梁启超《清代学术概论》总结王念孙、王引之父子的治学方法也说："凡常人容易滑眼看过之处，彼善能注意观察，发现其应特别研究之点，所谓读书得间也。"②

第二，严谨求实，多闻阙疑，从材料出发，避免主观臆断。正如梁启超《清代学术概论》所说："注意观察之后，既获有疑窦，最易以一时主观的感想，轻下判断，如此则所得之间，行将失去。考证家决不然，先空其心，绝不许有一毫先入之见存，惟取客观的资料，为极忠实的研究。"③

第三，无征不信，孤证不立。尽可能广征博引，搜集各种相关证据，如果只有一条证据，不足立论。戴震《与是仲明论学书》说："一字之义，当贯群经，本六书，然后为定。"④

第四，辨析材料，反复考究，小心求证，结论要符合逻辑和情理。潘耒《日知录序》论顾炎武治学说："有一疑义，反覆参考，必归于至当；有一独见，援古证今，必畅其说而后止。"⑤

以上有关考证的方法与原则，只有在文献研究的实践中经常运用，才能转化为自己的知识和能力。

① 赵翼：《陔余丛考》，25～26页，北京，中华书局，1963。

② 梁启超：《清代学术概论》，45页，上海，上海古籍出版社，2000。

③ 同上书，46页。

④ 《戴震文集》，140页。

⑤ 顾炎武著，黄汝成集释：《日知录集释》，24页，上海古籍出版社，1985。

【主要参考文献与课外阅读书目】

孙钦善．中国古文献学史．北京：中华书局，1994

梁启超．中国历史研究法．上海：上海古籍出版社，1998

陈其泰．20世纪中国历史考证学研究．北京：北京师范大学出版社，2005

孙钦善．中国古文献学．北京：北京大学出版社，2006

罗炳良．清代乾嘉历史考证学研究．北京：北京图书馆出版社，2007

郭英德，于雪棠．中国古典文献学的理论与方法．北京：北京师范大学出版社，2008

【练习题】

一、用自己的话解释以下术语。

1. 本证　　2. 旁证　　3. 理证　　4. 二重证据法　　5. 诗史互证法

二、《全唐诗》等总集中有很多重出误收诗，请追查某一首诗的文献来源，并考证其真实作者。

三、翻检《全宋诗》、《全宋文》等总集，选择一二名生平事迹不详的作者，尝试加以考证。

（王宏生　编撰）

第八课 辨伪学

【本课教学重点】

一、辨伪的意义；

二、辨伪的基本方法和注意事项；

三、辨伪学内涵及伪书价值。

【建议课时】

约2学时。第一、二节建议学生课前自学，教师选择性讲授，约1学时；第三节重点讲解，约1学时。

梁启超说："中国旧学，十有九是书本上学问，而中国伪书又极多，所以辨伪书为整理旧学里头很重要的一件事。"辨伪学对于中国古典文献的研究与整理来说举足轻重。通过本课学习，要明确伪书对学术的危害以及辨伪的重要性，要了解伪书的概念，知道伪书有哪些类型以及伪书的产生原因，并且要深刻体会辨伪学的内涵以及意义，明晰中国历代辨伪的主要成果，正确理解伪书的价值，切实掌握辨伪的基本方法、牢记辨伪的注意事项。在此基础上，争取将本课所学知识恰当运用于以后的阅读与研究。

第一节 认识伪书

梁启超在《中国近三百年学术史》中说："无论做哪门学问，总须以别伪求真为基本工作。因为所凭借的资料若属虚伪，则研究出来的结果当然也随而虚伪，研究的工作便算白费了。中国旧学，十有九是书本上学问，而中国伪书又极多，所以辨伪书为整理旧学里头很重要的一件事。"① 这里谈到了伪书对学术的危害以及辨伪的重要性。例如，《全唐诗》有《牟融诗》一卷，如果我们利用这个文本来进行研究，那所做的功夫就算是白费了，因为这是明代书商凭空捏造出来的伪书，唐代并没有牟融这个历史人物，其作品也是从明朝人的诗集中东拼西凑编成的。② 又如，《二十四诗品》是中国诗学批评的名著，各种文学史和批评史都把该书作为重点加以讲授。1994 年，复旦大学陈尚君、汪涌豪撰文，首次提出该书是伪作③，由此引发了学术界激烈的讨论。因为很多学者为该书的研究耗费了大量心血，如果该书是伪书，其心血算是白费了。可见阅读与研究古典文献，对材料的真伪一定要详加考订。

一、伪书及其类型

伪书通常是指那些作者不真、年代不实或内容存在假造成分的古籍文献。作者不真，即在书名项、作者项、序跋等文献形态上明确标明的作者姓名是不真实的。张心澂《伪书通考·总论》内"伪书之来历"涉及这个问题，包含：托古人之名，蹈古书之名，傅古人之名，窃取成作，无撰人而伪托，亡撰人而伪题，误认撰人。年代不实，即文献形态上明确体现出文献产生的年代不真实，如成书时代未详者，成书时代晚而被认为成书时代早者，成书时代早又被认为成书时代晚者。作者不真或无作者的文献大多也有年代不实的问题。内容造假指具有特定作者和年代的文献中搀入某些非故有或应有的内容，或借助某些文献（多数为亡佚文献）的名称而编造新的内容。古书的附益有时在篇中、书中，有时在篇末、书末。梁启超《古书真伪及其年代》将古书附益分为：类书误作专书；注解与正文同列，混入正文；献书时求增篇幅；后人续作；编辑的人无识贪多。

历代学者多有讨论具有真伪问题的古书。明代胡应麟《四部正讹·引》按伪书形成的不同原因和形式，将伪书现象归为 21 类：

（1）有伪作于前代而世率知之者；

（2）有伪作于近代而世反惑之者；

① 《中国近三百年学术史》，274 页。

② 参见陶敏、刘再华：《〈全唐诗·牟融集〉证伪》，载《文献》，1997（2）。

③ 参见陈尚君、汪涌豪：《司空图〈二十四诗品〉辨伪》，见《中国古籍研究》，第一卷，上海，上海古籍出版社，1996。

(3) 有掇古人之事而伪者；
(4) 有挟古人之文而伪者；
(5) 有傅古人之名而伪者；
(6) 有蹈古书之名而伪者；
(7) 有惮于自名而伪者；
(8) 有耻于自名而伪者；
(9) 有袭取于人而伪者；
(10) 有假重于人而伪者；
(11) 有恶其人，伪以祸之者；
(12) 有恶其人，伪以诬之者；
(13) 有本非伪，人托之而伪者；
(14) 有书本伪，人补之而益伪者；
(15) 有伪而非伪者；
(16) 有非伪而曰伪者；
(17) 有非伪而实伪者；
(18) 有当时知其伪而后世弗传者；
(19) 有当时记其伪而后世弗悟者；
(20) 有本无撰人，后人因近似而伪托者；
(21) 有本有撰人，后人因亡佚而伪题者。①

梁启超《古书真伪及其年代》按伪书伪托的程度及其方式，把伪书列为10类：

(1) 全部伪；
(2) 一部分伪；
(3) 本无其书而伪；
(4) 曾有其书，因佚而伪；
(5) 内容不尽伪而书名伪；
(6) 内容不尽伪而书名、人名皆伪；
(7) 内容及书名皆不伪而人名伪；
(8) 盗袭割裂旧书而伪；
(9) 伪后出伪；
(10) 伪中益伪。②

二、作伪手段与原因

从作伪手段来看，伪书是怎样产生出来的？据张心澂《伪书通考》总结，主要有下面几种情形：

(1) 用古人的姓名。例如将《本草》说成神农作的，《阴符经》说成黄帝作的。

(2) 用古书的旧名。例如孟子说过楚国的史书有《梼杌》，后人就造了一部楚史叫做《楚梼杌》。

---

① 参见《少室山房笔丛》，383～384页。

② 参见《梁启超全集》，5015～5016页，北京，北京出版社，1999。

(3) 假借古人的事替他做一部书。例如《孟子》中有人问孟子是否有“伊尹负鼎俎以要汤”的事，后人便造出伊尹《汤液经》一书。

(4) 牵连古人的事伪造古书。例如《史记》有老子出关、关令尹喜强为著书的事，本是老子著了《道德经》，后人牵连事迹，又伪造《关尹子》之书。

(5) 利用古人的文伪造古书。例如好事者取贾谊的《鹏鸟赋》，杂以黄老刑名的话，以造《鹖冠子》。

(6) 偷窃他人的作品。著名的如晋郭象窃向秀《庄子注》。

(7) 本没有撰人而伪托。如《山海经》应与禹治水有关系，便说大禹作。

(8) 撰人名亡失了而伪题撰人名。

(9) 误认撰人。例如《管子》、《晏子》本为其门人所作或后人集成，后人误认为是管子、晏子所作。

至于伪书产生的原因，张心澂《伪书通考》归纳为：

(1) 借重古时有名的人，以抬高自己一派的学术地位。

(2) 借重有名的人，以抬高书的价值。

(3) 因为恨某人，假造他做的书，以陷害他。

(4) 因为恨某人，假他人名做书来陷害他。

(5) 不敢题自己的真名。

(6) 不愿提自己的真名。

(7) 为争胜。

(8) 为贪赏牟利。

(9) 为求名。

(10) 为抒发自己的才能。

(11) 出于游戏。

(12) 为好事。

以上总结主要是从主观作伪角度来说，因为历史上主观作伪者多，对其分析有利于认清问题的实质。归纳前人总结的经验，古人作伪的原因主要包括以下五方面：

第一，托古显名。古代士人心理普遍厚古薄今、迷信前贤，为宣扬某派学说，博得显达及立论基础，一些人便采用托古的方法。战国秦汉此风已流行，后世历代不衰。例如汉代托古作伪的现象已很严重，《汉书·艺文志》中指明为托古作伪的就有数十例，如《易卦》托名伏羲，《本草》托名神农，《内经》托名黄帝，《礼经》托名周公等，均是借古人之名，以传其书，以行其道。

第二，邀赏射利。在历史上，几乎每次战乱初平、天下初定之后，统治阶级必下诏以重金求书，此时便有人趁机进献伪书来谋得名利。最著名的如汉代刘霸所献 102 篇《尚书》。又到后来，随着雕版印刷事业的发展，书商为谋得私利，私自改窜书籍书名、内容等印行更加常见。如宋代刘过《龙洲集》，被书商巧易姓氏，内容原封不动地变成了另一位同时代作家苏过的诗集《斜川集》。

第三，相攻争胜。在学术争胜与政治斗争中，处于敌对阵营中的人常常不惜以各种手段来攻讦对方，以期抬高自己，胜过对方。如唐代传奇《白猿传》相传为讥欧阳询所作。同时，为制造舆论而不惜造伪来陷害对手，也不是特例。学术争胜以曹魏时王肃为贬低郑玄而伪造《孔子家语》最具代表性。政治相攻如原题唐牛僧孺撰《周秦纪行》，即为牛李党争中，李德裕门人韦瓘假托牛僧孺之名而陷害对方的。宋代魏泰，曾假托梅尧臣造《碧云騢》一书来攻击范仲淹。

第四，逃禁、避嫌。出于逃禁与避嫌等缘由，一本书不能以真正的作者名字流传。逃禁者如《全唐诗话》，旧题宋尤袤撰。《四库全书总目》卷一九七载："考周密《齐东野语》，载贾似道所著诸书，此居其一。盖似道假手廖莹中，而莹中又剽窃旧文，涂饰塞责。后人恶似道之奸，改题袤名，以便行世。"① 避嫌者诸如韩偓《香奁集》，实五代时和凝所作之艳词也，凝后贵，惜其名，乃嫁于他人，详载于《梦溪笔谈》卷十六中。

第五，好事妄为。好事之徒代有其人，或出于一时之兴，或为邀誉当世，往往不惜作伪。如今本《列子》或为张湛所造，或为他人所造，总之绝非列子本人或先秦著作。后世一般文人有自耻其名者，其著作往往假借名人以行世。

除了主观作伪，另有一种情况，即主观过失作伪也要引起注意。过失作伪是指编书者出于自己的爱好等因素将书籍改编形式或增删内容，导致书籍内容改变而仍用原先书名。例如，华北某省的一家人民出版社出版了一本《唐诗三百首》，其中收录了李贺诗，另外还收录了唐末农民起义领袖黄巢诗。这是原来的《唐诗三百首》没有的。编者可能没有造假的意图，但客观上造成伪书的事实。又如马致远《天净沙·秋思》，其最早版本流传有序，均为无名氏。但明代蒋一葵《尧山堂外纪》将其归于马致远名下。原因在于《天净沙·秋思》艺术水平极高，在《中原音韵》中被称为"秋思之祖"；而《太和正音谱》把马致远评为散曲水平最高的作家。这样把名篇系于名作家之下，造成了伪文。再如李陵《答苏武书》、苏武与李陵答诗，本为后人拟托之作，写作时本为纯粹的文学创作；但当时的创作背景消失，就被后来的一些研究者认定为作伪。

至于客观作伪，通常是与很多客观因素联系在一起的，后人误读也是重要原因。可见，伪书存在于不同的领域和学科。如果后来的读书人有着追本溯源的意识，伪书的数量将大大降低。

三、伪书的价值

（一）史料价值

盲目地使用伪书，于学术贻害无穷，但伪书一旦被判明是某个时代产生的，也就具备了一定的史料价值。因为古书并非凭空虚构，往往是广泛征引当时能见到的流行文献形成的文本，当被征引文献亡佚后，仍能从伪书中寻得蛛丝马迹，使原书内容得以部分保存。伪书中保存的史料涉及佚书、神话、古代文化制度、自然科学等方面。例如，《列子》虽为伪书，但书中存留较多古代文献资料，如杨朱学说等；《山海经》记述古代地理和神话，价值重大，被誉为中国古代神话的武库；《周礼》本名《周官》，专记周代官制，传为周公所作，实非周公，成书年代亦无定论，但其内容反映了周代后期至秦汉的政治制度或理想，且其中有些制度确实施行过，文献价值极高；《本草》（托名神农）、《内经》（托名黄帝）、《周髀算经》（托名周公）等书的作者也显然是伪托，但其本身却是我国古代重要的医学著述和数学著作。

（二）思想价值

虽然一部未经证伪的伪书会对思想史脉络梳理造成混乱，但有些伪书，只要能将其

① 永瑢等：《四库全书总目》，1798 页，北京，中华书局，1965。

放回作伪者的时代考察，就仍有很高的学术价值。例如，《列子》（见图 8—1）是晋人伪撰，用来研究春秋战国时期的思想可能有问题，但对于研究晋人思想则是有用的材料，其中《力命》、《杨朱》两篇便曲折地反映出了魏晋崇尚清谈、放荡纵欲的时代特征。又如，《庄子》分内、外、杂三篇，内篇主要是庄子思想，而外篇、杂篇则是用来研究庄周以后、《淮南子》之前道家思想的绝佳材料。

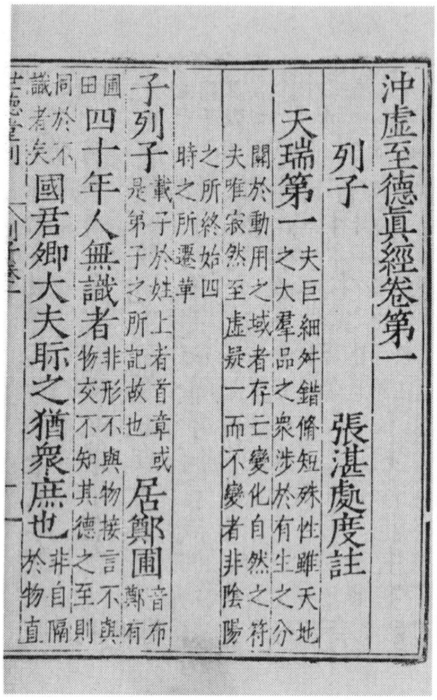
沖虛至德眞經卷第一
列子　張湛處度註
天瑞第一 夫巨細舛錯脩短殊性雖天地之大羣品之衆涉於有生之分
關於動用之域者存亡變化自然之符夫唯寂然至虛凝一而不變者非陰陽
之所終始四時之所遷革
子列子 載子於姓上者首章或是弟子之所記故也 居鄭圃 音布鄭有
圃田 四十年人無識者 非形不與物接言不與物交不知其德之至則
同於不識者矣 國君卿大夫眎之猶衆庶也 非自隔於物直

图 8—1　明世德堂刻本《列子》

（三）语言文学价值

我们能够利用语言文字等要素来辨伪，是因为语言、文字、文体本身都是随着时代发展的，每个时代都有每个时代的特征，具有局限性，后人作伪往往不能脱离当时在用语、文体上的时代特征。因此，伪书如能确定时代，便是那个时代的语言文学之标本。如古文《尚书》、《周礼》等的语言风格、用词习惯在很大程度保存了上古时期的面貌，对研究上古语言文字有不可低估的价值。

总之，伪书虽然能够带来很大危害，但只要善于利用，也有其巨大的正面价值。

第二节
辨伪述略

一、辨伪及其意义

辨伪分为广义与狭义两种。广义辨伪指对一切有真伪问题的事物进行考察鉴别，以定其真伪。凡有真伪问题者，如古史、古书、古器物、碑刻、字画等，均在其辨识范围之内。文献学所论为狭义之辨伪，主要指辨别古文献的真伪。其任务是确定文献的真实作者、成书年代、体现其原本的文献归属，而考证认定文献形成的真实年代则是文献辨伪的核心内容。从这一意义上说，文献辨伪学也可称为文献年代学。马来西亚学者郑良树在《古籍辨伪学》一书中同样认为古籍辨伪学的范围包括作者、成书时代及文字章节的附益。

对于普通阅读和学术研究而言，资料搜集既要全面，尽量争取竭泽而渔，又要保证材料真实可靠，否则就会带来严重的问题。郭沫若在《十批判书》中说得很明白："无论作任何研究，材料的鉴别是最必要的基础阶段。材料不够固然大成问题，而材料的真伪或时代性如未规定清楚，那比缺乏材料还要更加危险。因为材料缺乏，顶多得不出结论而已；而材料不正确便会得出错误的结论。这样的结论比没有更要有害。”① 梁启超认为古籍如果不辨真伪，将会产生多种不良影响：（1）史迹方面：进化系统紊乱；社会背景混淆；事实是非倒置；由事实影响于道德及政治。（2）思想方面：时代思想紊乱；学术源流混淆；个人主张矛盾；学者枉费精神。（3）文学方面：时代思想紊乱，进化源流混淆；个人价值矛盾，学者枉费精神。②

简而言之，伪书的存在导致了伪书所记载文献或探讨的问题在时间上发生颠倒。这一颠倒直接导致了事物发展的错位，而围绕这一错位所展开的文化阐释必然错误百出而失去意义。例如，风水是中国很重要的一种民间信仰，旧题郭璞所撰的一本书叫《葬书》，这本风水书在历史上影响很大。但这本书就是伪书，根据可靠的材料，该书不可能是郭璞所作，它的成书时间应该是在北宋。现在很多研究风水的学者都把这本书当作晋代的风水史料来用，以致他们写的风水史在晋代与宋代之间是倒着写的。这一颠倒不光歪曲了风水流变的事实，也使对这本书的解释随之发生了根本错误。因为在魏晋南北朝时期，社会上玄学盛行，士人讲究魏晋风度，很多研究者就从这种文化背景来进行阐释。如果放到宋代来考虑，那就应该放在北方汉族南迁、理学兴盛的背景下来进行解释。只有后者的阐释，才与事实吻合。③ 如果再用这本书来说明郭璞对风水所做的贡献，那更是张冠李戴、南辕北辙了。误用伪书，贻害无穷；学习辨伪，意义重大。归纳起来，可从以下几方面来谈。

（一）辨伪是进行古籍整理的重要任务

现代学术体制下，学科分类比较细密，古籍整理是古典文献学的重要任务。整理古籍是继承与发扬优秀文化传统的重要工作，辨伪更是整理古籍中的重要内容。古书真伪羼杂，如不细加辨识，将在很大程度上影响古籍整理的价值。所以在整理之前，必须慎为明辨，务要谨严，务求去伪存真。刘向《晏子春秋·叙录》说：“定著八篇，二百一十五章。其书六篇，皆合六经之义；又有重复，文辞颇异，不复遗失，复列为一篇。又有颇不合经术，似非晏子言，疑后世辩士所为者，故不敢失，复以为一篇。”将真伪区别开来，明白地区分出不同文献的价值，使人一目了然，便于取舍。可见辨明真伪不但是必要的，而且影响到古籍整理工作的成就以及古籍利用的价值。

（二）辨伪有益于客观评价文献的价值

伪书尽管也有某种价值，但是使用起来要大打折扣。只有古书之作者、时代、内容真伪均明白可知，一本书的学术价值才能被正确判定。如兵家《尉缭子》一书，宋代元丰年间曾被编在《武经七书》中，陈振孙以后始被怀疑为伪书，后人更恶其尚刑名之说，恨不能毁之。然而，书中显示身份的语句、所称引历史人物事件，以及书中保留的后世不用的古语“世将”等证据，均判明了《尉缭子》应该是一部相当可靠的书。山东银雀山汉墓出土之《尉缭子》更以确证肯定了这一事实。由此《尉缭子》一书作为兵书的价

① 郭沫若：《十批判书》，2页，北京，东方出版社，1996。

② 《梁启超全集》，5009～5014页。

③ 参见范春义：《古代风水文献研究》，南京大学博士学位论文，2005。

值才能被正确地认识，研究者在运用时的犹豫心态才能彻底消除。

（三）辨伪有利于恢复事实本身，阐明学术源流

史书之撰述，必求信史，不虚美，不隐恶。对众多史料进行甄别筛选后，方可写定。汉代司马迁尤为重视史料的甄别，为后世树立了光辉榜样。他说："夫学者载籍极博，犹考信于六艺。"在《史记》的写作中，他做了大量考证工作，竭力求真，在此基础上写成的著作因此可信、可用。

古书真伪与学术源流的关系最为密切。如果古书之作者、成书年代、内容真伪无法考订，那么它在学术源流中的地位便不能够被确定，且如果伪书被误判为真，便会有扰乱学术史之嫌，对"辨章学术，考镜源流"造成一定的干扰。将古书界定在哪一个时段，都会对还原古代思想史之演变与发展概貌产生重要的影响，须慎之又慎，否则，就会出现上文提到的风水史倒转的现象。

清代辨伪名家姚际恒在《古今伪书考》中说："造伪书者，古今代出其人，故伪书滋多于世。学者于此，真伪莫辨，而尚可谓之读书乎？是必取而明辨之，此读书第一义也。"[①] 可见辨伪是极为重要的工作。我们在阅读古书时，一定要炼成火眼金睛，辨明真伪，以免上当受骗。

二、历代辨伪述略

由于伪书众多，危害严重，故历代学者对辨伪工作投入了大量精力，并取得了突出的成就。下面简单加以介绍。

（一）唐代以前辨伪工作的主要成就

文献辨伪大致滥觞于春秋战国时期。孔子门人子贡曾怀疑："纣之不善，不如是之甚也。是以君子恶居下流，天下之恶皆归焉。"[②] 孟子更明言："尽信《书》，则不如无《书》。吾于《武成》，取二三策而已矣。仁人无敌于天下，以至仁伐至不仁，而何其血之流杵也？"[③] 韩非质疑儒、墨二家后学立论的真实性："孔、墨之后，儒分为八，墨离为三，取舍相反、不同，而皆自谓真孔、墨，孔、墨不可复生，将谁使定世之学乎？孔子、墨子俱道尧、舜，而取舍不同，皆自谓真尧、舜，尧、舜不复生，将谁使定儒、墨之诚乎？殷、周七百余岁，虞、夏二千余岁，而不能定儒、墨之真，今乃欲审尧、舜之道于三千岁之前，意者其不可必乎！无参验而必之者，愚也；弗能必而据之者，诬也。故明据先王，必定尧、舜者，非愚则诬也。愚诬之学，杂反之行，明主弗受也。"[④]

汉代学者司马迁、刘向、刘歆、王充、马融、郑玄等均有各种文献辨伪工作。第一位古籍辨伪学家似乎应当是西汉初年的司马迁，他著《史记》时，"厥协六经异传，整齐

---

① 姚际恒著，顾颉刚点校：《古今伪书考》，1 页，上海，朴社，1933。

② 刘宝楠：《论语正义》，748 页，北京，中华书局，1990。

③ 焦循：《孟子正义》，959 页，北京，中华书局，1987。

④ 陈奇猷：《韩非子新校注》，1124～1125 页，上海，上海古籍出版社，2000。

百家杂语”，必对文献做了相当周详的考证工作。刘向父子遍校群书，其所著目录书籍《别录》、《七略》均已散佚，但班固《汉书·艺文志》系节略《七略》而成，书名下多有辨伪语。其辨伪方法可总结为四条：从文辞方面辨伪，从事实方面辨伪，从因袭方面辨伪，从思想体系辨伪。王充《论衡》为“疾虚妄”而作，其疑古精神对后代影响很大。马融以先秦文献所引《泰誓》文字不见于汉代流行之《尚书·泰誓》，证明流行之《尚书·泰誓》为伪，开创了以佚文、文体及内容的辨伪方法来考订古书真伪。郑玄考得《礼记·月令》所记官名、时事不合周法，乃礼家好事者抄合《吕氏春秋》十二月纪之首章，开创了由典章制度辨伪的方法。汉代学者将辨伪与整理文献相结合，其中刘向、刘歆父子成就最著，汉代学者的文献辨伪为后世辨伪工作奠定了良好基础。

魏晋南北朝时局动荡，辨伪工作多无突出成就，但此时的古籍辨伪不再只是编纂目录及撰述自序的附带工具，一些学者已吸收其为读书的基本方法。如颜之推以序文所涉人物时代及郑玄由前无反语判断《通俗文》作者非汉末服虔；又因《山海经》内含秦汉郡县之名，怀疑为后人窜入，开创了根据地理沿革辨伪的方法。同时，佛教盛行，高僧辨识伪经使古籍辨伪出现了新的局面，如东晋释道安《宗理众经书目》有“疑经录”一门。要之，此时作伪胜于辨伪，最著名的要属东晋梅赜所献孔安国注古文《尚书》，此书真伪羼杂，自宋至清，为人所疑，论辩甚多，清代始得定论。

（二）唐宋辨伪的主要成果

唐宋时期，社会总体稳定发展，辨伪亦得到较大发展。

《隋书·经籍志》承《汉志》余绪，专列部分文献伪书，从文字数量上，将辨伪文字由小注一二案语，扩展为小序的一二十余句，发明造伪之缘由始末，考辨较为确凿。刘知几《史通》特设《疑古》、《惑经》，审订史籍真伪。对于《孝经》郑注，他通过文献记载与前人引用，列举十二条例证，证明郑玄《孝经注》是一部伪书。孔颖达《五经正义》对大量经注乃至所涉典籍提出怀疑。柳宗元以其疑古实证精神较大地推动了辨伪的发展，他对《列子》、《文子》、《鬼谷子》、《晏子春秋》、《亢仓子》、《鹖冠子》等均作研究，堪称将古籍辨伪作为专门之学的第一人，开我国古籍辨伪方法的先河。首先，柳氏已懂得运用前人著录来辨书之真伪，如《鬼谷子》载于《隋书·经籍志》中，然此前无著录。其次，从思想上分析，辨古籍之真伪，也是柳氏的一大创获，如《晏子春秋》之思想颇合墨子所尚。再次，柳宗元以其文学家特有的敏锐，考文辞、辨真伪，为辨伪提供了一种新方法，如《辨〈文子〉》：“《文子》书十二篇，其传曰老子弟子。其辞时有若可取，其旨意皆本老子。然考其书，盖驳书也。其浑而类者少，窃取他书以合之者多。凡孟、管辈数家，皆见剽窃，峣然而出其类。其意绪文辞，叉牙相抵而不合。不知人之增益之欤？或者众为聚敛以成其书欤？”[①] 最后，柳宗元还善于从内容来辨别书之真伪，如论《亢仓子》：“太史公为《庄周列传》，称其为书《畏累》、《亢桑子》，皆空言无事实。今世有《亢桑子》书，其首篇出《庄子》，而益以庸言。”[②] 由内容之伪而断书之伪。但遗憾的是，柳氏没能将其所运用的辨伪方法加以总结。

宋代学风转变，疑古最勇，研究范围广涉经史子集，凡被认为有问题的作品，都被毫不客气地批评删弃。同时研究方法上也有了重大改进，出现了一大批辨伪学者，如欧

① 《柳宗元集》，109页，北京，中华书局，1979。

② 同上书，115页。

阳修、司马光、王安石、苏轼、郑樵、洪迈、朱熹、叶适、晁公武、高似孙、陈振孙、李心传等。其中以欧阳修、郑樵、朱熹成就最为突出。

欧阳修著《易童子问》，继承前人方法，从思想系统与称谓入手，疑《十翼》中《系辞》、《文言》、《说卦》、《序卦》、《杂卦》非孔子所作，影响甚大，成为宋以后研究《周易》的一大趋势。欧阳修《诗本义》辨正毛《传》、郑《笺》疑误百余处，又有辨《史记》等文献谬误之作。郑樵《诗辨妄》专斥毛《序》之失。朱熹受欧阳修、郑樵等影响，作《诗序辨说》，以《诗序》为东汉卫宏所作；又作《孝经刊误》，指出"《孝经》疑非圣人（孔子）之言"；又认为古文《尚书》及孔《传》、《书序》皆伪。朱熹将《易经》与《易传》、《尚书》与《书序》、《诗经》与《诗序》、《春秋》与《左传》等经、传分开刊行，意在将两周、战国、秦汉间的文献区分开来，对后代学者认识、评价、使用不同时代史料具有极大启示。朱熹对辨伪的贡献在于他总结了辨伪的两种方法："熹窃谓生于今世而读古人之书，所以能辨其真伪者，一则以其义理之所当否而知之，二则以其左验之异同而质之。未有舍此两途，而能直以臆度悬断之者也。"① 白寿彝更进一步将朱熹的辨伪方法归纳为六条：(1) 根据常识来推测；(2) 因确知作伪者是谁而知其书为伪书；(3) 因一书的内容与历史事实不符辨伪；(4) 因一书的思想与所依托人的思想不符辨伪；(5) 因一书的内容抄袭凑合之迹显然而知其为伪；(6) 从一书的文章气象辨伪。梳理《朱子语类》，朱熹一生辨定的伪书多达六十余种。②

宋代辨伪成就最引人注目的还是辨伪原则和论证手段。宋人辨伪具有一定的条理化、系统化，为辨伪史之重要阶段，是明清辨伪的前奏。然宋人有时过于疑古、其"荒经蔑古"之风也造成明显偏颇。

（三）明清辨伪的高度发达

金元辨伪成就较弱，学者主要有王若虚、马端临等人。

明代古籍辨伪学出现了两位大家：宋濂和胡应麟。明初宋濂《诸子辨》一书多取材于《文献通考·经籍考》，成为辨伪学史上第一部专书，辨别了先秦至宋四十部诸子书的真伪。虽有承袭前人之处，但他总结了作伪、辨伪规律，指出"大抵古书之存于今者多出于后人之手"或"有以附丽"依托古书，并从避讳、典制等方法加以考辨。③ 明末胡应麟《四部正讹》堪称辨伪学成熟的标志性著作。《四部正讹》也多取材于《文献通考》，但与宋濂《诸子辨》相比，考证扩大至四部，辨别伪书达104种，且对伪书现象、类型加以概括、归纳，书后又专门探讨伪书特征等问题，总结辨伪方法八条，首次对辨伪作了方法论的阐述，建立了理论和法则："凡核伪书之道：核之《七略》以观其源；核之群《志》以观其绪；核之并世之言以观其称；核之异世之言以观其述；核之文以观其体；核之事以观其时；核之撰者以观其托；核之传者以观其人。核兹八者，而古今赝籍亡隐情矣。"④ 这八种方法，归纳全面精辟，至今仍为学者采用、重视。他还对四部书中伪书众寡的不同情况进行了全面分析，指出："凡四部书之伪者，子为盛，经次之，史又次之，集差寡。凡经之伪，《易》为盛，纬候次之。凡史之伪，杂传记为盛，琐说次之。凡子之

① 朱熹：《答袁机仲来教疑河图洛书是后人伪作》，见《晦庵先生朱文公文集》卷三十八，《四部丛刊》本。

② 参见《白寿彝史学论集》，1102～1104页，北京，北京师范大学出版社，1994。

③ 参见牟玉亭：《明清辨伪学的发展》，载《文史杂志》，1999 (5)。

④ 《少室山房笔丛》，423页。

伪，道为盛，兵及诸家次之。凡集，全伪者寡，而单篇别什，借名窜匿甚众。”① 其总结合乎实际，顾颉刚说其书“是以辨伪为正业的”。有此辨伪大作，才使辨伪学成为一门专门学问。《四部正讹》集前人辨伪思想、方法之大成，是辨伪学史之里程碑式著作，对后世影响深远。②

此外，明代还有一位大学者——梅鷟，是专注于考证某一部文献的第一人，其《尚书考异》五卷，多方论证古文《尚书》之伪，将它沿袭剽窃古书之处一一指出，追本溯源。这一辨伪工作为清代学者进一步研究打下了坚实基础。

图 8—2 （清）阎若璩

清代学术高度发达，表现为考证精密与成果丰硕两方面。清初著名学者顾炎武与黄宗羲都非常重视古籍辨伪学，顾炎武发明从词汇与文字上辨伪，黄宗羲曾为阎若璩（见图 8—2）《尚书古文疏证》写序。在二人提倡下，出现了阎若璩《尚书古文疏证》、胡渭《易图明辨》等优秀的辨伪学著作。

乾嘉以后，古籍辨伪的风气更加兴盛。如孙志祖与范家相等人考证出《孔子家语》为王肃伪造；刘逢禄认为《左传》是一部后人依托的与《春秋》毫不相干的书；魏源《诗古微》只信齐、鲁、韩三家诗，不信毛诗。

崔述是清代乾嘉后期一位疑古大家，专以疑古、辨伪、考信为业，其《考信录》十二种三十六卷，考订古书所记上古三代及《论语》所记孔子事实，将文献辨伪和史实考证相结合，影响极大。时人苏庆彬归纳崔述的古籍辨伪学方法有以下二十二条：(1) 以篇名篇数证；(2) 以文体证；(3) 以名词证；(4) 以辞意证；(5) 以文法证；(6) 以古人行文之法证；(7) 以地理证；(8) 以时代风尚证；(9) 以时代思想证；(10) 以学者思想系统证；(11) 以文物创制时序证；(12) 以时势证；(13) 以历法证；(14) 以氏族证；(15) 以官制证；(16) 以礼制证；(17) 以名称证；(18) 以史实证；(19) 以时间证；(20) 以生理证；(21) 以情理证；(22) 以圣贤之言行证。③

此外，《四库全书总目》受辨伪学风影响，对古籍真伪也十分留意。如《后山诗话》提要：

> 旧本题宋陈师道撰。师道有《后山丛谈》，已著录。是书《文献通考》作二卷。此本一卷，疑后人合并也。陆游《老学庵笔记》深疑《后山丛谈》及此书，且谓《丛谈》或其少作，此书则必非师道所撰。今考其中于苏轼、黄庭坚、秦观俱有不满之词，殊不类师道语。且谓苏轼词如教坊雷大使舞，极天下之工，而终非本色。案蔡绦《铁围山丛谈》称，雷万庆，宣和中以善舞隶教坊。轼卒于建中靖国元年六月，师道亦卒于是年十一月，安能预知宣和中有雷大使，借为譬况。其出于依托，不问可知矣。④

清儒辨伪工作不仅成果丰硕，其精神和方法尤其值得肯定。梁启超《中国近三百年

① 《少室山房笔丛》，423 页。
② 参见牟玉亭：《明清辨伪学的发展》，载《文史杂志》，1999 (5)。
③ 参见苏庆彬：《阎若璩胡渭崔述三家辨伪方法之研究》，载《新亚书院学术年刊》，1961 (3)。
④ 《四库全书总目》，1781 页。

学术史》称："清儒辨伪工作之可贵者，不在其所辨出之成绩，而在其能发明辨伪方法而善于运用。对于古书发生问题，清儒不如宋儒之多而勇，然而解决问题，宋儒不及清儒之慎而密。宋儒多轻蔑古书，其辨伪动机，往往由主观的一时冲动。清儒多尊重古书，其辨伪程序，常用客观的细密检查。"①

（四）现代辨伪的主要特征

东西学术交互碰撞、融合成为现代学术之发展大势，影响之大，使得一批学贯中西的实证主义历史学家应运而生。其中，梁启超、胡适等均具有一定的疑古辨伪倾向；而以顾颉刚为代表的古史辨派更以勇猛气势，使实证主义史学思潮一度成为主流。他们既有深厚的国学基础，又有丰富的理论素养。

梁启超《中国历史研究法》、《中国近三百年学术史》、《古书真伪及其年代》均对辨伪有理论阐述。其辨伪方法在今天仍指导着人们的辨伪工作，对现代辨伪学学科体系和知识结构的完善意义巨大。

胡适、钱玄同等人大力宣扬疑古辨伪。在此基础上，继承乾嘉学派传统，顾颉刚古史辨派以"疑古"、"求真"为口号，系统清理历史文献和古史体系，为廓清有关古史的荒谬传说，做了大量相当透彻的考辨工作。他提出"层累地造成的中国古史"一说，即越往后，人们附会出的历史就越古远，而居于历史传说中心的人物之材料就越丰富，形象就越大，而其中包含的虚伪就越多，因此必须审慎考察，剔出虚假，别求旁证，还历史以本来面目。这一理论影响很大。顾颉刚将其学派论争文章汇编为《古史辨》七册（见图8—3），又将前人辨伪著作如《诸子辨》、《四部正讹》等汇为《辨伪丛刊》，极大地推动了辨伪学的继承和发展。

图8—3 《古史辨》封面

现代还产生了继姚际恒《古今伪书考》之后的一些辨伪目录著作，如顾实《重考古今伪书》、黄云眉《古今伪书考补正》、张心澂《伪书通考》等，以《伪书通考》为集大成者。

（五）当代辨伪工作的新进展

20世纪50年代，特别是80年代以来，辨伪学有了长足发展，主要表现在：一是古文献辨伪更加客观、严密、谨慎，技术手段更加先进；二是辨伪学史研究取得重大突破。

偏激是辨伪时应忌讳的，崔述、康有为之辨伪，出于己用，就具有此种倾向。当代的文献辨伪，则向着态度客观、平实的方向转变，力求实事求是，且论证方法日益严密，论证周备，颇能吸取前人长处，对辨伪结果相当谨慎。尤为值得重视的是，20世纪的考古新发现为古籍辨伪提供了不少新证，文献辨伪在此基础上得以长足发展。如1972年山

① 《中国近三百年学术史》，276页。

东银雀山汉墓发现《孙子兵法》、《孙膑兵法》、《尉缭子》，完全将自古以来的怀疑推翻，令人振奋。出土文献的发现，更影响了一批当代学者，如李学勤提出“走出疑古”，对前代辨伪进行拨乱反正，意义重大。而新技术手段的运用，也为辨伪插上了新的翅膀。

辨伪学科在当代也不断发展，自张舜徽《中国文献学》、吴枫《中国古典文献学》问世以来，一批文献学专著相继出版，其中包括大量辨伪学内容。在此背景下，孙钦善《古代辨伪学概述》（《文献》1982年第4期、1983年第2期）、郑良树《古籍辨伪学》（台湾学生书局，1981）、杨昶《辨伪学讲义》（广西人民出版社，1993）等辨伪专著陆续刊行，使辨伪学逐渐成为一门独立发展的学科。杨绪敏《中国辨伪学史》（天津人民出版社，1999）的问世，又真正结束了辨伪学只注重文献考辨而忽略辨伪活动史研究的局面。邓瑞全、王冠英主编《中国伪书综考》（黄山书社，1998），收录古代、近代伪书或有作伪嫌疑书籍1 200种，为目前收录伪书最多的辨伪目录学著作，是我们阅读古书时应当首先参考的。

第三节 辨伪方法

一、辨伪方法

历代学者在从事辨伪工作之余，也不时总结辨伪的理论和方法。古代学者以朱熹、胡应麟等为代表，现代学者则以梁启超《古书真伪及其年代》的总结最为全面，兹简述如下：

> 甲、从传授统绪上辨别。这有八种看法。
> 一、从旧志不著录，而定其伪或可疑。
> 二、从前志著录，后志已佚，而定其伪或可疑。
> 三、从今本和旧志说的卷数篇数不同，而定其伪或可疑。
> 四、从旧志无著者姓名，而定后人随便附上去的姓名是伪。
> 五、从旧志或注家已明言是伪书而信其说。
> 六、后人说某书出现于某时，而那时人并未看见那书，由此可断定那书是伪。
> 七、书初出现已发生许多问题，或有人证明是伪造，我们当然不能相信。
> 八、从书的来历暧昧不明，而定其伪。
> 乙、从文义内容上辨别……方法有五。
> 一、从字句缺漏处辨别。……这又可分三种看法。
> (子) 从人的称谓上辨别。这又可分三种。
> (A) 书中引述某人语，则必非某人作。若书是某人作，必无“某某曰”之词。
> (B) 书中称谥的人出于作者之后，可知是书非作者自著。
> (C) 说是甲朝人的书，却避乙朝皇帝之讳，可知一定是乙朝人做的。

（丑）用后代的人名地名朝代名。这也可分三种。

（A）用后代人名。

（B）用后代地名。

（C）用后代朝代名。

（寅）用后代的事实或法制。这可分二种。

（A）用后代的事实。这又可分三种。

（a）事实显然在后的。

（b）预言将来的事显露伪迹的。

（c）伪造事实的。

（B）用后代的法制。

二、从抄袭旧文处辨别。这可分三种。

（子）古代书聚敛而成的。

（A）全篇抄自他书的。

（B）一部分抄自他书的。

（丑）专心作伪的书剽窃前文的。

（寅）已见晚出的书而剿袭的。

三、从佚文上辨别。……现在分二种讲。

（子）从前已说是佚文，现在反有全部的书，可知书是假冒。

（丑）在甲书未佚之前，乙书引用了些，至今犹存，而甲书的今本却没有或不同于乙书所引的话，可知甲书今本是假的。

四、从文章上辨别。这可分四项。

（子）名词。

（丑）文体。

（寅）文法。

（卯）音韵。

五、从思想上辨别。……可分做四层讲。

（子）从思想系统及传授家法辨别。

（丑）从思想和时代的关系辨别。

（寅）从专门术语和思想的关系辨别。

（卯）从袭用后代学说辨别。①

梁启超又在《中国历史研究法》第五章“史料之搜集与鉴别”中，提出了辨识伪书的十二条公例：

（一）其书前代从未著录或绝无人征引而忽然出现者，什有九皆伪。

（二）其书虽前代有著录，然久经散佚；乃忽有一异本突出，篇数及内容等与旧本完全不同者，什有九皆伪。

（三）其书不问有无旧本，但今本来历不明者，即不可轻信。

（四）其书流传之绪，从他方面可以考见，而因以证明今本题某人旧撰为不确者。

（五）其书原本，经前人称引，确有佐证，而今本与之歧异者，则今本必伪。

① 《梁启超全集》，5028～5037页。

（六）其书题某人撰，而书中所载事迹在本人后者，则其书或全伪或一部分伪。

（七）其书虽真，然一部分经后人窜乱之迹既确凿有据，则对于其书之全体须慎加鉴别。

（八）书中所言确与事实相反者，则其书必伪。

（九）两书同载一事绝对矛盾者，则必有一伪或两俱伪。

（十）各时代之文体，盖有天然界画，多读书者自知之。故后人伪作之书，有不必从字句求枝叶之反证，但一望文体即能断其伪者。

（十一）各时代之社会状态，吾侪据各方面之资料，总可以推见崖略。若某书中所言其时代之状态，与情理相去悬绝者，即可断为伪。

（十二）各时代之思想，其进化阶段，自有一定。若某书中所表现之思想与其时代不相衔接者，即可断为伪。①

梁启超的辨伪方法相对繁碎，不便初学者把握。综合前人辨伪方法，归纳起来可从内证与外证两个方面来考察。

（一）寻内证

即从书籍本身的内容来考察，寻得矛盾的地方，判断真伪。细分之，包含书籍本身的文字、思想、历史事实与名物制度等三方面。

1. 文体、文法、文风

从文体、文法、文章风格等方面，从语言与时代关系着手考察。文体具有鲜明的时代性，任何文体都有产生、发展、成熟的过程，且不可逆。从文法来讲，伪托者迁就旧文，复加己意，导致句法不全，文理不通，首尾不全，重复堆砌。古人行文之法，记其意而已，故文辞简略。后学不悟古人行文之法，引申古说，画蛇添足，致使事实乖舛。就文章风格而言，一个成熟的作家有自己鲜明的文章风格，一个时代的作家一般也会有共同的风格。

2. 思想

每个时代都有各自独特的思想，故能从思想系统和传授家法上来辨别伪书。但是，此方法不是绝对的，不能孤立运用，除明白要考察人物所处时代的时代思潮、宏观背景，还必须了解所考察人物在其可信著述中的思想要点如何，且应注意随自然年龄增长反映在其著述中的观念转变。因为这个人可能会有一些与主流思想不同的见解，观念也随阅历而改变，晚年思想可能将早年思想彻底颠覆，辨伪时要考虑到所有这些因素。

3. 历史事实与名物制度

文体、文法、文风和思想是重要的辨伪角度，但其局限在于阐释空间过大，主观性过强。相对而言，通过核查历史事实和名物制度来辨伪，更具可操作性和可靠性。可以考察史实与辨伪对象描述是否存在冲突，如果叙述与事实不符，出于臆造可能性就较大。

---

① 《梁启超全集》，4131～4133 页。

名物制度包括植物名、动物名、器具名、地名、氏族名、朝代名、官名、历法、律例及礼制等，往往具有时间和地域的明确限定性，可以成为辨伪的重要参照。例如，托名郭璞的风水书籍《青囊海角经》中有“龙图”一词，而“龙图学士”始见于北宋，管辂不能准确预知身后事实。由此可断定该书是北宋以后成书的。

当然，以上方法通常不是孤立的，往往需要组合运用，充分发掘文本中的隐微信息，核对史实，进行比勘，考辨真伪。例如，有关《李少卿答苏武书》的真伪问题，唐代刘知几《史通·杂说下第九》说：“《李陵集》有《与苏武书》，词采壮丽，音句流靡。观其文体，不类西汉人，殆后来所为，假称陵作也。迁《史》缺而不载，良有以焉。编于《李集》中，斯为谬矣。”[①] 后又被苏轼广泛衍说之。现在可确定其为伪作无疑，证据如下：第一，现存李陵与苏武之间一共有三封信，根据《李少卿答苏武书》中字句得知两人间另外还通过两次信，另两封见存于《艺文类聚》卷三十，语言风格与《李少卿答苏武书》相同。其《李少卿答苏武书》有“形影表于丹青，爵禄传于王室”之句，意为绘苏武形貌于麒麟阁，但这是李陵死后才有的史实。第二，这三封信中，《李少卿答苏武书》实无写作的必要，因为通信的目的在于交流感情，而此三封信传递的信息均属老生常谈。李陵表达送别之情可直接交谈，无须写信，《汉书》有李陵为之置酒祝贺之证。并且，《汉书》中记载了李陵与苏武三次交往。在日常交往中，应当会涉及北地气候、李陵战斗过程、投降心情、苏武困苦励节等谈话内容，实在无须在苏武回汉后才借信喻之。相反，这是后世代拟者还原当时情状时的关注点。第三，李陵自言“身之穷困”，于史无征；“与子别后，亦复无聊”，稍嫌亲密，而二人在匈奴仅见三面。第四，这些书信的内容在正史中大都已提及。综上所述，《李少卿答苏武书》确是后人所作。[②] 至于其动机，很可能出于戏拟而非故意作伪。

（二）寻外证

1. 考察编著者

从查核作家生平入手，查看题撰者是否确有此书，是考察古籍真伪的一个重要途径。其中编著者的当代记录最为重要，包括编著者本传、门生、友人及同时人的记述、编著者自己的回忆文字、神道碑及其他相关资料。按照常理，如果某人确有某书，他的本传或者回忆文字中应该有记述，不然，其门生友人也该见过此书并有记录。如果遍考当代资料而索获无果，那么其为后人伪托的几率便相当高了。另外，若无直接的当代记录证明，则据作者时代越近的资料越可靠。

例如，考察马致远是否为《天净沙·秋思》之作者，王国维《宋元戏曲史》说：“无名氏。此词《庶斋老学丛谈》及元刊《乐府新声》均不著名氏。《尧山堂外纪》以为马致远撰，朱竹垞《词综》仍之，不知何据。”[③] 盛如梓《庶斋老学丛谈》成书距马致远卒年最多只有 80 余年，时间间隔较近。《录鬼簿》言马致远生时便有盛名，若果为马致远所作，盛氏何以不闻。又，周德清《中原音韵》成书于马致远死后 70 多年，所引《天净沙》亦标无名氏作；元刊本杨朝英《朝野新声太平乐府》、佚名《梨园按试乐府新声》

---

① 刘知几：《史通》，149～150 页，沈阳，辽宁教育出版社，1997。

② 参见范春义：《〈李少卿答苏武书〉真伪考略》，见《古典文献研究》，第九辑，南京，凤凰出版社，2006。

③ 王国维：《宋元戏曲史》，102 页，上海，上海古籍出版社，1998。

引用马致远曲牌时独于此阙不标注名氏。由此可知《天净沙·秋思》的作者绝非马致远。而历史上第一次著录此曲作者为马致远的《尧山堂外纪》，距马致远卒年已有350多年了。①

2. 从书籍流传来考察

（1）查目录。

目录学与辨伪学关系相当密切。一些提要式的书目里，常有关于古籍考辨的记载。从史书的《艺文志》、《经籍志》至私家藏书志、书目提要中，不但可以看出各个朝代藏书的情况、书籍的聚散和整理，更可以从中考察某书的流传过程、传者何人、流传中有无中断等。从历代官私目录求证古书真伪，可从以下三个层面来探索：其一，著录的有无。古籍流传开后，当代或后代的官私目录应该有所著录。如果说一部书在先秦便有流传，但在《汉书·艺文志》中不著录，到《隋书·经籍志》才能看到，那么这部书的真伪就可能有问题。另外，有些古书早已亡佚，后代目录没有著录，然世间突然有该书流传，此类书也大有可疑。姚际恒《古今伪书考》辨别《公孙龙子》说得很明确："《汉志》所载而《隋志》无之，其为后人伪作奚疑。"当然这些疑点提供了辨伪的契机，真正考实还需要周密论证。其二，作者及卷数是否符合。古籍在流传过程中会有残损现象，卷数一般是递减的，不可能时代越晚而卷帙越多，所以当出现卷数增加的情况时要格外注意。例如《鹖冠子》，《汉志》著录仅一篇，唐代韩愈却看到十九篇，宋代《崇文总目》著录三十篇，不合常理，很让人怀疑。其三，流传过程中的实际情况。古籍在纵向时间轴以及横向涉及层面流传开来以后，一定经过不同时代学者们的研究和著录，其中涉及古籍传播、注释、增删以及卷帙分合等方面的内容，特别值得我们注意。

（2）考版本。

我国版印书籍，至宋已成熟。宋元以后出现的伪书，除了考证其内容外，还能够结合版刻特征来判断，如从版式、书口、行款、字体、墨色、纸质、有无牌记、讳字等方面辨明真伪。对于宋元以来各时期的版本特征，版本学专书多有涉及。如《斜川集》十卷，原题宋苏过撰。清代校理《四库全书》时，发现该版本每页补画乌丝栏，染纸作古色，伪镌汲古阁印于卷末，冒充宋本。考书籍内容与作者时代、经历不符，所载之诗尽与刘过《龙洲集》同，是书商为了谋利而改换姓名伪造的。

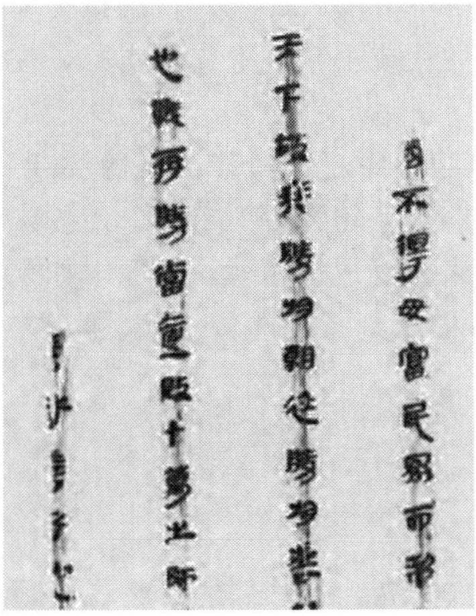

图8—4　银雀山汉简《尉缭子》

（3）出土文物佐证。

王国维二重证据法开创了以出土文献考史、证史、证伪之法。考古新发现不断改变人们对历史文献乃至历史的认识。出土文献一般未经后人篡改，与书籍原貌最为接近，可印证现存文献的书籍内容，无疑是证明古籍真伪及其年代的最可靠资料，是判定古书真伪的有力武器。如曾被定为伪书的《尉缭子》（见图8—4）、曾受到怀疑的《孙子兵法》，都随着山东银雀山出土文献的发现而被确定为真书。从某种意义上说，出土文献是辨伪工作的试金石。

① 参见范春义：《〈天净沙·秋思〉是马致远作的吗》，载《古典文学知识》，2008（3）。

二、辨伪的注意事项

为使辨伪工作真正做到实事求是，辨伪而不轻率疑古、将原本可信的文献定为伪书，在科学运用辨伪方法之时，还应注意以下几点。

（一）辨伪应该立场客观，实事求是

辨伪以求真为最高目的，应当实事求是。在辨伪过程中，不应有先入为主的主观成见，更不可羼杂其他目的。前贤为拥护圣贤之道，对那些不符合道统的思想者加以贬斥，他们的书便被认定为伪书。如清代的辨伪名家崔述，其《考信录》一书虽为辨伪名著，却因过分迷信儒家经典，造成一些矛盾之处。广而言之，处在不同学术、政治立场上的人们，往往因本派利益，竭力判定一本书的真伪，以求借古自重，更有借辨伪来炫名自恃者。这些均需引以为鉴。现代研究者往往出于对研究对象的偏爱而出现“爱屋及乌”现象，主题先行，以致误判。例如，《先秦伪书辨正》一书的目的是要把先秦的古书统统考订为真书。客观说，古史辨派对先秦古书存在持律过严、判断失误、冤枉古书的问题，对此进行反思具有重要意义。但是，古书真伪判断是一个事实判断，只能从事实出发，得出客观结论，不能结论先行，再去寻找证据。这从根本上违背了从实际出发探求真理的学术精神。

（二）明确古籍成书和授受规律，不可凭孤证辨伪

时代不同，技术条件不同，成书过程自然各有特点，辨伪时应该充分注意到这种复杂性。例如先秦古书成书有特定的规律，余嘉锡《古书通例》对此有深刻揭示，辨伪时必须充分注意到这一特点。在《古书书名之研究》中，余嘉锡指出：“古书大多无题，后世乃以人名其书。古人著书，多单篇别行；及其编次成书，类出于门弟子或后学之手，因推本其学之所自出，以人名其书。”① 为防止误判，张心澂《伪书通考》将古时著书情况明确地总结为四条：(1) 古人不自己著书；(2) 古人著书不自出名；(3) 古书世传非成于一手；(4) 书名非著者之名。如果忽视这些特点，以后代成书来推论先秦古书，往往会方枘圆凿。

从古籍流通与传播的规律来看，大抵流传越久，与原貌差距越大，甚至真伪混杂，此其必然。古书流传中的变化可能表现在：书中的部分内容、字句为后人窜入，传抄中字句传写错误，后人乱改前代名实，以刻印年代的避讳字来鉴别成书时代，等等。如果不明白这些规律，视野过于狭隘，就容易造成误判。如清代所刻《文选》，避康熙帝之“玄”字，往往缺笔，但不能因此认定此书是清代作品。

（三）避免“疑人偷斧”，尊重核心证据

所谓“疑人偷斧”，典故出自《列子·说符》：“人有亡斧者，意其邻之子，视其行步，窃斧也；颜色，窃斧也；言语，窃斧也；动作态度，无为而不窃斧也。”② 在辨伪过

① 余嘉锡：《古书通例》，见《余嘉锡说文献学》，190页，上海，上海古籍出版社，2001。

② 杨伯峻：《列子集释》，271～272页，北京，中华书局，1979。

程中的表现是，所有不大有说服力的证据都可能被研究者视为辨伪的有力证据。事实上，在有些书籍的辨伪中，只要核心证据确凿，外围材料再多，也不能改变问题的实质。例如，关于傅毅《舞赋》的探讨就比较典型。《舞赋》是现存最早的完整描写舞蹈的文学作品，其完整版保存在《文选》中，节选版本保存在唐代类书《初学记》、《北堂书钞》中，作者名一律被标注为傅毅。而在后出的《古文苑》中，标注为宋玉。事实上，前三本书构成一个证据链，牢不可破。后出的《古文苑》的证据力非常薄弱，根本不足以否定傅毅对《舞赋》的著作权。①

（四）注意辨伪思维与方法的多样性

以孤证来判别伪书是危险的，同样，从单一的思维角度与方法来进行辨伪也是非常危险的。运用一种方法得出的辨伪结果，往往并不那么让人信服。如柳宗元《辨〈列子〉》，仅凭借文辞一法，认为《列子》语言类庄子，便判其为伪，颇不令人信服。除了孤证外，通过语言辨伪出现问题是因为古人往往忽略不同书籍间文体的固有特征，以一律百。古人不怎么讲辩证逻辑，分类意识比较差。他们在通过风格辨伪时，往往机械作比较。比如政论文和档案有明显差异，技术文体和论辩文体迥异。他们在辨伪时往往不分类别，将先秦的某一书与《尚书》比较，得出差异较大的感觉，进而即否定某书的真实性，结论难免错误。

因此，在判断古书真伪时，一定要对文献做历史的、综合的、全面的考察，结合多方证据，运用多种方法，不能仅凭单一的证据，便草草下结论。任何有效的辨伪都是经过反复论证，采用多种方法才得出可靠结论的。

【主要参考文献与课外阅读书目】

顾颉刚．辨伪丛刊．北京：朴社，1929

顾颉刚．古史辨．上海：上海古籍出版社，1982

郑良树．古籍辨伪学．台北：台湾学生书局，1981

杨绪敏．中国辨伪学史．天津：天津人民出版社，1999

【练习题】

一、用自己的话解释以下术语。

1. 伪书　　2. 辨伪学

二、辨伪的方法主要有哪些？

三、伪书有哪些价值？

四、以某部辨伪著作或某篇论文为例，谈谈其辨伪成绩和缺陷。

（范春义　编撰）

① 参见范春义：《〈舞赋〉为傅毅所作申证》，载《文学遗产》，2010（2）；《傅毅〈舞赋〉“增衍说”驳证》，载《文艺研究》，2010（9）。

第五单元

拓展篇

中国古典文献学的传统学科包括版本学、目录学、校勘学、注释学、编纂学、辑佚学、考证学、辨伪学等八大分支，是对传统文献进行整理与研究的基本理论和方法。20世纪以来，由于新出资料层出不穷，研究观念日益更新，本学科也在不断拓展新的领域，是为拓展篇。例如，区别于传世文献研究，拓展了出土文献研究；相对于海内文献研究，拓展了海外文献或域外汉籍研究；不同于传统纸质文献，拓展了古籍电子文献研究。又如，以地域为视角，拓展了地方文献学；以民间为视角，拓展了民间文献学；以学科或专题为视角，拓展了专科文献学。但限于篇幅，不能面面俱到，本单元仅讲授专科文献学和古籍电子文献。

第九课 专科文献学

【本课教学重点】

一、专科文献学与目录学的关系；

二、专科文献的检索与研究；

三、文学、美术、宗教文献的研究现状及研究方向。

【建议课时】

约 4 学时。第一节建议学生课前自学，教师讲解难点，约 1 学时；第二节重点讲授，约 2 学时；第三、四节根据师生兴趣，或安排学生自学，或选择性讲授，约 1 学时。

现代学术意义上的专科文献学是在古典目录学的基础上发展起来的，目录学的分类为分科治学提供了依托。分科治学是我国古代学术的重要传统，也是学术研究不断深入的自然结果。专科文献学是分科治学背景下的产物，是古典文献学理论在专科文献领域的具体应用。它虽有其自身的特点，但与古典文献学的研究方法、研究工具等基本一致，只不过具体的专科文献研究更强调某一方面，如宗教文献要多结合辨伪学与年代学知识，美术文献则要结合图像学的一般原理。本课从专科文献学与目录学的渊源谈起，侧重介绍专科文献尤其是文学、美术、宗教文献的检索方法与研究现状，为专科文献的学习与研究提供门径。

第一节
专科文献学概论

文献学的研究是文献学理论、方法与文献本体的结合。学习了前面四个单元的内容后，我们对文献学的几个分支已较为熟悉，本课则重点讲古典文献本体。事实上，文献学作为一门实践性很强的学科，强调从丰富多彩的文献本身入手。文献学的宗旨是“辨章学术，考镜源流”，具体而言，即是理清书籍类别，辨析史料价值，考证典籍源流，阐明学术流变，其前提是针对不同文献类型进行深入研究。学术随时代的发展越来越趋向于细密、深入，而现阶段教育理念以专门、精深为宗旨，研习对象也多是专科文献。专科文献学是古典文献学理论在专科文献领域的具体应用，虽有其自身的特点，但与古典文献学的研究方法、研究工具等基本一致，大略是先用目录工具检索文献，再利用辨伪方法检验文献，随后利用版本知识选取善本，并利用校勘手段校出佳本，对已经亡佚的文献则进行辑佚，最终目的仍是为下一步研究奠定坚实的文献学基础。只不过具体的专科文献研究更强调某一方面而已，如宗教文献要多结合辨伪学与年代学知识，美术文献则要结合图像学的一般原理。

一、从目录学到专科文献学

（一）目录学与学术史

目录之学，昉自刘向父子，其内容主要是编定目次和撰写提要。目录学家在编定目次时，不仅需要安排篇章次第，还有一项重要的工作，即分类：针对典籍的内容，确定将其放置于哪一类目之下。这与我国古代学术向来重视分科治学也是密不可分的，从以《汉书·艺文志》为代表的六分法，到以《隋书·经籍志》、《四库全书总目》为代表的四分法，历代目录均依照一定类别将图书进行编次、叙录，从而进行更为深入的研究。

目录学与学术史的关系能从书目的分类中鲜明地体现出来。分类本身即是一种重要的思维方法，所谓“方以类聚，物以群分”。别同异而定宗旨，才称得上知类。古时教大学生，要求肄业三年要能知类通达，《礼记·学记》说“古之学者，比物融类”，荀子《劝学》也说“伦类不通，不足谓善学”。可见为学首先要具备这种思维，分析物类，然后连类通达，融会贯通，最终使思维逐渐系统化。对于同类或异类的判断，是治学之初的“别同类”工作，它的意义主要体现在以下几个方面。

首先，分类能反映学术发展的状况。《四库全书总目·凡例》称：“文章流别，历代增新。古来有是一家，即应立是一类。”诗文评类的逐步确立就是一例。《汉书·艺文志》未设此类，因当时还没有这类专著。到南朝时出现了《文心雕龙》、《诗品》两部文艺理论大作，《隋书·经籍志》著录于集部总集类。至唐代又出现刘知几《史通》等史评类著述，于是唐人吴兢《吴氏西斋书目》专设“文史”类，将诗文评与史评著作归置一处。

此后，《崇文总目》、《通志·艺文略》、《文献通考·经籍考》、《宋史·艺文志》、《明史·艺文志》等均于集部设立“文史”类，专收诗文评与史评著作，与著录在总集类相比，这固然是一大进步，但诗文评与史评著作毕竟分属文学与史学两个学科，合置一处并不恰当。因此，《四库全书总目》将文史类进一步细分为史评与诗文评两类，前者归史部，后者归集部，做到了实至名归。诗文评类的形成过程即是传统文艺观念不断完善的过程，因为某一类典籍被著录表示其有地位，而自成一类则表示有独立的地位。

其次，分类随学术变化而变化。如《孟子》及孟学典籍在目录学著作中的归类就清晰地说明这一点。北宋之前的《汉书·艺文志》、《隋书·经籍志》、《旧唐书·经籍志》、《新唐书·艺文志》、《崇文总目》等，都把《孟子》一类书列入子部儒家类，但自宋元祐年间官方将《孟子》列为科举考试内容后，《孟子》的地位大为提高。南宋时，尤袤《遂初堂书目》将《孟子》类典籍附于“《论语》类”，《孟子》类图书遂由子部上升至经部。后来陈振孙撰《直斋书录解题》，更将“《论语》类”改名为“语孟类”。而《论语》、《孟子》与《礼记》中《大学》、《中庸》篇被朱熹合称为“四书”，随后更成为科举考试的内容，《孟子》的影响越来越大。因此，明清的一些目录学著作创设“四书类”来替代“语孟类”，如明晁瑮《宝文堂书目》、清初黄虞稷《千顷堂书目》以及《明史·艺文志》、《四库全书总目》等。《孟子》类图书在目录中的归类，反映了《孟子》一书逐渐得到重视的过程。

此外，某类文献在分类体系中的位置能反映此类文献的地位。刘歆《七略》将“六艺略”置于六略之首，将儒家放在“诸子略”首位，就充分体现了当时尊儒卫道的观念。

因此，通过目录的考察往往可以发现学术上的流别，这一类和那一类，如同水之分流，可以区别开来。在“比类”的同时，也可以发现学术的源流，因同一类别的书，性质相近，彼此间可能会存在渊源递嬗关系。将这两者综合起来，古人称之为“辨章学术，考镜源流”，这是目录学最重要的学术功能。[①]

(二) 学术史与分科治学

南宋目录学家郑樵说：“有专门之书，则有专门之学；有专门之学，则其学必传，而书亦不失。”(《通志》卷七十二《图谱略·索象》) 又说：“学术之不明，在类例之不分，类例既分，学术自明，以其先后本末具在。”(《通志》卷七十一《校雠略·编次必谨类例论》)“类例不分”将导致“书之不明”，“书之不明”又将使“学之不专”，只有书分其类，才能学守专门。“类例”是存“专门之学”的关键，而存“专门之学”则是类例的学术旨归。所谓“有专门之书则有专门之学”，是由于各种专门学术探究的是各种专科知识，而各种“专门之书”的分类是以各种专门知识的分类为前提的。可见古人为学，极其重视专门之学，这也是为学的基本规律。

清末张之洞在《书目答问》附录二《国朝著述诸家姓名略总目》中分经学家、史学家、理学家、小学家、文选学家、算学家、校勘之学家、金石学家等，即是以专门之学划分清代学者。近代学者刘师培在其《周末学术史》中首次以学为纲来叙说周末学术史，这与传统学案体（如《宋元学案》、《明儒学案》等）以人为纲的体例有很大不同。刘师培分别从心理学、伦理学、论理学、社会学、宗教学、政法学等十六个方面论述，所用名词术语与学术史体例很明显取自西学，体现了分科论学的思路。梁启超《中国近三百

---

① 参见徐有富：《目录学与中国学术史》，载《新世纪图书馆》，2007 (2)。

年学术史》大体遵循了刘师培创立的这一学术史写法，以专门之学为中心进行分析论说。此书前四章为引论、总论，第五章至十一章分别从心学、经学、哲学、史学、程朱理学、颜李实学、自然科学等方面缕述清代学术史，采用的也是分科介绍的方式。事实上，即使以博雅著称的学者，其学术亦有专攻，如顾炎武精于音韵学、全祖望精于史学、姚鼐精于词章之学等。

19 世纪末 20 世纪初，由于西学东渐的影响，学术研究开始走向专门化，各科之间的畛域逐渐明确，分科更为细密。而近人与古人学术分类的差异造成了一个尴尬的事实：古人十分重视的学问近人视若敝屣，古人不屑沾染的学问近人则奉若拱璧。前者如经学，后者如词曲、小说等。分科治学首先是为了研究的方便，有利于某一方面的深入，因此迅速成为学术研究的主要路向。然而，在科学研究越来越走向综合的今天，重视史料的综合性，打破藩篱，其重要意义越来越明显。这不仅能帮助我们深切地理解各种学术现象，同时还能够拓展我们的视野。因此，在深入进行分科研究的同时，绝不能忽视学术的综合性特点。若过分强调分科，则又成为治学的羁绊与制约。

二、专科文献学与专科文献

（一）专科文献学概说

如果说文献学是以文献和文献发展规律为研究对象的科学，那么专科文献学就是以专科文献为研究对象，着重于探讨其内在矛盾（即规律、组成结构、分布情况、检索方法）以及专科文献的工作理论和一般规律的科学。文献学包含理论与应用两大体系，前者由文献学原理、学科性质、文献学史等构成，应用部分则由文献的分类、目录、检索、利用、保护等构成。从功能上看，理论文献学主要有认识功能，应用文献学主要体现认识和教育的具体功能。将理论与应用的研究成果同专门学科结合起来，就是专科文献学，主要体现实用性的功能。

专科文献学有其自身独特的研究方法和研究思路，重在研究专科文献的形成、发展的历史，探讨专科文献的分类依据、研究意义、研究方法等。统观目前的专科文献学研究成果，专科文献学的内容主要包括三个方面：（1）揭示专科文献产生、发展与演变的过程，帮助人们了解该学科文献的全貌，便于把握其特点和规律。（2）论述专科文献的内容和分布情况，提供熟悉、掌握该学科知识的基础。（3）形成专科文献的检索、利用方法，为该学科提供重要的书目与工具书，并从内容上对他们加以利用。郑樵《通志》卷七十一《校雠略·编次必谨类例论》说：“有专门之书，则有专门之学，有专门之学，则有世守之能。人守其学，学守其书，书守其类。”这里的“专门之书”、“专门之学”未尝不可以当作专门文献与专门学科来理解，这样“世守之能”即可以理解为对专门文献的整理与研究。这说明专门文献积累日渐丰富，就有了专门学科来研究它，就有了对专门学科文献整理与研究的方法，而“世守其学”则说明学科的专门化催生出专门的研究者。这是郑樵对古代学科分科化趋势的描述，也是对专科文献学产生动因的描述。

20 世纪 80 年代以来，由于现代科学的发展，分支学科不断产生，而且随着这些分支学科的日渐成熟，相应地产生了这些学科的专科文献学，这是专科文献累积与学术研究发展的客观结果。如狭义的历史文献学得以产生，是由于历史学的发展及史部文献的大量积累，在客观上要求人们进行专门的整理、研究。因此可以说，一门学科走向成熟的过程，必然会产生出本学科的文献学；而专科文献学的发展，则主要取决于专科文献的丰富以及学科研究的需要。

（二）专科文献的检索与研究

现代学术意义上的专科文献学其实是在古代专科目录的基础上发展起来的。专科目录是将某一专门学科的书籍汇编而成的一种目录，它适应了学术发展的专门需要，因此日渐发达，成为我们查考专科文献的重要资料。本书第一课已对专科目录（学科目录）有简单介绍，下面仅结合具体书目谈一谈专科文献的检索与利用。

因经学的特殊地位，经学目录出现得较早，东汉末年郑玄作《三礼目录》一卷，就三礼篇目为之提要，可以算是经书目录的萌芽。最具代表性的经学目录为清初朱彝尊的《经义考》（见图9—1），此书模仿元代马端临《文献通考·经籍考》的体例，“每一书前，列撰人姓氏、书名卷数。其卷数有异同者，则注某书作几卷。次列存、佚、阙、未见字。次列原书序跋、诸儒论说，及其人之爵里。彝尊有所考正者，即附列案语于末……上下二千年间，原原本本，使传经原委，一一可稽”（《四库全书总目》卷八十五《经义考》提要）。今人研究经学，此书为不得不参考之著作。对于《经义考》之阙失，翁方纲有《经义考补正》一书，共补正千余条。还有专录一经之书的目录，如清人全祖望《读易别录》、近代蒋复璁《四书集目》等。小学历来被视为经学的附庸，朱彝尊《经义考》虽也收入小学书籍，但只涉及《尔雅》，《说文解字》以下小学著作则未涉及。因此清人谢启昆撰《小学考》，依照《经义考》的体例对历代语言文字学著作进行著录。此外，清人黎经诰撰《许学考》，专门著录清人关于《说文》的著述；胡元玉撰《雅学考》，专门著录研究《尔雅》的著作；崔骥撰《方言考》，则专门著录研究《方言》的著作。沈兼士《系统的文字学参考书目举要》收录150多种典籍，分义类、形类、音类三类，对版本著录较详；黎锦熙《近代语文学书目提要并考评》则专门关注清代以来的语言文字学著作。

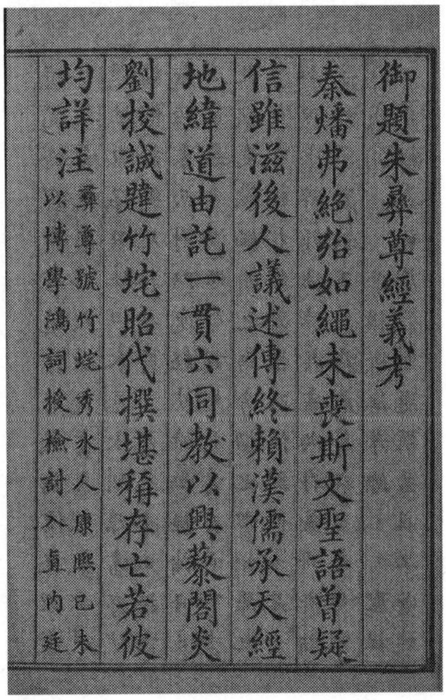
御題朱彝尊經義考
秦燔弗絕殆如繩未喪斯文聖語曾疑
信雖滋後人議述傳終賴漢儒承天經
地緯道由託一貫六同教以興藜閣炎
劉校誠韙竹垞貽代撰堪稱存亡若彼
均詳注 彝尊號竹垞秀水人康熙己未以博學鴻詞授檢討入直內廷

图9—1　（清）朱彝尊《经义考》

现存最早的史学目录是南宋高似孙的《史略》，此书凡六卷，卷一著录《史记》及相关图书，卷二著录《汉书》至《五代史》等断代史书，卷三著录《东观汉记》、实录、起居注、会要之类，卷四著录史典、史表、史钞、史评之类，卷五著录霸史、杂史等，卷六著录《山海经》、《世本》、《水经》等。然而此书体例庞杂，有的类似书目，有的类似提要，有的尽钞名文，有的移录旧事。不过将有关史籍的书目集中在一处，对学者进行专门研究很方便。清人章学诚原编撰有《史籍考》一书，咸丰年间毁于大火。不过章氏所撰《论修〈史籍考〉要略》、《〈史籍考〉释例》、《〈史籍考〉总目》等尚存，从中可以窥知《史籍考》分制书、纪传、编年、史学、稗史、星历、谱牒、地理、故事、目录、传记、小说等12部，其下又分55目，其分类非常精密，可惜已亡佚。此外，现代学者谢国桢《晚明史籍考》、《清开国史料考》两书专门考录断代史书，亦仿《经义考》体例将有关资料与作者按语熔铸成篇。张国淦《中国古方志考》以朝代为次，对秦汉至元末的

2 271种方志进行著录，是一部较为详尽的元代以前方志存佚总目录。朱士嘉《中国地方志综录》则用表格形式详列书名、卷数、纂修者姓名、纂修年份及版本等其他信息，是较为全面的地方志目汇编。

高似孙除撰《史略》外，还有《子略》一书，先著录书名，然后广搜诸家评论，间附己见。此书是最早的诸子书目，可惜只著录37家。清末学者王仁俊撰《周秦诸子序录》，搜罗子书较为齐备。陈中凡编《诸子书目》，辑录周秦至元明各代诸子书目144家，特别详备。王重民的《老子考》则专门为一部子书编纂书目。在著录古代艺术书方面，前人也有几种目录可供参考。袁同礼《中国音乐书举要》、杜竟《知见音乐书草目》是民国时期的两部重要音乐书目；余绍宋《书画书录解题》则专门就古代美术典籍进行著录。陈垣《中国佛教史籍概论》、陈国符《历代道书目》（载《道藏源流考》）则分别对中国佛教史籍与道教典籍进行著录。

以上是民国以前专科目录的简单情况，大致集中在经、史、子三部，对集部关注较少。新中国成立后，由于经学地位的衰微，专门从事经学研究的学者较少。传统的小学在新的学科体制下转变为语言文字之学，因"读书必先识字"的需要，有关语言文字学的目录学、文献学研究仍在延续，中国文字改革委员会图书资料室所编《语言文字学书目》（分两辑，1955、1957年两次分印）共收书3 270种。王英明编著《古汉语书目指南》（齐鲁书社，1988），按学科进行分类，共收古汉语书目313种。姜聿华《中国传统语言学要籍述论》（书目文献出版社，1992）与胡裕树主编《中国学术名著提要·语言文字卷》（复旦大学出版社，1992）同年出版，前者依传统小学的分类将古代语言学要籍分为训诂、文字、音韵三类著作，共评述古代语言学典籍近400部，对每部文献的作者、成书年代、主要内容、编纂体例、版本源流、成就不足等予以翔实的叙述和考辨，颇便初学；后者收录商周至现代（截至1949年）的著名学术著作共191部（篇），分为音韵、训诂、文字、语法、修辞、方言和少数民族语言七大类，对每部著作加以破题讲解，诠释内容，考明版本和成书经过，综述研究现状并提供参考书目，且撰稿作者多为语言学名家，可作为进一步研究的参考。高小方编著《中国语言文字学史料学》（南京大学出版社，1998）分十五讲——书目的利用、丛书举要、语音学史料、词汇学史料、语源学史料、方言学史料、注释学史料、语法学史料、修辞学史料、文字学史料、类书中的语言文字学史料、历代笔记中的语言文字学史料、语文教育史料、语文研究方法史料、历代语文学者及其著述综表，系统地介绍中国语言学这一学科领域各部门重要史料的来源、价值和利用。此书搜罗资料极为宏富，且有精心别择，是一部很好的入门书。高尚榘《汉语言文字文献学》（社会科学文献出版社，2007）分"文献编"、"检索编"、"知识编"三大部分："文献编"介绍语言文字学各个方面（文字、音韵、训诂、语法、修辞、方言等）的文献成就，"检索编"指示各类语言文献的检索途径，"知识编"介绍与语言文献密切相关的文献学知识。体系虽较以往著作更为全备，但资料性与深入程度略显不足。

专门对历史典籍进行著录、研究的著作主要有：王树民《史部要籍解题》（中华书局，1981），对代表性史学著作的编纂过程、作者简历、内容与版本等情况作详细说明，是初入史学领域的入门书籍。柴德赓《史籍举要》（北京出版社，1982）根据授课讲义手稿整理而成，从讲授史籍出发，涉及史学的诸多方面，是作者多年治史心得的荟萃，非一般泛论类著述可比。张舜徽《中国史学名著题解》（中国青年出版社，1984）收录历代重要史籍共201种，分古史、编年、纪传、纪事本末、实录、制度史、学术史、传记、地理方志、杂史、史评史论、史考、金石甲骨考证、历史研究法、笔记、类书丛书、文编、书目、表谱、索引辞典等20类，系编者参合古今分类方法，作客观的分类。每部书除介绍作者、内容、版本外，特别着重学术源流的考察。且题解作者多为史学界中坚力量，增强了此书的学术性。

子部著作在现代学术体系中遍及各类，其中先秦诸子多列入今日的哲学范畴。当代学者对哲学文献的著录、研究较早，冯友兰《中国哲学史史料学初编》（上海人民出版社，1962）、张岱年《中国哲学史史料学》（三联书店，1982）是其中最为著名的两种。此外，刘建国《中国哲学史史料学概要》（吉林人民出版社，1983）、萧萐父《中国哲学史史料学源流举要》（武汉大学出版社，1998）、刘文英主编《中国哲学史史料学》（高等教育出版社，2002）、商聚德和韩进军编著《中国哲学史史料学论稿》（河北教育出版社，2004）等均可参考。

此外，子部还滋生出音乐文献学、美术文献学、农学文献学、算学文献学等，此处仅简单介绍一下音乐文献学。作为一门运用文献学方法对现存音乐典籍进行整理、考证和研究的学科，20世纪80年代以来，音乐文献学逐渐得到重视。中国艺术研究院音乐研究所编《中国音乐书谱志》（人民音乐出版社，1984）对5 000多种音乐图书资料的搜集、整理、流传等进行著录，初步清理出音乐文献资料的脉络。对音乐文献学的理论与学科建设贡献较大的是王小盾，其《音乐文献学和中国音乐学的学科建设》（《黄钟》，1989年第4期）、《任半塘、王运熙先生的音乐文献学工作》（《中国音乐学》，1990年第1期）、《中国音乐文献学：以杨荫浏为枢纽的两个时期》（《中国音乐学》，2000年第3期）等文章，提出“音乐学必须有自己的文献学分支”，说明“中国音乐学史料学”的特殊研究方法和写作体例，全面总结20世纪中国音乐文献学取得的成就及其发展特点，并对中国音乐文献学的发展趋势作了具体而宏观的概括。郑祖襄《中国古代音乐史学概论》（人民音乐出版社，1998）从史料和史论相结合的角度系统阐述中国古代音乐史料的书写体例，把中国历代基本音乐史料分为正史音乐志、私家音乐史著作、音乐通史等部分，对搜集资料和分析史料提出了建设性意见。冯文慈的《中国古代音乐文献目录概要》（《中央音乐学院学报》，2000年第3、4期）介绍了古代音乐文献的特点、古代目录学发展的主要脉络，并简述了现代刊行的音乐文献目录及本文。郭小林、胡扬吉《音乐文献学与音乐文献检索》（四川文艺出版社，2002）比较全面地论述了音乐文献的产生、历史、构成、类型和发展变化等，对音乐文献工作的主要内容及基本理论也有详细介绍，尤其介绍了音乐文献的检索特点和检索方法、音乐文献的基本检索范畴和常用音乐工具书，极具实用性。方宝璋、郑俊晖撰《中国音乐文献学》（福建教育出版社，2006），旨在对传统音乐文献进行大规模的梳理，揭示音乐文献学作为一门学科的特色，对音乐文献的目录、版本、校勘皆有论述，重在对传统典籍中的音乐文献钩玄提要，启示后学，是目前最为详备的一部音乐文献学著作。

集部文献在现代学术体制下演化为文学文献，下面将详细介绍。

第二节
文学文献学

文学文献学与文学史料学有密切联系，应将文学领域的重要史料都列举出来，分别加以论述，将其体例与价值介绍给读者，并且还应归纳搜集、鉴别、整理、利用文学文献的规律和方法，从而构建古代文学文献学的体系。本节仅重点介绍文学文献的历史流变、文学文献的主要类型以及如何检索文学文献。如果有进一步的研究需要，可以参考本节“文学文献学的成立与发展”部分提及的诸多文学文献学、史料学教材，尤其是潘树广、徐有富、张可礼三位先生的著作。

一、文学目录与文学文献学

（一）从“诗赋略”到“集部”

文学目录是文学的专科目录，是文学发展到一定历史阶段、文学文献积聚到一定程度的产物。它通过对文学文献的著录，赋予文学文献一定的学术属性而归于一定的类别，揭示文学文献的内容、特点，为人们学习和研究文学提供指南。古代的目录学著作均有对文学文献的著录，最早的《汉书·艺文志》之“诗赋略”主要著录赋与乐府诗等文学文献。魏晋南北朝时期，文学创作得到充分肯定，文体也有了很大的发展，即以梁代萧统所编《文选》为例，文体被分为38类。当时作家都普遍将自己的作品编辑成集，希望传之久远，以至出现了“家家有制，人人有集”（梁元帝《金楼子·立言》）的局面。在这种情况下，目录之作再用“诗赋”为名来指称文学作品，显然不够准确。于是南朝时刘宋的王俭在《七志》中改用《文翰志》，梁阮孝绪又改用《文集录》。阮孝绪《七录序》解释说：“王（俭）以‘诗赋’之名，不兼余制，故改为‘文翰’。窃以为顷世文词，总谓之集，变‘翰’为‘集’，于名尤显，故序《文集录》为内篇第四。”此后，《隋书·经籍志》充分肯定阮孝绪的做法，将《文集录》更改为集部，遂成定制。章学诚《文史通义·文集》总结说：“集之兴也，其当文章升降之交……文集之名，实昉于晋代……集部著录，实昉于萧梁，而古学源流至此为一变，亦其时势为之也。”从目录窥测学术流变，于此可见一斑。

虽然文学文献大多集中在传统四部中的集部，然而集部不尽是文学著作，因为其中不乏经、史、子的内容；而经、史、子三部中存在不少文学作品，也是众所周知的。陈尚君的下面一段话很能说明他对文学文献的认知及对融通四部的自觉：“前人说‘六经皆史’，其实我们也可以认为六经皆文。古代文人的知识构成，其实都是淹贯四部，辞章之学尤为显著。一流文人如欧阳修、苏轼、王安石、司马光等的著作也都遍及四部。要研究他们，如果没有对应的学问准备，没有对各部类学问的同情理解，其实很难做出清晰判断。《论语》四科的文学，今人解为文章博学，其实汉唐间最称道的博学宏词，也是这个意义上的文学。今人多取西方定义的文学，与中国传统文学认识有很大不同。至少从研究者立场来看，中外的文学立场都应该尊重。……我从三十年前开始唐代诗文的辑佚，逐渐明了四部群书都可能保存文学文献的道理，因而有可观的收获。”[①] 当前文学观念日趋开放，面对同样的文本，不同学科背景的学者解读的角度各有差异，此前的大量非文学作品也被归入文学范畴。在这种情况之下，文学文献的覆盖面就更宽了。

① 陈尚君：《兼融文史，打通四部》，载《文学遗产》，2012（1）。

(二) 文学文献学的成立与发展

中国文学文献学作为文献学的一部分，是中国文学的基础科学。它以中国文学文献为对象，利用目录、版本、校勘、辨伪等工具和方法，研究各个时期文学著作的产生和流传，分析文学文献类型的形成和特征，介绍文学发展史上的重要著作和版本，评介各种文献汇编、书目索引的优劣，探讨文学工具书的编制原则和方法。这一学科是在 20 世纪 80 年代史料学、文献学大兴的背景下成立的。

潘树广《古典文学文献及其检索》(陕西人民出版社，1984)① 的出版预示着文学文献的研究开始得到学界重视。该书分上、中、下三编，上编为古典文学文献概说，介绍古籍中经史子集的概貌，并列举重要的总集、别集、诗文评、词集、戏曲、小说等，加以简要说明。中编为相关学科文献概说，介绍了文学古籍与历史要籍、古代文学与古代汉语，重点介绍古典文学与目录学，列举了很多检索古代文学书的书目。下编为检索工具与检索方法，重点介绍索引，列举检索文学书的书名、篇名、字句的索引多种，并介绍了日本编印的中国文学古籍索引。

张君炎《中国文学文献学》(江西人民出版社，1986) 首次以“文学文献学”为名，对文学文献学的内容、理论、方法等均作了较为详细的阐述，可看作中国文学学科的首部成体系的专科文献学著作。

谢灼华《中国文学目录学》(书目文献出版社，1986) 系统论述了中国文学目录的产生、发展、功用和价值，并介绍了我国古典文学书籍的出版和流传情况。书中著录古典文学的书目索引 861 种，对较重要的 227 种书目作了较详细的评介，内容比较丰富。

袁学良编著《中国古典文学文献检索与利用》(四川大学出版社，1988)② 共十五章，前八章介绍先秦至五四时期文学文献的发展及有关知识、各时代各文体的重要文学资料书及检索文学书的书目和索引等，后七章则介绍与文学密切相关的其他工具书。该书注意收集新出版的资料，并将日本、中国香港和台湾地区编写的文学工具书也收罗进来，资料比较齐全。

潘树广主编的《中国文学史料学》(黄山书社，1992)③、徐有富主编的《中国古典文学史料学》(南京大学出版社，1992)④ 同年出版，标志着文学史料学的进一步深入。潘树广对文学文献的研究与检索思考最深，其《中国文学史料学》共 103 万字，分通论、史源论、检索方法论、鉴别方法论、文学史料分论（上、下）、编纂方法论、现代技术应用论等 8 编 59 章。既有史的线索，又有各层位史料的价值判断，还有对各类集结性成果的评介，加以附编中的中国文学史料整理与研究工作大事记等，纵横交叉，多角度展示史料，给人一种立体感。各种史料均注明重要版本，全书前有详细的分类章节及小题目、参考文献、索引及各章所附注释、参考资料等，强化了史料学专著的检索性，这在同类专著中并不多见。

---

① 潘树广另编有《语言文学文献检索与利用》(武汉大学出版社，1988)、《艺术文献检索与利用》(浙江美术学院出版社，1989)、《中国文学语言学文献指南》(陕西人民，1988) 等，是他对专科文献检索、利用长期关注、思考的产物。

② 袁学良又有《古代书目分类法与文学典籍崖略》(巴蜀书社，2002)，前六章对古代书目分类法进行概述，后七章按照时代对古代文学典籍进行介绍，与《中国古典文学文献检索与利用》内容有部分重合。

③ 此书由台湾五南图书出版有限公司于 1996 年出版。2012 年，华东师范大学出版社出修订版，将“现代技术应用论”一编删去，而引用或论及的文献资料则增补至 2010 年年底。

④ 此书北京大学出版社 2008 年出版修订本。

图 9—2 徐有富《中国古典文学史料学》

徐有富主编的《中国古典文学史料学》（见图9—2）分为四编：其一为类型编，着重介绍鉴定中国古典文学史料的特点及其史料价值；其二为鉴定编，着重供研究鉴定中国古典文学史料真伪、版本、价值的方法；其三为整理编，着重对注释、校勘、标点、辑佚与汇编等整理中国古典文学史料的主要手段进行探索；其四为检索编，着重研究各种体裁的中国古典文学史料的检索途径。这对致力于中国古典文学研究的读者有极大的指导意义。

对文学史料学的断代和专题研究也是学界研究的重点，傅璇琮主编、中华书局出版的《中国古典文学史料研究丛书》是最为集中的成果。断代的有穆克弘《魏晋南北朝文学史料述略》（1997），陶敏、李一飞《隋唐五代文学史料学》（2001），曹道衡、刘跃进的《先秦两汉文学史料学》（2005），刘达科《辽金元诗文史料述要》（2007）；专题的有马积高《历代辞赋研究史料概述》（2001），王兆鹏《词学史料学》（2004）。此外独立出版的有程毅中《古代小说史料简论》（山西人民出版社，2005）等。

而以专科文献学命名的著作，断代的有刘跃进《中古文学文献学》（江苏古籍出版社，1997）、查洪德和李军《元代文学文献学》（中国社会科学出版社，2002）；专题的有孙立《中国文学批评文献学》（广东人民出版社，2000）、苗怀明《二十世纪戏曲文献学述略》（中华书局，2005）、孙崇涛《戏曲文献学》（山西教育出版社，2008）等。以上著作，展示了文学史料学和文学文献学研究的新面貌。

新世纪以来，又出现数种全面论述古代文学文献的著作。何新文《中国文学目录学通论》（江苏教育出版社，2001）从目录学与文学结合的角度探讨古代文学目录学的形成、发展及其特点，叙述古代文学目录及其分类目录，彰显目录学在治理文学文献时的门径作用。薛新力、段庸生《古典文学文献学》（中州古籍出版社，2007）上编论述古典文学文献学的理论与方法，下编是对古代文学文献依诗、词、散文、戏曲等体裁分类叙述。张可礼《中国古代文学史料学》（凤凰出版社，2011）共分四编：绪论编从构建文学史料学学科框架出发，比较集中地、系统地论述中国古代文学史料学的理论问题；历史编描述了古代文学史料学在不同历史时期的发展与面貌；内容编从背景史料、传记史料、作品史料、研究史料等方面介绍了有关古代文学的史料；方法编重点论述古代文学史料搜集、检索、鉴别、考证、整理、著录等具体方法。作者在前人同类著作的基础上，重新建构了古代文学史料学的体系，使本学科在多个方面继续拓展和深化，是目前国内外关于古代文学史料学的最新成果。

二、文学文献的类型与检索

(一) 文学文献的类型

中国历代文学典籍，数量众多，遍及四部。按照其类型，大致可分为总集、别集、丛书、传记年谱、报刊等。

总集就是按照一定的体例，将两家以上的作品汇编在一起的书。编成于公元前 6 世纪左右的《诗》三百篇，是我国第一部诗歌总集；西汉末年，刘向编《楚辞》是我国最早的专收文人作品的诗歌总集；而现存最早的诗文总集则是梁萧统编《文选》。新中国成立后，我国古籍整理的一大成绩就是在前人基础上采用点校、影印等方式整理出几乎历代文学作品的总集。

诗歌总集有逯钦立辑校《先秦汉魏晋南北朝诗》（中华书局，1983）、点校本《全唐诗》（中华书局，1960）、北京大学古典文献研究所编《全宋诗》（北京大学出版社，1991—1998）、薛瑞兆与郭明志编《全金诗》（南开大学出版社，1995）、阎凤梧和康金声主编《全辽金诗》（山西古籍出版社，1999）。《全元诗》目前正由中国社会科学院杨镰主持编纂，不久即可面世，查考元诗文献可用清顾嗣立编《元诗选》（中华书局，1987）暂代。章培恒等主编《全明诗》曾由上海古籍出版社于 1990 年起陆续出版，不过仅出三册。目前查阅明诗，可用清初钱谦益编《列朝诗集》（中华书局，2007）等替代。清代诗歌浩如烟海，目前尚未有全集行世，如欲研习，可参考清张应昌编《清诗铎》（中华书局，1960）及徐世昌编《晚晴簃诗汇》（中国书店，1980）。

文章总集有清严可均辑《全上古三代秦汉三国六朝文》（中华书局，1958）、清董诰等编《全唐文》（中华书局，1983）、四川大学古籍整理研究所编纂《全宋文》（上海辞书出版社、安徽教育出版社，2006）、陈述辑校《全辽文》（中华书局，1982）、阎凤梧主编《全辽金文》（山西古籍出版社，2002）、北京师范大学出版社古籍整理研究所编纂《全元文》（江苏古籍出版社，1998）。钱伯城等主编《全明文》1992 年始由上海古籍出版社整理出版，可惜仅出版两册就停止了。目前查考明文，可用清黄宗羲编《明文海》（《四库全书》本）。清代文章数量极为庞大，欲把握其大概可参看南开大学古籍与文化研究所编选的《清文海》（国家图书馆，2010 年影印）。分体文章总集主要是辞赋汇编，如费振刚、胡双宝辑较《全汉赋》（北京大学出版社，1993）是目前辑录汉赋最全的集子，张锡厚辑校《敦煌赋汇》（江苏古籍出版社，1996）是搜集敦煌赋较全面的著作。查考其他时代的赋作可以用清陈元龙编《历代赋汇》（凤凰出版社，2004）等。此外，研习骈文可参考清李兆洛编《骈体文钞》（清嘉庆刻本）等。

词总集有曾昭岷等辑《全唐五代词》（中华书局，1999）、唐圭璋编《全宋词》（中华书局，1965）、唐圭璋辑《全金元词》（中华书局，1979）、张璋等纂《全明词》（中华书局，2004）、《全清词》编纂委员会编《全清词（顺康卷）》（中华书局，1994—2002）和《全清词（雍乾卷）》（南京大学出版社，2008）等。

散曲和戏曲总集有隋树森辑《全元散曲》（中华书局，1964）、王季思主编《全元戏曲》（人民文学出版社，1990）、谢伯阳编《全明散曲》（齐鲁书社，1993）、凌景埏和谢伯阳编《全清散曲》（齐鲁书社，1985）等。《全明戏曲》目前正由中山大学黄天骥主持编纂，不久亦将推出。吴书荫主编的《全清戏曲》由学苑出版社 2010 年影印出版，共 1 000册，旨在提供一套清代存世古典戏曲的完整资料总集。中国人民大学朱万曙正在主持《全清戏曲》的编纂，数年内亦可出版。

古代小说方面，有李剑国《唐前志怪小说辑释》（上海古籍出版社，1986）、汪辟疆校录《唐人小说》（上海神州国光社，1931）、程毅中辑注《宋元小说家话本集》（齐鲁书社，2000）等。由于长篇小说基本上独立成书，因此，小说总集较少，但规模较大的小说丛刊则有很多，下文再详述。

此外，宋郭茂倩编撰《乐府诗集》（中华书局，1979）等虽然未标明“全”字，实际上也是以求全为宗旨的。此书是收集汉魏至五代乐府诗最完备的总集，且有总序与解题，征引浩博，考证精审。还有同流派作者的文学总集（如后蜀赵崇祚辑《花间集》等）、同家族作者的文学总集（如唐褚藏言辑《窦氏连珠集》等）、同地域作者的文学总集（如明袁表、马荧编《闽中十子诗》等），是我们研究文学流派、家族文学、地域文学的重要资料。

别集是按一定体例将一位作者的作品汇编在一起的书。一般认为别集起源于汉代，东汉末年，人们已将汇编的诗文作品命名为集了。别集是一种内涵丰富的文学史料类型，汉代到南北朝时的名家别集，明人张溥《汉魏六朝百三名家集》大致囊括；唐人别集经宋、明、清人编辑刊刻，留存也不少，今天我们查考其版本，有万曼《唐集叙录》和赵荣蔚《唐五代别集叙录》两部著作可以利用。宋人别集可以查考祝尚书《宋人别集叙录》。元明清时期的别集更不胜枚举，各大图书馆多有收藏，且《四库全书》、《续修四库全书》、《四库全书存目丛书》等收录颇多，使用时直接从中考求便是。我们今天使用别集，最好用今人的精校精注本。中华书局《中国古典文学基本丛书》、上海古籍出版社《中国古典文学丛书》、人民文学出版社《新注古代文学名家集》、浙江古籍出版社《两浙作家文丛》等丛书，所选多为今人的精校或精注本，资料较前人所编总集、别集更为齐备，查找、购置也方便。有些名家作品，有几种今人整理本，如《陶渊明集》，人民文学出版社有王瑶整理《陶渊明集》（1956），中华书局有逯钦立辑校《陶渊明集》（1979）、袁行霈《陶渊明集笺注》（2003）、王叔岷《陶渊明诗笺证稿》（2007），上海古籍出版社有龚斌《陶渊明集校笺》（1996）、杨勇《陶渊明集校笺》（2007），其他出版社的陶集校注、选注本就更多了。我们可以参互阅读，取长补短。

丛书依一定的原则、体例，将许多著作汇集在一起，其主要作用是汇集、保存文献。就文学文献的收集而言，有些专题丛书特别值得注意。南宋陈起所辑《江湖小集》，元代陶宗仪所辑《说郛》，明代钟人杰辑刊的《唐宋丛书》、顾元庆辑刊的《顾氏文房小说》等，都有大量的文学史料。明代最热衷于编刊丛书的，要数大出版家毛晋。他编辑的《唐六名家集》、《五唐人集》、《唐人八家诗》、《唐三高僧诗》、《三唐人文集》、《唐人四集》、《宋名家词》、《元人十种诗》、《元诗四大家》、《六十种曲》、《十家宫词》等，为后人提供了宝贵的文学资料。清人编印的丛书极多，占了古代丛书的一大半，可是由于整体学术方向偏于经、史、子三部，专门辑录文学文献的丛书不太多，有代表性的是江标编《唐人五十家小集》、李之鼎编《宋人集》、何文焕编《历代诗话》等。民国时期编印的古籍丛书，以商务印书馆的《四部丛刊》、《丛书集成初编》及中华书局的《四部备要》为代表。《四部丛刊》特别注重版本，内有宋金元版书一百多种，其余也都是明清精刻。《丛书集成初编》以实用与罕见为主，其中文学书籍约占三分之一。《四部备要》选取常备的实用书籍，用聚珍仿宋字排印，价格低廉，广受欢迎。

20 世纪 80 年代以后，由于经济繁荣、政治稳定，大型丛书的编纂与出版取得了巨大成就。其中最值得注意的是《四库全书》系列。台北商务印书馆于 1986 年出版《景印文渊阁四库全书》，齐鲁书社于 1997 年出版《四库全书存目丛书》、2001 年出版《补编》，上海古籍出版社于 1996—2002 年陆续出版《续修四库全书》，北京出版社于 1997 年出版《四库禁毁书丛刊》、2001 年出版《补编》、2000 年出版《四库未收书辑刊》，这几种大型丛书中的集部文献，为中国古典文学研究提供了莫大的方便。至于专门的文学文献丛书，除前面提及的中华书局、上海古籍出版社等编印的古典文学丛书外，较重要的整理本有人民文学出版社的《中国小说史料丛书》、中国戏剧出版社的《中国戏曲史料丛书》、中国社会科学出版社的《中国近代文学研究资料丛书》等。但就规模而言，仍以古代文学典籍的影印汇编为主体。诗文集方面，规模较大的有《清代诗文集汇编》（上海古籍出版社，2010），共收清代重要诗文集4 000余种、800册。戏曲方面，最重要的是《古本戏曲丛刊》，已经出版的有《初集》（上海商务印书馆，1954），收《西厢记》及元、明两代戏文、传奇101种，《二集》（上海商务印书馆，1955）收明代传奇100种，《三集》（文学古籍刊行社，1957）收明、清易代之际剧作100种，《四集》（上海商务印书馆，1958）收元、明两代杂剧总集9种，《五集》（上海古籍出版社，1986）收明、清剧作85种，《九集》（中华书局，1962）收《鼎峙春秋》、《劝善金科》等宫廷大戏10种。小说方面，规模较大的是《古本小说丛刊》（中华书局，1987—1991），共41辑，收录183种；《古本小说集成》（上海古籍出版社，1990—1995），共5辑，收录428种、693册。后者收录宋、元、明、清有代表性的白话小说，兼及重要的文言小说，囊括了历史、言情、侠义、神魔等各类小说的精华，全面反映了我国小说的发展脉络与时代特色，为研究者提供了一大批珍贵的、真实详备的研究资料。

传记是专门记载人物生平历史的一种文体，年谱是个人编年体传记，二者主要用来查考人物生平资料。我们当前利用传记、年谱，主要通过一些索引、目录类工具书。传记资料索引有傅璇琮等编《唐五代人物传记资料综合索引》（中华书局，1982）、昌彼得等编《宋人传记资料索引》（台北鼎文书局，1975—1977）、哈佛燕京学社引得编纂处编《四十七种宋代传记综合引得》（中华书局，1959）、沈治宏与王蓉贵编《中国地方志宋代人物资料索引》（四川辞书出版社，1997）及《续编》（同社，2002）、《辽金元传记三十种综合引得》（中华书局，1959）、王德毅等编《元人传记资料索引》（台北新文丰出版公司，1979）、罗依果与楼占梅《元朝人名录》（台北南天书局，1988）、昌彼得等编《明人传记资料索引》（台湾图书馆，1978）、哈佛燕京学社引得编纂处编《八十九种明代传记综合引得》（1935）、杜联喆与房兆楹编《三十三种清代传记综合引得》（哈佛燕京学社，1932）、周骏富编《清代传记丛刊索引》（台北明文书局，1986）、王继祥主编《中国近现代人物传记资料索引》（东北师范大学图书馆，1988）等。著录年谱的有杨殿珣编《中国历代年谱总录》（书目文献出版社，1980）、来新夏《近三百年人物年谱知见录》（上海人民出版社，1983）等。

报刊是近代文学研究的重要文献来源，晚清至五四时期的著名小说、戏曲、民间说唱，也大部分首先发表于报刊，一些未写完的连载小说及未单行出版的文学作品，每赖报刊以传。报刊上还有近代作家、名人不曾入集的诗词，近人撰著的古代作家年谱，近代文学家的传记资料等，所以其中的古代文学史料很丰富。

（二）文学文献的检索

检索古典文学文献，最重要的工具是目录。如《汉书·艺文志》是查考先秦两汉典籍的重要工具，《四库全书总目》则是查考清代乾隆年间以前典籍的重要工具。但即使有详细解题的古代书目，仍然不能告诉我们应该到哪里去查找文献。今人编《中国丛书综录》、《中国古籍善本书目》、《清人别集总目》等大型工具书就是为了解决查阅图书的困难，这些书目会告诉我们一本书的具体版本、藏地等信息，使大家免受奔波之苦。一些关于古代文学的专题性检索工具也很好用，其优点是集中反映前人在某一方面的研究成果，有助于专题研究的深入。如郑振铎《关于诗经研究的重要书籍介绍》、姜亮夫《楚辞书目五种》、中国社会科学院历史研究所《史记研究的资料和论文索引》等。这类专题检索工具，有不少是专家在进行某项研究工作过程中，逐年积累而成的，颇有益于后学。

我们以《诗经》为例，略述查找资料之途径。首先，今人编纂的索引、目录、解题类著作会给我们提供莫大的便利。中国《诗经》学会集体编纂的《诗经要籍提要》（学苑出版社，2001）收录现存的《诗经》文献要籍141种，附录《诗经》学著作存目及存目提要260种、清代及民国辑目229种，《诗经》学存世著述大致齐备。而有关《诗经》研究的论文可以检索寇淑慧编《二十世纪诗经研究文献目录》（学苑出版社，2001），此书著录20世纪中国内地与香港地区正式发表的有关《诗经》研究之专著和论文，使用起来非常便利。新世纪以来的研究论文则可以通过中国知网来检索。海外的《诗经》研究论著可参考台湾“国立编译馆”主编的《中国文学论著集目》（五南图书出版公司，1996），该书所收目录的年限是1912—1990年，包括中文、英文、日文等语种的研究资料。美国学者倪豪士（William H. Nienhauser，Jr.）主编的《中国古代文学研究指南》（印第安纳大学出版社，1989）一书也有不少可以参考的资料。中国社会科学院国外中国学研究中心所办“国外中国学研究”网站也可检索国外学者的诗经学研究成果。刘立志《〈诗经〉研究》作为课程教材，专门就《诗经》编辑、性质、体系、背景、思想内容、艺术技巧等进行教授，对《诗经》研究史的勾勒简明扼要，且专列“研读指要”、“文献学述要”两章，颇便初学。此外，张燕瑾、吕薇芬主编“20世纪中国文学研究”系列（北京出版社，2005），以时代分为十卷，每卷主编皆是当行本色的研究专家，其文献索引较为详备；黄霖主编的“20世纪中国古代文学研究史”（东方出版中心，2006）分“总论卷”、“诗学卷”、“词学卷”、“散文卷”、“小说卷”、“戏曲卷”、“文论卷”七卷，梳理了20世纪中国古代各体文学学术研究的历史轨迹、范式转变和研究实绩，其中有关《诗经》部分自可参考。金开诚、葛兆光《古诗文要籍叙录》（中华书局，2005）[①]、傅璇琮主编《中国古代诗文名著提要》（河北教育出版社，2009）作为目前最易得、最实用的解题目录，其中对《诗经》的解题部分也须参考。

至于其他的文学文献，我们可以参看潘树广、徐有富、张可礼等所编撰文学史料学或文学文献学著作，根据书中提供的相关线索自行查找。

第三节
美术文献学

“美术”作为现代学术史上的概念，五四新文化运动前后才为国人所用，也称“造型艺术”、“视觉艺术”，主要包括绘画、书法、篆刻、雕塑、建筑、工艺等。本节主要对狭义的美术文献——书画文献进行论述。书画文献在传统四部中均有分布，前人对其进行结集与著录的历史也很悠久。今人编纂、整理的书画文献著作，除图录外，标点、校勘均未臻美善，我们在利用时要尽量参考较好的版本或前人的相关成果。

① 原名《历代诗文要籍详解》，北京，北京出版社，1988。

一、四部体系中的美术文献

经、史、子、集四部，是占主导地位的古典文献分类方法，《四库全书》为四部分类的最重要代表。书画文献，以往仅取自子部艺术类“书画之属”、子部谱录类等，而没有广泛辑录经、史、子、集中的相关文献。近年来，学者在整理古典美术文献时，逐渐把目光投向四部文献。尤其在集部文献中，存在大量的评论书法、绘画的诗文词赋。此外，史部目录类“金石之属”中部分文献也有关于书学。

经部主要收儒家经典及注释、阐述这些经典的文献，其中有少量的美术文献，如图记、图说等，与绘画有关；小学类“字书之属”，往往与书体有关；《论语》、《孟子》等经书中也有一些论及书画或总论美术的片段，这些均属于美术文献。

史部特别是传记类，是美术家生平资料比较集中的地方。《古今图书集成》中《理学汇编·字学典》“法书名家列传部”、《经济汇编·艺术典》“画部名流列传”，辑录的资料多来自史部著作。史部目录类“金石之属”收录的是传统的金石学著作。金石学的创立始于北宋，欧阳修《集古录》是第一部金石学著作，此后赵明诚《金石录》、洪适《隶释》和《隶续》、吕大临《考古图》等赓续之，至清代达到极盛。自《集古录》开始，金石学著作就有品评石刻书法的功能，到了明代赵崡《石墨镌华》、郭宗昌《金石史》时，竟然“详于笔法而略于考证”，简直忘记了金石学著作考史的本职工作。有许多金石学家本身就擅长书法，如明代的赵宧光、清代的翁方纲等。清代编辑的大型书画资料汇编《佩文斋书画谱》所征引的文献有很大一部分来自金石著作，书画文献中也有很多有关金石的记载。古人将“金石书画”合称，其中就有对其艺术属性的深刻认知。

子部中诸子言论中关于美术的部分，属于珍贵的美术文献。《论语》、《庄子》、《荀子》、《韩非子》等著作中还有与绘画有关的言论或寓言故事，包含着深刻的艺术思想内涵。子部艺术类“书画之属”是美术文献最集中之处。此外，谱录类、类书类、杂家类或保存大量美术文献，或提供检索文献的信息。

集部尤其是别集和总集中保存着大量美术文献。清人在编辑《佩文斋书画谱》和《古今图书集成》时，依据当时内府藏书中的集部文献辑录出大量美术资料。书画是古代文人的必修课，尤其是唐代以后，文人们大多诗书兼擅，有的还笃好丹青。如王维、苏轼、米芾、文征明、董其昌等，均是舞文弄墨的好手。既然善于创作，有时不免将创作经验、鉴赏感受形之于文，形成题画诗、论书诗等，正所谓“为稽古博物者之所取证，不仅以丹青擅长而已，而能搜抉其意蕴，发摅其旨趣者，则尤藉有题画之诗”（《康熙御定历代题画诗·序》）。最早辑录题画诗成集者，是宋孙绍远编《声画集》，主要辑录唐宋时题画诗，虽分 26 门，但每门收诗不多。对题画诗最为全面系统的整理，当属清陈邦彦编《康熙御定历代题画诗》，其分类方法借鉴了《声画集》。该书收唐至明题画诗 8 962 首，清以前的题画诗，几乎网罗殆尽。不过此书没有注明所辑诗之出处，学术含量稍显不足。别集中的美术文献还以诗、文、词、题赞、题跋等多种形式存在，内容涉及书画史、书画论、书画技法、书画品鉴等，或阐述作者的艺术主张，或对具体作品进行品评。例如欧阳修的《欧阳文忠公文集》，收《欧阳文忠公论试笔》一卷，主要论述书法，旁涉笔、墨、纸、砚、琴、画等。《六一题跋》则为后人整理的欧阳修书画题跋之作，共有十一卷，其中颇多精义。又如明人张羽《静居集》中有大量涉及山水画法史、墨竹画法史的内容，对画史研究很有参考价值。

美术作品是美术学研究对象之一，这一部分是逸出《四库全书》的重要美术文献。

由于书画作品的不可再生性以及复制的难度，书画原迹在古代只限于收藏家之间的交流。虽然也有石刻书画、版刻书画来弥补这一点，但终究下真迹一等，艺术水准不及原作。然而这些石刻或版刻的拓片，在原作不存时就显得格外珍贵。如王羲之的大量书作今已不存，除古人摹本外，还有大量的石刻、木刻本。这就是大量刻帖滋生的原因。自宋迄清，刻帖在书法传承上起到的作用可能比原作还要大，这些刻帖同样也是重要的美术文献。

二、美术文献的结集与著录

前人对美术文献的研究最初体现为结集，即依照一定的分类方法和次序，通过文献学工具——版本、校勘、辨伪等的处理，对美术文献进行较为系统整理的过程。书学文献最早受到学者的关注，唐张彦远《法书要录》、宋陈思《书苑菁华》、元吕宗杰《书经补遗》等，均是对书学文献的结集。美术文献的结集到明清时期出现了一个高潮，这与明清时期美术文献大量涌现有关。余绍宋《书画书录解题》著录历代书画文献 860 多种，其中明代占 226 种，清朝占 304 种，合起来占到历代书画文献的将近三分之二。其中的原因，一方面是由于明清距今天时代较近，文献保存相对完整；另一方面，明清书画交流与鉴赏的发达和统治者的热衷有关。由于书画交流的频繁、赏鉴的发达，许多收藏者乐于著录自己的藏品，一旦藏品出手，自己尚且留存有关于书画的文字记载，借以追忆当初的繁华余韵；统治者由于热衷，往往敕命大臣纂修汇集美术文献的类书、类纂等。前者如明汪珂玉《珊瑚网》、郁逢庆《郁氏书画题跋记》、清卞永誉《式古堂书画汇考》、安歧《墨缘汇观》等，通过对书画作品内容、形制的著录，试图保存影像消失后的记忆。后者如康熙时期编纂的《古今图书集成》、《佩文斋书画谱》、《康熙御定历代题画诗》，乾隆时期《四库全书》、《石渠宝笈》等。《佩文斋书画谱》、《康熙御定历代题画诗》、《石渠宝笈》是专门的书画文献，《古今图书集成》、《四库全书》虽不专门收录书画文献，但其规模宏阔，涉及书画文献处也很多。流风所向，文人们开始对书画文献进行多种形式的研究，有编纂画史者，如清厉鹗《南宋院画录》专门叙述南宋画院的历史，汤漱玉《玉台画史》专记述女画家等；有撰作诗词、题跋者，如明张丑《鉴古百一诗》、清恽寿平《南田画跋》等。

美术文献结集的形式，据余绍宋《书画书录解题》的分类，包括丛书、类书、丛纂、类纂和摘抄。丛书包括元吕宗杰《书经补遗》、明王世贞《王氏书画苑》、詹景凤《书苑补遗》和《画苑补遗》、清张祥河《四铜鼓斋论画集刻》、近人黄宾虹与邓实编《美术丛书》等，其中所收文献多为全书；类书包括清沈复粲《熙朝书家姓纂》、彭蕴灿《画史汇传》、陈邦彦《历代题画诗》、冯津《历代画家姓氏便览》、沈辰《书画缘》等，均为随类相从而加以编排者；丛纂包括唐张彦远《法书要录》、旧题唐韦续《墨薮》、宋朱长文《墨池编》、陈思《书苑菁华》、元苏霖《书法钩玄》、明王世贞《古今法书苑》、清倪涛《六艺之一录》、冯武《书法正传》、朱履贞《书学捷要》等，系将历代单篇美术文献进行分类整理；类纂包括元盛熙明《法书考》、明宋啬《书法纶贯》、王绂《书画传习录》、潘之淙《书法离钩》、清康熙敕纂《佩文斋书画谱》、鲁一贞等《玉燕楼书法》等，是依据文献具体内容将相关文献辑录成集；摘抄则是不系统的随意摘录，如明陆深《书辑》、旧题徐渭《玄钞类摘》、汪挺《书法萃言》、清白德馨《书法金针》等。

近代以来，许多从事书画文献研究的学者纷纷仿效前人，或编纂丛书，或从事类编，或重于画史，或偏于画论，形成了编纂书画文献的又一高潮。著名的有邓实、黄宾虹编

《美术丛书》（江苏古籍出版社，1997），于安澜编《画论丛刊》（人民美术出版社，1960）、《画史丛书》（上海人民美术出版社，1963），杨家骆编《艺术丛编》（台北世界书局，1962），沈子丞编《历代论画名著汇编》（世界书局，1943），俞剑华编《中国古代画论类编》（人民美术出版社，2000），周积寅编《中国画论辑要》（江苏美术出版社，1985），上海书画出版社编《历代书法论文选》（上海书画出版社，1979），崔尔平编《历代书法论文选续编》（上海书画出版社，1993）、《明清书法论文选》（上海书店出版社，1994）[①]，卢辅圣主编《中国书画全书》（上海书画出版社，1993—2000），华人德编《历代笔记书论汇编》（江苏教育出版社，1996）等。而陈传席《六朝画家史料》（文物出版社，1990），陈高华《隋唐画家史料》（文物出版社，1987）、《元代画家史料汇编》（杭州出版社，2004），穆益勤《明代院体浙派史料》（上海人民美术出版社，1985）等编纂的以画家传记为线索的史料汇编，也都是具有一定水准的类纂文献。

《四库全书》中著录美术文献 71 部，存目 52 部。《四库全书总目》卷一百十三子部艺术类“书画之属”末案语云：“考论书画之书，著录最夥。有记载姓名如传记体者，有叙述名品如目录体者，有讲说笔法者，有书画各为一书者，又有共为一书者。其中彼此钩贯，难以类分，今通以时代为次。其兼说赏鉴古器者，则别入杂家杂品中。”可见子部艺术类“书画之属”所收仅是美术文献的一部分，此外还有大量美术文献逸出《四库全书》，因此要想查阅和利用美术文献，必须通过前人的著录。

近人余绍宋撰《书画书录解题》（见图 9—3。北平图书馆，1921；北京图书馆出版社，2003）著录自东汉至近代书画著作 860 余种，分为史传、作法、论述、品藻、题赞、著录、杂识、丛辑、伪托、散佚十类。各书都有解题，除说明内容外，间附评论，又节录原书序跋之有关涉部分。从收录文献数量、编排方式，以及考证、辨伪等各方面看，此书都是目前最为重要的美术文献解题著作，也为现代学科意义上的美术文献研究奠定了基础。然而余书不及法帖与金石两类文献，虽然别有原因，但终究不够全面。

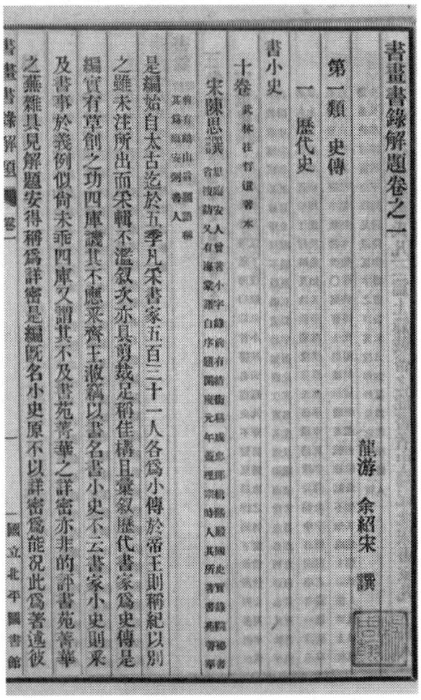
書畫書錄解題卷之一　龍游　余紹宋　譔
第一類　史傳
一　歷代史
書小史
十卷
宋陳思譔
是編始自太古迄於五季凡采書家五百三十一人各爲小傳於帝王則稱紀以別
之雖未注所出而采輯不濫叙次亦具剪裁足稱佳構且彙叙歷代書家爲史傳是
編實有草創之功四庫譏其不應采齊王澈稿以書名書小史不云書家小史則采
及書事於義例似尚未乖四庫又謂其不及書苑菁華之詳密亦非的評書苑菁華
之蕪雜具見解題安得稱爲詳密是編既名小史原不以詳密爲能況此爲著逸彼
國立北平圖書館

图 9—3　余绍宋《书画书录解题》

丁福保、周青云编《四部总录艺术编》（商务印书馆，1957），将前人对美术文献的题跋、研究尽可能收录，且对典籍作者、版本、内容等信息有详细的介绍。全书收书 1 500 多种，分书、画、法帖、版画四类，所收诸书先记常见版本，间记行格，次罗列、摘录各书的有关著录和题跋。此册在手，一书版本源流、内容考辨、体例，都可查考，堪称美术文献之渊薮。

容庚《丛帖目》（香港中华书局，1980—1986；中华书局，2012）是目前翻查丛帖最重要的工具书，所录以自藏及目见一卷以上的丛帖为主，分历代、断代、个人、杂类、待考 5 类，共 20 卷，网罗宏富，且编次井然，录目明晰而又全面齐备，是研究帖学、书学不可或缺的参考书。

谢巍《中国画学著作考录》（上海书画出版社，1998）收录自两汉迄近现代画学著作凡 2 350 种，除四部以外还广录了考古、墓志等新出材料，每篇都有作者小传、版本和提

① 此书增订后名为《明清书论集》，上海，上海辞书出版社，2011。

要，体例更臻完备。书名虽曰“画学著作考录”，但鉴于书画文献在宋代以后多合二为一，其实仍是对书画文献的考录。此书搜罗资料极为完备，于书画文献之版本、成书、价值等均有深入考辨。然因资料过于庞杂，涉及文献又太多，书中论断往往有失偏颇，这是我们在使用此书时一定要注意的。

陈志平《书学史料学》（人民美术出版社，2010）兼有史料学和目录学之长，广泛采纳前人研究成果，对古今与书法相关的文字文献和书迹、书学研究的史料均做了比较全面的介绍，为步入书学研究领域的重要参考。

专门对美术文献范畴内的金石文献进行著录的著作很多，最重要的有两种，一种是容媛的《金石书录目》（商务印书馆，1936），此书收录金石文献 822 种，增订本增至 977 种，并附地方志之金石志，以金石器物为纲，体例为目，将金石文献具体分类如下。虽然搜罗较全，然而并无解题，不便初学。这一阙失可以由林钧《石庐金石书志》（南昌宝岱阁，1923）来弥补，林书分 12 类，著录 969 种图书，仿照藏书志体例，每书有提要叙述大旨，并录题跋印记等。此书最大的优点在于解题，由于所据都是著者个人藏书，因此能一一寓目，没有辗转抄录的弊端。

当代学者对古代美术作品的纂辑做了相当多的工作，刘正成主编《中国书法全集》（荣宝斋出版社 1993 年起陆续出版）、启功主编《中国法帖全集》（湖北美术出版社，2002）、中国古代书画鉴定组编《中国绘画全集》（浙江人民美术出版社，1997—2000）、中国古代书画鉴定组编《中国法书全集》（文物出版社，2009—2012）、金维诺主编《中国美术全集》（黄山书社，2010）、北京图书馆金石组编《北京图书馆藏中国历代石刻拓本汇编》（中州古籍出版社，1989）、任继愈主编《中国国家图书馆碑帖精华》（北京图书馆出版社，2001）等，都是我们研究美术作品时必须参考的。中国古代书画鉴定组编《中国古代书画图目》（文物出版社，1986—2000）作为目前收录中国古代书画作品最多的一部图典，不少作品除本幅外还附有各家的题跋、钤印等，基本保证了资料的完整性，是极有价值的资料性工具书。

第四节 宗教文献学

宗教文献作为文献的一个类型，泛指记录宗教知识与宗教信息的一切载体。宗教文献学则是对宗教文献进行整理、研究而形成的学科，它是宗教学研究的基础。本节仅对佛、道传世文献进行概述，基督教、伊斯兰教及民间宗教文献太过专门，兹不具论。仅就佛、道文献而言，敦煌文献、石刻文献中也有大量资料，如欲进行深入的研究，自当参考。前人研习佛、道文献，或者通过佛、道目录直接阅读经典，或者通过前人研究成果迂回进入。本节首先介绍佛、道文献的形成与流布，其次则着重述说佛道目录与前人重要研究成果。

一、宗教文献的形成与流布

（一）佛教文献

自佛教传入中国后，历代僧人以极大的热忱，不遗余力地求经、译经，使中土佛典日益丰富。汉代是佛经汉译的初创时期。东汉明帝时，天竺僧人迦叶摩腾和竺法兰在洛阳白马寺开始了佛经翻译工作，所译《四十二章经》一般被认为是中国第一部汉译佛经。随后，安世高、支谶、支曜、康孟祥等佛学家，分别译出了其他多部佛经。魏晋是佛经汉译的发展时期，当时佛教流布十分广泛，西域沙门陆续东来，留居中土从事佛经翻译的也为数不少，且各具特色。东晋至南北朝是佛经汉译的高潮时期，佛典的翻译无论在数量还是质量上都达到一个新的境界。如东晋道安提出“五失本”、“三不易”的翻译原则，总结了中外文字在风格、结构上的不同，指明翻译应持有的态度，不仅为翻译理论作了总结，也为译经工作指明了方向。后秦时龟兹僧人鸠摩罗什在长安主持译经，十年内译出包括《法华经》、《大品般若经》、《小品般若经》、《金刚经》、《维摩经》等在内的大量重要经典，对后来佛教义学产生巨大影响。南北朝时期的佛典翻译相继不绝，建康成为重要的佛典翻译中心。北朝在孝文帝迁洛后也有一个译经高潮，以真谛等为代表的译经家们既重经典翻译，又重论典翻译，对佛教义学的发展影响极大。隋唐是佛经汉译的官方化时期，主要的佛典全由官方译场翻译而成，共译经 534 部 2 824 卷。玄奘在唐太宗的支持下，潜心翻译，先后译出 74 部 1 335 卷经论，约占大藏经中现存翻译经典的四分之一，堪称成就最大的佛经翻译家。玄奘之后的义净、不空等也都是成就突出的译经家，前者重律典，后者专密教，在佛典翻译方面各有所长。经过唐代大规模的译经，印度大乘佛教的精华基本被引入中国。宋代以后，佛教在印度逐渐丧失优势地位，新的梵文经本日渐减少，中土的佛经翻译也就时断时续。虽然不时有新经译出，但以密教典籍居多，对当时及以后汉地佛教的义学已无太大影响。

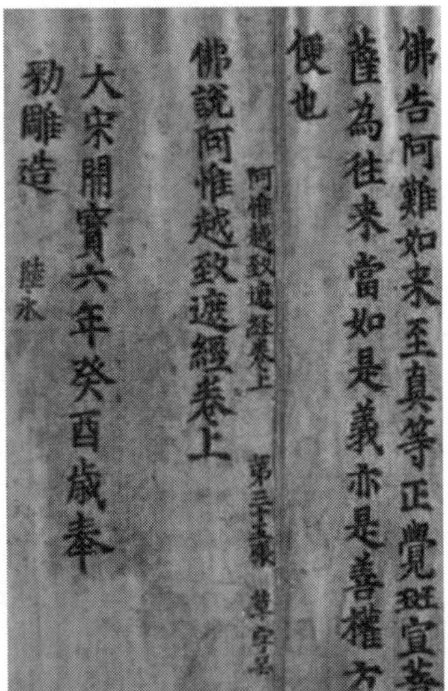

图 9—4　北宋刻本《开宝藏》

经过历代的翻译、流通，佛教典籍增长迅速，最终形成规模宏阔的大藏经。对汉地佛教影响最大的无疑是汉文大藏经。从载体与制作方式来看，大藏经主要有写本、刻本、近现代印刷本及电子本等几种载体，另外还有石经等特殊形式。从佛教初传到北宋《开宝藏》刊刻之前，都属于大藏经写本时期。[①] 第一部刻本大藏经刊刻于宋太祖开宝四年（971），世称《开宝藏》（见图 9—4），该藏以《开元录・入藏录》的分类法则和见录典籍为基础，通过不断增补新编入藏经典来解决汉文佛典不断递增的问题。从宋代到清代，公私刊刻的大藏经有十多种版本，依据其刊刻特点，大致分三个时期。

北宋及辽、金时代为第一时期，雕成的大藏经包括《开宝藏》、《辽藏》和《金藏》。《开宝藏》是后来《高丽

① 关于写本大藏经，可参见方广锠：《中国写本大藏经研究》，上海，上海古籍出版社，2006。

藏》、《赵城藏》、《契丹藏》、《崇宁藏》、《毗卢藏》、《圆觉藏》、《资福藏》等的共同祖本，可惜全藏已佚，在国内和日本保存有零本十余卷。《辽藏》即《契丹藏》，它在《开宝藏》的基础上增收了若干经典，全藏今不可见，1978 年在山西应县木塔中发现的 50 轴残卷，成为研究《辽藏》的重要资料。《金藏》，又名《赵城藏》，基本上是《开宝藏》的覆刻，无论在版本或校勘方面，都具有较高的价值。1933 年，古版《金藏》5 000 余卷在山西赵城广胜寺被发现，在学术界引起轰动，主体部分现藏于国家图书馆，其他图书馆也有少量存藏。

北宋末至宋末元初是刻本大藏经的第二阶段，雕成的藏经包括《崇宁藏》、《毗卢藏》、《圆觉藏》和《资福藏》、《碛砂藏》和《普宁藏》等。其中北宋的《崇宁藏》是第一部私刻汉文大藏经，目前最全的版本藏于日本京都东寺；《毗卢藏》是曹洞宗雕造的第一部大藏经，今国内仅存 400 多卷，日本宫内厅图书寮藏本相对完整，其复印本已陆续引进中国。《圆觉藏》和《资福藏》是南宋湖州版大藏经，由于圆觉禅院改名为资福禅院，经版有所修补，故往往被误以为是两部大藏经，其实两者版式相同，所收经籍一致，是原刻本与修补本的关系，可统称为《思溪藏》。《碛砂藏》始刻于宋末，刊成于元至治二年（1322），明代曾有修补。《普宁藏》刻成于元至元二十七年（1290），基本依据《圆觉藏》翻刻。

第三时期大致从元朝中后期至明清，大藏经以官修为主，形成了《元官藏》、《洪武南藏》、《永乐南藏》、《永乐北藏》、《龙藏》等一批官版大藏经。其中《元官藏》约刊刻于元至顺三年（1332）至后至元二年（1336）前后，《洪武南藏》刻成于洪武三十一年（1398），《永乐南藏》是《洪武南藏》的覆刻本，《永乐北藏》是明成祖迁都北京以后雕造的，主要用于颁赐全国各大寺院。《龙藏》是清代唯一的官版汉文大藏经，竣工于乾隆三年（1738）。其中正藏内容完全与《永乐北藏》相同，续藏稍有增减。至于明末清初的《嘉兴藏》，是民间集资、僧人主持刊印的私版藏经，完成于康熙十五年（1676）。其正藏部分以《永乐北藏》为底本覆刻，续藏、又续藏及补遗部分收入了此前历代大藏经没有收入的中国佛教著述 636 种，基本囊括了明清以前的中华佛教著述。

近代出版的第一部铅印本大藏经是《频伽藏》，也称《哈同大藏经》，完成于 1913 年；《普慧藏》由上海居士普慧出资铅印而成。上述大藏经中的《碛砂藏》、《洪武南藏》、《永乐北藏》、《龙藏》、《嘉兴藏》和铅印本《频伽藏》等都相继有影印本传世，方便了佛经的流通与传播。

石刻佛经中最重要且保存至今的是藏于北京房山云居寺的《房山石经》，隋大业年间（605—617）僧人静琬始刻，历经隋、唐、辽、金、明等五代不断续刻而成。所刻经种 1 100多部，并非完整的大藏经。然而其中保存了 88 部各版大藏经所没有的经籍；同时辽金所刻石经多以《契丹藏》为底本，而《契丹藏》基本亡佚，故翻刻石经尤显珍贵。

此外，电子化也是整理大藏经的一大趋势，中华电子佛典协会制作的《大正藏》电子文本是目前学界公认较好的一个文本。

随着佛教的传播，汉文佛经也继续东传。汉文大藏经通过朝廷赠予、僧侣求法等形式先后东传至朝鲜和日本。两国根据所获汉文大藏经进行覆刻、编排，产生了新的汉文大藏经版本。高丽王朝曾先后刊印了三部汉文大藏经：官刻《初刻高丽藏》、私刻《高丽续藏经》和官刻《再刻高丽藏》。日本刊刻的大藏经最重要的为《大正藏》，以《再刻高丽藏》为底本，以《资福藏》、《普宁藏》、《嘉兴藏》及日本古抄本、敦煌写本、巴利文、梵文佛典等为校本，校勘较为精良，是近代以来流传最广、使用最为普遍的一部汉文大藏经。

20世纪以来，大藏经的整理一直受到学界重视，东亚佛学界分别校勘、整理出了多种大藏经。20世纪50年代中后期，我国台湾地区和大陆都产生了编印新的大藏经的设想。台湾的《中华大藏经》选用现存藏经版本，分四类影印出版，目前仅出前三辑。大陆的《中华大藏经》于1982年启动，采用影印方式出版。目前已出版的是汉、藏文两部分，汉文部分有正、续两编，正编以《赵城藏》为基础，以历代大藏经有《千字文》帙号的部分为范围，选用《房山石经》、《资福藏》、《影宋碛砂藏》、《普宁藏》、《永乐南藏》、《径山藏》、《龙藏》、《高丽藏》等八种有代表性的大藏经进行校勘，只校异文，不断是非，1997年由北京中华书局出齐全部106册。续编部分将采用标点重排，拟收录历代藏经中无千字文编号的部分，尤其是近百余年以来的新著新译和新发现的佛教文献，以及散见于各种金石、史志、丛书、类书、文集当中的佛教史料。新编印的大藏经还有台湾地区的《文殊大藏经》、《佛光大藏经》等。

佛教藏经和各种佛教著述过于繁多，往往给初学者带来无所适从的困扰。于是，近代以来，屡有佛教高僧或学者尝试编辑一些佛教经典选辑或佛学基本资料选编。民国学者丁福保将其所编纂的学佛入门小册子、佛学辞典和笺注的十多种佛经合集为《佛学丛书》分册出版，满足了初学者的需要。佛学大师欧阳竟无精选经、律、论三藏中极为重要的73种，详加校勘，并亲作序言，叙其源流及要旨，编辑而成《藏要》三辑，目前仍是公认的佛教经籍出版中最精审的版本。此外，《佛藏要籍选刊》（上海古籍出版社，1994）、《佛学精华》（北京出版社，1996）是目前较为通行的佛藏精选读本。

（二）道教文献

道教是中国土生土长的宗教，在漫长的发展过程中，也形成和积累了大量的经书。尽管由于历史的原因，道教典籍的整理、结集等工作较佛教而言相对滞后，但道藏所收典籍以及“藏外道书”，仍以其浩繁的数量、庞杂的内容，成为中国古代文化遗产的重要组成部分。《道德经》在道教产生和发展过程中所起的作用尤为重要，被道教徒作了宗教性的解释和阐发后，更成为道教经典的重要源头之一。东汉为道教孕育形成的时期，出现了一批早期道教经书，包括《太平经》、《老子河上公章句》、《老子想尔注》、《周易参同契》等。这些经书为早期道教的诞生作了理论上的准备。魏晋之世，道书已逐渐增多。晋葛洪在《抱朴子·遐览》中著录道经、符箓260种，共1 200多卷。但这些道书多为道士秘藏，流传不广，大多已亡佚。随着道教走向士族社会，知识阶层参与其中者日多，同时也为了进一步阐发教义，与佛教相抗衡，在东晋中叶以后，掀起了制作道经的高潮。《三皇经》、《灵宝经》、《上清经》等被道教称作“三洞真经”的三组经典，都在这一时期出现，从而大大丰富了道教的教义和修行方术。进入南北朝后，士族道教徒加强对民间道教的改革，各类经书日益增多。到了唐朝，道教在朝廷扶植下，得到前所未有的尊崇。道教的科律随着理论研究的推进更加完整和系统，道教的斋醮仪式经过整理也更加健全和完备，道教宫观遍及全国，许多道士都有著述传世，使道教典籍大为增加。宋代以来，由于雕版印刷的盛行，道书也得以全部刊刻印行。北宋《政和万寿道藏》收道书5 481卷；金代所集《大金玄都宝藏》收书达6 455卷；元初所刊《玄都宝藏》更达到7 800多卷，道书在数量、质量等方面都达到前所未有的高度。由于宋、金、元所刻道藏都没有流传下来，清朝又没有过全藏，因此，明代《正统道藏》（见图9—5）和《万历续道藏》就是唯一的、也是最有权威的道藏全本。

《正统道藏》刊成于明正统十年（1445），以千字文编号，总480函、4 551册、5 305

图 9—5　明刊《正统道藏》

卷。由于《正统道藏》是内府刻本，在明清二代由朝廷颁赐各地知名道观，故外界很难一睹其真面目。乾隆年间，钱大昕在苏州玄妙观阅道藏，抄出不少重要典籍，其巨大的学术价值才为人所知。1923—1926 年，商务印书馆以北京白云观所藏正、续道藏为底本，用上海白云观藏本配补，影印出版，学界利用此书才比较方便。北京白云观本现藏国家图书馆，上海白云观本现藏上海图书馆。此外，北京故宫博物院（存 5 132 卷）、南阳市图书馆（存 5 001 卷）、青岛市博物馆（存 4 946 卷）、日本宫内厅书陵部（存 4 115 册）、四川省图书馆（存 3 209 册）、四川大学图书馆（存 727 册）、泰安市博物馆（存1 360卷）等皆有收藏。

道藏以外，明清至民国时期，还出现了不少道教典籍丛书。这些丛书多选取某一方面的典籍，着重传播道教教义的局部。如明道士陆西星编撰的《方壶外史》、清道士刘一明编撰的《道书十二种》等，均是道教撰述值得重视的部分。现当代学者对道经的整理与编选成果有：丁福保编纂《道藏精华录》（浙江古籍出版社，1989）、胡道静等选辑《道藏要籍选刊》（上海古籍出版社，1989）、台湾学者萧天石主编《道藏精华》（台北自由出版社，1990—　）等。20 世纪末，道藏整理热潮再次掀起，中国道教协会等单位联合整理《中华道藏》，以明《正统道藏》、《万历续道藏》为底本，对原编道书作校补、标点，已于2004 年由华夏出版社正式出版。

二、宗教文献的著录与研究

（一）佛教文献

现代学者对佛教文献的研究首先从目录学着手，不少论著都关注佛教史籍在中国目录学发展中的地位和价值。陈垣撰成于1942年的《中国佛教史籍概论》是直接论述佛教史籍的第一部著作，此书收录了从南朝梁到清代，包括僧传、目录、护教、灯录、笔记、音义等各个类型的30多种佛教史籍，按其成书年代，深入评析其名目、撰者经历、卷数异同、版本源流、内容体制等各方面的问题。此书撰作之初衷是欲补正《四库全书总目》的疏漏错误之处，故考证注重书名、人名、史实，对各书的略名、异名、撰者身份或略历、史实的失实或误入等，都加以廓清。作者重视史源探究，每书下多有“版本流传”、“学人利用”等类目，对该史籍的版本优劣、内容特点及前人研究情况都进行梳理和介绍，对使用佛教史籍及了解佛教发展脉络等皆有裨益。

对佛教文献进行概述的著作要迟至20世纪90年代才出现，刘保金《中国佛典通论》（河北教育出版社，1997）抉取东汉至清的500多种佛教典籍，详论其学术渊源、师法传授，评价其内容深浅、影响大小。蓝吉富《佛教史料学》（台北东大图书公司，1997）是一部佛教文献的指引书，对佛教史料的类别、特性和搜集方法有初步的论述，有助于建立起佛教史料的整体概念，从而深入佛教典籍的研究领域。陈士强《中国佛教百科全书·经典卷》（上海古籍出版社，2000）对重要佛教经典的结集、分类及各部经典的撰译者、基本思想及其在佛教史上的地位等都作了简明扼要的介绍与评释。目前最全的佛经提要当属陈士强的《大藏经总目提要》（上海古籍出版社，2007—2008），此书是汉文大藏经的总目解说，立足于原典的解析，收录齐备，释义详尽，考订缜密，是当今国内研治佛学最全面、最系统的工具书之一。

此外，李富华、何梅《汉文佛教大藏经研究》（宗教文化出版社，2003）着重研究大藏经的发展历史与版本沿革。作为《中华大藏经》的参编学者，作者能够最大限度地探访散藏各地的大藏经古本，故此书对我们考察大藏经的版本沿革颇有助益。写本大藏经的研究首推方广锠的《中国写本大藏经研究》（上海古籍出版社，2006），作者对敦煌写本佛经进行普查，将敦煌资料与传世资料、金石资料结合，系统考察了大藏经的形成和发展过程，尤其对佛教初传到会昌灭佛这一时段内的佛教写本大藏经，作了深入研究和探讨。戴蕃豫的《中国佛典刊刻源流考》（书目文献出版社，1995），从刊刻与流传角度来考察佛教史籍，对刻经制度、经卷体式、刻经地域、大藏经之刊行等方面都有较详细的考证。李际宁的《佛经版本》（江苏古籍出版社，2002）比较集中地讨论了历代大藏经的版本问题。

（二）道教文献

具有现代学术意义的道教文献研究，首先关注文献的考据方面。1933年，胡适发表了《陶弘景的〈真诰〉考》一文，认为《真诰》有二十章来自《四十二章经》，进而提出整部道藏也多有采自佛经的观点，在学术界引起很大反响。随后，汤用彤发表《读〈太平经〉所见》、《读〈道藏〉札记》等文，蒙文通写出《校理〈老子〉成玄英疏叙录》、《辑校〈老子〉李荣注跋》等文，王明撰写《论〈太平经钞〉甲部之伪》、《〈周易参同契〉考证》、《〈老子〉河上公章句考》、《〈黄庭经〉考》等文，均用文献学的方法，对道教起源时期的经典作了深入的研究。

这一时期最有影响的道教文献研究力作是陈国符的《道藏源流考》（中华书局，1949）。此书是第一部对道藏进行系统研究的学术专著，作者用文献学的方法对道藏进行研究，提炼道藏的分类体系，归纳不同类别的经典及其代表人物，详考其具体内容，初步厘清了道藏的分类和编纂过程，被公认为道教研究的经典著作。20世纪80年代以来，道教典籍研究更是硕果累累。朱越利的《道经总论》（辽宁教育出版社，1991）全面论述了道经的起源、产生、发展，介绍了道经的分类、目录及敦煌道经、藏外道经等。既肯定了前人整理道经的重要成就，也在前人研究的基础上多有拓展，对初学者很有启发。胡孚琛主编的《中华文化通志·道教志》（上海人民出版社，1998）和任继愈主编的《中国道教史》（中国社会科学出版社，2001）都对道教文献的形成和发展进行了综合阐述。

近现代最早撰写道藏提要的是民国初的刘师培，他在披阅道藏的过程中对37种道经钩玄提要，随笔记录，撰成《读道藏记》。20世纪末，提要类著作问世者较多。任继愈主编的《道藏提要》（中国社会科学出版社，1991）仿照《四库全书总目》的体例，以明刊正、续道藏为底本，参考其他版本，考校勘误，提纲挈领，为《正统道藏》及《万历续道藏》撰写提要，对道书的成书年代、作者、内容均有介绍，十分完整而详尽。此书是第一部以提要形式揭示道教内容的大型工具书，吸收了国内和日本学者的研究成果，有很高的学术价值。朱越利《道藏分类解题》（华夏出版社，1996）一书，按现代科学的方法对道藏重新进行分类，体现了对道藏进行现代化认识的尝试。作者对每部道经均作了点题式的介绍，其解题重点在考证道书的作者与年代。潘雨廷《道藏书目提要》（上海古籍出版社，2003）择取道藏286种文献撰写而成，每篇提要着重介绍该文献的史实和内容，并阐明其意义，尤其注意各道书之间的贯通，故提要诸篇也互相呼应，对道教史和道藏的研究很有帮助。

【主要参考文献与课外阅读书目】

徐有富．中国古典文学史料学．南京：南京大学出版社，1992
张可礼．中国古代文学史料学．南京：凤凰出版社，2011
高小方．中国语言文字学史料学．南京：南京大学出版社，1998
金开诚，葛兆光．古诗文要籍叙录．北京：中华书局，2005
余绍宋．书画书录解题．北京：北京图书馆出版社，2003
丁福保，周青云．四部总录艺术编．北京：商务印书馆，1957
严耀中，范荧．宗教文献学研究入门．上海：复旦大学出版社，2011
陈垣．中国佛教史籍概论．上海：上海书店出版社，2005
陈国符．道藏源流考．上海：中华书局，1949
任继愈，主编．道藏提要．北京：中国社会科学出版社，1991

【练习题】

一、论述专科文献学与目录学的关系。
二、检索前人有关《楚辞》的重要学术专著与论文。
三、阐述陈垣《中国佛教史籍概论》的体例与价值。

（赵阳阳　编撰）

第十课 古籍电子文献

【本课教学重点】

一、古籍电子文献的内涵；

二、古籍书目数据库的建设；

三、古籍全文数据库的利用。

【建议课时】

约3学时。第一节建议学生课前自学；第二节以学生课后通过各种网站检索古籍书目数据库实践为主，教师讲解要点，约1学时；第三节以重点演示大型古籍全文数据库为主，如有条件，可在电子阅览室进行实践教学，约2学时。

古籍电子文献是指以数字代码方式将古籍文献以文字或影像等形式存储在磁、光、电等介质上，并通过计算机或具有类似功能的设备检索或阅读利用的新型文献。计算机和网络的普及，古籍数据积累和数据交换的加速增长，尤其是以古籍电子文献为代表的全新数据模式，将全方位地改变我们的知识获取方式和思维范式。从数据内容上看，古籍电子文献主要包括古籍书目数据库和古籍全文数据库。本课将从古籍电子文献的数据内容角度对国内外已开发的古籍电子文献资源作全面介绍和分析，同时从古典文献学资源利用视野对古籍电子文献进行科学分类与导航，从而为文史研究者提供可资利用的古籍电子文献资源检索与利用的参考资料。

第一节
古籍电子文献概说

一、古籍电子文献的内涵

提到古籍电子文献，我们好像并不熟悉。但是，如果说到文渊阁《四库全书》电子版（见图 10—1）、中国基本古籍库、国学宝典等大型网络数据库，大家肯定不会陌生，因为这些数据库是我们从事学术研究和学习传统文化经常使用的“秘密武器”。这些“秘密武器”就是古籍电子文献。不过，在讲古籍电子文献的概念和内涵之前，我们首先要对“古籍”进行限定，然后还要了解一下什么是电子文献。

图 10—1　文渊阁《四库全书》电子版封面

（一）古籍

古籍，一般是指 1911 年辛亥革命以前编撰、出版的图书。事实上，在古籍保护和古籍的整理具体工作中，古籍还有广义和狭义之分。狭义的古籍专指 1912 年以前刻印的书籍，主要以书本的产生时间为标准。这一概念是基于古籍保护工作而提出的，主要着眼于古籍的文物性质。广义的古籍则包括经后人整理或重印的各种本子，如中华书局点校本《二十四史》也可以称为古籍。广义的古籍主要是从内容方面来界定的，主要着眼于古籍的利用。如《简明古籍整理辞典》在解释古籍的定义后就特别指出，辛亥革命以后影印、排印的线装书籍（如《四部丛刊》、《四部备要》等）也属古籍。《图书情报词典》也对古籍的概念进行了补充：我国的古籍多指辛亥革命以前印刷、抄写的图书，及辛亥革命以后以古籍装帧形式重印的版本。

本课所讨论的古籍即以广义的古籍为基础，其载体包括甲骨、金石、竹帛以及纸质文献等。[①] 其时间限定为1912年以前书写或印刷的汉语文文献，或以1912年以前书写或印刷的汉语文书籍为内容的近现代和当代古籍整理成果。其地域限定在中国或中国以外地区书写或印刷的汉语文文献，包括中国历代汉语古籍的国外版本、国外出版的中国人在国外的汉语著述、国外制作的外国人汉语文著述（如日本和朝鲜古籍）等。

（二）电子文献

作为文献载体的“电子”，与物理学意义上讲的“电子”有所不同。它是记载、传递信息的一种物质状态或方式，与电子计算机密切相关。电子计算机不仅极大地改变了人类传统的生产方式和生活方式，也极大地改变了文献的载体形式。[②] 那么，究竟什么是电子文献呢？

1997年版《英汉计算机词汇》释义为“意味着某电子信息文件，它是指某人或团体利用一些计算机技术方法创造的诸如一份商业报告、一篇科技论文、一张工作表格、一份备忘录或信件”。国际电工委员会（The International Electro Technical Commission）颁布的国际标准ISO 690—2：1997（E）《信息与文献工作》第9条对电子文献（electronic document）概念的界定是“以电子形式存在的通过计算机技术存取的文献”。

随着我国图书文献学界对电子文献研究的逐渐深入，电子文献的概念逐渐清晰。其中姜玉明的定义具有一定的权威性。他给出的电子文献的概念是：一种新型的知识和信息载体，以磁、光、电为介质，以数码方式将文字、图像、图形、声音等多种形式的信息存储在磁、光、电等介质上，通过计算机或具有类似功能的设备阅读使用。[③]

综上，电子文献的概念可以表述如下：电子文献是指以数字代码方式将图、文、声、像等信息存储在磁、光、电等介质上，通过计算机或具有类似功能的设备检索或阅读利用的文献。

（三）古籍电子文献

在明确了古籍和电子文献的概念的基础上，我们可以总结出古籍电子文献的概念：古籍电子文献是指以数字代码方式将古籍文献以文字或影像等形式存储在磁、光、电等介质上，并通过计算机或具有类似功能的设备检索或阅读利用的文献。

按照这一定义，古籍电子文献（见图10—2）的构成应该具有这样三个基本要素。

首先，它是文献。古籍电子文献本身有一定的知识内容，这一知识内容以古代典籍中的内容或古代典籍本身所包含的信息（如版本信息等）为表现形态。

其次，它有多种载体。古籍电子文献的主要载体形态有：软磁盘、光盘、计算机硬盘、网络存储器等。

最后，它必须依托计算机或其他设备才能使用。古籍电子文献是通过计算机技术记录、储存、传递、检索和浏览信息、知识的文献，即这种文献的传播是通过计算机或具有类似功能的设备来完成的。

---

① 限于本课内容的特殊性，采用古籍的广义概念。因为目前已经开发建置的诸多数据库多包含有近现代和当代古籍整理的成果。

② 参见《中国古典文献学》，24页。

③ 参见姜玉明：《试论电子文献的概念及其类型》，载《图书情报知识》，2003（1）。

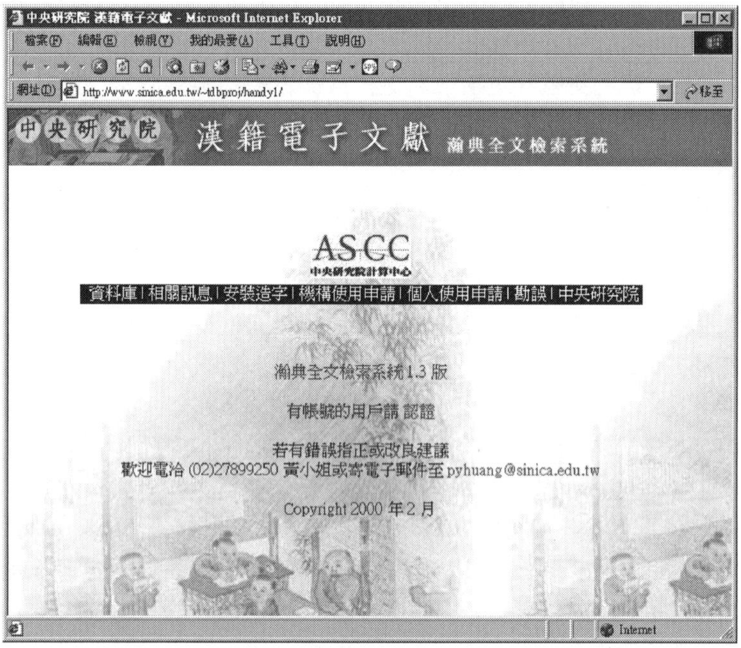

图 10—2 汉籍电子文献主界面

古籍电子文献与传统纸质古籍文献都负载着祖国的历史文化信息，都以传播祖国优秀的文化遗产为目的。古籍电子文献是对传统纸质古籍文献的再现和加工，是传统古籍的技术外化，但其仍要以古籍的文本信息为中心，仍具有传统纸质古籍的核心信息。

二、古籍电子文献的类型

（一）按载体形态分

按照载体形态，目前的古籍电子文献主要有以下四种：

（1）以磁带为载体的实体古籍电子文献，即磁带数据库（database on magnetic tape）；

（2）以磁盘为载体的实体古籍电子文献，即磁盘软件（computer program on disk）；

（3）以光盘为载体的实体古籍电子文献，即光盘图书（monograph on CD-ROM）；

（4）以数据集合形式存放在网络上共享的虚拟古籍电子文献，即联机网上数据库（database online）。

事实上，随着计算机技术和网络技术的快速发展，前三种实体古籍电子文献均可以实现网络共享，并以虚拟古籍电子文献方式存在。因此，本课所述古籍电子文献多指联机网上数据库。

（二）按贮存内容分

以上划分标准适合所有电子文献的划分，这种划分标准的优点是直观科学，目前已作为《电子文献及其载体的类型与标识》标准被广泛使用。不过，单就古籍电子文献而言，这种载体形态分类标准并不利于古籍电子文献资源的检索和利用。因此，我们主张按照贮存内容的表现形式来划分。

按照贮存内容的表现形式划分，古籍电子文献可分为古籍书目数据库和古籍全文数据库两种类型。

1. 古籍书目数据库

古籍书目数据库是指在统一的机读目录格式下，按照相应的标准和规范加工而成，并最终以计算机网络系统形式向用户提供相关古籍数据资源检索的大型目录数据库。古籍书目数据库的建设适应了图书馆工作现代化的需要，是古籍文献揭示的一次重大飞跃。20世纪80年代以来，随着现代图书馆技术的发展，国内外图书馆相继开发建设了大量中文古籍书目数据库。

2. 古籍全文数据库

古籍全文数据库是指以计算机可读的字符代码形式或以古籍文献扫描影像形式存贮的数据库。古籍全文数据库是在全文数据库技术实践基础上产生发展的。古籍全文数据库的贮存方式主要有三种：一是图像保存格式；二是文本保存格式；三是图像、文本对照保存格式。

三、古籍电子文献的开发

古籍电子文献是古籍整理工作的数字化体现，那么开发古籍电子文献到底要做哪些具体工作呢？李国新在谈到古籍资源数字化面临的主要任务时指出，下一步古籍电子文献的主要工作是：大规模总结性古籍检索工具的数字化、总结性古籍书目数据库的建立、类书资源的数字化、普及性作品的多媒体化、计算机古籍整理通用系统的研制开发。① 又，楼宇烈从一名使用者的角度谈到古籍数字化应建立三个层次的古文献资料库：一是“版本库”，二是“专题库”，三是“普及库”。这些观点为古籍电子文献的开发指明了方向。② 我们认为，古籍电子文献的开发具体应包括建立古籍书目数据库、古籍原文图像复制、汇编古籍电子丛书、古籍标点今译与普及等四个层次的工作。

（一）建立古籍书目数据库

古籍书目数据库建设是古籍电子文献数字化工作的重要内容。参与古籍书目数据库建设的单位主要为公共图书馆、高等院校和科研院所图书馆。古籍书目数据库建设的服务目的主要是反映馆藏古籍收藏情况以及服务于教学和科研。古籍书目数据库的建设开始于20世纪80年代。20世纪80年代初，国家图书馆开始尝试将馆藏善本制成机读目

---

① 参见李国新：《中国古籍资源数字化的进展与任务》，载《大学图书馆学报》，2002（1）。

② 楼宇烈认为，“版本库”主要为了保护古籍，“专题库”主要为专业研究提供古籍资料，“普及库”主要为一般读者提供最基本的古籍读本。参见楼宇烈：《汉文化资料库不同层次的实用要求》，载《古籍整理出版情况简报》，2003（8）。

录，开启了古籍书目数据库的建设工作。其后，北京大学图书馆、南京图书馆、辽宁图书馆、浙江图书馆等大型图书馆为方便读者，也相继开始了馆藏古籍书目的机读编目工作。随着计算机技术的发展以及机读编目实践的成熟，国内古籍书目数据库的建设也逐步展开。

（二）古籍原文图像复制

古籍原文图像的复制是将古籍书页进行原文图像扫描，存储在光盘或计算机硬盘等介质上，从而为读者提供文字信息服务。由于图像扫描技术具有简单快捷、成本低廉且保存长久等优势，20 世纪 80 年代以来，很多图书馆开始尝试利用图像扫描技术将大量古籍永久保存起来，收到了良好的效果。以上海图书馆为例，上海图书馆古籍善本全文光盘是国内较有特色的古籍原文图像复制模式。广东省立中山图书馆的民国报刊和古籍全文数据库是国内古籍原文图像复制保存利用古籍的一个典型数据库，其目的旨在让广大读者能够直接阅读大量原来需要使用缩微阅读设备才能阅读的古籍文献，数据库建设的最终目标是建设一个可提供全文检索的民国报刊和古籍全文数据库。

（三）汇编古籍电子丛书

我国古代的文献从内容来源来看，大致分为三类：一是著作，二是编撰，三是汇编。所谓汇编就是将已有文献材料按照类别加以重新排序，一般以丛书的形式出现。汇编丛书一方面可以保存文献，另一方面也可扩大书籍的流通。到了 21 世纪，汇编丛书的形式已发生了巨大变化，由过去的人工抄写刻印变为电子扫描，经过加工的电子丛书通过光盘和网络可以迅速传播。更让人兴奋的是，全文检索和超级链接功能更容易受到科研工作者的偏爱。如中国基本古籍库是国内目前最大的一项古籍数字化工程，收录古籍上起先秦、下迄民国，总计 20 亿字，版本图像 2 000 万页。

（四）古籍标点今译与普及

古籍整理的最终目的是传播我国古代优秀的文化。整理古籍“是为了便于人们更好地阅读与研究古代文献，从而促进古代文化的传播。传播古代文化不是为了古人，而是为了今人，因此古籍整理从来都不是为古人而整理古籍，也不是为整理古籍而整理古籍，而是为现实服务的”①。因此，经过标点和今译的普及型典籍数据库的建设也是古籍数字化的一个重要内容。这类数据库主要针对的是一般文史爱好者或普通读者群，所以在内容上多选择常见的文史经典诸如《十三经》、《诸子百家》、《二十五史》、《唐诗三百首》、《宋词三百首》等作为数据主题。这类数据库往往不注重版本的选择，技术实现上也较为简单。如北京卓群数码科技制作、中国标准出版社 2002 年出版的《中华古典精华宝库》等。

① 刘琳、吴洪泽：《古籍整理学》，5 页，成都，四川大学出版社，2003。

第二节
古籍书目数据库

一、古籍书目数据库的概念

古籍书目数据库是指在统一的机读目录格式下，按照相应的标准和规范加工而成，并最终以计算机网络系统形式向用户提供相关古籍数据资源检索的大型目录数据库。古籍书目数据库是随着计算机用于图书馆编目工作而发展起来的。古籍书目数据库的兴起是数字时代目录编撰的最重要与影响最深远的现象。其意义在于：

（1）古籍书目数据库主要向读者提供藏书查询和借阅服务。古籍书目数据库的开发与建设是图书馆古籍管理的一次重大飞跃。传统的图书馆编目工作基本上是靠人工来进行的，而随着计算机技术的发展，图书馆自动化编目也日趋成熟。古籍书目数据库的开发与建设正是适应时代的发展而进行的有效变革。古籍书日数据库建设将使图书的编日工作更加快捷和高效。而随着国际互联网的迅速发展，古籍书目数据库实现了网络共享，网络共享的出现又使得古籍书目数据库得以向世界的任何角落传播海量的信息。古籍书目数据库的出现将彻底改变以前查找资料的状态，而且这些古籍书目数据库都具有快捷检索和交互流通的特点。

（2）古籍书目数据库可充分开发古籍书目著录的信息资源。传统的古籍目录只能按照书名、责任者、分类以及出版社等途径进行书目信息检索。古籍书目数据库著录的书目信息则甚为广泛，一般包括题名、责任者、资源描述项、出版者、资源形式、资源类型、资源来源、语种、资源标识、资源形式、时空范围、相关资源等项。古籍书目数据库全面反映了古籍书目信息，为开发利用古籍提供了快捷、准确的利用途径。

（3）古籍书目数据库具有检索速度快、检准率高的优点。目录检索是图书馆向读者提供的基本参考咨询工具。通过目录检索，读者可以迅速查找到所需图书资料。传统图书检索目录一般按照书名、责任者或四部分类法进行笔画、音序或四角号码检索，检索速度慢，检索效果差。而古籍书目数据库具备多途径检索功能，可大大提高检索速度和检准率。

（4）古籍书目数据库的建立，为实现网络化服务和文献资源共享提供了条件。古籍书目数据库打破了古籍资源长期封闭的状态，并最终实现了古籍文献信息的交流和资源共享。古籍书目数据库不仅要实现数字化，更为重要的是要实现古籍书目数据库的资源互通互享。随着互联网的发展，网际间的互联已完全能够实现，大量的古籍书目数据库资源均可实现网络检索。

二、中文古籍的计算机编目

随着计算机技术的发展，实现图书编目的计算机化逐渐成为图书馆管理自动化的一项重要工作。20 世纪 60 年代末 70 年代初，美国国会图书馆开始尝试馆藏图书书目的机读格式设计，开发了 LC-MARC（Machine Readable Catalog）系统。1965 年推出 MARC-Ⅰ，1968 年 MARC-Ⅱ问世。[①] 其后，美国俄亥俄大学联机计算机图书馆中心（Online Computer Library Center，OCLC）开始利用 MARC 磁带为美国 50 个州图书馆编印目录卡片。

20 世纪 70 年代，LC-MARC 被国际图书馆协会联合会（IFLA）接受并通过为国际标准格式，即 UNIMARC。其后，诸多国家生产并接受了 UNIMARC 磁带，进行本国的书目数据库的建库工作。同期，中文古籍方面也开始了机读编目的尝试。1983 年，美国加州研究图书馆组织（Research Libraries Group，RLG）建立了一个自动化信息系统美国研究图书馆信息网络（RLIN）。20 世纪 80 年代末，该组织提出一项计划，拟将中国清嘉庆以前的印本及抄稿本编制成计算机可读形式的中国古籍国际联合目录。[②] 中国古籍国际联合目录初期的工作是将我国台湾图书馆的编目磁带转录到 RLIN 数据库中。其后成立了一个由古籍研究专家组成的国际顾问委员会起草编目规则，并由专门的古籍编目人员及 RLIN 的 CJK（Chinese，Japanese，and Korean）编目人员作试行编目。1989 年 2 月，第一次国际顾问委员会会议在美国国会图书馆召开。1991 年 9 月，中国古籍国际联合目录项目正式投入工作。到 1996 年 4 月项目结束，项目共为 7 495 种中国古籍编目，并输入 RLIN。项目共有 18 个图书馆参加，中国方面有北京大学、中国科学院、辽宁图书馆、复旦大学图书馆、湖北图书馆等图书馆参加。

在我国台湾地区，为了推行中文图书编目的计算机化，1980 年 4 月，台湾图书馆学会及台湾图书馆共同组建了“图书馆自动化作业规划委员会”，委员会积极开展中文图书编目的计算机化并制定了机读编目的作业规范。其中《机读编目格式》（Chinese-MARC）以 UNIMARC 为标准，并参照《美国国会图书馆机读编目格式》（MARC Format for Bibliographic Data-1980）及其英国的 UK-MARC、加拿大的 Canadian-MARC、法国的 Inter-MARC 及澳大利亚的 Australia-MARC 的机读格式。委员会于 1981 年 1 月出版第一版《中文图书机读编目格式》，于 1982 年出版修订版《机读编目格式》。《编目规则》以《“国立中央”图书馆中文图书编目规则》及 AACR-Ⅱ（AACR 即英美编目规则，Anglo-American Cataloguing Rules）[③] 为蓝本，于 1983 年 9 月正式出版。1984 年 3 月，编印出版了《图书分类法（试用本）》、《中文图书标题总目初稿》。计算机系统方面，1980 年 4 月，台湾图书馆学会出版了《中文资讯交换码》（Chinese Character Code For Information Interchange，CCCII）。在具体古籍编目实际方面，台湾图书馆自 1981 年起开始着手以电脑机读方式建立书目数据库，于 1984 年 2 月从编目作业过渡到全面自动化，采用《机读编目格式》、《编目规则》，数据库中涉及古籍的数据量有大陆出版品 7 257 笔，中国善本古籍 26 396 笔。[④]

---

① 参见杨学梅：《美国国会图书馆机读目录浅谈》，载《图书馆理论与实践》，1994（3）。

② 参见［美］艾思仁：《中国古籍与 21 世纪的研究图书馆》，载《津图学刊》，1996（4）。

③ Anglo-American Cataloguing Rules 由美国图书馆协会（The American Library Association）、美国国会图书馆（The Library of Congress）、大英图书馆（The British Library）等共同发起组织。AACR-Ⅱ于 1978 年出版，经过多次修订，AACR-3 于 2007 年出版。

④ 参见郑恒雄：《中文书目资料库在台湾的建立与发展》，载《图书馆工作与研究》，1995（5）。

大陆地区的古籍计算机编目工作稍晚一些。20 世纪 80 年代，北京图书馆和北京大学图书馆开始进行机读目录格式的编制试验。1991 年，《中国机读目录通讯格式》（书目文献出版社）正式出版。1996 年，文化部正式颁发了行业标准《中国机读目录格式》（CN-MARC），并于 1997 年 7 月 1 日正式实施。CN-MARC 是在我国图书收藏机构特点的基础上，结合 UNIMARC 的一般规则修订而成，可进行中国与外国书目机构之间的计算机可读形式的信息交换，为书目数据库的建立提供了参照依据，适合于目前各种形态的文献，也包括古籍。[①] CN-MARC 于 2001 年又做出修订，由科学技术文献出版社出版了《中国机读目录格式使用手册（修订版）》。

在古籍编目方面，20 世纪 80 年代，东北师范大学古籍所开始进行文献书目微机处理的试验。1988 年年初，古籍所所长吴枫到日本调研后，看到日本国内各大学及研究机构已将文献书目输入了计算机，深感国内计算机古籍编目的意义重大，便开始了利用计算机收集和整理《中国现存古籍书目》的工作。[②] 1984 年，北京图书馆安装了具有汉字信息处理功能的 M-150H 计算机系统，开始利用美国国会图书馆的机读目录磁带（LC-MARC）进行西文图书的辅助编目工作，并为国内用户提供专题和定题检索服务。1987 年，又利用 PDP11/73 计算机进行普通中文图书的机读目录编目工作，随后建立了一批书目数据库。1990 年第 225 期《古籍整理出版情况简报》发表了《一次编制中国古籍善本书机读联合目录的试验》，文章肯定了中国古籍著录可以采用国际文献著录标准和方法编制机读目录。此后，李致忠、沈乃文等古籍专家先后撰文，呼吁建立中国自己的古籍书目数据库。1995 年，国家古籍整理出版规划小组决定筹建中国古籍书目数据库。此后，由于诸种原因，全国范围内古籍联合机读目录的编目一直未能付诸实践。

北京图书馆于 1995 年下半年开始着手筹建普通古籍书目数据库的调研工作。1998 年实施“中国数字图书馆工程”，同时着手进行古籍书目数据库的建设。1999 年，编制了《古籍机读目录格式字段表》，其后，北京图书馆与北京大学共同研制了《古籍著录规则》（GB 3792.7—87），编制了《汉语文古籍机读目录格式使用手册》等标准和规范。至 2004 年，馆藏善本古籍文献书目总库制作工作全部完成，实现了 39 万条数据的上网检索。南京图书馆和山东省图书馆也较早开始古籍书目数据库建设，详见下文。

三、大陆古籍书目数据库

大陆地区参与古籍书目数据库开发与建设的单位主要是公共图书馆和科研院所图书馆。从目前已经建设的古籍书目数据库来看，其数据库著录的范围大致有如下几类。

一是反映馆藏古籍的书目数据库，如南京图书馆馆藏古籍检索系统。南京图书馆是国内较早进行古籍书目数据库建设的单位。早在 1988 年，该馆就开始购置计算机，尝试《中国古籍善本书目》的机读编目。该馆在建设馆藏古籍书目数据库时，采取了先建简目数据库，再逐步建设详编数据库的办法。为做好馆藏古籍书目数据库工作，该馆专门制定了《南京图书馆古籍编目条例》和《南京图书馆古籍分类表》。该馆已建成的古籍书目数据库有：馆藏古籍书目（草目）数据库，含近 20 万条馆藏书的数据，包括馆藏索书

① 参见秦淑贞：《如何建立规范化的古籍书目数据库》，载《现代图书情报技术》，1999（2）。

② 参见刘乾先、王彩云：《文献书目微机处理研究报告——利用计算机整理及检索现存古籍书目》，载《古籍整理研究学刊》，1991（2）。

号、本馆分类号、书名、著者、版本、册数、残缺配补等内容；中国古籍善本书目数据库，含近10万条数据，包括馆藏索书号、本馆分类号、书名、著者、版本、册数、牌记、版式、印章、著者和批校题跋者的生平简介等30多项。链接到南京图书馆网页的古籍书目查询系统共有数据15万余条。又如山东省图书馆古籍书目查询。山东省图书馆一直关注国内外古籍书目数据库的建设情况，通过对各大图书馆古籍书目数据库的实地考察，该馆于1996年10月开始了古籍书目数据库的回溯建库工作。其数据库的设置按《中国文献编目规则·古籍》CN-MARC执行，分类法采用《中国古籍善本书目》的四部分类法，数据库设置了题名、第一著者、第一著者时代、第二著者、第二著者时代、版本形式、刻书者、刻书地、刻书时代、装订形式、丛书零种所属丛书名、丛书子目、题名与责任者附注、版本与书目附注、分类、索书号等19个检索项。

二是反映古籍特藏的书目数据库，如国家图书馆馆藏善本古籍文献书目总库。该总库下分中文新善本书目数据库、中文舆图书目数据库、地方志家谱书目数据库、金石拓片文献书目数据库、敦煌吐鲁番文献等特色文献库，其中以馆藏地方志家谱书目数据库最有特色。目前，地方志家谱书目数据库可以提供网络浏览或检索服务，其检索可实现关键词检索、简单检索、多字段检索、多库检索和高级检索等5种方法，读者可以根据个人的爱好、检索策略等选择不同的检索手段。又如山东省图书馆馆藏易学书目、海源阁书目数据库。山东省图书馆馆藏具有鲜明的特色，其齐鲁方志专藏、海源阁专藏、易学专藏为海内翘楚。该馆收藏易学文献1 317种，总计2 205个版本，近万册。海源阁专藏计2 280种3.2万册，约占海源阁藏书的三分之一，并有较多名人手迹，如林则徐、吴式芬、钱仪吉、许翰等人的书札。馆藏易学书目数据库包括丛编、经本、传说、图说、文字音义、古易等，目前只能浏览检索。

三是突出地方特色的书目数据库。以地方文献为特色的古籍书目数据库多为地方公共图书馆开发建设，这些图书馆从服务地方经济的目的出发，开发建设了大量地方文献书目数据库，其中以家谱和地方志书目数据库最有特色。如，江西图书馆地方文献数据库数据量1.2万条，包括地方文献3 500部，地方志1 200部，可进行书名、地名、作者检索；广东省立中山图书馆广东海南家谱联合目录数据量2 432条，可进行书刊名、著者、主题、出版社、索书号、分类号、区域、家族名称检索；四川省图书馆馆藏家谱族谱查询数据量227条，可进行书名、责任者、记录号检索。

四是古籍书目之书目数据库。除了对馆藏古籍进行机读编目外，部分公共图书馆从服务读者的宗旨出发，编制了一些古籍书目的书目数据库，这方面以金陵图书馆最为突出。金陵图书馆共编制了年谱丛刊目录、中国古本小说目录、丛书集成目录、四库全书目录检索、续修四库全书目录检索等数据库。年谱丛刊目录数据库是以《北京图书馆馆藏珍本年谱丛刊》为基础而编制的机读数据库；丛书集成目录数据库以商务印书馆印行的《丛书集成初编目录》为依据；四库全书目录检索数据库是根据上海古籍出版社1989年出版的《影印文渊阁四库全书目录索引》订正重版本编制而成，共收入记录3 577条。读者可选择查找书名或作者，输入检索词即可检出书名或作者中包含这些词的有关书籍，且检索系统为任意词检索，支持多检索点复合检索。

五是突出学科内容的专题书目数据库。如复旦大学图书馆古籍书目检索系统有明人文集书目、清人文集书目、影印本方志书目等专题书目，检索颇为方便。清华大学科技史暨古文献研究所制作的科技典籍目录库、中国台湾汉学研究中心建置的明人文集联合目录及篇目索引数据库等也很有针对性。

四、台湾地区古籍书目数据库

台湾地区古籍书目数据库的编撰开始于20世纪80年代。20世纪80年代初，台湾图书馆将馆藏善本制成机读目录，开启了台湾地区古籍书目数据库工作。其后，台北“故宫博物院”、台湾大学图书馆、“中央研究院”傅斯年图书馆等单位也都积极参加进来。台湾“中央研究院”自20世纪80年代推动史籍自动化计划以来，也开发了大量的古籍书目数据库。随着计算机技术的发展以及机读编目实践的成熟，台湾地区古籍书目数据库的建设也逐步展开。

1990年，台湾图书馆编制成台湾地区善本古籍联合目录（数据量116 034笔），向读者提供书名、作者、出版地、出版者、版本项以及主题检索服务。1998年以台湾地区善本古籍联合目录为基础，由内地及港澳地区、日本、美国、欧洲等地区图书馆提供若干测试数据，扩增为中文古籍书目数据库，目前总计收录55万余笔古籍书目资料。该数据库以元数据格式表达，共有14个查询值可供读者检索，并提供繁、简体版查询。

台湾图书馆的台湾地区家谱联合目录资料库也很有特色。该数据库可供相关单位汇入CN-MARC以及US-MARC等MARC格式书目数据，以利查询、显示，同时提供著录及维护功能，将来拟进一步扩充系统，提供符合国际标准的元数据书目数据汇出功能，以利交换。台湾地区现藏中国家谱约14 986种，藏量在中国家谱总数中占有相当的比重。该馆于2002年开始筹建台湾地区家谱联合目录，由各相关单位提供馆藏家谱数据。目前参与单位有“中央研究院”民族所、“中央研究院”傅斯年图书馆、台北市文献会、台湾图书馆、台湾省各姓渊源研究学会、宜兰县史馆、台北“故宫博物院”、“国史馆”、“国史馆”台湾文献馆等单位。①

明人文集联合目录与篇目索引资料库由台湾图书馆汉学研究中心研制，涵盖台北“故宫博物院”图书馆、台湾大学图书馆、“中央研究院”傅斯年图书馆、台湾图书馆及汉学研究中心所藏明人文集的书目数据。台湾图书馆开发的台湾文献数据联合目录（32 113笔）含台湾地区图书文献数据，内容包括古文书、先贤遗著、士绅之文集、诗集、日记、账簿、族谱、家乘、祭祀公业资料等，收录台湾图书馆、台湾文献会、台中图书馆、“中央研究院”、台北市文献委员会、台湾师范大学图书馆、成功大学图书馆、“中央研究院”傅斯年图书馆、台北市立图书馆等36家单位的文献数据。另外，台北“故宫博物院”开发建设了家族谱牒文献资料库和善本古籍资料库；台湾“中央研究院”还开发建设了简帛金石资料库书目、生命医疗史研究室资料库检索以及中国大陆各省地方志书目查询系统等特色专题书目数据库。

台湾地区十分重视数据库建设的交流与合作。早在20世纪80年代，台湾地区就参与了美国图书馆研究协会实施的“中国古籍善本国际联合目录”计划，从中汲取了古籍书目数据库建设的实践经验。由于中国古籍的收藏主要集中在大陆地区，台湾地区十分重视与大陆地区的交流与合作。从20世纪90年代到21世纪初，两岸共召开了有关古籍数字化的会议10余次。1993年10月，台湾地区参与了由中国中文信息学会和国家古籍整理出版规划小组办公室主办、在北京召开的“海峡两岸中国古籍整理研究现代化技术研讨会”，并发起了“关于成立中华古籍整理研究现代化技术基金会”的倡议书。1996年4月，由台湾图书馆汉学研究中心、全国高校古籍整理研究工作委员会主办，在台北召开

① 见 http：//nclcc. ncl. edu. tw/ttsweb/nclfamily/nclfamily. htm。

了“两岸古籍整理研究学术研讨会”，两岸学者探讨了两岸未来古籍整理研究学术合作的可能性，协商了两岸古籍整理研究合作的模式。①

五、古籍联合目录数据库

自计算机用于古籍编目以来，古籍联合目录就成为古籍编目的一个理想目标。从美国加州研究图书馆组织的“中国古籍国际联合目录”计划，到日本的“全国汉籍数据库”计划②，经过近20年的努力，一批实用性数据库建成了。但从总体上看，由于种种原因，国外的古籍联合目录数据库建设并没有取得预想的效果。

对于作为中文古籍收藏和使用主体的中国大陆和台湾地区，古籍联合目录数据库的建设则显得更为重要和迫切。截至目前，古籍联合目录数据库的建设项目主要成果为：中文古籍书目数据库、中国高等教育文献保障系统（CALIS）——古籍联合目录系统和中华古籍善本国际联合书目系统。

（一）中文古籍书目数据库

中文古籍书目数据库③是在台湾地区古籍联合目录的基础上编制的。参与该项目的合作单位包括台湾地区11所图书馆以及内地和港澳地区图书馆。此外，为了便利读者查询更多善本古籍，该数据库汇整了中国、日本、美国、欧洲地区古籍收藏量居前的图书馆数据库，供读者查询。数据库共收集海内外图书馆所收藏中文古籍书目资料60余万笔，经合并部分重复书目，目前共有441 900笔。中文古籍书目数据库系统以元数据格式表达，可进行不限字段、题名（书名）、责任者（编著者）、四部类目（主题）、出版信息（出版者）、现藏者（收藏者）检索，提供题名、拼音题名、责任者、拼音责任者、出版地、出版者、出版时、版本、装订、行格、版式、讳字、刻工、收藏印记以及主题等15项查询值。中文古籍书目数据库计划进一步扩充系统，提供符合国际共享的书目数据，最终目标是要发展成为一个国际性的中文古籍书目数据库。下面是截至2010年7月中文古籍书目数据库收录的详细数据（见表10—1）。④

表10—1　中文古籍书目数据库数据统计

序号	馆　名	资料笔数
1	上海图书馆	117
2	山西省图书馆	21
3	山东省图书馆	310
4	“中央研究院”文哲研究所图书馆	16 084
5	“中央研究院”傅斯年图书馆	4 322

① 参见鲍道：《两岸古籍整理研究学术研讨会在台北召开》，载《中国典籍与文化》，1996（3）。

② 该计划于2000年提出，项目由日本京都大学人文科学研究所承担。目前收录京都大学、东京大学、东洋文库等近20万种汉籍目录的书目数据。

③ 见http：//nclcc. ncl. edu. tw/ttsweb/rbookhtml/intr. htm。

④ 2010年以后的数据，中文古籍书目数据库没有详细统计。数据库新增数据在该网站有“动态信息”，见http：//nclcc. ncl. edu. tw/ttsweb/rbookhtmlgb/morenews. htm。

续前表

序号	馆　　名	资料笔数
6	台湾图书馆	8 594
7	中国国家图书馆	320 025
8	中华耶稣会神哲学院图书馆	354
9	内蒙古线装古籍联合目录	27 396
10	天津图书馆	2 910
11	北京大学图书馆	45
12	北京师范大学图书馆	504
13	清华大学图书馆	149
14	东京大学东洋文化研究所	106 623
15	东海大学图书馆	6 294
16	南京图书馆	98
17	政治大学图书馆	3 760
18	故宫博物院图书馆	22 678
19	加州大学伯克利分校东亚图书馆	1 204
20	美国国会图书馆	3 043
21	首尔大学奎章阁韩国学研究院	3 974
22	香港大学冯平山图书馆	783
23	浙江图书馆	51
24	台湾图书馆	63 738
25	复旦大学图书馆	50
26	普林斯顿大学东亚图书馆	6 415
27	华东师范大学图书馆	65
28	台湾大学图书馆	9 616
29	台湾师范大学图书馆	2 168
30	澳门大学图书馆	182
31	澳门“中央图书馆”	458

2011 年 1 月至 2012 年 6 月，中文古籍书目数据库又新增澳门大学国际图书馆、英国伦敦大学亚非学院图书馆、荷兰莱顿大学汉学院图书馆、德国巴伐利亚邦立图书馆、华盛顿大学东亚图书馆、康奈尔大学东亚图书馆、哈佛大学哈佛燕京图书馆、哥伦比亚大学东亚图书馆等的书目资料，目前数据库计有 42 所中文古籍典藏单位提供的书目。

（二）中国高等教育文献保障系统

中国高等教育文献保障系统（China Academic Library & Information System，CALIS）是经国务院批准的我国高等教育“211 工程”、“九五”、“十五”总体规划中三个公共服务体系之一。CALIS 的宗旨是建设以中国高等教育数字图书馆为核心的教育文献联合保障体系，实现信息资源共建、共知、共享，为中国的高等教育服务。CALIS 管理中心设在北京大学。从1998年开始建设以来，CALIS管理中心引进和共建了一系列文献数据库，包括大量的二次文献库和全文数据库；主持开发了联机合作编目系统、文献传递与馆际互借系统、统一检索平台、资源注册与调度系统，形成了较为完整的CALIS文献信息服务网络。迄今参加CALIS项目建设和获取CALIS服务的成员馆已超过500家。①

CALIS联合目录数据库建设始于1997年。鉴于CALIS联机合作编目组织在普通中西文图书的联机编目方面已取得了宝贵的经验以及古籍文献在图书馆藏书中的特殊位置，CALIS决定将联机编目延伸至古籍文献。② 2001年10月，CAL1S古籍联合目录数据库建设研讨会在北京大学召开，12所高校图书馆以及国家图书馆和若干公共图书馆的专家参加，揭开了CAL1S古籍联合目录系统建设的序幕。研讨会后，古籍编目客户软件需求方案和古籍联合目录相关规则的制定工作开始进行。③ 2003年12月，中国高等教育文献保障系统——古籍联合目录系统正式启动。截至2004年10月，联合目录数据库已经积累了160余万条书目记录，馆藏信息达600余万条，其中古籍数据量达20万条。

（三）中华古籍善本国际联合书目系统

中华古籍善本国际联合书目系统是中文善本书国际联合目录项目的最终成果，该项目由RLG建立。项目初始阶段，因缺乏著录中国古籍的经验，RLG曾邀请北京大学图书馆和中国科学院图书馆共同进行为期六个月的项目试验。1991年，首批正式参加该项目的图书馆包括普林斯顿大学图书馆、哥伦比亚大学图书馆、中国科学院图书馆及北京大学图书馆。普林斯顿大学东亚系为项目提供了办公场所，并在后来接管了项目的行政管理。约有30余家图书馆参加了中文善本国际联合目录项目。中国方面参加这一项目的有：中国科学院图书馆、北京大学图书馆、天津图书馆、辽宁省图书馆、湖北省图书馆、复旦大学图书馆及中国人民大学图书馆。在北美，除了美国国会图书馆以外，所有主要的有中文古籍善本收藏的图书馆都参加了这一项目。中文善本书国际联合目录数据库著录了北美图书馆的几乎全部藏书以及中国图书馆的部分藏书，数据达到2万多条。

2006年，RLG宣布与OCLC合并，并将全部数据转入OCLC的World Cat数据库。近几年来，中文善本国际联合目录项目已将其著录中约75%的首页书影进行了数字化扫描，并与数据库中的对应著录链接。2009年，该项目中心由美国普林斯顿大学转移至中国国家图书馆，并以原数据库为基础建立了中华古籍善本国际联合书目系统④，由中国国家图书馆进行管理与维护。2010年，该系统正式开通。

中华古籍善本国际联合书目系统对所有用户免费开放，所有用户均享有检索、浏览、打印、下载系统书目数据及书影的自由。系统根据《中文善本书类目表》，提供经、史、子、集、丛部的分类浏览。系统支持简体中文、繁体中文、汉语拼音检索，设置有题名、人名、机构名称、版本类型、出版地、版本年代、装帧形式、钤印文字、四部分类、典藏号、收藏单位等11个检索项。

① 参见《CALIS介绍》，见http：//www.calis.edu.cn/calisnew/。

② 参见杨健：《CALIS中文古籍联机合作编目的缘起与进展》，载《图书馆理论与实践》，2006（5）。

③ 参见喻爽爽、谢琴芳：《汉语文古籍文献目录资源的共建共享——CALIS古籍联合目录系统》，载《大学图书馆学报》，2005（3）。

④ 见http：//mylib.nlc.gov.cn/web/guest/zhonghuagujishanbenlianheshumuxitong。

第三节
古籍全文数据库

一、古籍全文数据库的类型

古籍全文数据库的存储方式主要有两种。

一是图像保存。即通过扫描的方式，将古籍文献按原貌逐页录入，转化为图像文件，并储存在数字光盘或计算机硬盘内，从而实现数据的存储、处理、压缩、转换的一种数据储存方式。图像保存古籍文献的方式旨在保留古籍文献原貌，多被图书馆为保存古籍所采用。

二是文本保存。即通过手工录入或文字识别软件录入的方法，将古籍文献文本内容储存在数字光盘或计算机硬盘内，从而实现数据的存储、处理、压缩、转换的一种数据储存方式。由于文本录入可以实现全文浏览阅读、检索、统计、智能分析等功能，多被部分科研院所和数字化公司所采用。

根据古籍全文数据库的存储方式，我们可以将古籍全文数据库分为图像版、文字版、图文版三种类型。①

图像版的优势是：技术实现容易，运行成本低廉，可以保存古籍原貌。图像版的缺陷是：占据空间大，不能检索。图像版在技术处理上较为简单，只需要一台扫描仪器即可，因此其开发成本较低，早期的古籍全文数据库多采用这种形式。但图像版是以图像的形式存在的，所以只能阅读，不能进行检索，所占空间也比较大。

图像版主要格式有：(1) MP 文件格式。BMP (Bitmap-File) 文件格式是 Windows 采用的图形文件格式，在 Windows 环境下运行的所有图像处理软件都支持 BMP 图像文件格式。(2) TIFF 文件格式。TIFF (Tag Image File Format) 图像文件是由 Aldus 和 Microsoft 公司为桌上出版系统研制开发的一种较为通用的图像文件格式。TIFF 支持多种编码方法，具有扩展性、方便性、可改性。(3) JPEG 文件格式。JPEG (Joint Photographic Experts Group) 图像文件格式是最常用的图像文件格式，可以调节图像质量，支持多种压缩级别。JPEG 格式的应用非常广泛，特别是在网络和光盘读物上。(4) PSD 文件格式。PSD 是 Adobe 公司的图像处理软件 PhotoShop 图像处理软件的专用文件格式，是一种非压缩的原始文件保存格式。

文字版可以利用计算机进行多角度、多范围的检索、排序、分析数据，并可进行编辑、打印，使用起来非常方便。文字版古籍全文数据库的优势是：(1) 储存空间小。由

---

① 马少平等认为古籍全文数据库有以下四种类型：(1) 完全图像方式；(2) 目录文本、正文图像方式；(3) 全文本方式；(4) 全文图文对照方式。目录文本、正文图像方式是在“全图像版”基础上添加了目录索引的数据库，读者可方便地根据书名、卷数目录索引迅速指定阅读位置。事实上，目录文本、正文图像方式仍是图像版的古籍全文数据库。参见马少平、姜哲、金奕江、黄宇：《大型中文古籍数字化系统的设计与实现》，北京，第八届全国汉字识别学术会议，2002。

于全文文本以字符格式存在，文字版数字化古籍较图像版大大节约了储存空间。(2) 具备全文检索功能，可以支持学术研究。

文字版的缺陷是：(1) 文字输入难度较大，开发成本高。全文检索版采用的是人工输入，并且一般需要古籍专家的指导，开发成本较高。(2) 不能保持古籍原貌。由于全文检索版数字化古籍采用的是人工输入的方式，在输入转换原古籍书页内容时难免有错误，因此，与原古籍的底本并不完本一致，对学术研究而言，还必须查阅原书。

文字版主要格式有：(1) TXT 格式。TXT 格式是最常见的一种文件格式，主要保存文本信息，但不能插入图片、图表或建立超链接。(2) DOC 格式。DOC 格式就是 Office Word 文档格式，可实现图表、图片超级链接的嵌入。(3) PDF 格式。PDF (Portable Document Format) 格式是 Adobe 公司开发的电子文件格式，通用于各种操作系统平台。(4) RTF 格式。RTF (Rich Text Format) 格式是微软公司的 WordPad 的标准格式。RTF 文档可附加、嵌入或链接其他文本或二进制文本。(5) 超文本格式。超文本是一种用户接口范式，用以显示文本及与文本相关的内容。超文本的格式目前最常使用的是 HTML (Hyper Text Markup Language，即超文本标记语言)。HTML 文件是带有格式标识符和超文本链接的内嵌代码的文本文件。(6) 基于 Unicode、仓颉码、Big5 码或其他字符集，以 HTML、TML (Text Markup Language) 等为核心的全方位电子文献全文检索格式。这是目前最具发展潜力的一种数据库文件格式。台湾“中央研究院”的汉籍电子文献、香港迪志的《四库全书》全文检索版等均属于这种形式。[①] 除此之外，许多数字化企业开发的数字化古籍多数采用了自己开发的专用格式，如北京华康信息技术有限公司的 DynaDocReader 格式、北京天安亿友公司开发的 EDB (Eyousoft Digital Book) 格式、超星公司开发的 PDG 格式、国家图书馆的 NLC (NLC Reader) 格式等。

图文版是图像版与文字版的结合。图文版在数据库中加入了原文图像，读者在需要查阅原文时只需点击随机附加的“原文影像”即可，从而实现了两种古籍全文数据库的优势互补。北京书同文数字化技术有限公司开发的《四库全书》、《四部丛刊》、《永乐大典》全文检索版和北京大学开发的中国基本古籍库就采取文字版与“原文影像”对照的处理方式，其全文检索数据和底本图像页面版式完全对照，研究者可根据需要随时参考原文图像。显然，图文版是较为理想的古籍全文数据库开发模式。

二、综合型古籍全文数据库

(一) 中国基本古籍库

中国基本古籍库（见图 10—3）是国内目前最大的一项古籍数字化工程。先后列为“全国高等院校古籍整理研究工作委员会重点项目”和“国家重点电子出版物十五规划项目”。由北京大学教授刘俊文总策划、总编纂、总监制，北京爱如生数字化技术研究中心开发制作。项目于 2001 年 3 月正式启动，2005 年 10 月全部完成，计有 500 张光盘，总计约 20 亿字，图像约 2 000 万页。该数据库有以下突出的特点。

一是收录之广与版本之精。古籍全文数据库选题范围的确定是数据库开发成败的关

① 参见吴宣德：《古籍数字化：现状、问题与趋势——从一个使用者的角度看》，载《文传论丛》（网络版），见 http://www.hanculture.com/index.php，2005-05-12。

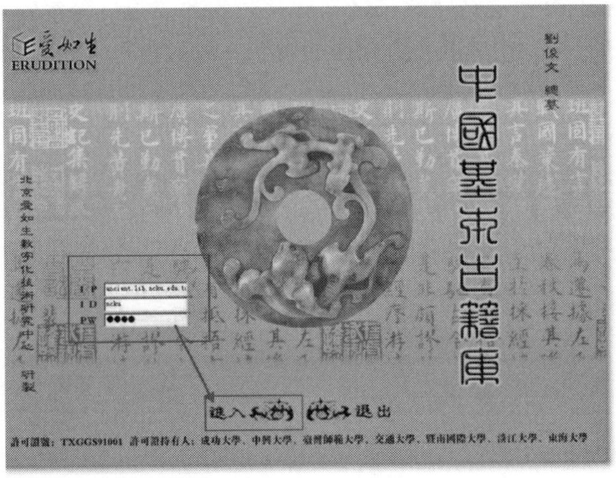

图 10—3　中国基本古籍库网络版封面

键。早期古籍全文数据库的选题多选择已经编撰成型的大型常见古典文献丛书，经过多年使用，广大读者迫切希望一个收录范围更广、数据规模更大的古籍全文数据库出现。中国基本古籍库收录上自先秦下至民国的历代典籍1万余种，收录范围涵盖全部中国历史与文化，内容总量约等于《四库全书》的三倍，每种古籍均提供一个通行版本的全文信息和一至两个重要版本的原文图像。

中国基本古籍库所收录历代古籍统计如下（见表10—2）：

表10—2　　中国基本古籍库历代古籍统计

朝代	数量
周	5
春秋战国	20
秦	1
汉	80
三国	18
晋	52
南北朝	70
隋	15
唐	367
五代	28
宋	1 736
辽金	46
元	592
明	2 542
清	4 362
民国	67

除了重视收录范围的精致和广泛外，中国基本古籍库还十分重视其收录古籍版本。这主要表现在两个方面：其一，极力选取精校本和善本；其二，尽可能提供原文图像供读者参考核对原文。这无疑增添了中国基本古籍库的科学性和严谨性。中国基本古籍库所收典籍均经严格筛选，所用版本均是宋元明清各级善本，其中颇多世人罕见的珍本和孤本。其收录标准为：千古流传，脍炙人口之名著；虽非名著，但属于各学科之基本文

献；虽非基本文献，但有拾遗补阙意义之作。其版本标准为：完本而非残本，母本或现存最早之版本，后出精校本。中国基本古籍库所收录古籍版本来源统计如下（见表10—3）：

表10—3　　中国基本古籍库古籍版本来源

版本类型	数　量
唐写本	1
宋刻本	329
宋钞本	21
金刻本	78
元刻本	137
元钞本	17
明刻本	2 686
明钞本	262
清刻本	5 187
清钞本	625
民国本	707
稿本	59
四库本	2 582
其他	221

二是全新便捷的分类方法。古籍全文数据库检索阅读的分类方法的选择对于数据库的充分利用十分关键。选择为广大文史工作者所熟悉的四部分类，会阻碍一般读者的阅读使用。同样，选择中图法又不利于文史工作者。中国基本古籍库根据中国古籍自身的特点和现代科技发展以及教学研究的需要，参照我国传统的古籍分类方法和国际通行的图书分类方法，独创一种全新的中国古籍分类法——ABC分类法，包括4个子库、20个大类、100个细目，用以分门别类，使得数达万种的历代典籍秩序井然。数据库详细分类如下（见表10—4）：

表10—4　　中国基本古籍库详细分类

哲科库
思想类：经学思想目　诸子思想目　理学思想目　启蒙思想目　学术思想目
宗教类：佛教经籍目　道教经籍目　回教经籍目　耶教经籍目
政治类：政论奏议目　职司制度目　官箴治绩目
经济类：邦计通议目　税赋盐课目　币制钞法目　漕运海关目　仓廪荒政目
法制类：律令规章目　案狱判例目　检验鉴定目
军事类：兵事综述目　战略战术目　驭将练兵目　武器装备目　城守防卫目
科技类：综合科技目　数理化学目　天文历象目　地球生物目　建筑园林目　水利交通目　机械矿冶目　陶瓷琉璃目　手工工艺目
农学类：农学总论目　时令节气目　土田耕耘目　作物栽培目　树桑育蚕目　畜牧养殖目
医学类：内经难经目　伤寒金匮目　本草炮制目　诊疗方书目　临床诸科目　针灸推拿目　食疗养生目　医理医案目
史地库
历史类：二十六史目　编年通鉴目　纪事本末目　别史载记目　诏令典要目　传记谱系目　杂录琐闻目　史学论考目
地理类：全国总志目　各地方志目　古都胜迹目　山岳川渎目　边疆关隘目　风土杂述目　游历行纪目
外国类：朝鲜安南目　日本琉球目　诸国史地目
艺文库
语文类：音学韵书目　字学辞书目　训诂文法目

续前表

艺文库
文学类：诗文总集目　诗文别集目　词曲俚歌目　杂剧传奇目　小说话本目　文学评论目
艺术类：书法绘画目　篆刻雕镂目　乐书音律目　琴学曲谱目　演艺杂技目
综合库
教育类：蒙养家训目　学校书院目　科举考试目
体育类：武术技击目　气功健身目　角逐竞技目　棋谱奕法目
生活类：日用百科目　节序礼俗目　饮馔烹饪目　清玩鉴藏目　娱乐博戏目
术数类：阴阳五行目　易卦卜筮目　命理星占目　风水堪舆目　相法杂术目
其他类：类书杂纂目　目录金石目　西学译著目

三是多功能的检索系统。中国基本古籍库吸取了以前古籍数据库检索功能不全、检索形式单一的教训，根据中国古籍多版本、多样式、多字体的复杂情况，创立了完全支持 Unicode 国际编码数据格式的 ASE（Automated Software Engineering）检索系统。中国基本古籍库提供 4 条检索路径——分类检索、条目检索、全文检索、二次检索，可进行全方位的快速海量检索，并可实现模糊匹配。其中独具特色的条目检索可以让不熟悉数据库内容的读者一目了然地了解全部收录的古籍，从而快捷地选择阅读和检索。数据库新增的二次检索可以让读者更为快捷准确地提取结果。

分类检索，即按数据库的库、类、目的树形结构进行定向检索。在数据库主界面左栏双击“中国基本古籍库”，可见 4 个子库；双击 4 个子库，可见 20 个大类；双击 20 个大类，可见 100 个细目；单击某个细目，此时中间栏显示该细目所收典籍，包括书名、卷数、时代、作者；单击所选定的书目，此时在右栏可见该书的版本、作者生平、内容提要；双击此书目，即可打开书名页；单击书名页，即可进入正文。

条目检索，即限定书名、时代、作者、版本、篇目等条件进行目标检索。查找某一位作者、某一时代、某一个版本的书或者某一篇章或标题，可在左栏书名框中输入书名、作者名、时代、版本名，或者篇章或标题名，然后点击“开始检索”，此时中间栏显示所查询的书名、卷数、时代、作者；单击书名，右栏可见该书的版本、作者生平、内容提要；双击书名即可进入该书书名页，单击书名页，即可进入该书正文。另外，除了时代检索需从下拉列表选定外，其他如书名、作者、版本均支持模糊查询，只要输入其中一个字即可。

全文检索，即输入任意字、词或字符串进行检索。全文检索支持模糊查询功能，对于不确定的字词可用“?”号代替来进行检索。

二次检索，全文检索设置了二次检索的功能，就是在第一次检索结果的范围内，通过追加一定的字、词或字符串再次进行更加精确的检索。

四是完善的阅读编辑功能。中国基本古籍库配备的学者工作平台，提供 10 个基本功能和两个辅助功能。借助这些功能，可随意调整版面、字体及阅读环境，并可实现校勘、标注、分类、编辑、拷贝、打印的全电子化作业（见表 10—5）。

表 10—5　　中国基本古籍库功能一览

功能	作用
版式设定	可设定竖排、横排；可设定有列线、无列线
字体转换	可实现文字的繁简、大小及色彩的转换
背景音色	可选择不同的古曲背景营造愉悦的环境
放缩控制	可随意调节影像的大小以利辨读

续前表

功能	作用
阅读记忆	可自动记录 20 条前次浏览的典籍及页码
版本对照	可调阅 1～3 个版本，实现全文与影像对照
圈点眉批	可在浏览原文时加圈、加点、加眉批
分类收集	可分类收集和管理有用的信息
编辑下载	可复制、粘贴全文或章节保存到其他文档
原文打印	可全部或部分打印典籍原文
版本速查	可查询所收典籍的现存版本及藏所
常用字典	可查询所收典籍中常用字的发音和释义

需要特别指出的是，中国基本古籍库所提供的特别的纠错扩充机制、灵活的版本型号规格以及强烈的版权保护意识，给古籍全文数据库的开发和建设提供了重要启示。

中国基本古籍库拥有两个特别机制，可确保数据在无须改变程序的前提下实现更新和添加，从而大大强化和延伸其使用价值。一是纠错机制。中国基本古籍库程序可以随时纠正数据的错误。凡成品数据有讹、脱、衍、倒之处，在接到用户的举报后，即可通过自动纠错予以更正，使数据库日臻完美。二是扩充机制。中国基本古籍库程序预留多个接口。用户可从爱如生网站提供的多达 5 万余种的可供添加书目中选购所需，挂在程序之上，实现数据的无限扩张。

中国基本古籍库按内容和功能分为下载型、研究型、普通型 3 种型号；3 种型号又各按用户范围分为单机版、网络 5 机版、网络 10 机版、网络 20 机版 4 个规格，可满足不同层次客户的多样需求。单机版，用于单一台计算机，供 1 个用户享用；网络 5 机版，用于局域网，供 5 个并发用户享用；网络 10 机版，用于局域网，供 10 个并发用户享用；网络 20 机版，用于局域网，供 20 个并发用户享用。

(二)《全唐诗》、《全宋诗》分析系统

《全唐诗》分析系统（见图 10—4）与《全宋诗》分析系统由北京大学数据分析研究中心和北京欣诺格科技有限公司联合研制。

《全唐诗》分析系统与《全宋诗》分析系统突破了以往全文检索的信息提供模式，在数据深层挖掘和知识发现方面具有开创性意义。其重出诗提取、格律诗标注、字及词组的频率分布统计、用户自作诗的格律分析等带有智能化特点。该系统还提供多维的检索分析方式，为中国古代文学、古代汉语、古典文献学等研究领域提供了可靠的分析数据。它的成功研制标志着计算机科学在中文信息处理应用方面由全文检索的信息提供模式开始转向智能分析模式。

《全唐诗》分析系统与《全宋诗》分析系统具有强大的检索功能。系统提供全文检索、诗人小传检索和高级检索。支持严格数据检索和混合模式检索。所谓混合模式是指输入繁体或者简体汉字，均可检索到与之相对应的简体或繁体字，如输入“后”可以检索到“后”与“後”。所谓严格数据检索，即输入“后”只检索“后”，输入“後”只检索“後”。该系统支持人名、别名扩展检索，如输入“苏轼”或“子瞻”或“东坡”均可检索到全部苏轼诗作。

《全唐诗》分析系统与《全宋诗》分析系统具有格律诗自动标注功能。《全唐诗》57 000多首，《全宋诗》254 240 首，其中格律诗占三分之二，数据量大，人工无法完成。

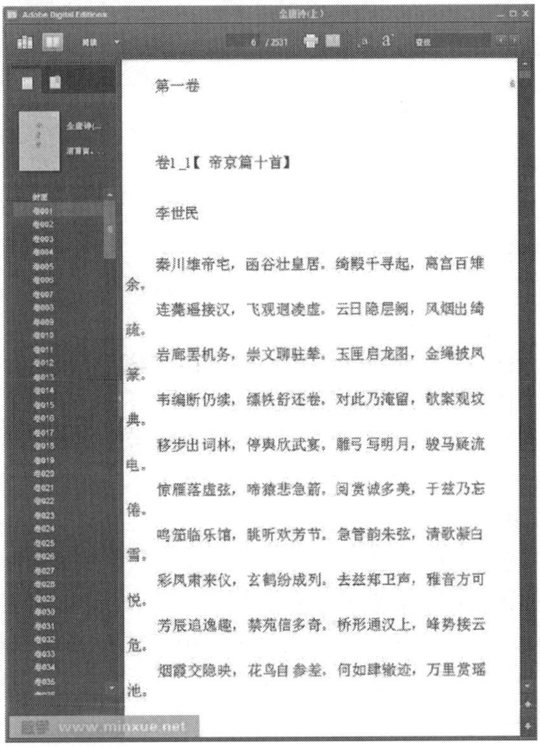

图 10—4 《全唐诗》分析系统演示版

系统使用计算机自动完成此项工作，为此建设了格律诗模型库、音韵库等知识库，对《全唐诗》、《全宋诗》每一首诗进行多维判断，准确地提取出了全部格律诗。

《全唐诗》分析系统与《全宋诗》分析系统具有重出诗的提取功能。《全唐诗》、《全宋诗》的编纂中有重出现象，系统使用比较复杂的算法，由计算机自动提取出全部重出诗，为进一步整理分析《全唐诗》、《全宋诗》打下了基础。

《全唐诗》分析系统与《全宋诗》分析系统的应用领域主要在以下几个方面。

（1）在古代文学研究方面可应用于：诗人风格研究、诗歌流变研究、诗文相关研究、地域文化与诗歌特征研究等。

（2）在古代汉语研究方面可应用于：古代诗歌语言模式分析、诗歌字及词组频率分析、诗歌语言发展史研究、音韵学相关研究等。

（3）在古代文献整理方面可应用于：重出诗整理分析、误收诗分析等。

（4）在古代文学教学方面可应用于：格律诗教学模拟系统研究、诗作评价、诗作相似性分析等。

（5）在跨学科研究方面可应用于：计算机技术与古代文学相关研究、古代文献数据深层挖掘、古代文献数据自动化整理等。

(三)《二十五史》研习系统

《二十五史》研习系统由北京大学数据分析研究中心和北京欣诺格科技有限公司联合研制，是一套辅助文史研究者及相关人士进行中国古代文学、中国古代史学习与研究的工具软件。它以正史中《二十四史》以及《清史稿》的全部史料文献为基础，辅以从先秦到明清的大量史料文献，为用户查询史料文献、了解原文出处、构建知识链接、进行专门研究提供诸多便捷，是广大学者和文史爱好者从事学习和科研的得力助手。

《二十五史》研习系统是国家211重点项目，继承了已经成熟应用的古文研习系统技术平台。所依托的《二十五史》资料上起传说中的五帝时期，下迄清宣统三年（1911），是中华五千年历史最基本和重要的史料。

《二十五史》研习系统不仅收录了全部《二十五史》的原文及注疏，同时提供包括《康熙字典》、《四库总目》等的知识库以及其他诸子类、史类、诗词曲类、类书政书类、明清小说类等近200种、4亿字的史料文献做支撑，方便读者研习《二十五史》时扩充相关知识。

《二十五史》研习系统提供包含目录、章节、引文、注释等信息在内的全面语料，提供包括语词、四库、本体等在内的知识库，以及包括史传、正史、诸子、诗文等在内的文献库等大量后台辅助阅读资源，利用辅助阅读资源更方便用户对《二十五史》的研习。此外，用户可根据需要选择只看正文或同时显示正文与注释信息。该系统所有资源均经过严格校勘，以保证其准确可信。

《二十五史》研习系统提供了界面友好的阅读工具，以便用户对全套书籍的不同片段、不同类型的内容进行快速的导航、定位，并针对用户阅读习惯的差别提供了不同的显示方式。用户在使用时，可以利用系统提供的导航和索引功能进行快速定位，提高用户获取信息的效率。

《二十五史》研习系统使用了先进的检索技术，将所有文献信息做成了索引文件，对这些索引文件进行检索，缩短了系统反应的时间，提高了快速定位的准确度。同时系统也提供了基于全文索引的精细检索工具，针对阅读中用户关心的片段，随时能够进行区分正文与注释等不同内容的关联检索、统计与导航，以便用户在阅读的同时查阅相关资料、扩展自己的阅读范围，以达到辅助研究、学习的目的。

传统史学研究，史料的搜集和整理是一项耗时耗力的工作，这使得研究和学习效率不高。使用该系统，用户可以根据思维习惯，展开"联想式"的检索、查证和阅读活动，同时避免了在大规模的古籍卷本中翻查的体力劳动，这无疑更能调动研究者和学习者的学习兴趣，取得更好的效果。

（四）汉籍电子文献

台湾地区"中央研究院"历史语言研究所建置的汉籍电子文献①（原称瀚典全文检索系统）是迄今最具规模的中文古籍数据库，也是目前网络中资料整理最为严谨的中文全文数据库。汉籍电子文献的资料包括《二十五史》、诸子、《大正新修大藏经》、上古汉语语料库（含《论语》、《孟子》、《墨子》、《庄子》、《荀子》、《韩非子》、《吕氏春秋》、《老子》、《商君书》、《管子》、《晏子春秋》、《孙子》）、台湾方志（通志、府志、县志、厅志、采访录、一般志书与舆图、补阙）、台湾档案、台湾文献、《文心雕龙》（《文心雕龙义证》、《文心雕龙考异》、《文心雕龙注》）、佛经三论（《中论》、《十二门论》、《百论》）、《清代经世文编》及续编（贺长龄《清代经世文编》、葛士濬《清代经世文续编》、盛康《清代经世文续编》）、《新民说》、《"中华民国"史事日志》、姚际恒著作集、词话集成（《时贤本事曲子集》、《复雅歌词》、《拙轩词话》、《浩然斋词话》、《乐府指迷》、《吴礼部

① 见 http：//hanji. sinica. edu. tw/。

词话》、《艺苑卮言》、《爰园词话》、《七颂堂词绎》、《填词杂说》、《金粟词话》、《铜鼓书堂词话》、《雕菰楼词话》、《介存斋论词杂著》、《乐府余论》、《双砚斋词话》、《问花楼词话》、《词径》、《雨华盦词话》、《词论》、《近词丛话》、《饮冰室评词》、《近代词人逸事》、《彊村老人评词》、《窥词管见》、《词概》、《珠花簃词话》等)、《新清史》、《乐府诗集》、闽南语俗曲唱本《歌仔册》、人文资料库师生版等内容。

汉籍电子文献部分资料的查询属于有偿服务（需付费取得密码方能检索），部分资料属有条件开放（能够检索古籍，但不能全文浏览，检索结果只能显示少量段落），大部分资料则免费开放，不仅提供查询，还可全文浏览古籍（见图 10—5)。其中汉籍全文数据库属于免费使用。汉籍全文数据库内容包括经、史、子、集四部，其中以史部为主，经、子、集部为辅。若以类别相属，又可略分为宗教文献、医药文献、文学与文集、政书、类书与史料汇编等，20 余年来累计收录历代典籍已达 670 多种，4.4 亿字，内容几乎涵括了所有重要的典籍。该数据库计划往后将以原建置书目为中心，逐年增设主题，并扩增系统功能。

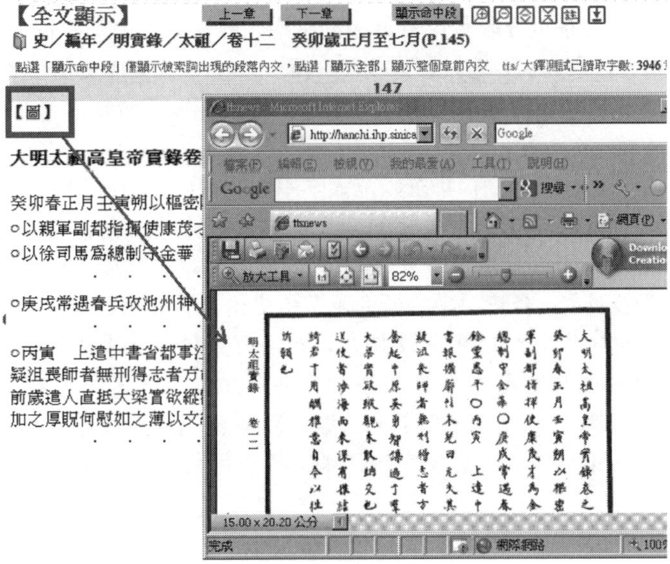

图 10—5　汉籍电子文献检索结果图示

汉籍电子文献基本功能包括：

书目浏览：以书名与其他基本书目作列表（包括书名、著者、丛书、版本)；可直接点选"搜寻"列表；或是于空格内输入书名或作者后点选"搜寻"；自书目中点选"全文阅读"，系统便会开启该书之卷目段落与全文显示结果。

基本检索：于空格输入欲查询的词汇；可勾选指定检索字段（书名、内文、注释)，系统内定为内文、注释同时查询；开启同义字但写法不同（例如：烟＝菸）的扩大检索；开启同义词表进行扩大检索（例如：人名的其他异名，方苞＝方望溪)；按成书朝代（意指作者与编校者的年代）检索。

进阶检索：可指定单一字段检索（书名、内文、注释)，检索条件可以"and"、"or"、"not"加以组合。

全库浏览：提供一阶层式的图书部类分类清单。例如以经、史、子、集、丛书作一分类；点选某一个分类，系统便会将归属于该类的书名作清单列表；点选任一书名，系统便会开启该书之卷目段落与全文显示结果。

书签/笔记管理：提供书签/笔记管理账号；于阅览全文章节的过程中可点选“章节名称”进行书签标注，并可加上笔记内容；使用者可通过登入账号后，开启个人的书签/笔记清单，并可随时执行下列动作——点选某一个书签后“前进”到该章节，点选某一个书签后“修改”笔记内容，“删除”某个或“完全清空”所记录的书签，笔记的内容在使用者将鼠标移到所标注的章节处时便可立即显示。

三、专题型古籍全文数据库

(一) 甲骨金石

1. 甲骨

“甲骨世界”资源库①：中国国家图书馆建置。国家图书馆珍藏甲骨 35 651 片，约占出土总数的四分之一，是世界收藏甲骨最多的机构。数据库收录甲骨目录 3 764 条，影像 7 532 幅；甲骨拓片目录 2 975 笔，影像 3 177 幅。2007 年数据库更新甲骨元数据 800 条，影像 1 600 幅；甲骨拓片元数据 800 条，影像 833 幅。2008 年数据库更新甲骨拓片元数据 500 条，影像 504 幅。

花园庄东地甲骨检索系统②：华东师范大学中国文字研究与应用中心建置。花园庄东地甲骨检索主要提供花园庄东地甲骨文的全文检索，系统所依据材料为中国社科院考古研究所编著的《殷墟花园庄东地甲骨》(云南人民出版社，2003)。

甲骨文拓片数据库③：台湾“中央研究院”历史语言研究所建置。典藏对象为“中央研究院”历史语言研究所收藏的甲骨文拓片，约 4 万余件，从来源来看，可将其分为考古发掘的甲骨，以及后来购藏的甲骨与拓片。书目如《小屯·第二本·殷虚文字·甲编·图版》、《小屯·第二本·殷虚文字·乙编·图版》、《小屯·第二本·殷虚文字·乙编·补遗》、《小屯·第二本·殷虚文字·丙编》等。目前收录图像 21 156 件，影像浏览阅读。

2. 金石

“碑帖菁华”资源库④：中国国家图书馆建置。中国国家图书馆收藏的石刻拓片计 3 万多种、23 万余件，“碑帖菁华”石刻拓片资源库即扫描拓片原件而制成，目前已完成 2.9 万余幅拓片，影像 3 万余幅。其著录包括拓片题名、其他题名、责任者、年代、地点、拓片原物状况、附刻、拓片版本、拓片特征、数目与尺寸、题跋印记、文种、拓片内含书目索引、关联关系、馆藏信息、图片信息等项。资源库内容以刻立石年月排序，可以提供单一字段的简单检索、多条件限定组合的高级检索和元数据内容关联检索等查询方式。

商周金文检索系统⑤：华东师范大学中国文字研究与应用中心建置。系统以中国文字

① 见 http：//res4. nlc. gov. cn/home/index. trs？channelid=10。
② 见 http：//www. wenzi. cn/content. aspx？info _ lb=19&flag=2。
③ 见 http：//rub. ihp. sinica. edu. tw/～oracle/。
④ 见 http：//res4. nlc. gov. cn/home/index. trs？channelid=11。
⑤ 见 http：//www. wenzi. cn/content. aspx？info _ lb=19&flag=2。

研究与应用中心2003年出版的《商周古文字数字化处理系统》为材料依据，提供10个高频字的原始字形拓片检索演示。检索结果排除了字形十分模糊、无法切分的字形。有关《商周古文字数字化处理系统》的详细信息见该光盘。该光盘由广西金海湾电子音像出版社、广西教育出版社于2003年出版。

金文字库及金文资料全文检索系统①：陕西省考古研究所建置。该系统的金文字库中收集隶定字约4 500字，金文原篆字约2 600字。金文资料收入自宋代以来传世和出土的商周时期（上限自夏代开始，下限到公元前221年止）青铜器上的金文资料约1.2万件，包括青铜器图像约1.1万幅；相关的简介文字（包括名称、出土时间、出土地点、收藏单位、尺寸重量、花纹描述、著作书刊等）约120万字，铭文拓文1.2万幅；释文每件器物平均50字，共180万字。金文全文资料库的操作界面适应一般文史工作者的习惯，实现了多种形式浏览和输出。

青铜器拓片资料库②：台湾“中央研究院”历史语言研究所建置。该资料库收录对象为“中央研究院”历史语言研究所收藏的青铜器拓片以及数量庞大的铭文拓片。这些拓片多为前所长傅斯年向收藏家吴式芬、刘体智、陈介祺等人购得。典藏品书目为《吴式芬所藏金文拓片》、《善斋藏器全形拓本》、《善斋金文拓片余存》、《谧斋金文拓本》、《大兴冯氏玉敦斋吉金全拓》、《北平孙氏读雪斋藏器拓本》、《北平孙氏读雪斋藏器拓片》、《北平孙氏藏古兵器拓本》、《雪堂藏金文》、《簠斋积古金文》、《簠斋吉金拓本》、《阮氏家庙藏器四种》等。数据库收录图像16 269幅。

先秦金文简牍词汇数据库③：台湾“中央研究院”历史语言研究所建置。该数据库目前有“金文词汇检索”和“金文词汇索引”两大功能。金文词汇检索包括三个部分：词汇库查询、词汇库索引以及词汇库管理。词汇库查询可以自行输入关键词或以《殷周金文集成》青铜器器号进行检索；若无任何金文的先备知识，也可通过词汇库索引，以词类和更精确的内容分类找出符合条件的词汇，更可以与时代和出土地相关的时空数据缩小检索范围。

殷周金文暨青铜器数据库④：台湾“中央研究院”历史语言研究所建置。该数据库自1998年启动建设至今，已臻完善，提供器号、器名、时代、字数、出土地点、出土年代、现藏、释文、著录等多种检索方式。殷周金文暨青铜器资料库中的资料主要采自《殷周金文集成》，其最大的特点是可以为使用者在线提供金文拓片、释文、时代、出土地等诸多信息。殷周金文暨青铜器数据库的另一项重要功能是直观展示青铜器在考古单位中出土位置的平面图。经查询后，在返回的检索结果中，如青铜器“出土地点”后出现图标，即可点击打开出土平面图，点击左侧铜器，即可在右侧考古单位平面图中看到其相应位置。

金石拓片数据库⑤：台湾图书馆建置。台湾图书馆总计所藏金石拓片，共6 462件，12 462幅。其中以墓志2 820件为最多，次为刻石2 826件、吉金（金文全形）771件。金文部分以钟鼎彝器为大宗，旁及度量衡器、兵器、镜鉴等物，时代起自殷商、西周、春秋战国以迄汉世。石刻部分，以碑志为多。如唐人碑志已超过千种，其中颇可补《全唐文》所未备。为使这些珍贵数据广为学界所使用，该馆自2005年开始将馆藏珍贵金石

① 见 http：//applyonline. ihp. sinica. edu. tw/index. php。

② 见 http：//applyonline. ihp. sinica. edu. tw/index. php。

③ 见 http：//inscription. sinica. edu. tw/。

④ 见 http：//db1. sinica. edu. tw/～textdb/rubbing/query. php4。

⑤ 见 http：//rarebook. ncl. edu. tw/gold/。

拓片进行数字化，置放在网络上。

3.《中国历代石刻史料汇编》全文检索版

北京书同文数字化技术公司研发。《中国历代石刻史料汇编》的内容由十几位石刻文献研究专家潜心数年，精心编选而成。《中国历代石刻史料汇编》辑录 1.5 万余篇石刻文献，并附有历代金石学家撰写的考释文字，总计 1 150 万字。全书从秦砖汉瓦到碑文墓志，上下两千年，内容涵盖中国古代政治、经济、军事、民族、宗教、文学、科技、民俗、教育、地理等各个方面，堪称大型中国古代史料文献汇编。《中国历代石刻史料汇编》全文检索版（见图 10—6）中的文献资料经过全文数字化，文献内容字字可查、句句可检，读者可利用全文检索工具在极短的时间内获得极大的信息量。系统提供中日、简繁、异体汉字关联查询，打破了时空、地域的汉字使用习惯，增强了知识检索的全面性。系统提供逻辑检索及字、词间距检索。同时读者也可以不输入任何检索文字，实现按朝代浏览碑文。此外系统还提供联机字典、文字代码页与原书图像页关联、复制打印、添加注释、纪年换算以及手写输入等功能。《中国历代石刻史料汇编》全文检索版已经使该书成为读者研究史料、撰写论文的现代化工具。

图 10—6 《中国历代石刻史料汇编》全文检索版封面

（二）方志族谱

1. 方志

“数字方志”资源库①：中国国家图书馆建置。地方志文献是中国国家图书馆独具特色的馆藏之一，所存文献数量与品质极高。系统具有简单检索、高级检索、二次检索、关联检索和全文影像浏览功能。随着数据资源建设内容的不断扩大与完善，将会推介出更多更丰富的地方志数字资源。数据库已含有 1949 年前纂修的 6 868 种古旧地方志类图书，跨越明、清、民国。

① 见 http：//res4. nlc. gov. cn/home/index. trs? channelid=8。

稀见江苏方志全文数据库[①]：南京图书馆建置。南京图书馆从2008年起，采用PS 5000C不拆档案书刊扫描仪，对馆藏珍本文献自行扫描复制。其间利用与出版社合作出版《南京图书馆藏稀见方志丛刊》的扫描图像，建成南京图书馆藏稀见江苏方志全文数据库。每书撰有提要，逐卷标引，数据达15种2 987拍。读者需到南京图书馆古籍阅览室安装专用服务器与阅览用机在线浏览稀见江苏方志全文数据库。

贵州省地方志全文数据库[②]：贵州省图书馆建置。数据库包含了贵州省69种省志和15本旧志的全文，可以通过题名、关键字、全文等途径检索下载。此外，本数据库还包括了146本志书的总目提要。数据库共包含13个数据库，分别是志书库（69种省志整书原貌检索下载）、图片库（69种省志中所有的图片和地图）、自然地理库、农业林业库、工业库、政治司法军事库、基础设施建设库、教科文卫体库、综合经济管理库、金融商贸旅游库、民族宗教库、旧志库和总目提要数据库。可以一次性跨库检索所有数据库中的内容，也可以分库进行检索。

除了国家和省市公共图书馆参与数字方志的开发与建设之外，各地市县也积极地参与数字化方志的开发。其中以江苏省和浙江省的市县图书馆较为突出。江苏省作为经济较发达的省份，在馆藏数字方志的开发与建设上也走在了其他省份的前面，尤其是各市县图书馆在数字方志资源的开发方面成果显著，如昆山图书馆、苏州图书馆、常熟图书馆、吴江图书馆等地方图书馆都对馆藏地方志、家谱等作图像扫描或文档处理并提供网络共享，读者既可以查询书目馆藏地，也可浏览或下载阅读。例如：苏州图书馆的“地方文献”可提供有苏州地方特色的全文数据库，目前有（乾隆）《吴县志》、《吴门补乘》、《吴江水考》、《苏亭小志》、《苏州府志》等县区志在线图像阅读。常熟图书馆的“古籍地方志”中有很多罕见文献，如《海虞文征》、《常昭合志》等，这些方志均可在线图像阅览。浙江省的市县图书馆开发的数字方志也比较多。如绍兴图书馆的“绍兴方志”收录的（嘉泰）《会稽志》、（宝庆）《续会稽志》、（万历）《绍兴府志》、（乾隆）《绍兴府志》等，都是中国方志史上的重要作品，可阅读图像版全文。

光盘版地方志，又称单机版地方志，就是将地方志资源进行数字化处理并以光盘为载体的地方志数据库。由北京爱如生数字化技术研究中心研发，中国地方志指导小组办公室与新华音像中心、中国音像协会出版发行的《中国分省地方志》（光盘）是国内目前最为庞大的光盘版数字方志。《中国分省地方志》（光盘）按照“每地有志，一代一书”的原则，从国内外现存的8 000余种地方志中精选出5 000余种。所选地方志多为宋元、明清善本方志，包括全国总志、各省通志、府州县志、村镇志、名胜志、乡土志。数据库可提供文字与原版图像对照，总字数达30亿字，图像3 000万幅。检索途径有区域检索、条目检索和全文检索。

中国地方志指导小组办公室与新华音像中心、中国音像协会经过4年的编纂，于2005年正式出版了《中国地方志·市县概况》（音像版）。《中国地方志·市县概况》（音像版）为国家新闻出版总署“十五”重点项目，内容涵盖中国所有省、自治区、直辖市和港、澳特别行政区及台湾地区及其所管辖的地、市、县，介绍各地的地理概貌、自然风光、历史沿革、掌故轶事、民俗文化、资源和经济发展等重要情况。《中国地方志·市县概况》（音像版）分省编制，目录清晰，检索方便。

---

① 见 http：//www.jslib.org.cn/pub/njlib/jslib_njtsgtszy/。

② 见 http：//dfz.gznu.edu.cn/tpi/sysasp/include/。

2. 族谱

中华寻根网[1]：中国国家图书馆建置。中华寻根网是建立在广泛合作基础上的全球家谱数字化服务、教育和研究项目，以保存人类文明的共同记忆为最终目标。该项目在互联网上实现了网络寻根、家谱编纂互动、家谱专家咨询、寻根百科、家谱在线阅览、家谱目录和全文检索、家谱谱系分析等功能。中国国家图书馆组织专业队伍全面处理家谱的数据整理、软件开发及相关工作。基于中华寻根网工程浩大，工作分阶段开展。项目第一期建立了家谱数字化综合服务系统，提供500个姓氏、3万条家谱书目导航数据、6 000余种约300万页家谱文献。

家谱数据库[2]：上海图书馆建置。上海图书馆是国内外收藏中国家谱（原件）数量最多的单位。上海图书馆收藏的家谱多为清代、民国期间木活字本和刊本，但也不乏珍稀版本，最早者为宋内府写本《仙源类谱》（残页），明刊本、明抄本有近300部，稿本及纂修底本也不少见。1998年上海图书馆启动馆藏家谱书目数据库建设项目，2000年初步建成。该数据库收录1.7万种上海图书馆馆藏家谱，提供题名、著者、姓氏、居地、堂号、名人、丛书七个检索途径。2006年该数据库与馆藏家谱全文影像数据库整合，更名为"上海图书馆—家谱数据库"。

家谱研究文献数据库[3]：南开大学图书馆建置。家谱研究文献数据库为综合性家谱文化网站，具有多重功能，其建设宗旨首先是为了全面和比较深入地揭示南开大学乃至天津地区存世家谱，并为家谱研究专业人士提供一个便利的文献检索入口和工具；其次是为一般大众提供具体生动的中华家谱文化知识，为普及和传承中华传统文化知识做出相应的贡献；再次是迎合海内外华人世界编修家谱的需要，为需要者提供有益的家谱编修知识和参考依据；最后是也可以在一定程度上满足海外华人回祖国认祖归宗时查阅本家家谱的需要。其中馆藏特色家谱全文数据库提供全文阅读。

（三）古代舆图

北京记忆——"京城舆图"[4]：首都图书馆建置。"北京记忆"是以近百年馆藏为依托的北京历史文化资源性网站。栏目包括"北京文汇"、"旧京图典"、"燕都金石"、"京城舆图"等。以历史地图为主的"京城舆图"收录《北京直隶图》、《京都市内外城地图》、《晋献契丹全燕之图》、《清北京城图》、《直隶全省舆图》等大量北京地区古代地图图像数据。

中国历史地理信息系统（CHGIS）[5]：复旦大学历史地理研究中心建置。中国历史地理信息系统项目于2001年启动，其宗旨在于建立一套中国历史时期连续变化的基础地理信息库，为研究者提供GIS数据平台、时间统计以及查寻工具和模型。其中CHGIS数据1.0版数据主要包括清代1820年的基础地理数据。CHGIS充分考虑了数据的灵活性，允许更新版本以及变更数据的特征属性、空间形态等。读者可按中国历史上任何时间检索行政单位和聚落，并可创建自己的电子地图，或按自己的兴趣建立特定的统计模型。

① 见http：//ouroots. nlc. gov. cn/about. jsp。

② 见http：//search. library. sh. cn/jiapu/。

③ 见http：//202. 113. 20. 150/jp/searchjiapu. asp。

④ 见http：//www. bjmem. com/bjm/。

⑤ 见http：//yugong. fudan. edu. cn/Ichg/Chgis _ Index. asp。

中外地图查询系统[1]：台湾“中央研究院”近代史研究所档案馆建置。数据库根据“中央研究院”近代史研究所出版《近史所档案馆藏中外地图目录汇编》数据录入，共计15 102幅地图信息。数据库的地图皆已制成微缩及扫描电子文件，除了开放在线查询浏览之外，使用者可依微缩卷次号或档案编号至档案馆申请地图复制。

古地图数据库（Antique Maps Database）[2]：香港科技大学图书馆建置。数据库包括来自香港科技大学图书馆特藏的16到19世纪欧人所绘230幅地图影像及图表、图片、书籍和著录数据，其中中国古地图60余种，可按主题、绘制者、区域等途径检索。

地理文献数据库[3]：日本京都大学人文科学研究所研制并管理。日本京都大学人文科学研究所藏有研究汉学的珍贵中国典籍32.3万册。地理文献数据库收录了大量东亚各国古疆域图，其中尤以中国历史地图数据库资料最为丰富和翔实。目前已能查阅《大明地图》（明阙名撰，日本钞本）、《最新北京精细全图》[光绪三十四年（1908）印]、《测绘安平县境地舆全图》[光绪二十八年（1902）测绘，钞本]、《清国上海全图》[明治六年（1873）刊]、《陕西省城图》[光绪十九年（1893）舆图馆印]、《道光十二年绘海塘图》[道光十二年（1832），钞本]、《光绪贰拾肆年柒月分浙江省海塘沙水情形图》[光绪二十四年（1898），钞本]、《湖北省城内外详图》[宣统元年（1909）陆军特别小学堂印]、《四川全省舆图》[咸丰九年（1859）刊]、《四川省府厅州县图》[光绪二十六年（1900）涤雪斋刊]、《云南全省舆图》[道光十九年（1839）云南布政使刘氏刊]等30余种中国历史地图。系统支持日语、英语和简体中文检索，影像浏览阅读。

美国国会图书馆典藏之中国相关地图文献查询系统（The Query System for China Related Map Collection from the Library of Congress）[4]：数据库为美国国会图书馆与台湾“中央研究院”合作开发建置。美国国会图书馆拥有超过500万幅地图、7.2万本地图集，以及6 000本参考数据，藏品丰富，内容多样，是世界上重要的地图数据库之一。美国国会图书馆地理及地图部门的藏品内容包罗万象，世界各地及区域内政治实体所包含的各种官方地志、矿产土壤资源、航海图、地理丛书等，皆有所收藏。目前已经完成81 239张地图影像，估计完整的地图应有7万张以上，有3 100余张记载地图信息的封面与地图索引影像，后续将持续进行上述地图的数据整理与建文件工作，并逐步将成果开放，通过互联网供各界自由和开放使用。

【主要参考文献与课外阅读书目】

郑永晓．古籍数字化与古典文学研究的未来．文学遗产，2005（5）

张三夕．论电子文献的发展对古典文献学学科建设的影响//程章灿，主编．中国古代文学文献学国际学术研讨会论文集．南京：凤凰出版社，2006

毛建军．古籍数字化理论与实践．北京：航空工业出版社，2009

高芷彤．古籍线装书数位化工作流程指南．台北：拓展台湾数位典藏计划，2009

汉学研究中心编．国际汉学研究数位资源选介．台北：汉学研究中心，2010

王立清．中文古籍数字化研究．北京：国家图书馆出版社，2011

---

① 见 http：//gis.rchss.sinica.edu.tw/mapdap/? page_id=1205。

② 见 http：//lbxml.ust.hk/mp/main.html。

③ 见 http：//kanji.zinbun.kyoto-u.ac.jp/db-machine/imgsrv/maps/。

④ 见 http：//webgis.sinica.edu.tw/map_loc/。

【练习题】

一、什么是古籍电子文献？谈谈其内涵。

二、简述古籍电子文献的载体和类型。

三、古籍书目数据库的建设有何具体意义？

四、请以“杜甫”为检索主题词，检索中国国家图书馆的古籍书目检索系统，并将检索结果进行学术分类。

五、谈谈图像版、文字版、图文版三种类型的古籍全文数据库的优缺点。

六、以你使用过的综合大型古籍文献数据库为例，谈谈该数据库的具体功能和不足之处。

七、以你的姓氏为检索条件检索国内外家谱数据库，并分析你姓氏的迁徙演变规律。

（毛建军　编撰）

后　　记

本书前言中提到，很多年轻大学生不太清楚古典文献学和古代文学的区别，说来好笑，十多年前，我就是其中一员。我在2001年报考研究生时，因为从小就对古代文学有浓厚兴趣，所以首先选择了南京大学中文系中国古代文学专业。但初试成绩出来后，只能读自费，当中文系老师问我是否愿意调剂到中国古典文献学专业时，我毫不犹豫地答应了，因为中国古典文献学是冷门专业，全部招生名额都是公费（统招），既不用交学费，每个月还有一二百元生活补贴，对于家境不宽裕的我来说，无疑是更好的选择。就这样，我走上了从事古典文献研究的道路。虽然与古代文学专业无缘，但我庆幸自己选对了专业。从涉足中国古典文献学专业开始，我对它的兴趣与日俱增，愿意倾注毕生精力于此。

在求学与从业的道路上，我有幸遇到了众多名师的指引和提携，否则也不可能与古典文献学结缘如此之深。首先是湘潭师范学院（今湖南科技大学）陶敏教授，他是我的专业启蒙老师。初识陶敏教授是在大二，他给我们上唐宋文学课。通过学校的宣传，我们刚进大学就知道他是著名的唐代文学研究专家，听课时也以一种景仰的态度来认真做笔记。课堂上，陶敏教授总是讲他自己考证唐诗作家、作品的心得。至今印象最深的是他在20世纪80年代末读《全唐诗》中殷尧藩的《送白舍人渡江》诗，读到“横锁已沉王濬筏，投鞭难阻谢玄兵”时生出疑问，因为在历史上，王濬的楼船并没有被吴国的横江铁锁阻拦住，这样颠倒史实是为了暗寓现实，借此强调江南对北方作战的胜利，但唐代并没有出现南北分裂的情况，因此，他怀疑这首诗可能不是唐人作品。后来，利用去南京出差的机会，他坐在南京图书馆的古籍阅览室，从《四库全书》的集部一册一册地翻下去，终于在明初史谨的《独醉亭集》中找到了这首诗。同时又陆续发现《殷尧藩集》中有宋人王柏，元人萨都剌、虞集，明人吴伯宗等人的诗三十多首，终于论定《全唐诗》中《殷尧藩诗》是明人伪造的诗集。可惜的是，我那时对文献考证似懂非懂，虽然喜欢唐诗，但不知道该如何做研究，也没什么机会在课后接触这位知名教授。直到大三，我担任系刊《文学天地》副主编，奉命采访陶敏教授，并为“学者专栏”撰稿，这才走进陶敏教授的书房，近距离地感受了文献学者的生活与情怀，以《我所认识的陶敏教授》为题写了一篇文章发表在系刊上。大四最后一学期，陶敏教授首次在中文系开设“中国古典文献学”本科课程，虽然是给大三学生讲授的，但我旁听了该门课程，对本学科有了最初的粗浅了解。大四考研结束后，得知自己被调剂到古典文献学专业，为了准备复试，我再次登门拜访陶敏教授，请他指点文献学的学习方法。陶敏教授非常高兴，随手从书架上抽出一本南京大学徐有富教授主编、程千帆先生校阅的《中国古典文学史料学》（南京大学出版社，1992）说：“这是我给学生上课的参考书，你先把这本书读一读吧。”他郑重地在扉页签名，将书赠送给我，这本书就成了我永久的珍藏。陶敏教授已于今年元月逝世，但我在心里永远铭记并感谢他。他淡泊名利，甘于寂寞，潜心于唐诗文献研究三十几年，从他那里，我感受到了文献学者的执着与坚守。

2002年，我有幸考取了南京大学中国古典文献学专业的硕士研究生，2005年又继续攻读博士学位，前后六年，一直师从程章灿先生，得以系统地接受专业训练。硕士阶段，因老师开设“石刻文献学”课程，我最初也打算做碑志研究，以便与老师的研究领域贴近，但几经论证，发觉元代诗文研究比较薄弱，遂模仿老师的《刘克庄年谱》而确定《虞集年谱》（凤凰出版社，2010）为硕士论文题目。为查找资料，我首先将南京大学图书馆和南京图书馆所藏元人文集编了一个简目，以便最快速地找到我要读的书，这可以看作最初的目录学训练；由于虞集的诗文集在当时还没有点校本，只能在古典文献研究所借了《四部丛刊》本《道园学古录》来阅读，又从南京图书馆复印了《元人文集珍本丛刊》本《道园类稿》来对读，这是我最初的版本学实践；研二时，我有幸参加了《册府元龟》（凤凰出版社，2006）的第四次点校工作，博士一年级时又参加了第五次终校工作，在武秀成教授的指导下受到了文献校勘方面的训练；为了全面研究虞集的生平资料，我从书画文献、地方志、笔记等材料中辑录了一百多篇集外文，后来得以补充《全元文》和《虞集全集》的不足，这是辑佚方面的训练；此外，我还对伪托虞集的一些诗学著述以及《元诗选补遗》的作者进行了考证和辨伪。这些最初的学术训练，使我对文献学有了更清楚的认识，它就像一把可以打开很多门的钥匙，带给我许多意想不到的收获。

2006年9月，博士二年级时，我获得北京大学“研究生访学项目”资助，在北大古文献中心进行了为期五个月的访学研究，指导老师是安平秋先生。当时安先生正在调查海外所藏宋元版古籍，编写图录，影印出版，我对此产生了浓厚的兴趣，便结合自己博士论文《〈元诗选〉与元诗文献研究》（巴蜀书社，2010）的写作，决定以《元刻元人别集编刻流传考》为题撰写访学报告，得到了安老师的赞同与悉心指点。访学报告比较全面地调查了海内外元刻元人别集的存藏情况，并重点对北京大学图书馆和国家图书馆的元刻元人别集作了考察，其主要成果后来以《四十七部元刻元人别集书录》为题发表在北大学术集刊《国学研究》第22卷（北京大学出版社，2008）。这是我正式涉足版本学的开始。在这五个月里，我遨游于北大图书馆和国家图书馆的古籍善本书室，阅读了数百种元人别集善本，为博士论文的写作积累了坚实的资料基础，对古典文献有了更深刻的认识。目前，我给研究生开设“版本学”课程，很大一部分得益于彼时的收获。

2008年博士毕业后，我进入四川大学文学与新闻学院中国古典文献学教研室，从2009年开始讲授“中国古典文献学”研究生课程，在文献学的理论与实践方面进一步完善自己。教研室前辈如罗国威教授的魏晋南北朝文学文献研究，祝尚书教授的宋代文学文献研究，张勇（子开）教授、刘长东教授、何剑平教授的宗教文献、敦煌文献研究等，都极大地拓展了我的文献学视野。尤其是项楚教授，作为杰出的文献学家和敦煌学家，学问渊博，德行攸崇，热心指点和提携后辈。2010年，我的第一本专著获得国家古籍整理专项经费资助出版，项先生热情地帮我写了推荐信；2011年，四川大学全面实施青年教师导师制，项先生又爽快地答应担任我的教学科研指导老师；2012年，中国人民大学出版社黄海飞编辑请项先生主编一部实用的《中国古典文献学》教材，项先生又指导我筹划了这一工作。

四川大学文学与新闻学院本科生使用的教材是以原典教学为核心的系列教材，2010年由重庆大学出版社出版，其中《古典文献学》由项楚教授和张勇（子开）教授主编。这是一部非常优秀和特色鲜明的教材，学术性和创新性强。该教材是中国古典文献学教研室的集体成果，我也曾参与其中部分章节的撰写。现在要编写一部新的教材，我迟疑不决，很久不敢答应，担心自己能力不够。但黄海飞编辑在电话中一再鼓励，并专程飞来成都与我商讨教材体例和大纲，我这才硬着头皮答应了下来。黄海飞编辑很年轻，从他身上的热情与干劲中，我似乎找到了成功编写这部教材的法宝——编者队伍年轻化。

教材的参编者中，孙振田和毛建军博士，是南京大学徐有富教授的关门弟子。孙振田潜心于目录学研究，博士论文是《姚振宗目录学研究》，目前正主持国家社科基金项目“《汉书·艺文志》注解长编及研究”，是撰写“目录学”的合适人选；毛建军的《古籍数字化研究》是一篇很有开拓性的博士论文，后改名为《古籍数字化理论与实践》（航空工业出版社，2009）出版，列入“普通高等教育‘十一五’国家级规划教材”，影响巨大，请他编写“古籍电子文献”，实在是大材小用。苏芃博士毕业于南京师范大学中国古典文献学专业，师从赵生群教授，目前正从事中华书局新版点校本“二十四史”中《史记》的校勘工作，他撰写的“校勘学”有很多例证来源于自己的校勘实践，很有参考价值。杨亮博士毕业于河南大学中国古典文献学专业，师从佟培基教授。他年纪虽轻，但已出版《宋末元初四明文士及其诗文研究》（中华书局，2009）、《袁桷集校注》（“中国古典文学基本丛书”本，中华书局，2012），即将出版《王恽全集汇校》。以他现在的年龄，就校注了数百万字的古籍，实在令人钦佩，故“注释学”一章由他承担。颜庆余博士毕业于复旦大学中国古代文学研究中心，师从章培恒先生。他文献学功底扎实，最近正在筹划编纂一部大型乐府诗集，于是顺理成章地请他撰写“编纂学”一章。史广超博士同样毕业于复旦大学，师从陈尚君先生。他的博士论文改名《〈永乐大典〉辑佚述稿》（中州古籍出版社，2009）出版，广获好评，是“辑佚学”方面的力作。王宏生、范春义、赵阳阳三位，都是我的同门师兄弟。王宏生博士和赵阳阳博士爱好书法，专攻书学文献。王宏生博士论文《北宋书学文献考论》（上海三联书店，2008）对北宋书学文献考证精审，后来又继续从事南宋书学研究，所以请他编撰“考证学”；赵阳阳博士专攻明代书学文献，相关研究已获多方面好评，目前正在从事“明代书学文献整理与研究”（教育部人文社会科学研究一般项目青年基金项目）和“《东观余论》校证”（全国高等院校古籍整理研究工作委员会项目）课题，他对美术文献学有很深造诣，故编撰了“专科文献学”；范春义博士对风水文献和戏曲文献的考证、辨伪，卓有成就，目前正在整理和研究伪托郭璞的《葬书》，对“辨伪学”有切实的体会。他们的全力支持，保证了教材能够按时完成。

记得2005年秋，我刚读博士不久，与同舍室友孙振田、毛建军博士通宵卧谈，其中就谈到古典文献学这个学科的现状与未来，达成了不少共识。通过本教材的编写，终于可以将当年的一些共同想法付诸实践了。我们因为年轻、因为学术背景相同或相似而聚到一起，组成编纂小组，齐心协力地编成了这本教材；但也因为年轻，书中的错误与不足还很多，恳请使用教材的老师和同学批评指正！

罗　鹭

2013年4月8日于成都

图书在版编目（CIP）数据

中国古典文献学/项楚，罗鹭主编．—北京：中国人民大学出版社，2013.8
21世纪中国语言文学系列教材
ISBN 978-7-300-17764-9

Ⅰ.①中… Ⅱ.①项…②罗… Ⅲ.①古文献学-中国-高等学校-教材 Ⅳ.①G256.1

中国版本图书馆CIP数据核字（2013）第149848号

21世纪中国语言文学系列教材
中国古典文献学
项 楚 罗 鹭 主编
Zhongguo Gudian Wenxianxue

出版发行	中国人民大学出版社		
社　　址	北京中关村大街31号	**邮政编码**	100080
电　　话	010－62511242（总编室）		010－62511770（质管部）
	010－82501766（邮购部）		010－62514148（门市部）
	010－62515195（发行公司）		010－62515275（盗版举报）
网　　址	http://www.crup.com.cn		
经　　销	新华书店		
印　　刷	北京昌联印刷有限公司		
开　　本	787 mm×1092 mm　1/16	**版　　次**	2013年10月第1版
印　　张	17 插页1	**印　　次**	2025年3月第10次印刷
字　　数	393 000	**定　　价**	38.00元

关联课程教材推荐

ISBN	书名	作者	单价（元）
978-7-300-22073-4	古代汉语（第二版）	殷国光　赵彤	39.80
978-7-300-22534-0	汉语史纲要（第二版）	殷国光　龙国富　赵彤	55.00
978-7-300-20955-5	汉语音韵学概论	赵彤	20.00
978-7-300-20882-4	语言学概论（第四版）	岑运强	32.00
978-7-300-22115-1	中国传统文化概要（第三版）	冯希哲	35.00
978-7-300-21022-3	中国文化概论（第三版）	金元浦	49.80
978-7-300-25462-3	唐诗宋词鉴赏（第二版）	张明非　李翰　韩忠艳	39.00
978-7-300-27600-7	中国文学史（第三版）（上下）	袁世硕　张可礼	99.00
978-7-300-20262-4	中国古代文学作品选简编（第二版）（上下）	袁世硕	98.00
978-7-300-20878-7	中文学科论文写作（第二版）	卢卓群	39.00

配套教学资源支持

尊敬的老师：

衷心感谢您选择人大版教材！相关的配套教学资源，请到中国人民大学出版社官网（www.crup.com.cn）下载。部分教学资源需要验证您的教师身份后，才可以下载。请您登录出版社官网后，点右上角“注册”，填写“会员中心”的“我的教师认证”项目，等待后台审核。我们将尽快为您开通下载权限。

如您急需教学资源或教材样书，也可以直接与我们的编辑联系。

联系人：龚洪训　　电话：010-62515637　　电子邮箱：6130616@qq.com

俯仰天地　心系人文